Martin Simon
Für immer geistig FIT!

Martin Simon

Für immer geistig FIT!

FRANZIS
BRAINBOOKS

© 2009 Franzis Verlag GmbH, 85586 Poing

Rätsel, Layout & DTP: Presse- & Verlagsservice Martin Simon, www.neue-raetsel.de
Bildnachweis: © 2009 JupiterImages
art & design: www.ideehoch2.de
Druck: Bercker, 47623 Kevelaer
Printed in Germany

Liebe Leserinnen und Leser,

immer wieder wird mir die Frage gestellt: Kann man sein Gehirn wirklich effektiv trainieren? Kann man tatsächlich schlauer werden, seine Merkfähigkeit verbessern oder die Denkgeschwindigkeit erhöhen? Ist es überhaupt möglich, den geistigen Alterungsprozess zu stoppen, eine schleichende Zunahme der Vergesslichkeit zu verhindern? – Es gibt so viele unterschiedliche Forschungsergebnisse. In einigen ist zu lesen, dass die Gehirnzellen im Alter immer weniger werden; manche Forscher kommen zu dem Ergebnis, man brauche nur die Durchblutung des Gehirns anzuregen, um geistig jung zu bleiben. Andere wiederum raten zum Kaugummikauen, zu einem Training zwischen 10 und 11 Uhr morgens, zur Einnahme bestimmter arznei-ähnlicher Wirkstoffe usw. Was ist wahr, worauf kann man sich denn verlassen?

Ich antworte darauf: Verlassen können Sie sich ganz auf sich selbst, auf Ihre eigene Erfahrung. Der Definitionsbe-reich der geistigen Fitness ist so komplex, dass man diese nicht messen kann. Man kann zwar die Geisteskraft auch im Alter steigern, das ist sicher, aber nicht unbedingt über verkürzte wissenschaftliche Ansätze. In der Natur des Lebens sind die Prinzipien der Anpassung und Gewöh-nung zu beobachten. Das heißt, dort, wo wir uns anstren-gen, werden wir besser. Machen wir aber immer dasselbe, ist der Effekt irgendwann gleich null. Was auch immer wir trainieren – sehr wahrscheinlich steigern wir uns darin, doch mit zunehmenden Trainingswiederholungen lassen die Verbesserungen darin immer mehr nach. Auffallend: Den größten Gewinn erzielen wir in Bereichen, in denen wir schlecht und untrainiert sind.

Für ein gutes mentales Training ist es daher enorm wichtig, abwechslungsreiche Übungen zu machen, die das Gehirn immer wieder von Neuem zur Anpassung zwingen und dem Gewöhnungseffekt keinen Raum geben. Dies ist naturgemäß weniger bequem, dafür aber ungleich effektiver – probieren Sie's aus! Dieses Buch bietet 80 unterschiedliche Übungsarten mit 400 Aufgaben. Wenn Sie in 80 Übungen nur um jeweils 10 Prozent besser werden, haben Sie damit viel mehr erreicht, als würden Sie sich in nur einer Übung um stolze 50 Prozent verbessern. Vor allem aber trainiert Sie eine große Übungsvielfalt darin, Neues und Ungewohntes zu meistern – also das, was eine erfolgreiche Lebensführung ausmacht.

Wenn Sie dann noch Freude an der Vielfalt der Aufgaben in diesem Buch haben und diese mit Begeisterung lösen, ist Ihnen der Nutzen garantiert.

Herzlichst
Ihr Martin Simon

Inhalt

Einführung

Geistig fit bis ins hohe Alter?

Mit zunehmendem Alter lässt die Leistungsfähigkeit immer mehr nach – statistisch betrachtet ein auswegloses Schicksal, oder nicht? Tatsache ist auch, dass es große Unterschiede innerhalb der älteren Generation gibt, was die allgemeine Denkleistung betrifft. Während manche Menschen höheren Alters unter einem Nachlassen des Gedächtnisses leiden, sind andere gleichen Jahrgangs noch geistig hellwach, haben Interesse an der Vielfalt des Lebens und bewältigen mit natürlicher Souveränität die Anforderungen des Alltags. Das ist nicht gerecht, möchte man klagen. Und tatsächlich spielen die genetischen Anlagen, Krankheiten und andere Lebensumstände, für die der Einzelne oft nichts kann, manchmal eine große Rolle. Doch einmal davon abgesehen, hat man es selbst in der Hand, die Leistungsfähigkeit der grauen Zellen zu erhalten bzw. zu verbessern. Und um Sie genau darin zu unterstützen, ist dieses Buch gemacht worden.

Übungsvielfalt in diesem Buch

Ziel dieses Buchs ist, die mentale Anregung mittels der Übungen weit zu streuen. Aus diesem Grund wurden 80 verschiedene Übungsarten ausgesucht, entwickelt und zusammengestellt. Diese 80 Aufgabentypen wiederholen sich viermal, sodass Ihnen hier ein Reservoir von insgesamt 400 Übungen für Ihr persönliches Gehirntraining zur Verfügung steht (zuzüglich der Aufgaben in den Zusatztests).

Es liegt in der Natur der Sache, dass Sie bei jeder einzelnen Übung angestrengt denken müssen bzw. möglichst konzentriert sein sollen. Dennoch habe ich die Aufgaben in fünf Denkkategorien eingeordnet, die auf bestimmte Besonderheiten der jeweiligen Übung hinweisen. Jede Denkkategorie bekommt ein eigenes bildliches Symbol, das Sie oben rechts über jeder Aufgabe finden. Es soll Sie dabei unterstützen, sich in der Fülle der oft neuartigen Übungen zurechtzufinden, und Ihnen die Anforderung auf der jeweiligen Seite ankündigen.

Fünf Denkkategorien

Tempo, Tempo

Immer wenn Sie dieses Bildchen bei einer Übung sehen, handelt es sich um eine relativ simple oder gar triviale Aufgabe, die Sie mit hoher Tempomotivation, also so schnell wie möglich, bearbeiten bzw. lösen sollen.

Akkuratesse, bitte

Sehen Sie dieses Motiv am oberen Seitenrand, müssen Sie vor allem genau und sorgsam vorgehen. Zwar sollten Sie auch hier nicht trödeln, sondern zügig vorankommen, allerdings sind diese Aufgaben meist etwas anspruchsvoller und können nicht so einfach durchsprintet werden.

Ein Spielchen gefällig?

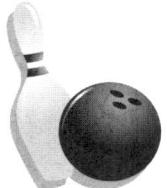

Bei diesem Zeichen brauchen Sie die Übung nicht im Eiltempo zu bewältigen. Hier dürfen Sie gern etwas länger nachdenken, sinnieren oder nach noch besseren Lösungen suchen.

Etwas seltener werden Sie Aufgaben der folgenden beiden Kategorien antreffen. Sie runden das Angebot ab und können unkonventioneller oder etwas schwieriger sein.

Kopfnüsschen

Freunde des logischen Denkens kommen hier auf ihre Kosten. Doch keine Sorge, auch wenn diese Aufgaben etwas kompliziert wirken, sind sie dennoch durchaus lösbar. Und selbst wenn Sie auf ein falsches oder gar kein

Ergebnis kommen, soll Sie das motivieren, weiterzumachen. Das Bemühen an sich ist schon mit einem Trainingseffekt verbunden – denken Sie daran.

Kreativ und auf den Kopf gestellt

Unter dieser Kategorie habe ich Übungen vorbereitet, in denen Sie mit eher ungewöhnlichen Anforderungen konfrontiert werden, etwa spiegelbildliches Zeichnen, räumliches Denken oder Rückwärtslesen.

Sechs Zusatztests und Fortschrittstabelle

Vor bzw. nach jedem dieser 80 Aufgaben umfassenden Abschnitte sollen Sie eine Art Leistungstest ablegen. Jeder dieser Tests umfasst eine Doppelseite und enthält jeweils die gleichen vier kurzen Aufgaben A bis D. Sie werden gebeten, diese Aufgaben schnellstmöglich zu lösen und dabei die Zeit zu messen, die Sie für die einzelnen Aufgaben benötigen. Anschließend können Sie diese Zeit in Ihre persönliche Fortschrittstabelle auf Seite 11 eintragen. Im Laufe der (Trainings-)Zeit mit diesem Buch können Sie anhand der eingetragenen Werte in dieser Tabelle Ihren Leistungsanstieg ablesen. Es ist zwar möglich, dass Sie sich nicht verbessern, was verschiedene Gründe haben kann (wie z. B. zu seltenes Training oder mangelnder Ehrgeiz), doch die meisten von Ihnen werden darin eine motivierende Belohnung finden, wenn Sie schwarz auf weiß ablesen können, dass Sie sich verbessert haben.

Allgemeine Tipps

- Fünf bis zehn Minuten Training am Tag reichen aus. (Aber geben Sie Ihr Bestes und bemühen Sie sich!)
- Sorgen Sie täglich für einen Ausgleich zwischen Anspannung und Entspannung.
- Kommunizieren Sie mit Menschen.
- Achten Sie auf gute Qualität bei der Ernährung und beim Schlaf.

Persönliche Fortschrittstabellen

So machen Sie Ihre Fortschritte sichtbar

Dieses Buch enthält sechs Tests, anhand deren Sie Ihren Leistungsstand ermitteln können. Zu jeder der vier verschiedenen Testaufgaben A bis D gibt es hier eine Tabelle, in die Sie bitte Ihre benötigten Zeiten eintragen. Haben Sie beispielsweise in Test 1 für die jeweilige Aufgabe 2 Minuten und 20 Sekunden benötigt, dann wäre über Test 1 auf der Höhe 2:20 ein Kreuz zu machen. Unten sehen Sie ein Beispiel dafür, wie eine Entwicklung aussehen könnte.

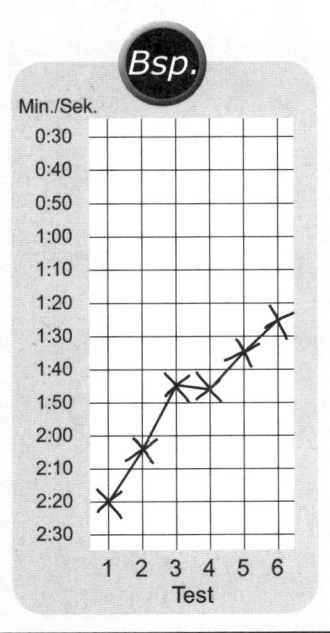

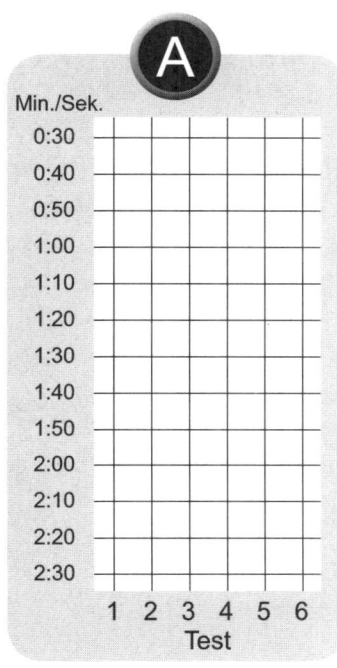

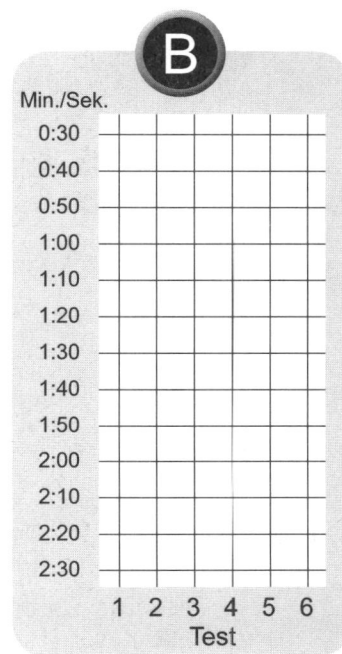

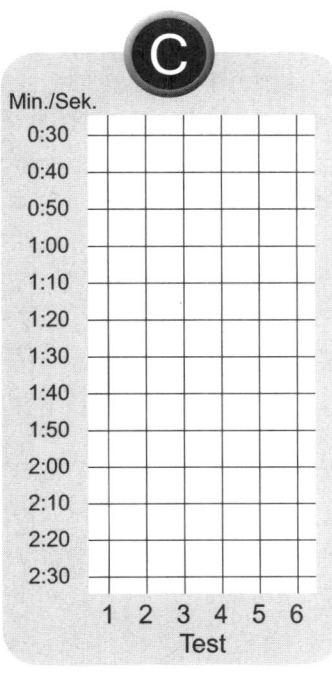

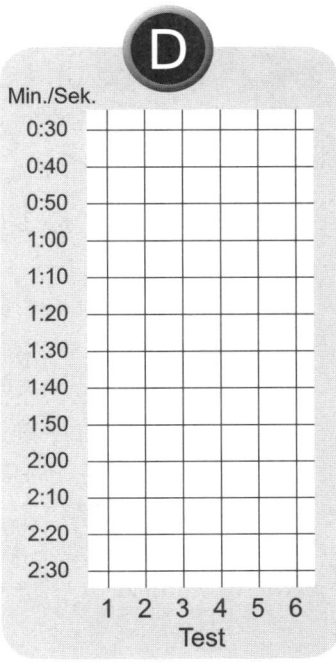

Test 1

Machen Sie diesen Test, bevor Sie mit dem 80 Aufgaben umfassenden Übungsabschnitt 1 beginnen. Lösen Sie die Aufgaben bestmöglich. (Gelegentliche Fehler bleiben unberücksichtigt.) Tragen Sie das Ergebnis in Ihre persönliche Fortschrittstabelle auf Seite 11 ein.

A Lösen Sie schnellstmöglich die folgenden Rechenaufgaben und stoppen Sie die benötigte Zeit.

$5 + 9 =$	$2 \times 7 =$	$11 - 6 =$	$9 + 9 =$
$13 - 8 =$	$7 + 4 =$	$5 \times 3 =$	$17 - 8 =$
$9 \times 4 =$	$13 - 5 =$	$2 + 5 =$	$4 \times 7 =$
$8 + 7 =$	$3 \times 9 =$	$8 - 1 =$	$4 + 8 =$
$5 - 1 =$	$1 + 3 =$	$2 \times 9 =$	$12 - 4 =$

Benötigte Zeit ☐ : ☐
Min./Sek.

B Machen Sie je ein Kreuz bei allen Zahlen, deren linke Ziffer gerade und deren rechte Ziffer ungerade ist. Wie schnell schaffen Sie das? Notieren Sie unten die Zeit.

☐ 51 ☐ 37 ☐ 98 ☐ 74 ☐ 85
☐ 17 ☐ 42 ☐ 61 ☐ 26 ☐ 16
☐ 23 ☐ 66 ☐ 12 ☐ 44 ☐ 98
☐ 86 ☐ 59 ☐ 73 ☐ 15 ☐ 39

Benötigte Zeit ☐ : ☐
Min./Sek.

C Unterstreichen Sie in dieser Liste alle Wörter, die exakt PURU lauten.

RUPU	BURU	RUPU	PUBU	RUPU	BUPU	PURU
PURU	RUPU	RURU	RUPU	BUBU	BURU	BURU
RUPU	BURU	PURU	PUPU	RUPU	RUPU	RUPU
PURU	PUBU	BUPU	PUPU	PURU	PURU	BUPU
RUBU	RUPU	RURU	BURU	RUBU	RUPU	RUPU
PURU	BUPU	BUPU	RUPU	BUPU	PUPU	PURU

Benötigte Zeit [:]

Min./Sek.

D Lesen Sie jeweils ein Wort und decken es dann bitte ab. Schreiben Sie es sogleich aus dem Gedächtnis rückwärts in den Kasten daneben.

MAIS → [ ]

ZANGE → [ ]

SCHACH → [ ]

BILDUNG → [ ]

Benötigte Zeit [:]

Min./Sek.

Wertvolle Bilder zählen ①

Jedem der drei Motive in dieser Übung ist eine
bestimmte Zahl zugeordnet (siehe Kasten). Addieren
Sie die Werte aller Bilder auf dieser Seite. Versuchen Sie dies
möglichst sicher und fehlerlos.

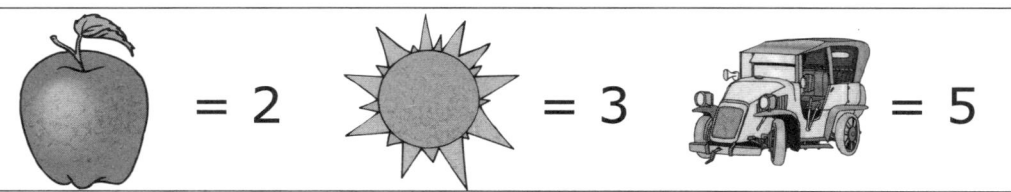

Lösungszahl:		

Zahlenjagd ①

Beginnen Sie bei der 1 und finden Sie nacheinander alle Zahlen bis 40. Dies ist eine simple Übung, die jedoch Ihre Konzentrationsausdauer immens fördern kann.

8   5   39

20

31   15   35

22   2

28   26

24   34

32

16   38   17

6   4

13

12

19   23

37   9

21   29

25

11   36   10

40

7   3

30   27

14   1   33   18

Begriffsmutationen ①

Wie gelangen Sie vom oberen Wort zum unteren, wenn Sie bei jedem Schritt genau einen Buchstaben austauschen müssen?

Beispiel:

H	A	F	T
H	E	F	T
H	E	F	E
H	U	F	E
H	U	P	E

Übung 1

L	E	S	E
L	E	G	E
L	O	G	E
L	O	G	O
T	O	G	O

Übung 2

B	O	S	S
H	A	U	T

Übung 3

T	E	E	R
L	O	H	N

Übung 4

L	A	U	S
H	O	S	E

Übung 5

F	A	U	L
H	E	R	D

Wörterrecycling ①

Wie viele deutsche Wörter können Sie aus den Buchstaben bilden, die im Wort **SONNENUNTERGANG** enthalten sind? Jeder im vorgegebenen Wort vorkommende Buchstabe darf dabei maximal einmal verwendet werden.

Lösungswörter:

Flexibel rechnen ①

Vervollständigen Sie die folgenden Gleichungen.
Tragen Sie in die Lücken die fehlenden Zahlen ein.

a) 8 · 9 = ___

b) 22 – ___ = 13

c) ___ + 6 = 11

d) 15 – 6 = ___

e) 13 – ___ = 5

f) ___ – 14 = 8

g) 11 – 7 = ___

h) 8 · ___ = 48

i) ___ – 8 = 9

j) 27 + 19 = ___

k) 21 – ___ = 13

l) ___ – 16 = 3

m) 6 + 12 = ___

n) 32 – ___ = 17

o) ___ + 9 = 15

p) 84 : 4 = ___

q) 33 – ___ = 17

r) ___ · 6 = 54

s) 13 + 8 = ___

t) 12 · ___ = 72

u) ___ – 13 = 18

v) 14 · 4 = ___

Fotopuzzle ①

Ursprünglich entstammen diese neun Teile einem quadratischen Bild. Die Einzelteile wurden untereinander ausgetauscht. Finden Sie heraus, welches Teil wohin gehört.

An welcher Stelle stehen die Nummern der Bildausschnitte, wenn man das Bild richtig zusammensetzt?

Symbolmuster entdecken ①

Hier sollen Sie nach identischen Symbolen suchen, die genau so angeordnet sind, wie im jeweils oberen Kästchen dargestellt. Wie viele solcher Konstellationen finden Sie in jeder Säule?

A)

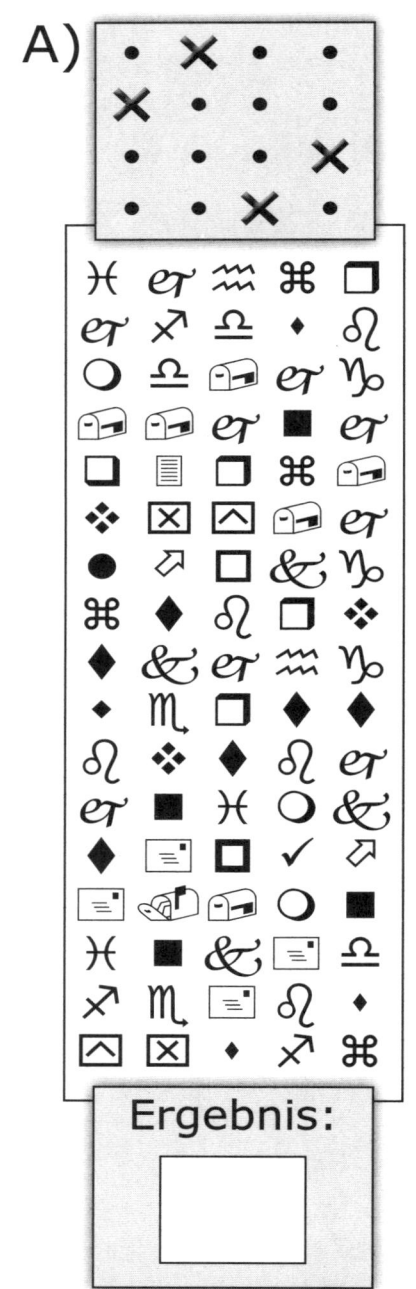

Ergebnis:

B)

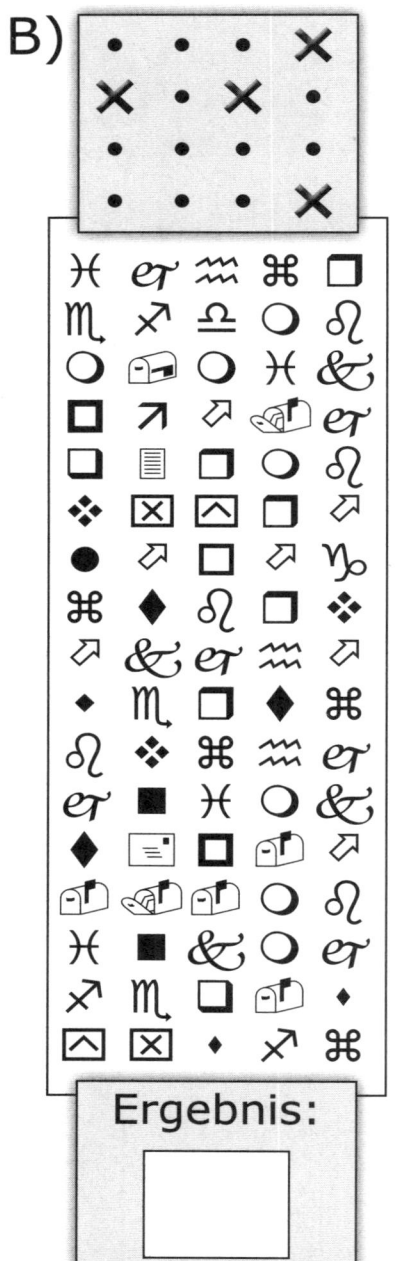

Ergebnis:

Drehwurm ①

Bei allen Bildern einer Zeile handelt es sich um gedrehte Darstellungen eines Bildmotivs. Genau zwei sind im Vergleich zu den anderen drei auch noch gespiegelt. Welche sind dies jeweils?

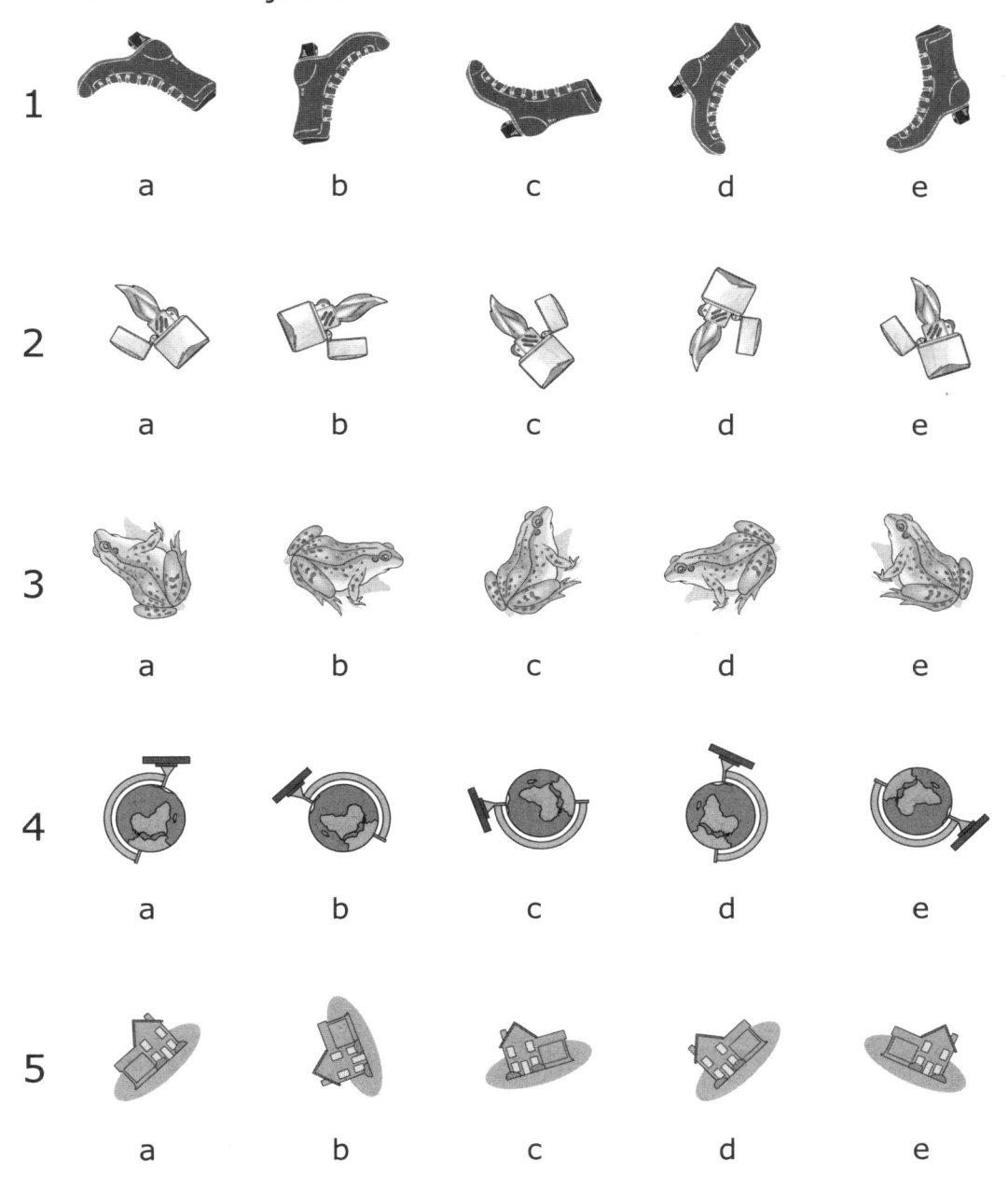

Gruppenzwang ①

Suchen Sie Gruppen identischer Bilder, die eine Form bilden wie die im grau hinterlegten Beispiel. Neun weitere solcher Anordnungen sollen Sie finden, und dies möglichst schnell.

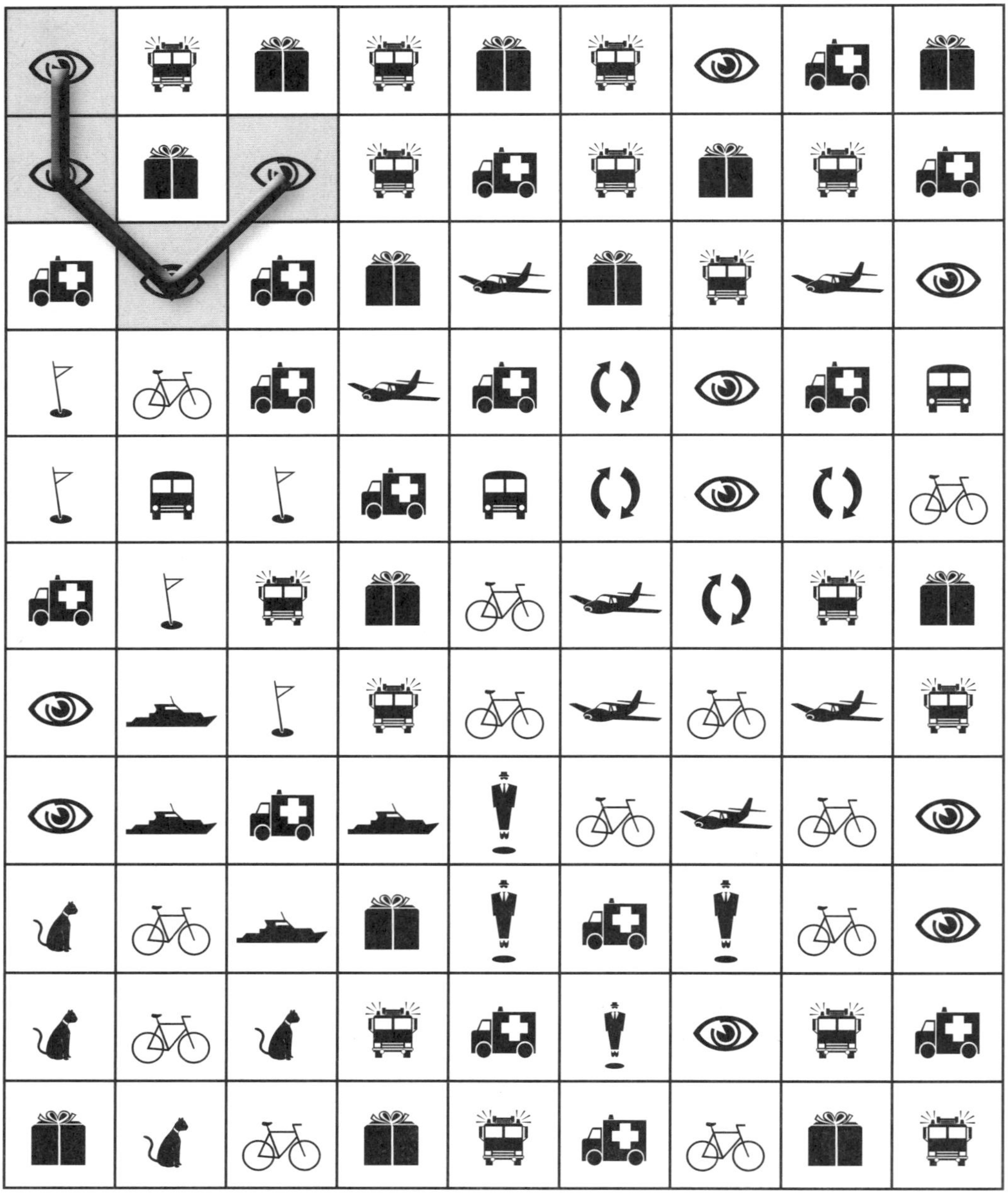

Mikado ①

Spielen Sie Mikado und entnehmen Sie sämtliche
Stifte von oben nach unten.

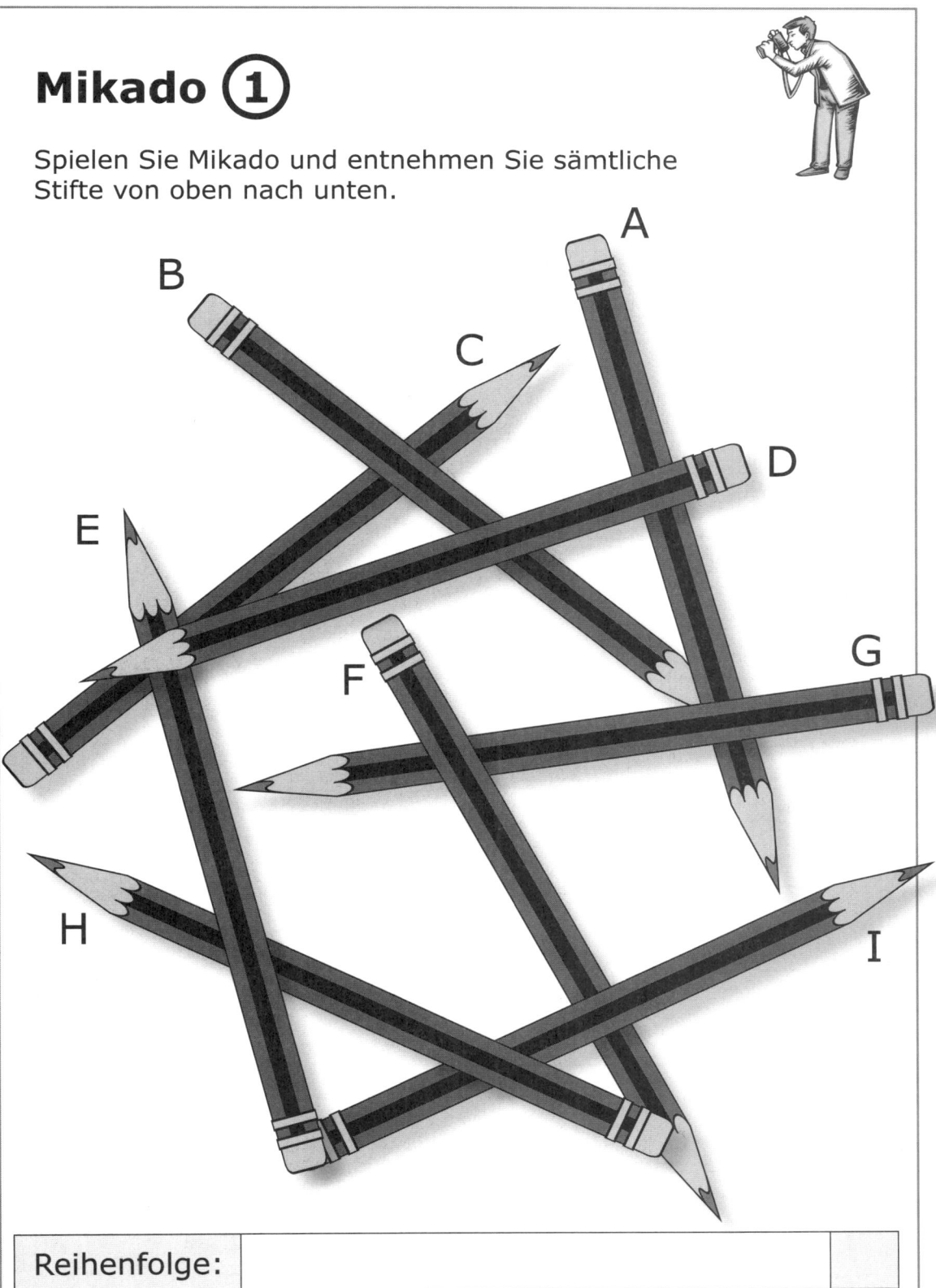

Reihenfolge:

Ergänzungen ①

In die leeren Felder sollen passende Wortanfänge eingetragen werden, die gemeinsam mit den vorgegebenen Wortenden jeweils ein Werkzeug bezeichnen.

1) _____ SEN

2) _____ BSÄGE

3) _____ SSEL

4) _____ SEL

5) _____ NGE

6) _____ ZE

7) _____ TEN

8) _____ CHEL

9) _____ SPEL

10) _____ OLBEN

Suchen und addieren ①

Suchen Sie in jeder Zeile die jeweils links vorgegebenen Ziffern und addieren Sie sie. Tragen Sie am
Ende jeder Zeile die gesuchte Summe ein.

Bsp.: 3, 5	6 5 2 4 8 1 5 6 8 9 6 3 1 3	**_16_** ✓
a) 2, 7	8 6 4 2 4 7 5 8 1 4 2 3 6 7	
b) 1, 8	3 5 6 8 2 4 2 1 4 7 8 5 1 4	
c) 4, 6	6 1 5 4 8 7 4 5 1 4 6 2 3 5	
d) 3, 9	5 3 9 3 6 5 8 4 2 4 1 9 5 3	
e) 1, 5, 7	4 8 5 7 5 1 7 6 2 3 5 9 8 7	
f) 4, 6, 9	2 6 5 8 9 4 5 8 7 9 6 3 5 4	
g) 2, 3, 7	1 3 7 2 3 6 9 8 7 5 2 3 4 8	
h) 3, 4, 8	8 5 4 2 3 6 5 8 7 5 2 3 4 5	

Lesen über Lücken ①

Dem folgenden Text wurden vier Buchstaben entnommen. Können Sie diese eintragen?

Be_m   _o_enann_en   _eh_rn_ra_n_ng handel_ e_ __ch um _ra_n_n_ der _e_____en   Le___un__faeh__ke__ m__ dem Z_el, d_e_e zu erhal_en oder zu   __e__ern.   _eh_rn_ra_n_n_   ___ al_ Me_hode al_er_unabhaen___.

Lau_   e_nem   Ber_ch_   der   Un_- ver___ae_   Muen__er   ___   men_ale Ak__v__ae_   _pez_ell   _m   Al_er no_wend__ zum Erhal_ der _e____- _en Le___un__faeh__ke__. E_ wurde nach_ew_e_en,   da__   durch   men- _ale   Bean_pruchun_   d_e   _yp__chen E_we___abla_erun_en   be_   der Alzhe_merkrankhe__   _n   Zahl   und Au_dehnun_   verr_n_er_   werden. Verhal_en___ud_en   ze___en   en_- _prechend   deu_l_ch   be__ere Gedaech_n__le___un_en.

Zeichenfolgen ①

Suchen Sie im Feld unten zeilenweise nach der Zeichenfolge, die im Kasten links dargestellt ist, und unterstreichen Sie diese. Wie oft können Sie sie finden?

So oft kommt die Zeichenfolge vor:		

Dingliche Beziehungen ①

Unten sehen Sie mehrere mit Nummern versehene Bilder, die
etwas Bestimmtes darstellen. Jeder der darüber aufgelisteten
Begriffe soll je einem dieser Bilder zugeordnet werden.
Beispiel: Zum Begriff „Schlag" passt der Hammer, also „3".

Schlag
3

Beet

Watt

Nagel

Polarregion

Bogen

Licht

Reptil

Geheul

Schlaf

Eis

Rudel

Geländer

Bach

Pfote

Jagd

hell

Schlag

Erde

beschwören

Wald

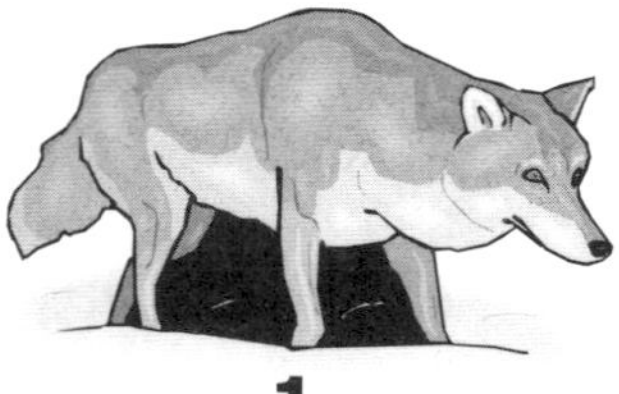

1

2

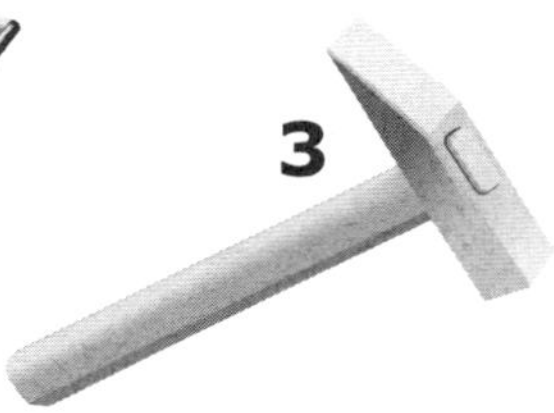

3

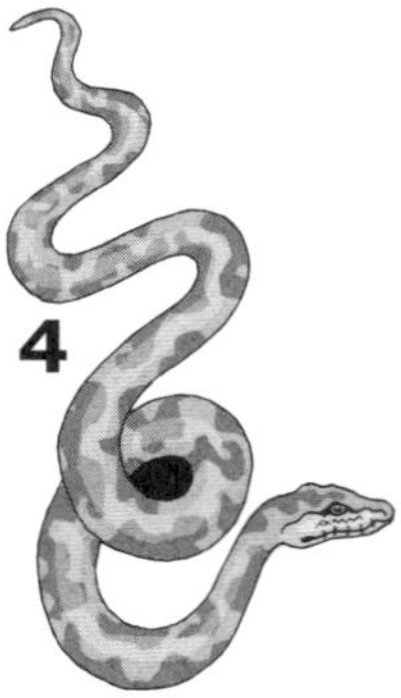

4

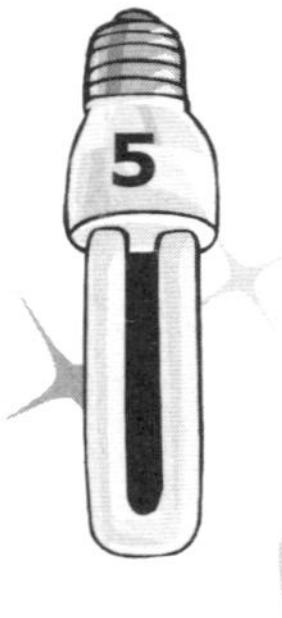

5

6

7

8

Zahlenketten ①

Jede Zahlenreihe ist nach einer bestimmten Rechenregel aufgebaut. Diese Regel sollen Sie herausfinden
und am Ende die folgerichtige Zahl eintragen.

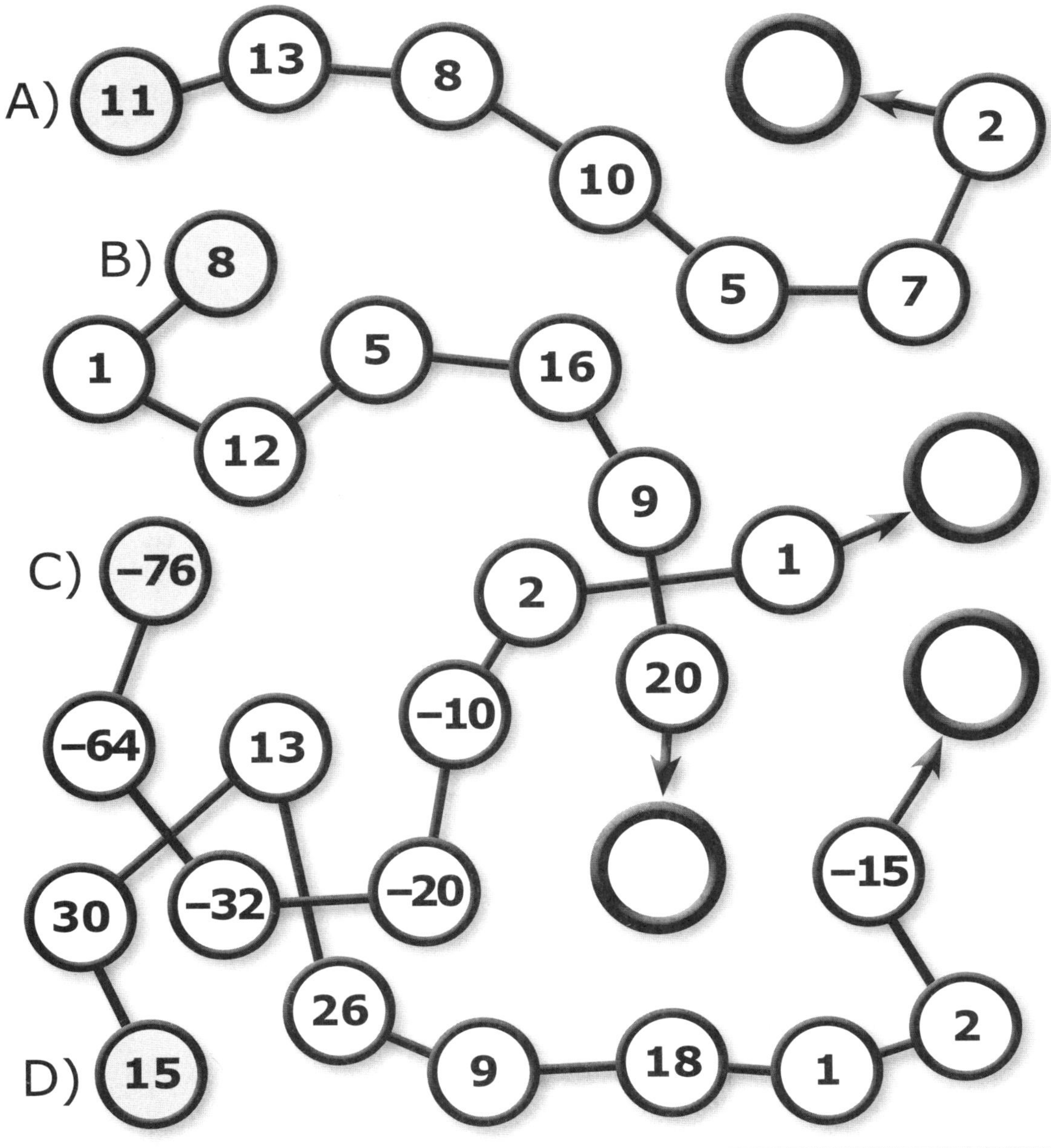

A) 11 — 13 — 8 — 10 — 5 — 7 — 2 — ○

B) 8 — 1 — 12 — 5 — 16 — 9 — 1 — ○

C) −76 — −64 — 13 — 2 — −10 — 20 — ○
30 — −32 — −20 — −15 — 2 — ○

D) 15 — 26 — 9 — 18 — 1

Verbindungslinien ①

Welche Zahlen sind miteinander verbunden?

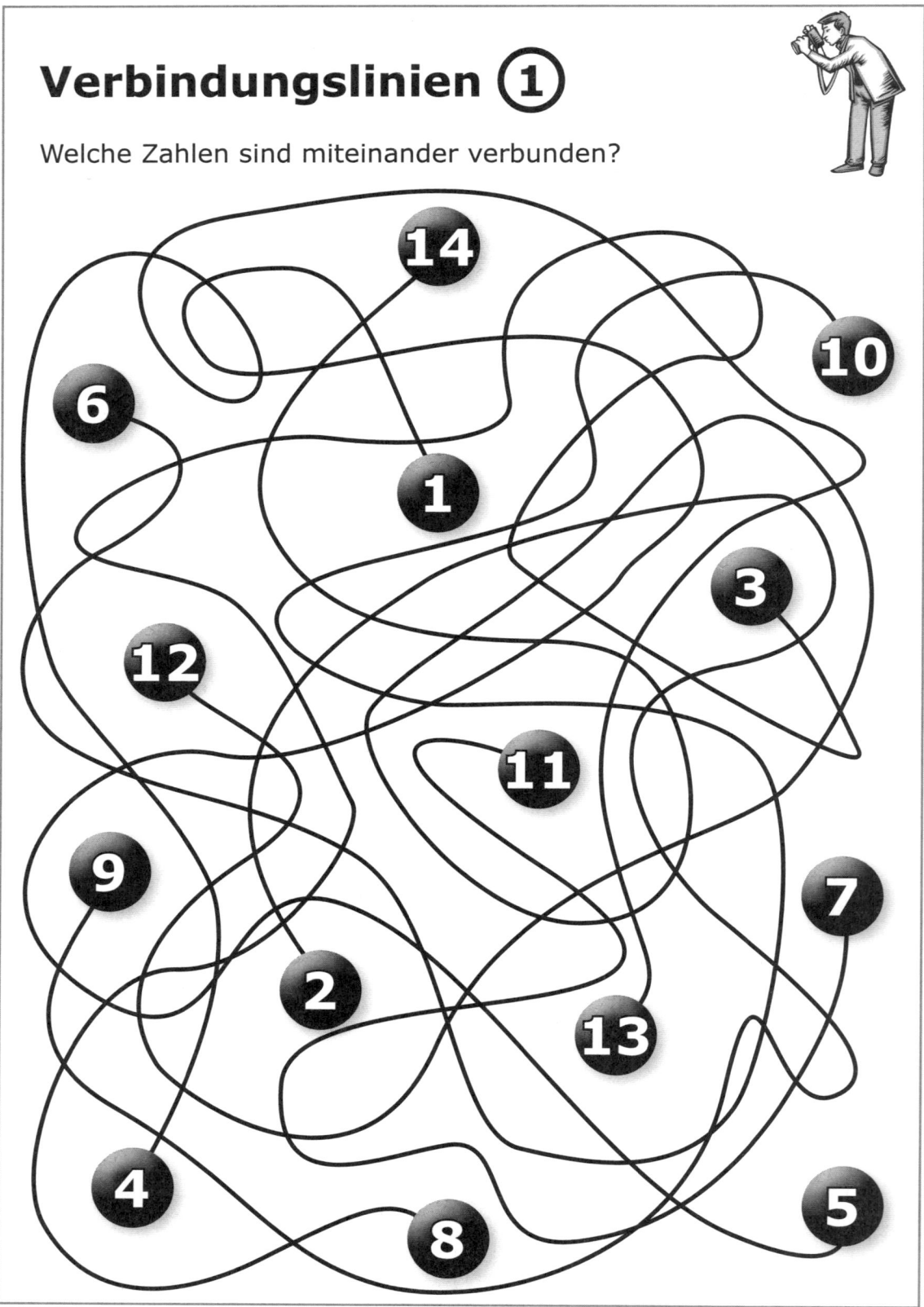

Zählbares Durcheinander ①

Wie viele Hände sind hier zu erkennen?

Antwort: Es sind ____ Hände.

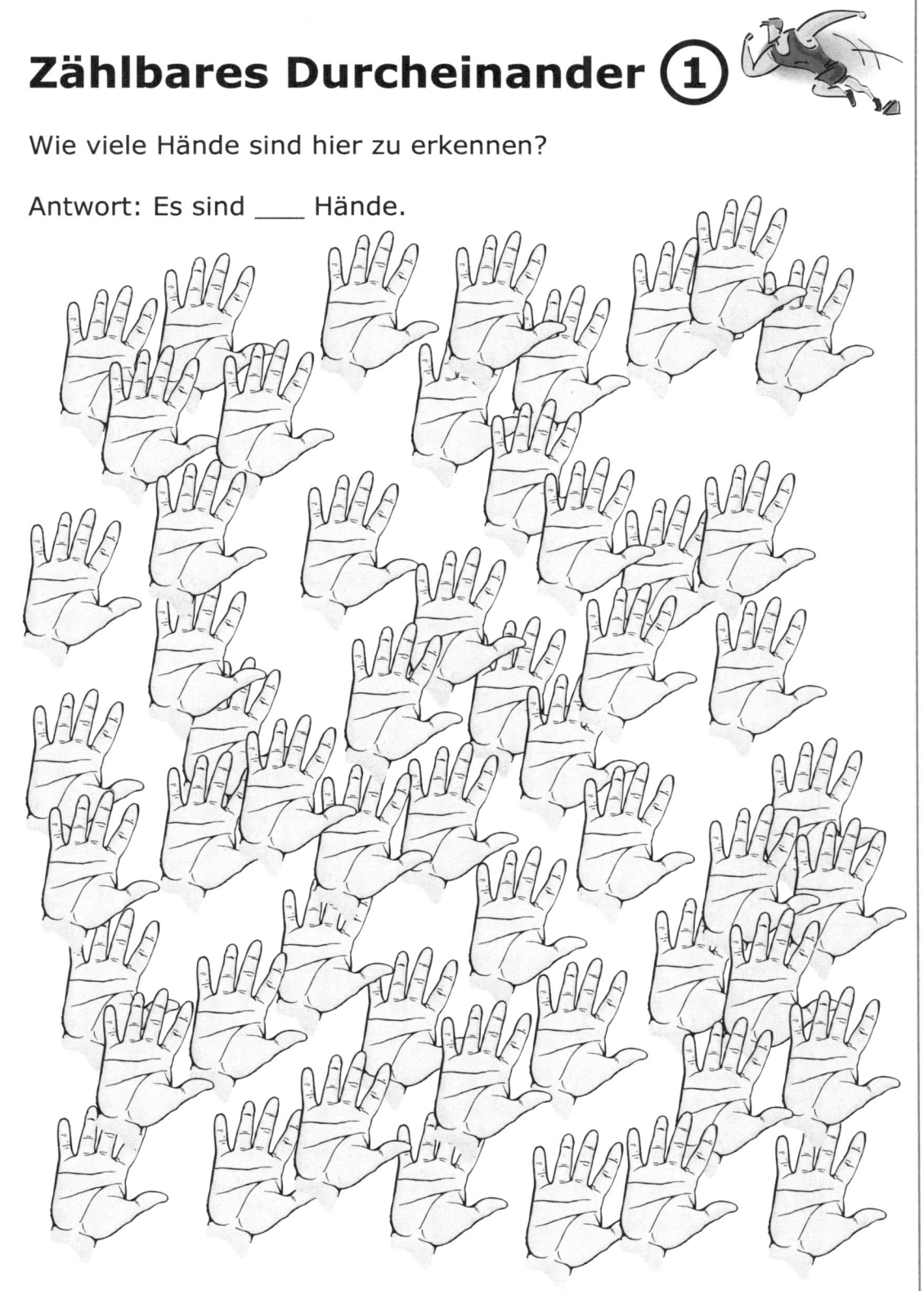

Wörterneubauten ①

Prägen Sie sich das vorgegebene Wort ein. Für
die folgende Aufgabe müssen Sie „im Kopf" (ohne
nachzusehen) die Positionen der einzelnen Buchstaben in diesem
Wort bestimmen können.

KATHEDRALE
1. 2. 3. 4. 5. 6. 7. 8. 9. 10.

Decken Sie dieses Wort nun ab und bilden Sie aus den
Buchstaben neue Wörter. Die angegebenen Zahlen stehen für die
Position des jeweiligen Buchstabens im vorgegebenen Wort. 1
bedeutet also erster Buchstabe, 2 zweiter Buchstabe usw.

a) 1 9 2 7

b) 3 8 6 5 9

c) 1 5 4 9 10

d) 8 3 4 9 5 3

e) 3 4 10 8 3 5 7

f) 1 8 3 2 7 8 1 3

Farbverwirrung ①

Kreuzen Sie bei jedem Wort an, in welcher der drei
„Farben" Weiß (W), Grau (G) und Schwarz (S) es
abgedruckt wurde. Lassen Sie sich nicht von der Bedeutung des
jeweiligen Begriffs irritieren.

Schwarz	Grau	Schwarz	Weiß	Schwarz
W G S	W G S	W G S	W G S	W G S
☐ ☐ ☐	☐ ☐ ☐	☐ ☐ ☐	☐ ☐ ☐	☐ ☐ ☐

Weiß	Schwarz	Weiß	Grau	Schwarz
W G S	W G S	W G S	W G S	W G S
☐ ☐ ☐	☐ ☐ ☐	☐ ☐ ☐	☐ ☐ ☐	☐ ☐ ☐

Grau	Weiß	Schwarz	Grau	Weiß
W G S	W G S	W G S	W G S	W G S
☐ ☐ ☐	☐ ☐ ☐	☐ ☐ ☐	☐ ☐ ☐	☐ ☐ ☐

Weiß	Schwarz	Grau	Weiß	Schwarz
W G S	W G S	W G S	W G S	W G S
☐ ☐ ☐	☐ ☐ ☐	☐ ☐ ☐	☐ ☐ ☐	☐ ☐ ☐

Schwarz	Weiß	Grau	Schwarz	Grau
W G S	W G S	W G S	W G S	W G S
☐ ☐ ☐	☐ ☐ ☐	☐ ☐ ☐	☐ ☐ ☐	☐ ☐ ☐

Grau	Schwarz	Weiß	Grau	Weiß
W G S	W G S	W G S	W G S	W G S
☐ ☐ ☐	☐ ☐ ☐	☐ ☐ ☐	☐ ☐ ☐	☐ ☐ ☐

Weiß	Schwarz	Grau	Schwarz	Schwarz
W G S	W G S	W G S	W G S	W G S
☐ ☐ ☐	☐ ☐ ☐	☐ ☐ ☐	☐ ☐ ☐	☐ ☐ ☐

Grau	Weiß	Schwarz	Weiß	Schwarz
W G S	W G S	W G S	W G S	W G S
☐ ☐ ☐	☐ ☐ ☐	☐ ☐ ☐	☐ ☐ ☐	☐ ☐ ☐

Schwarz	Grau	Weiß	Grau	Schwarz
W G S	W G S	W G S	W G S	W G S
☐ ☐ ☐	☐ ☐ ☐	☐ ☐ ☐	☐ ☐ ☐	☐ ☐ ☐

Weiß	Schwarz	Grau	Schwarz	Weiß
W G S	W G S	W G S	W G S	W G S
☐ ☐ ☐	☐ ☐ ☐	☐ ☐ ☐	☐ ☐ ☐	☐ ☐ ☐

Wortzentralen ①

Tragen Sie jeweils in das leere Mittelfeld ein Wort ein, das jedem der vier Begriffe entweder voran- oder nachgestellt werden kann, sodass dabei zusammengesetzte Hauptwörter entstehen. (Die Ausdrücke können natürlich für die Verbindung gebeugt werden.)

Stein Stück
1
Rechnen Eis

Abend Schein
2
Anbeter Creme

Film Haus
3
Futter Arbeit

Kind Mutter
4
Liebe Wunsch

Quersummenverfolgung ①

Nehmen Sie einen Stift zur Hand und verbinden Sie die Zahlen miteinander, deren Quersummen aufeinanderfolgen. Suchen Sie also zunächst die Zahl, deren Quersumme 1 ist, verbinden Sie diese mit der Zahl, deren Quersumme 2 ist, und so weiter bis zu der Zahl, deren Quersumme 20 ist.

3426   20   521

109   5231   4001

16   6303

919

100   13

7562   9531   97

201

21021

485   30155

801   2236

Der Außenseiter ①

Welcher Begriff passt jeweils nicht dazu?

1
Fleiß — a ☐
Ambition — b ☐
Mühe — c ☐
Eifer — d ☐

2
koppeln — a ☐
anreihen — b ☐
fügen — c ☐
nachgeben — d ☐

3
Rand — a ☐
Ecke — b ☐
Saum — c ☐
Einfassung — d ☐

4
Interesse — a ☐
Lust — b ☐
Verlangen — c ☐
Gier — d ☐

5
heiter — a ☐
vergnügt — b ☐
fröhlich — c ☐
wolkenlos — d ☐

6
sprengen — a ☐
hochjagen — b ☐
begießen — c ☐
bewässern — d ☐

7
Rolle — a ☐
Trommel — b ☐
Pauke — c ☐
Walze — d ☐

8
Star — a ☐
Berühmtheit — b ☐
Fan — c ☐
Größe — d ☐

Bausatz ①

Füllen Sie gedanklich die Form oben mit den zur Verfügung stehenden Puzzleteilen aus. Sie werden dabei feststellen, dass ein Teil nicht hineinpasst und übrig bleibt. Welches?
(Damit es nicht zu schwierig ist, wurde die Ausrichtung der Teilstücke beibehalten.)

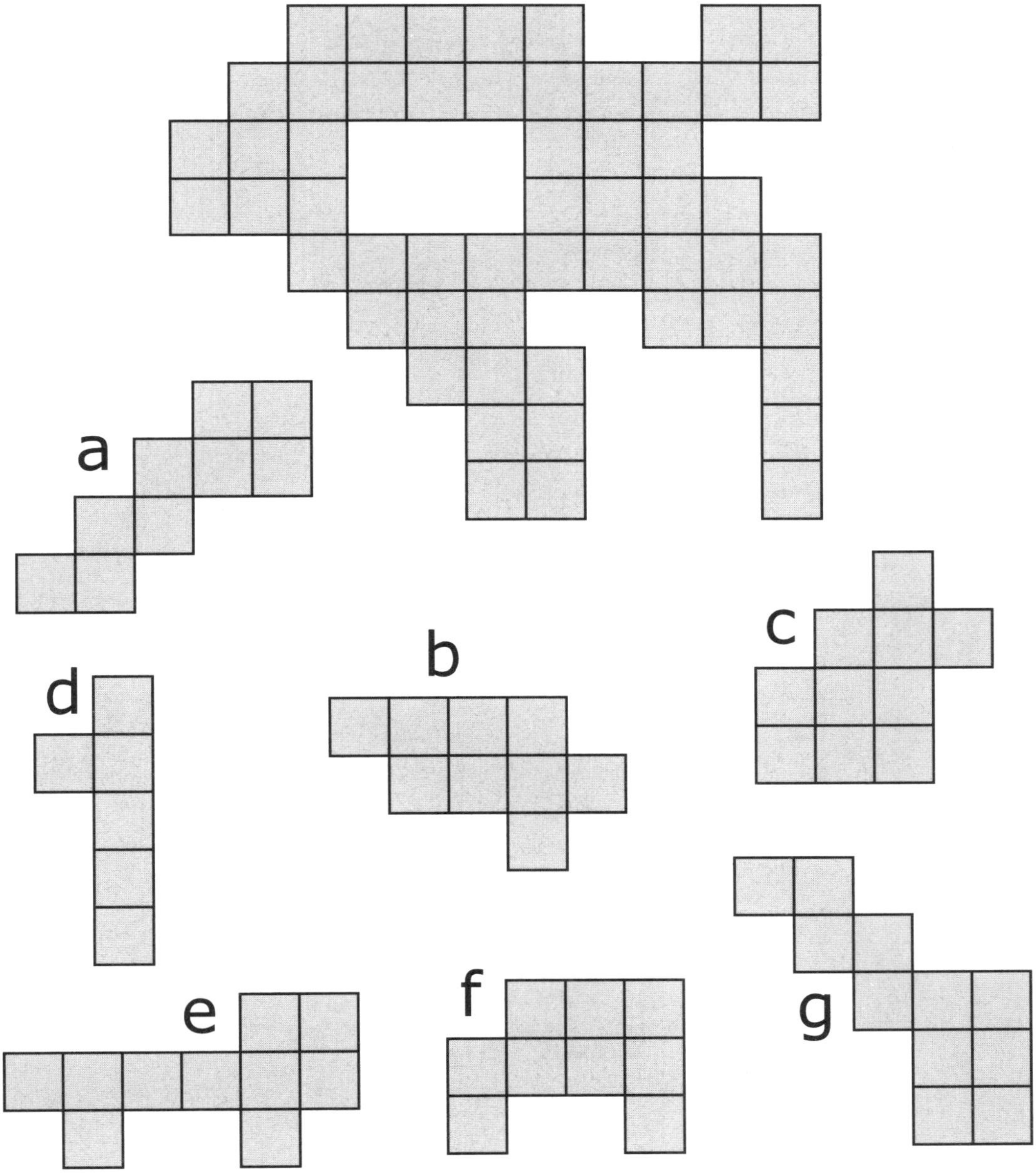

a

b

c

d

e

f

g

Lückenfüller ①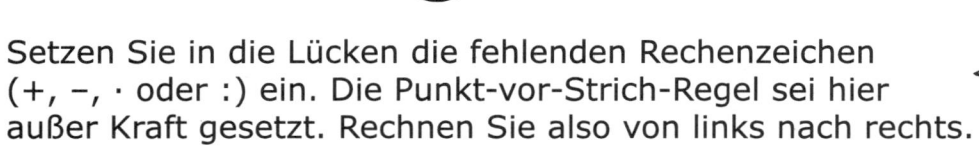

Setzen Sie in die Lücken die fehlenden Rechenzeichen
(+, −, · oder :) ein. Die Punkt-vor-Strich-Regel sei hier
außer Kraft gesetzt. Rechnen Sie also von links nach rechts.

A) 3 ☐ 3 ☐ 8 = 1

B) 8 ☐ 2 ☐ 5 = 11

C) 9 ☐ 3 ☐ 4 = 7

D) 7 ☐ 4 ☐ 4 ☐ 6 = 6

E) 4 ☐ 1 ☐ 7 ☐ 2 = 5

Wortschlangen ①

In die Kästen haben wir Wörter eingebaut, die schlangenförmig zu lesen sind – so wie im Beispiel rechts: „DENKEN".
Um welche Wörter handelt es sich?

N	N	E
E	K	D

1

H	C	E
I	S	N
G	R	E

2

S	U	H
G	A	C
L	E	I

3

S	A	D
R	T	A
E	Z	R

4

O	B	R
O	D	E
T	U	R

5

T	S	T
O	A	B
T	O	R

6

U	L	T
A	M	I
T	U	M

7

S	P	R
R	Y	A
A	A	H

8

U	E	R
A	H	C
Z	U	S

Kameraschwenk ①

Ordnen Sie die Bilder a bis f so, dass in jedem Bild
ein Teil des vorangegangenen Bildes zu sehen ist.
Aufeinanderfolgende Bilder resultieren dabei aus
einer exakt horizontalen oder vertikalen Schwenkung der Kamera.

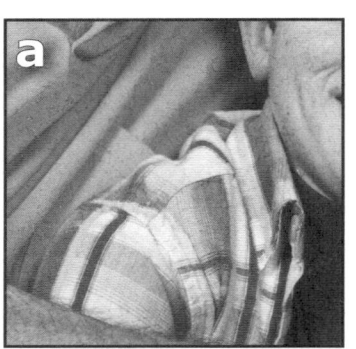

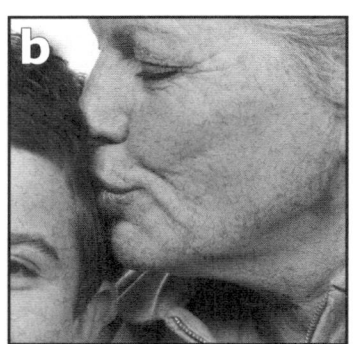

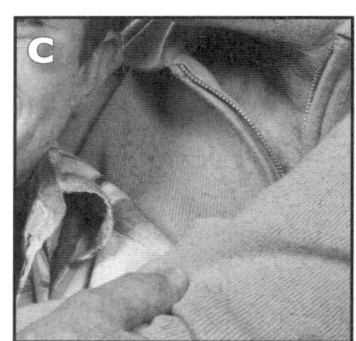

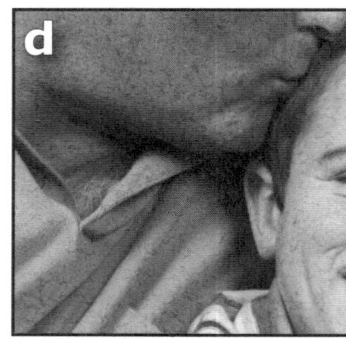

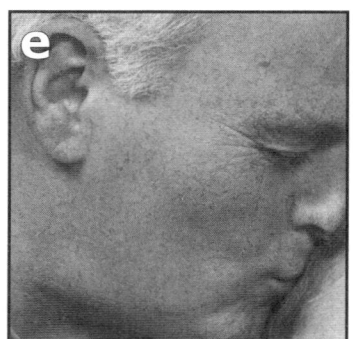

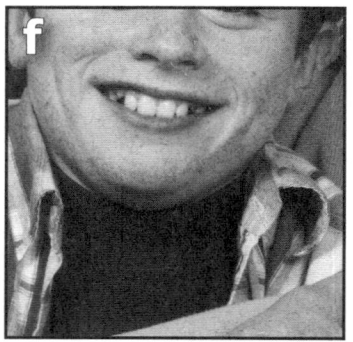

Ablauf: ☐—☐—☐—☐—☐—☐

Rechnungskreuzungen ①

Finden Sie heraus, welche Zahlen anstelle der Buchstaben eingesetzt werden müssen? Es kommen nur Zahlen
zwischen 1 und 9 in Betracht. (Achten Sie beim Lösen auf die
Punkt-vor-Strich-Regel.)

6	+	A	·	3	=	B
·		+		·		+
C	+	9	:	D	=	5
:		−		−		−
E	·	7	−	5	=	F
=		=		=		=
6	+	G	−	H	=	5

A = __   B = __   C = __

D = __   E = __   F = __

G = __   H = __

Wörtergitter ①

Tragen Sie die Wörter aus der Liste unten vollständig in das Gitter ein. (Die Wörter sollen wie üblich von oben nach unten bzw. von links nach rechts verlaufen.)

4 MALE, TRUG

5 ARTUS, EHREN, HAYDN, TRUPP, WAMPE, WIDER

6 FLAMME, KALMAR

7 BEWUSST, DUENGER, KRAMMET, OSTENDE, SUFFOLK

8 ABENDROT, AMUESANT, GETRIEBE, TIERPARK, UNBEIRRT

9 AUFWAERTS, KOEST-LICH, MASKIEREN, PARAPLUIE, SCHREINER, SORTIEREN, WEHMUETIG

10 BEGRUENDEN, KONTRA-BASS, PANTOFFELN, SCHUMACHER, TOLERIE-REN

11 AKTENTASCHE

Kubischer Außenseiter ①

Zwei Würfel wurden je zweimal auf unterschiedliche
Weise abgewickelt.
Welche Würfel sind identisch? Welcher Würfel bleibt übrig?

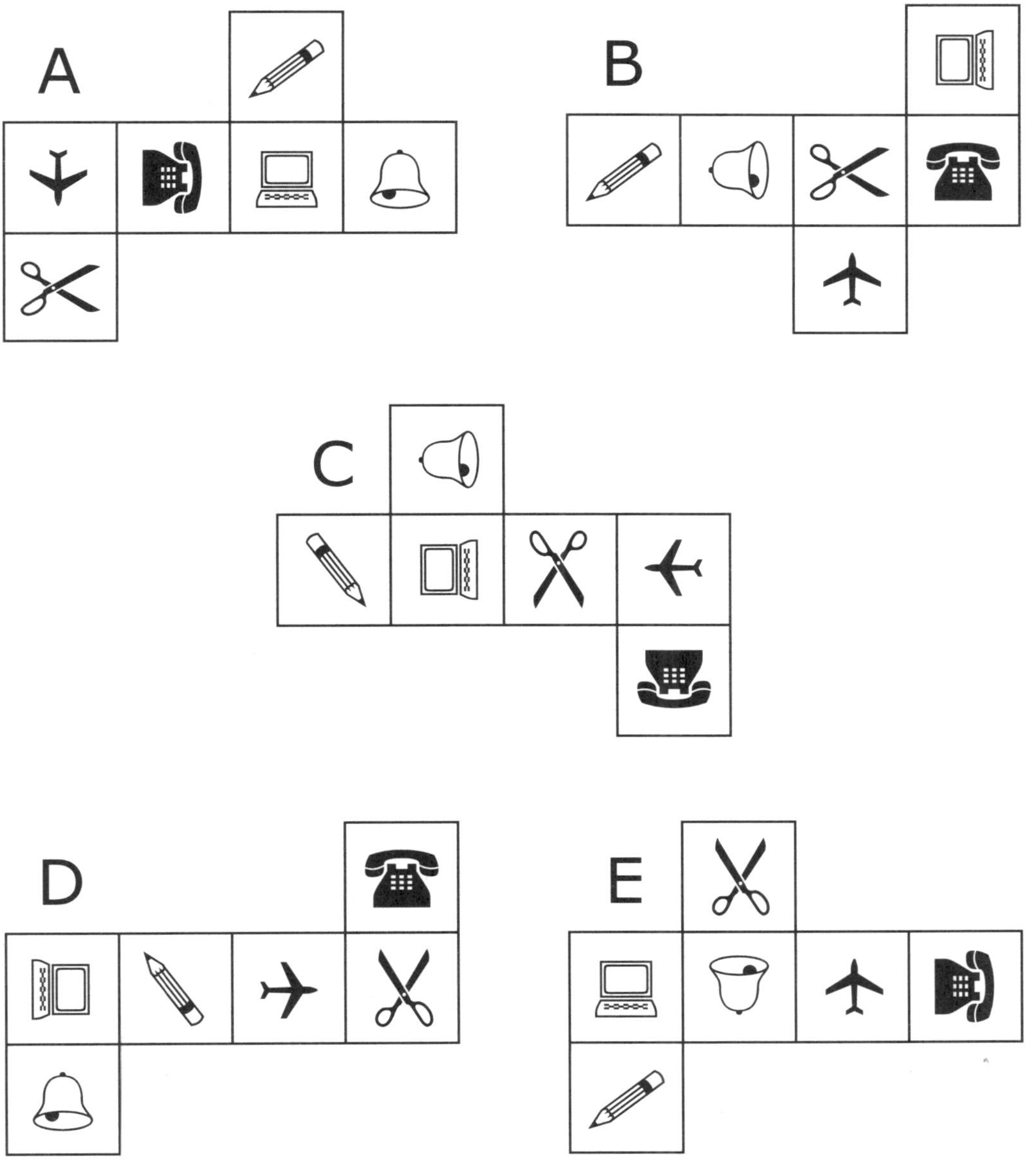

A

B

C

D

E

Gemeinsamkeiten ①

Was haben ein Bett und ein Tisch gemeinsam?
Nehmen Sie sich ein paar Minuten Zeit und lassen Sie sich
Eigenschaften, Funktionen, Merkmale usw. einfallen, die auf
beide Begriffe zutreffen können.

Gemeinsamkeiten: _____

_____

_____

Wahrheit oder Lüge ①

Genau zwei der unten dargestellten Personen lügen.
Wer von ihnen sagt als Einziger die Wahrheit?

Frau Gilinger:
„Ich sage die
Wahrheit!"
☐

Herr Zeisig:
„Wenn Frau Mousa
ehrlich ist, dann sagt
Frau Gilinger die
Wahrheit!"
☐

Frau Mousa:
„Wenn Herr Zeisig
ehrlich ist, dann
lügt Frau
Gilinger!"
☐

Netzwerk ①

Berechnen Sie folgende Summen:

1 Alle Zahlen in Kreisen, die durch • • • • • • • • • • • • mit einem anderen Kreis verbunden sind.

Lösung: _____

2 Alle Zahlen in Rechtecken, die durch ▬▬▬▬▬▬ mit einem Kreis verbunden sind.

Lösung: _____

3 Alle Zahlen in Rauten, die durch ▬ ▬ ▬ ▬ mit einem Rechteck verbunden sind.

Lösung: _____

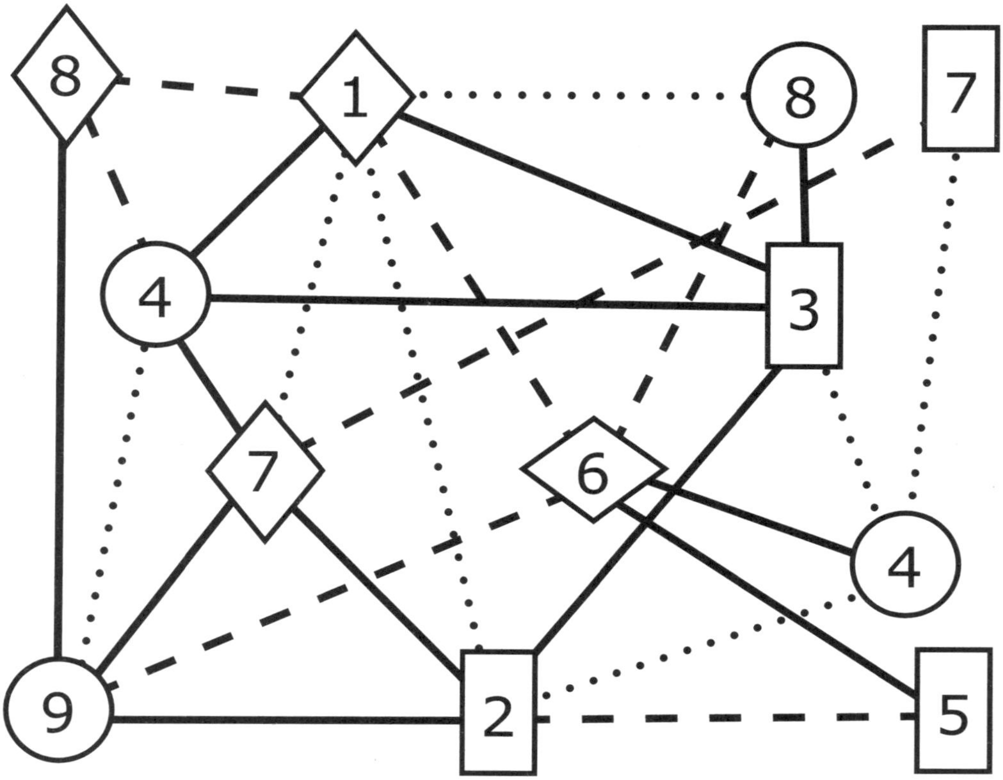

Fleißige Bienchen ①

Hier gilt es herauszufinden, in welchen Waben sich
Bienen versteckt halten. In jeder Wabe steht eine Zahl;
diese gibt an, in wie vielen der direkt angrenzenden Waben sich
eine Biene befindet. Malen Sie die besetzten Waben schwarz aus.

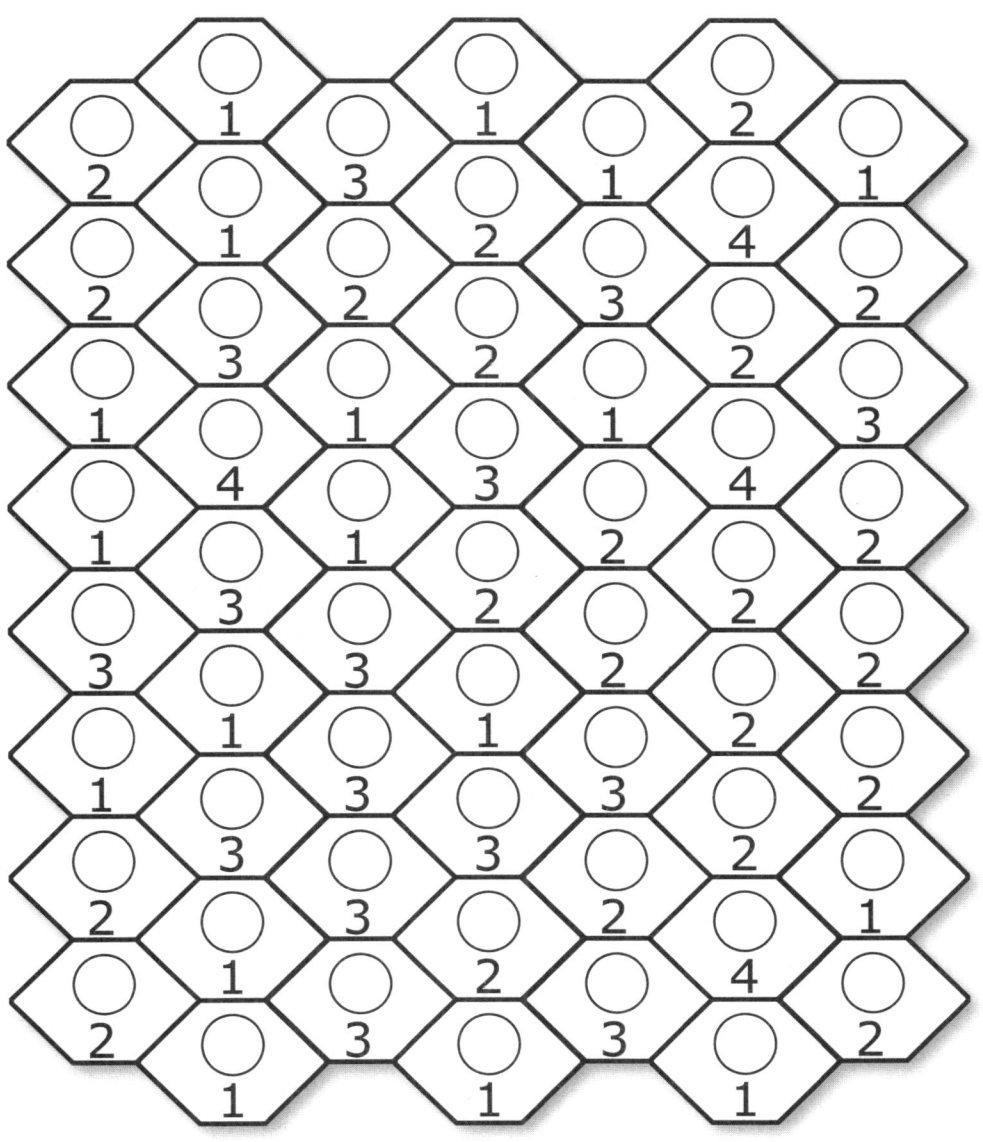

Sandwich ①

Gesucht wird hier jeweils ein Wort, das – entsprechend gebeugt – dem oberen Wort angefügt und dem unteren vorangestellt werden kann, sodass jeweils eine sinnvolle Verbindung entsteht.

Reifen...
1)
...fehler

Kern...
2)
...blase

Schach...
3
...zaun

Brille...
4)
...linie

Schein...
5)
...brecher

Hammer...
6)
...abtausch

Paar...
7)
...schuhe

Mund...
8)
...kopie

Zahlensuchspiel ①

Zehnmal haben wir hier die Zahl 34856 versteckt. Diese ist entweder waagerecht oder senkrecht in den Zeilen bzw. Spalten zu lesen. Und manchmal sogar rückwärts!

5	9	3	6	2	8	6	7	5	3	2	4	5	6	7	6	2	3
3	4	4	7	4	7	3	5	4	3	3	4	8	5	6	3	4	1
2	5	8	9	8	4	4	8	2	7	1	0	5	4	1	9	6	7
8	5	5	5	1	2	8	6	2	7	5	6	6	5	8	4	3	5
6	2	6	2	4	2	5	8	3	2	8	4	7	5	2	8	6	3
7	8	6	7	2	6	6	3	6	7	5	8	6	6	5	1	7	4
5	7	8	6	9	3	4	2	8	6	7	5	8	4	8	6	3	8
7	3	2	4	9	6	7	6	1	8	4	8	2	8	6	7	5	5
3	4	8	5	6	8	6	7	5	3	2	4	5	6	7	6	2	6
3	4	5	7	4	7	6	5	4	3	3	6	7	3	8	3	4	1
2	5	6	9	8	4	5	8	2	7	1	0	5	4	1	9	6	7
8	5	6	5	1	2	8	6	2	7	5	3	4	8	5	6	3	5
6	2	7	2	4	2	4	8	3	2	8	4	7	5	2	8	6	7
7	8	6	7	2	6	3	3	6	5	8	4	3	6	5	1	7	2

Komplexes Wörterspiel ①

Wenn Sie die Buchstaben in den Ovalen zu Wörtern zusammensetzen, erhalten Sie links und rechts zwei Hinweise auf das
jeweilige Wort in der Mitte. Felder, die ein Strich miteinander
verbindet, enthalten die gleichen Buchstaben. Die grauen Felder
ergeben schließlich von oben nach unten gelesen das
Lösungswort.

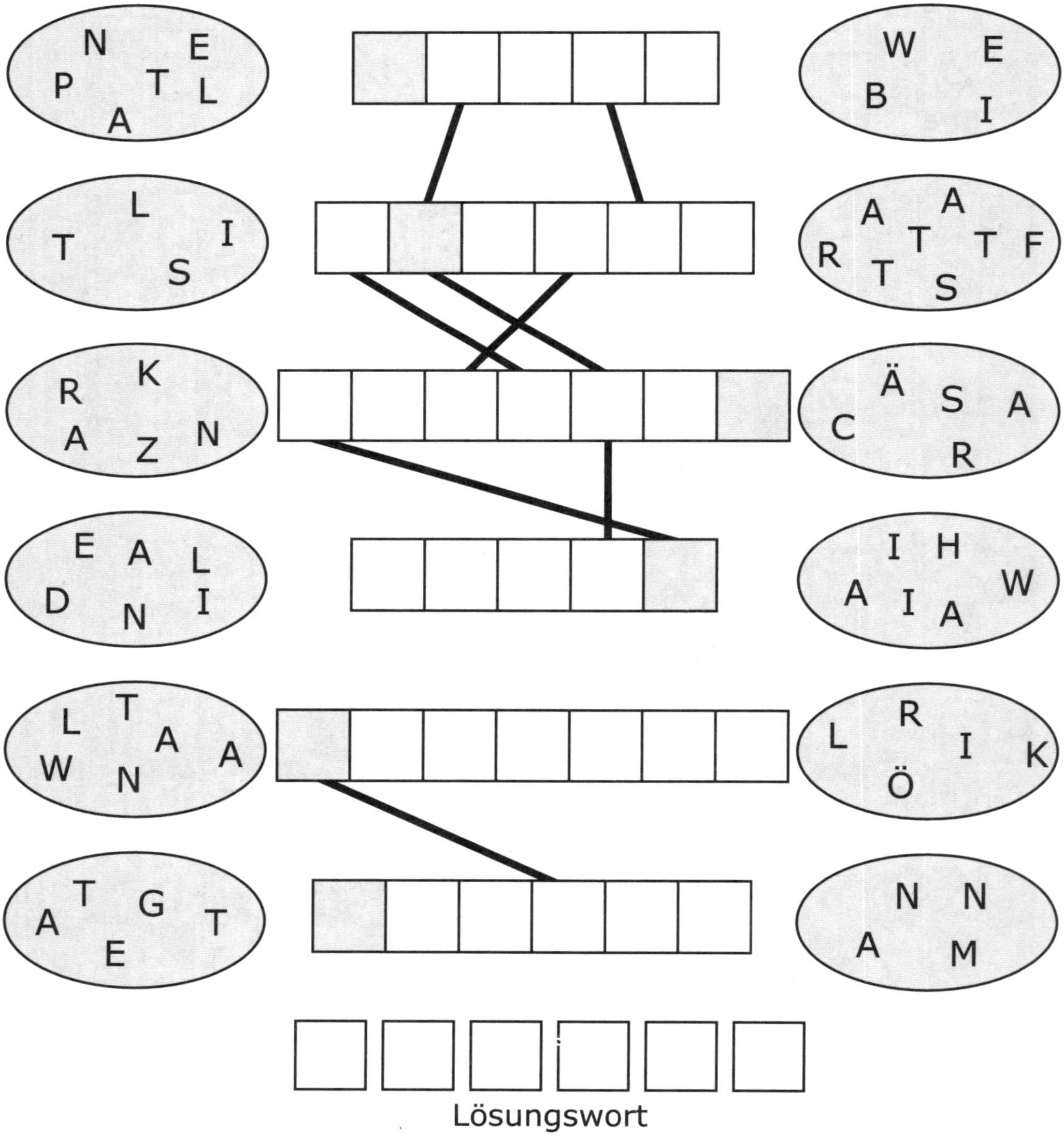

Lösungswort

Mathe-Ass ①

Nach welcher rechnerischen (immer gleichen) Regel
resultiert aus der linken Zahl die rechte Zahl?
Welche Zahl müssen Sie demnach in das letzte Feld mit
dem Fragezeichen eintragen? Notieren Sie darunter die
rechnerische Regel, die hier immer aus zwei Funktionen besteht
(z.B. „x2 –5").

A

5 ⟶ 7

2 ⟶ 1

8 ⟶ 13

4 ⟶ ?

B

5 ⟶ 3

11 ⟶ 5

–1 ⟶ 1

17 ⟶ ?

Synonyme Pärchen ①

Unter den sieben Wörtern eines jeden Kästchens
befinden sich zwei Synonyme – Wörter also, die eine
ähnliche Bedeutung haben. Können Sie diese finden?

1

- ☐ a köstlich
- ☐ b bedenklich
- ☐ c fortschrittlich
- ☐ d anwesend
- ☐ e heikel
- ☐ f dunkel
- ☐ g genügsam

2

- ☐ a Wahl
- ☐ b Bild
- ☐ c Kreis
- ☐ d Sinn
- ☐ e Dauer
- ☐ f Runde
- ☐ g Verbindung

3

- ☐ a erleben
- ☐ b erhoffen
- ☐ c ertragen
- ☐ d erkennen
- ☐ e erklären
- ☐ f ermöglichen
- ☐ g ersehnen

4

- ☐ a halb fertig
- ☐ b erhaben
- ☐ c abgesondert
- ☐ d tadellos
- ☐ e blendend
- ☐ f meisterhaft
- ☐ g unendlich

Strukturelle Identitäten ①

Betrachten Sie die Strukturen der reun Quadrate.
Genau drei davon sind identisch, aber gedreht. Welche?

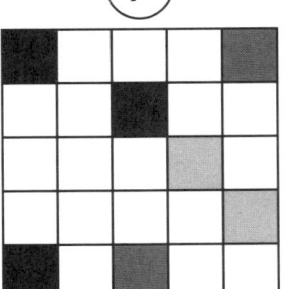

Lösung: ___ = ___ = ___

Im Rückwärtsgang ①

Der Schatz wurde gefunden. Wie kommen Sie nun zurück zum Ausgangspunkt? Bis zum Schatz sind Sie den Hinweisen gefolgt. Diese geben in Form von Buchstaben-Zahlen-Kombinationen an, wohin man vom jeweiligen Feld aus gehen muss. (So bedeutet zum Beispiel „u2" zwei Felder nach unten, „l4" vier Felder nach links usw.)
Beginnen Sie Ihre Reise zurück bei der Schatzkiste; suchen Sie dann das Feld, dessen Hinweis direkt zur Schatzkiste führte usw. Den gesuchten Ausgangspunkt haben Sie dann erreicht, wenn kein Hinweis mehr zur betroffenen Stelle führt. Es werden übrigens sämtliche Felder einmal beschritten.

	A	B	C	D	E	F	G	H
1	u4	r3	u6	r4	u1	l4	l6	u2
2	r7		r3	l3	u4	u2	u5	l1
3	u4	r3	o1	r2	l1	u3	l4	l7
4	r6	o2	r5	r1	l3	l5	o3	u3
5	r1	u2	o4	o4	r3	l3	l3	u1
6	r6	r2	o2	o2	l2	o1	l5	l7
7	r5	o4	r2	o5	o2	o6	o4	l4

Wörterketten ①

Bilden Sie aus den vorgegebenen Wörtern sinnvolle zusammengesetzte Hauptwörter, und zwar so, dass Sie damit eine Art Dominoreihe setzen können.

Beispiel: Wolke, Duft, Himmel, Rose
➝   Rosenduft – Duftwolke – Wolkenhimmel

a | Mann, Video, Urlaub, Kamera

b | Baum, Indianer, Krone, Stamm, Korken

c | Flug, Kasse, Daumen, Sturz, Kino, Höhe

d | Holz, Band, Decke, Lauf, Laub, Nudel, Wald

Ringwörter ①

Setzen Sie Buchstaben so in die leeren Felder ein, dass sich kreisförmig ein Wort ergibt. (Dieses kann sowohl im als auch entgegen dem Uhrzeigersinn verlaufen.)

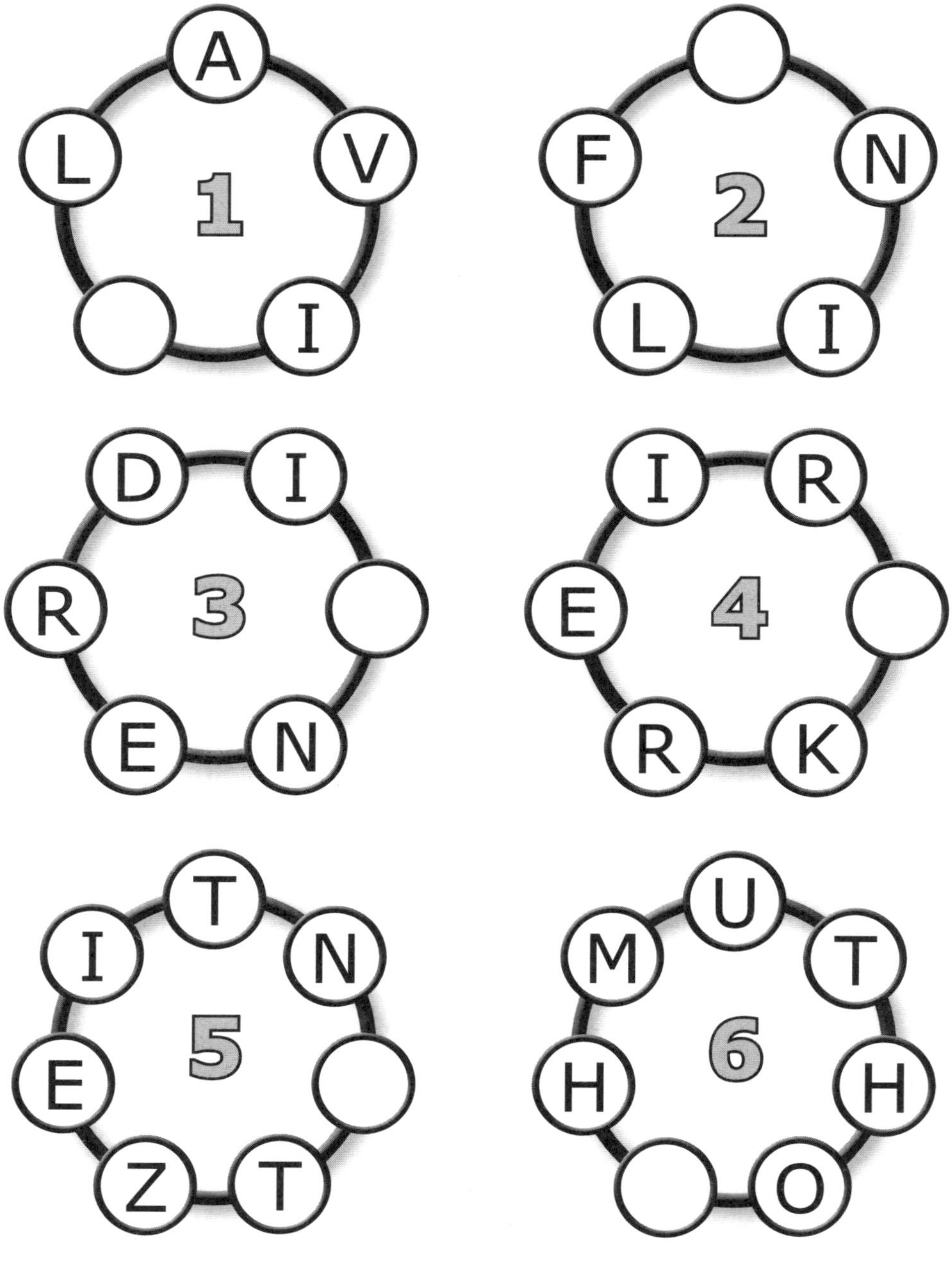

1 — A, V, I, L

2 — N, I, L, F

3 — D, I, R, E, N

4 — I, R, E, R, K

5 — T, N, I, E, Z, T

6 — U, T, M, H, H, O

Blitzrechnen ①

Nun eine leichte Kopfrechenübung, die Sie möglichst schnell lösen sollen. Errechnen Sie die Quersummen der folgenden Zahlen (die Quersumme ist die Summe aller Einzelziffern; Beispiel: Quersumme von 68456: 6 + 8 + 4 + 5 + 6 = 29).

62354	
81542	
96359	
87947	
19532	
57986	
28593	
47533	
25896	
37683	
61789	
89568	

2586542	
1478495	
3865986	
8263452	
9463245	
6754248	
7578412	
4526352	
9652358	
4257524	
6852745	
2147856	

Gegenspieler gesucht ①

Verbinden Sie je zwei Begriffe aus der linken und rechten Spalte, die eine gegenteilige Bedeutung haben.

enden (1) •   • (a) erhalten

löschen (2) •   • (b) gönnen

gelingen (3) •   • (c) vergessen

neiden (4) •   • (d) schweigen

hetzen (5) •   • (e) glätten

schreien (6) •   • (f) entzünden

exportieren (7) •   • (g) ausfallen

putzen (8) •   • (h) flüstern

knittern (9) •   • (i) verdrecken

verlängern (10) •   • (j) beruhigen

merken (11) •   • (k) anfangen

bewegen (12) •   • (l) missglücken

geben (13) •   • (m) angreifen

ausweisen (14) •   • (n) sinken

akzeptieren (15) •   • (o) ablehnen

erzürnen (16) •   • (p) aufnehmen

stattfinden (17) •   • (q) stillhalten

aufsteigen (18) •   • (r) kürzen

reden (19) •   • (s) einführen

verteidigen (20) •   • (t) bummeln

Startschwierigkeiten ①

In jeder dieser Teilaufgaben sind Wörter aufgelistet, die alle mit den gleichen Buchstaben beginnen. Finden Sie heraus, welche Buchstaben das sind, und tragen Sie sie in die Platzhalter ein (ein Buchstabe je Platzhalter).

1

☐ ☐

- BEL
- RN
- ST
- LLE
- UMEN
- RANT

2

☐ ☐

- SE
- T
- LDE
- TTER
- MIE
- RMEL

3

☐ ☐

- STE
- RCHE
- NO
- MME
- ND
- EFER

4

☐ ☐

- RT
- LKE
- LF
- HL
- CHE
- NNE

5

☐ ☐ ☐

- ST
- CKEN
- MMEL
- PEN
- LL
- G

6

☐ ☐ ☐

- ON
- T
- SCH
- OCK
- DE
- KE

Lückentext ①

Lesen und gleichzeitig mitdenken – darauf kommt es in dieser Übung an. An verschiedenen Stellen im Text wurden mit Zahlen versehene Lücken gelassen. Schreiben Sie bitte die den Zahlen entsprechenden Begriffe in die Tabelle unten.

Optimismus (von lat.: optimum, „das Beste") ist ursprünglich der (1), in der besten aller möglichen Welten zu (2). Mit (3) Worten: Optimismus bedeutet Welt- und Lebensbejahung. Heute versteht man (4) diesem Begriff (5) Allgemeinen eine schwache Form des Optimismus, (6) den Glauben an ein gutes Ende. Im Licht dieser positiven Zukunftserwartung sehen (7) jeden gegenwärtigen und vergangenen Stand der (8), selbst (9) er noch so unheilvoll erscheint. Die dem Optimismus entgegengesetzte Weltanschauung ist der (10).

Die meisten (11), besonders die monotheistischen, sind von einer Hoffnung auf Erlösung, oftmals verbunden mit der Idee eines Fortbestehens des Lebens nach dem Tod des materiellen Körpers, und somit von Optimismus (12). Eine moderne Spielart stellt der Fortschrittsglaube der Aufklärung dar.

1) —————— 2) —————— 3) ——————

4) —————— 5) —————— 6) ——————

7) —————— 8) —————— 9) ——————

10) —————— 11) —————— 12) ——————

Spritztour ①

Folgen Sie der Zickzacklinie – beginnend bei „Start" – und zählen Sie dabei, wie oft der Weg eine Richtungsänderung nach rechts macht.

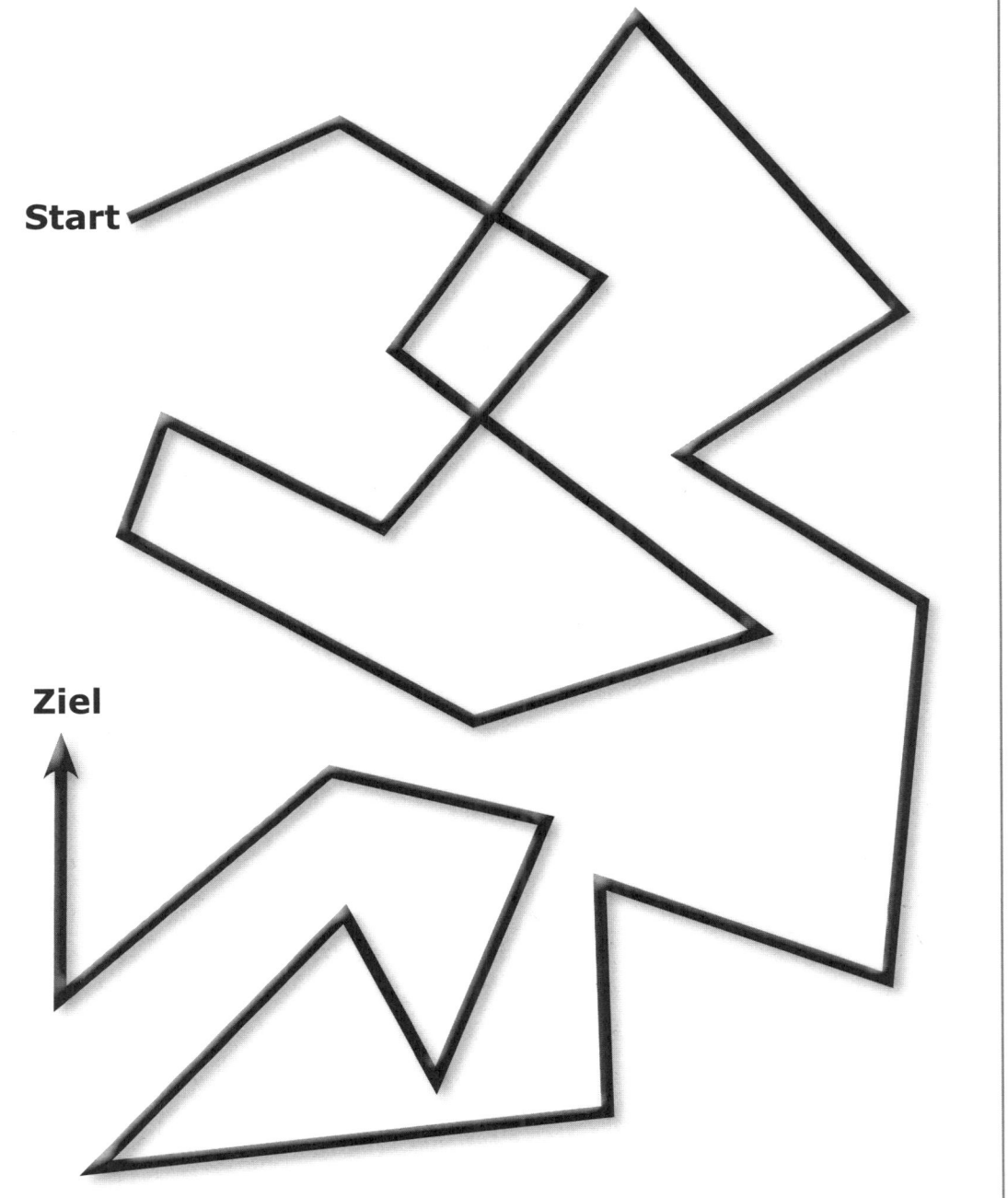

Drei Sorten einer Art ①

Finden Sie jeweils ein Wort, das jedem der drei angegebenen
Begriffe hinten angefügt werden kann, sodass neue zusammengesetzte Wörter entstehen.

1	Sonnen...	Eis...	Frühlings...	(_____)
2	Frauen...	Haus...	Not...	(_____)
3	Geister...	Schul...	Fahr...	(_____)
4	Stamm...	Nacht...	Konferenz...	(_____)
5	Arbeits...	Stunden...	Tarif...	(_____)
6	Berg...	Zug...	Atem...	(_____)
7	Fuß...	Spiel...	Korb...	(_____)
8	Fluss...	Renn...	Reit...	(_____)
9	Bild...	Hand...	Wohn...	(_____)
10	Dampf...	Band...	Eier...	(_____)
11	Feuer...	Tag...	Hand...	(_____)
12	Lebens...	Mund...	Gang...	(_____)

Schlussfolgerungen ①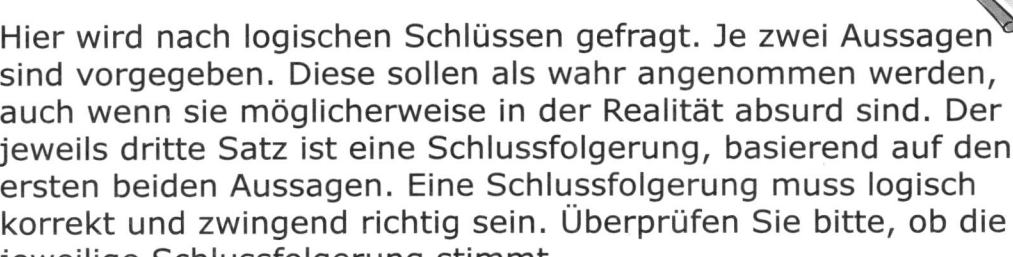

Hier wird nach logischen Schlüssen gefragt. Je zwei Aussagen sind vorgegeben. Diese sollen als wahr angenommen werden, auch wenn sie möglicherweise in der Realität absurd sind. Der jeweils dritte Satz ist eine Schlussfolgerung, basierend auf den ersten beiden Aussagen. Eine Schlussfolgerung muss logisch korrekt und zwingend richtig sein. Überprüfen Sie bitte, ob die jeweilige Schlussfolgerung stimmt.

1.
● Alle Tiere sind bunt.
● Manches Bunte ist gut.

⇒ *Manches Gute ist ein Tier.*

☒ richtig ☐ falsch

2.
● Es gibt laute Wolken.
● Manche Winde sind Wolken.

⇒ *Manches Laute ist ein Wind.*

☒ richtig ☐ falsch

3.
● Einige Pflanzen sind mild.
● Alles Milde ist mutig.

⇒ *Manches Mutige ist eine Pflanze.*

☒ richtig ☐ falsch

Wettkampf ①

Ermitteln Sie aus den Hinweisen, welche Platzierungen die aufgelisteten Damen beim Wettbewerb erreichten. Tragen Sie als Lösung die Platznummern in die leeren Kästen ein.

- Johanna war nicht so schnell wie Sabine.
- Marta kam vor Johanna ins Ziel.
- Elvira konnte nicht mit Johanna mithalten.
- Sabine erreichte eine bessere Platzierung als Marta.

	Marta
	Sabine
	Elvira
	Johanna

Synonym-Trios gesucht ①

Finden Sie in jedem Kasten drei Begriffe, die eine
ähnliche Bedeutung haben.

1.
- ☐ a berüchtigt
- ☐ b anregend
- ☐ c verrufen
- ☐ d verraten
- ☐ e anrüchig
- ☐ f ansässig
- ☐ g anzüglich

2.
- ☐ a Absicht
- ☐ b Interesse
- ☐ c Verstand
- ☐ d Anteilnahme
- ☐ e Karriere
- ☐ f Betreuung
- ☐ g Beachtung

3.
- ☐ a Leid
- ☐ b Sorge
- ☐ c Wut
- ☐ d Angst
- ☐ e Unglück
- ☐ f Ungeduld
- ☐ g Elend

4.
- ☐ a lasterhaft
- ☐ b regulär
- ☐ c lebhaft
- ☐ d vollkommen
- ☐ e munter
- ☐ f lebendig
- ☐ g eifrig

5.
- ☐ a Titel
- ☐ b Sport
- ☐ c Aufschrift
- ☐ d Tiefe
- ☐ e Decke
- ☐ f Kopf
- ☐ g Meter

6.
- ☐ a alle
- ☐ b lauter
- ☐ c lau
- ☐ d rein
- ☐ e oft
- ☐ f makellos
- ☐ g genug

Eingeschränktes Chaos ①

Hier sollen Sie herausfinden, welches Wort jeweils hinter den Buchstaben steckt. Als wichtige Hilfestellung haben wir die Auswahl durch einen Hinweisbegriff eingeschränkt.

Oberbegriff	Buchstabentausch	Lösung
a) Experiment	ESTT	
b) Einzelraum	TESUB	
c) Aufpasser	HECWA	
d) Boot	HTCJA	
e) Demarkation	EGEZNR	
f) Düngemittel	UCEJAH	
g) Ende	USSSHCL	
h) Profi	EERPTEX	
i) Gegenbild	EIVGTAN	
j) Gewässer	AWBCDLIH	

Doppelgänger ①

Sehen Sie genau hin. Unter den sieben Grafiken befinden sich sechs, die drei identische Zwillingspärchen bilden. Ein Bild hat keinen Doppelgänger. Welches?

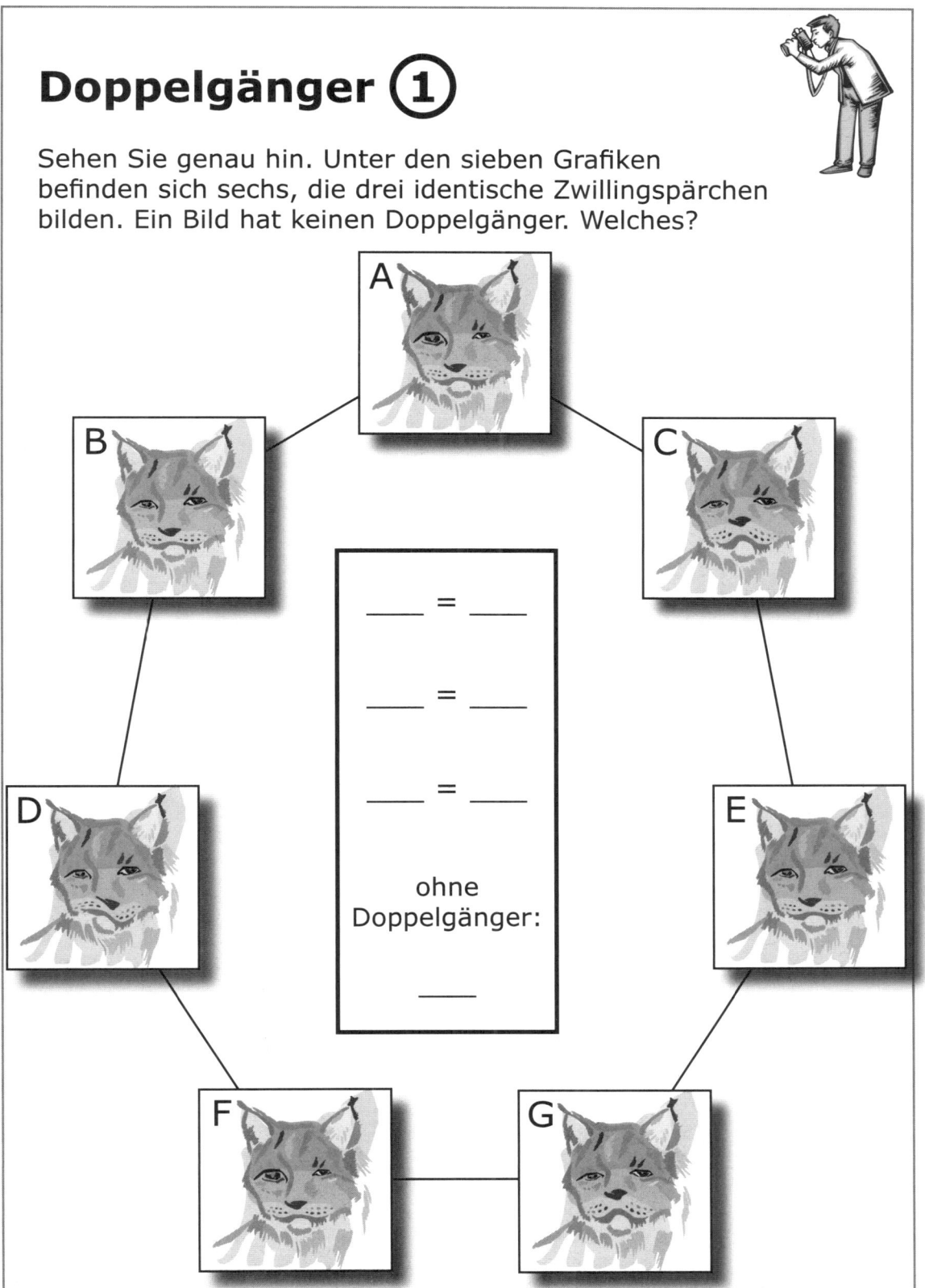

____ = ____

____ = ____

____ = ____

ohne Doppelgänger:

____

Buchstaben suchen ①

Suchen und verbinden Sie alle Buchstaben, die in folgendem Zitat von Henry Ford stecken, und zwar in der Reihenfolge, in der sie auch im Satz vorkommen:
DAS HÖCHSTE ZIEL DES KAPITALS IST NICHT,
GELD ZU VERDIENEN, SONDERN DER EINSATZ VON
GELD ZUR VERBESSERUNG DES LEBENS.

E E G   T   N   E   O   S

H   U   I   S   H   Z   C   I

   V   E   D   S E P   Z   E   R   N

      Z   V   R   S   B D   N

T   I   S   E   D I E   R

E   A   D   S   E   S   U

   L E   N   A   G S   H   R

L   S   E   D   G   I   R   N

A   L   E   N   K

E   D N   E   N   R   Ö   T   L

V   A   S U   S   N   T   E

T D   C   R   L N   E

B   I   O   E   Z   N   E   S   D

68   Geistig fit bleiben

Doppel-Zahlensuche ①

Die beiden Zahlen, die oben vorgegeben sind, gilt es in den Zeilen zu finden. Sie sind dort mehrfach vorhanden und können sowohl vorwärts als auch rückwärts geschrieben sein.

8293   **5063**

```
62595063625463605 8938
82937298369506 3429837
84836057454582 9345265
68293164392864 5298359
29831235628723 5063996
73928548293461 3605544
29854064587948 6438923
48829326950634 506393
26433163984699 493464
54829363392862 5493605
64582936329831 3625484
46341625450638 3874526
```

Lösung:
Die vorgegebenen Zahlen sind
insgesamt ____-mal enthalten.

Wörtersuche ①

Finden Sie alle unten vorgegebenen Wörter. Diese können horizontal, vertikal, diagonal, vorwärts oder rückwärts geschrieben sein. Achtung: Die übrig bleibenden Buchstaben ergeben ein Sprichwort.

U	N	E	N	T	G	E	L	T	L	I	C	H	N	E
Z	U	C	K	E	R	N	B	V	O	R	S	I	T	Z
T	S	E	M	A	N	O	D	D	E	M	S	C	H	I
F	L	A	F	I	N	M	S	V	A	S	E	L	I	N
T	H	A	T	E	G	E	L	E	M	E	N	T	A	R
L	U	T	K	I	S	N	E	S	S	A	M	T	U	M
C	H	C	I	S	R	A	E	L	I	T	G	O	W	I
M	U	T	R	R	I	E	D	E	L	T	A	N	N	E
G	M	M	E	S	P	E	K	U	L	A	T	I	U	S
E	D	N	U	T	S	S	G	A	T	T	I	M	N	M

ANEMONE
DAEMON
EDELTANNE
EISKALT
ELEMENTAR
GEMAHL
GUCKEN

IRRTUM
ISRAELIT
KANEEL
MAGNUM
MITTAGSSTUNDE
MUTMASSEN
SATIRE

SEEANEMONE
SPEKULATIUS
STUNDE
UNENTGELTLICH
VASELIN
VORSITZ
ZUCKERN

Lösung:

Vierteldrehungen ①

Jedes Bild soll im nächsten Schritt immer um 90° im Uhrzeigersinn verdreht sein. Finden Sie all diejenigen, bei denen dies nicht zutrifft.

1) ☐   2) ☐   3) ☐   4) ☐   5) ☐   6) ☐

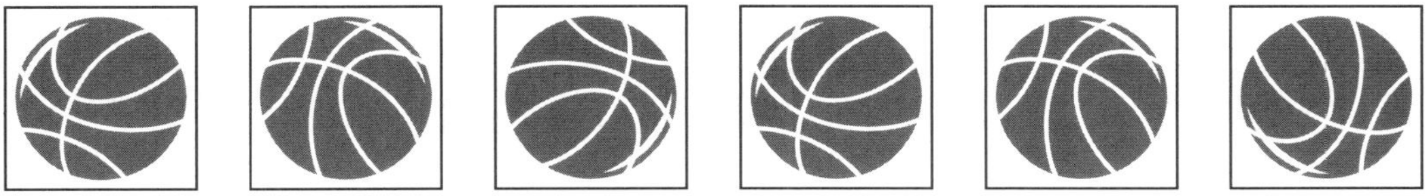

7) ☐   8) ☐   9) ☐   10) ☐   11) ☐   12) ☐

13) ☐   14) ☐   15) ☐   16) ☐   17) ☐   18) ☐

19) ☐   20) ☐   21) ☐   22) ☐   23) ☐   24) ☐

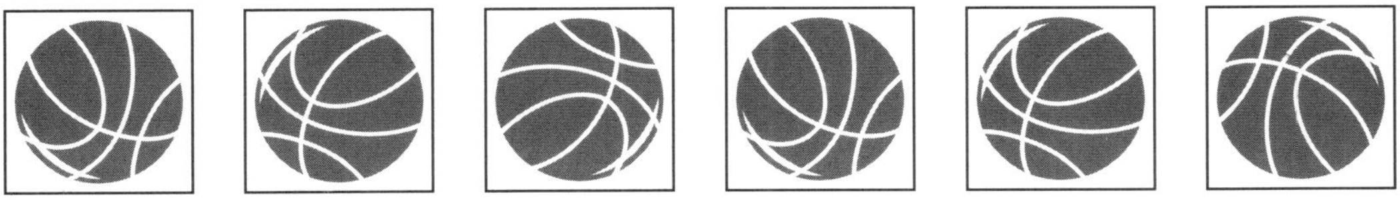

25) ☐   26) ☐   27) ☐   28) ☐   29) ☐   30) ☐

Wortzählung ①

Wie oft ist in den Zeilen unten das Wort SPORT enthalten?
Lesen Sie regulär von links nach rechts.

SPORTSPOSPORTPORTSPOR

POSPORTSPORTSPORSPORT

SPOPORTSPOSPORTPSORT

SPORTSPORTROSROTSPORT

SPSPORTPORTSPOSPORROT

TORSPORTSPORTOROPSOTS

SPORTSPOSPORTPORPOTRS

SPORTSPORTSPSPORTSRO

SPORSPORTORTSPORSPOT

SPORSPOSPORTSPORTOST

Lösung:

Das Wort SPORT ist insgesamt ____-mal enthalten.

Streckenabschnitte ①

Sehen Sie genau hin. Welche der Teilstücke a bis f
wurden aus dem oben dargestellten Wegverlauf herauskopiert?

a) ☐

b) ☐

c) ☐

d) ☐

e) ☐

f) ☐

Tippfehlerteufel ①

In der jeweils unteren Zeile sind immer drei Zeichen falsch (sie entsprechen nicht den Zeichen darüber). Markieren Sie in jedem Kästchen diese drei Fehler.

Hefw6Dhc<üäa
Hefw9Dnc<üöa

G&pq90?"#ömP
Gbpg90?"#ömB

LöliSh%Yv(/w
Löli§h%Xy(/w

ml=lks)§SOä&
m!=lks)$SQäb

dK0=9/8&hF4§
dKD=8/8bhF4§

i;mFuZ9%t§re
l;mJuZ6%t§re

1W3§E54T(8ji
1W2§F54T/8ji

?"h)8uN76Gf$
?"n)8uH76Gt$

c&gj(b(6$sb§B
c&gj(k(6$sd§ß

ö*0'8K–Sn/zW
ä*0'8K+§n/zW

vL3b%gJnmF0
yL3&%gJnmL0

äL*#§üÄ´ÖJ&S
äL*#?üÄ´ÖJ%$

Striche zählen ①

Markieren Sie alle b und q, zu denen insgesamt drei
Querstriche gehören.

−	=	=	−	=		=	=	−		−	−	=
p	b	q	p	g	p	q	b	g	p	q	b	g
=	−	−	=		−	=	−	=	=	=		=
□	□	□	□	□	□	□	□	□	□	□	□	□

=	−	=	=	−	−	−	=	−	=	=	−	−
q	g	p	g	p	q	p	b	g	p	g	q	b
	=	−	−		=	=	−	−	−		=	−
□	□	□	□	□	□	□	□	□	□	□	□	□

−	=		−	=	−		−	−	=		−	=
p	b	p	q	b	p	q	b	g	p	q	b	g
=		=		=	=	−	−		=	=	=	
□	□	□	□	□	□	□	□	□	□	□	□	□

	−	=	=		−		=		=	=	−	−
b	g	q	b	p	g	q	b	p	q	b	g	q
=	=		=	−	=	=	−	=	−		−	=
□	□	□	□	□	□	□	□	□	□	□	□	□

−	−	−	−	=	−	=		−	=	=		=
q	b	g	q	b	q	g	p	q	b	g	q	p
=			=	−		=	−	=	−		=	−
□	□	□	□	□	□	□	□	□	□	□	□	□

Buchstabenfüller ①

Tragen Sie die fehlenden Buchstaben ein und bilden Sie zügig sinnvolle Wörter.

Mis_hb_ot
Z_st_rn_
F_ls_hg_ld
Du_el_ac_
Patr_ar_h
A_sd_uck
B_a_ag_
Kl_is_er

K_aw_tt_
Fa_rk_rt_
R_hme_
E_po_t
S_eg_r
D_k_m_nt
U_sa_h_
E_b_em

Mech_n_k
S_a_re
S_hu_z
V_r_re_er
H_k_ik
F_l_al_
S_hi_k_al
E_e_en_

G_en_e
E_n_pr_ch
Vo__at
E_g_er
S_b_t_nz
M_r_m_l
Ko_l_ge
H_n_er_is

Zahlen und Formen ①

Jeder Zahl von 1 bis 9 ist eine bestimmte Form zugeordnet.
Zeichnen Sie unten in die leeren Kästchen die fehlenden Formen
skizzenhaft ein. Gehen Sie der Reihe nach vor und überspringen
Sie keine Felder.

1	2	3	4	5	6	7	8	9
☐	◆	♑	☞	👎	➡	☹	😐	💣

8	2	4	1	9	6	5

1	7	2	6	8	4	7

5	8	3	9	3	5	1

Vokalsumme ①

Beginnen Sie links oben bei der 8 und folgen Sie danach
den Pfeilen. Steht ein Vokal vor der Zahl, müssen Sie
diese Zahl hinzuzählen. Ist dort ein Konsonant, müssen Sie sie
abziehen. Zu welchem Ergebnis führt dieser Weg?

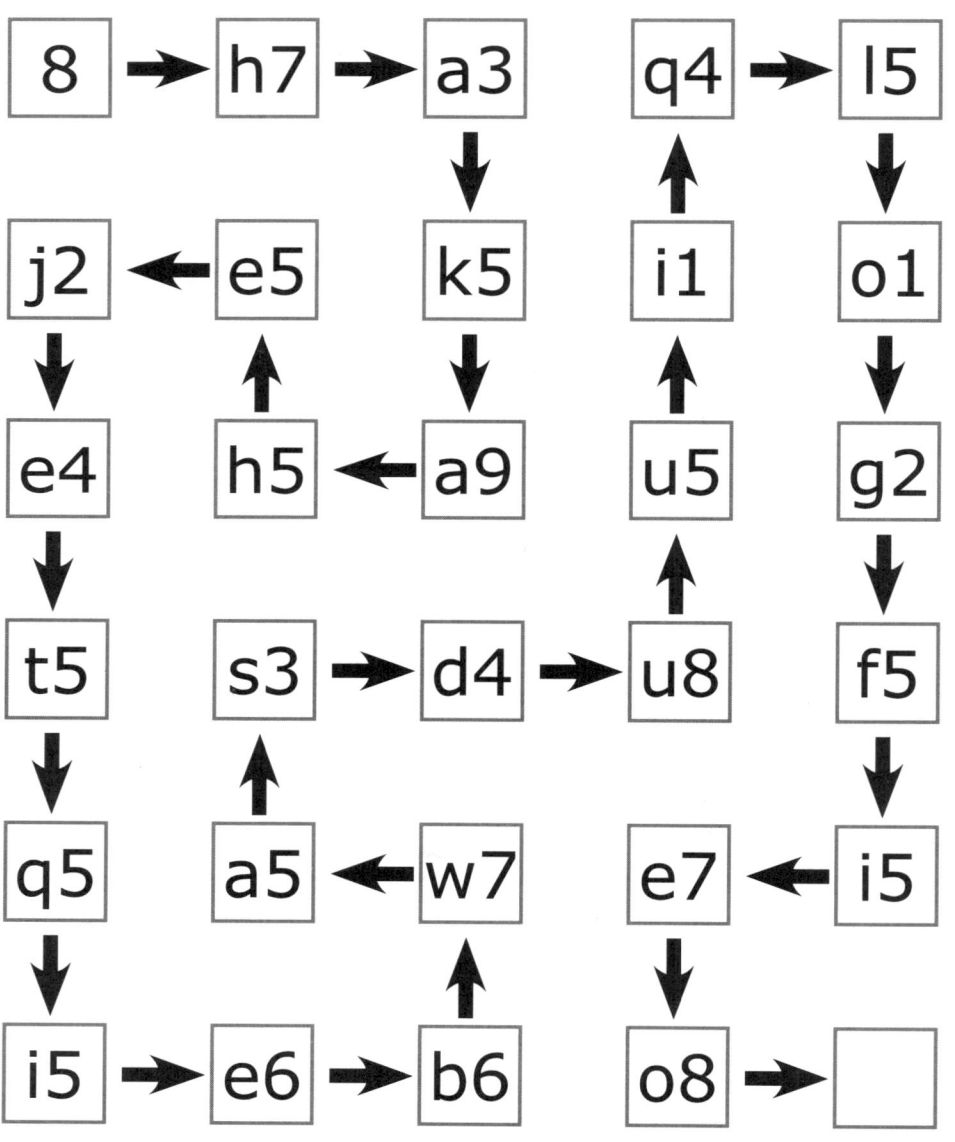

Förmlichkeiten ①

Notieren Sie in jedem Dreieck eine 5, in jedem Viereck
eine 1, in jedem Fünfeck eine 3, in jedem Sechseck
eine 7, in jedem Siebeneck eine 4 und in jedem Achteck eine 2.
Addieren Sie dann alle ungeraden Zahlen und subtrahieren Sie
alle geraden. Auf welches Ergebnis kommen Sie?

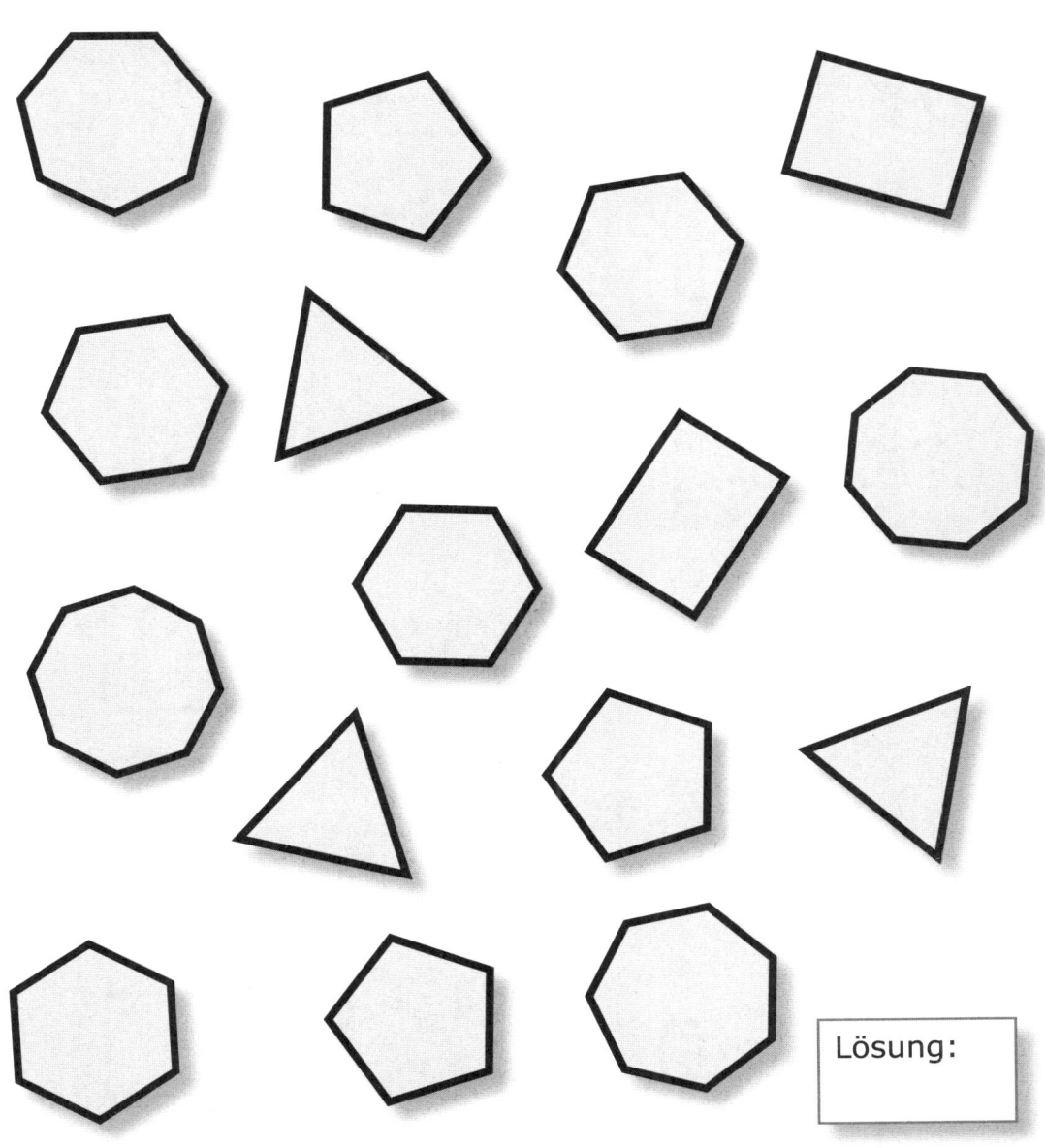

Lösung:

Ergebnisdifferenzen ①

Jede Aufgabe besteht aus zwei kleinen Rechenaufgaben. Lösen Sie beide und ziehen Sie dann vom größeren Ergebnis das kleinere ab, ermitteln Sie also die Differenz aus beiden Ergebnissen. Dies sollte ohne Notizen erfolgen.

a)
$$9 - 1 - 3$$
$$2 + 7 - 5$$

b)
$$4 - 2 + 5$$
$$6 + 1 + 2$$

c)
$$8 + 5 - 2$$
$$8 - 5 + 7$$

d)
$$8 - 3 + 6$$
$$9 - 1 - 5$$

e)
$$8 - 6 - 1$$
$$4 + 5 + 7$$

f)
$$0 - 4 + 8$$
$$9 - 2 + 6$$

Malen auf dem Kopf ①

Zeichnen Sie die Symbole aus der oberen Hälfte spiegelbildlich in die entsprechenden leeren Felder der unteren Hälfte.
Ein Beispiel ist bereits vorgegeben.

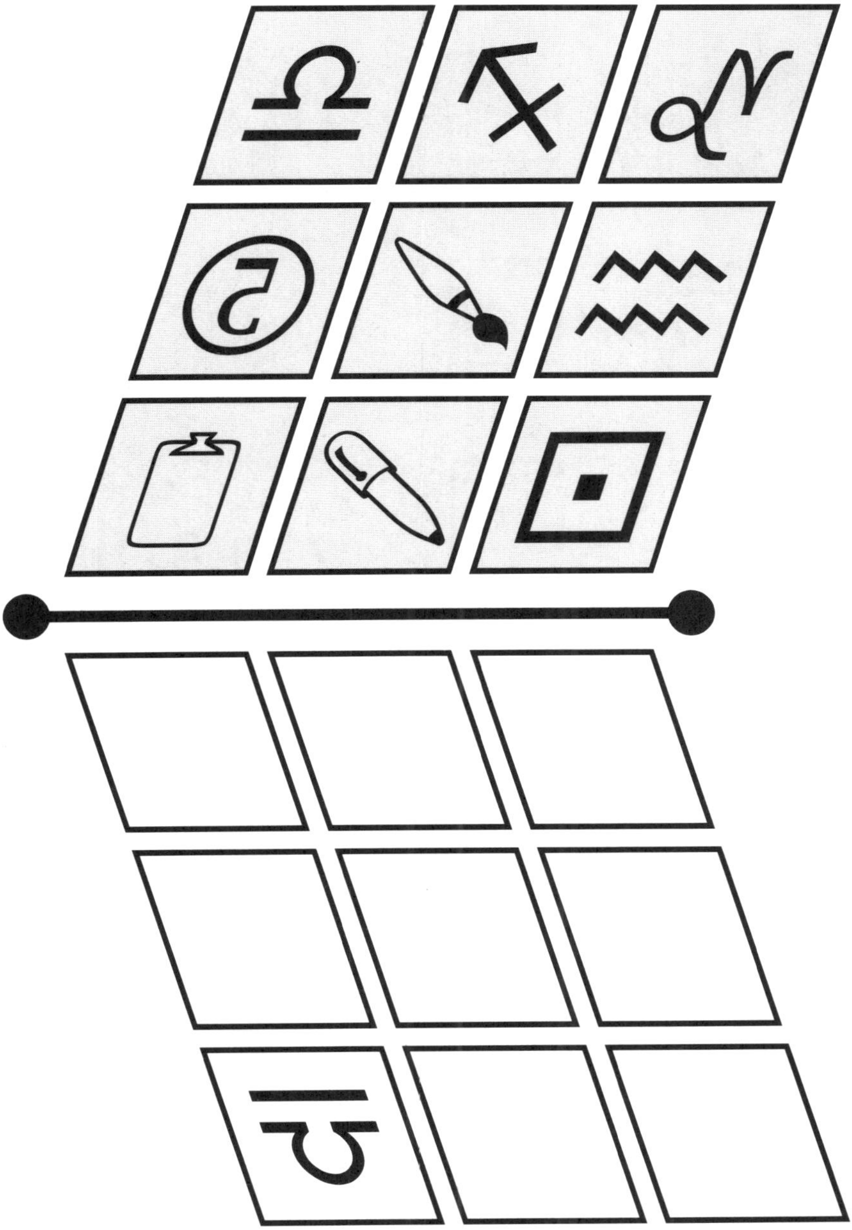

Grenzbereiche ①

Jede Teilaufgabe enthält zwei Zahlen. Sie sollen alle markieren, die folgende Bedingungen erfüllen:
Obere Zahl: 207 bis 611
Untere Zahl: 0,4905 bis 0,8159

a) 198 / 0,8065 ☐

b) 480 / 0,4895 ☐

c) 609 / 0,3999 ☐

d) 206 / 0,8 ☐

e) 208 / 0,49 ☐

f) 504 / 0,8200 ☐

g) 216 / 0,560 ☐

h) 333 / 0,6381 ☐

i) 507 / 0,491 ☐

j) 707 / 0,8209 ☐

k) 612 / 0,8059 ☐

l) 270 / 0,5 ☐

Verlorene Begriffe ①

Vergleichen Sie diese beiden Kästen. Welche zwei Wörter im unteren Kasten kommen im oberen nicht vor?

Duft   Super   Frieden

Feier   Leistung   Zukunft   genug

Koffer   Urlaub   Familie

Sonne   Freiheit   schön   Geld

Wärme

Waffel   Obst   Genuss   malen

---

schön   Leistung   Wärme   Duft

Koffer   Qualität   Freiheit   Frieden

Feier

Geld   Zukunft   genug

Familie

Waffel   malen

Obst   Super

sauber   Genuss   Sonne   Urlaub

Oben fehlen die Wörter _____ und _____.

Nadeln im Heuhaufen ①

Wo sind die jeweils links vorgegebenen Figuren versteckt?

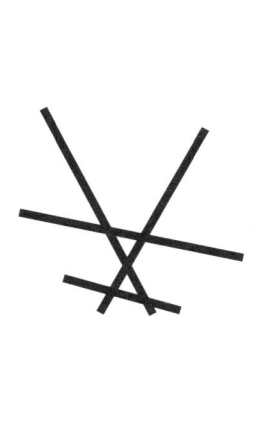

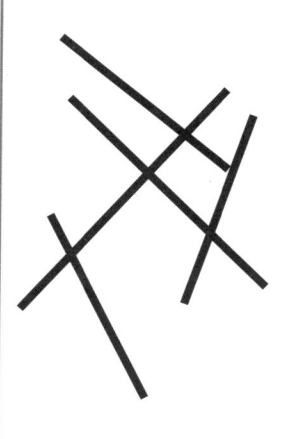

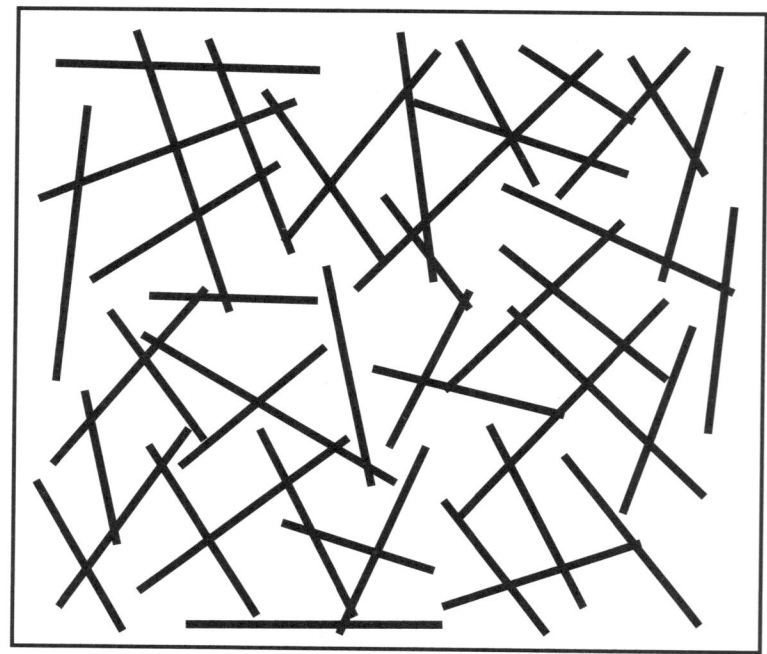

Summenkontrolle ①

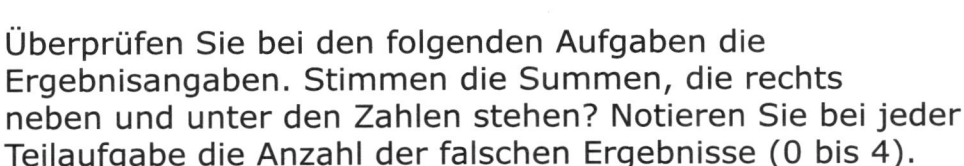

Überprüfen Sie bei den folgenden Aufgaben die Ergebnisangaben. Stimmen die Summen, die rechts neben und unter den Zahlen stehen? Notieren Sie bei jeder Teilaufgabe die Anzahl der falschen Ergebnisse (0 bis 4).

a)
35 + 66	= 102
+ +	
18 + 34	= 52
= =	
54 100	

b)
94 + 28	= 122
+ +	
47 + 65	= 111
= =	
141 93	

c)
12 + 36	= 48
+ +	
47 + 69	= 106
= =	
59 105	

d)
57 + 73	= 120
+ +	
67 + 93	= 170
= =	
114 166	

e)
87 + 66	= 153
+ +	
47 + 32	= 79
= =	
124 98	

f)
53 + 92	= 145
+ +	
91 + 86	= 177
= =	
144 178	

Verdrehte Doppelgänger ①

Jedes Bild ist zweimal vorhanden, allerdings ist der jeweilige Doppelgänger verdreht und gespiegelt. Welche sind die Pärchen?

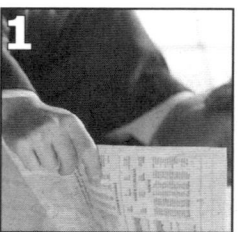  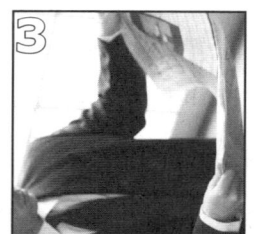 

 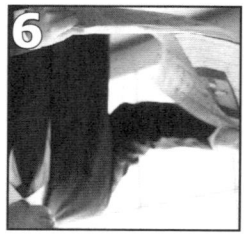  

☐ = ☐   ☐ = ☐   ☐ = ☐   ☐ = ☐

☐ = ☐   ☐ = ☐   ☐ = ☐   ☐ = ☐

Rückwärts lesen ①

Eine herrlich ungewohnte Herausforderung für Ihre grauen Zellen. Dieser Text ist spiegelverkehrt abgedruckt, er muss also von rechts nach links gelesen werden.

Norddeutsche Touristenattraktion

Sylt ist die größte nordfriesische Insel. Sie erstreckt sich in Nord-Süd-Richtung vor der Nordseeküste Schleswig-Holsteins. Bekannt ist die nördlichste deutsche Insel vor allem für ihre Kurorte Westerland, Kampen und Wenningstedt sowie für den knapp 40 Kilometer langen Weststrand. In den Medien ist sie sehr oft aufgrund ihrer exponierten Lage in der Nordsee und der Landverluste bei Sturmfluten präsent. Seit 1927 ist Sylt über den Hindenburgdamm mit dem Festland verbunden.

Frage: Was in Sylt ist laut Text 40 Kilometer lang?

Antwort: _____

Falscher Drilling ①

Je ein Bild ist anders als die anderen beiden. Finden Sie dieses in jeder Zeile.

1

2

3
  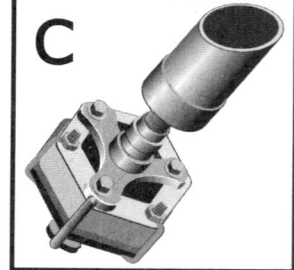

4

Pilotentraining ①

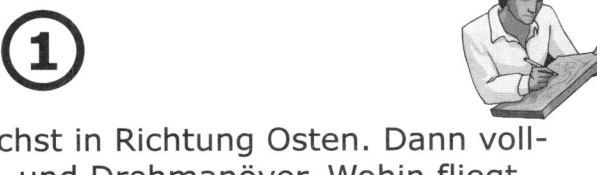

Ein Doppeldecker fliegt zunächst in Richtung Osten. Dann vollzieht der Pilot mehrere Lenk- und Drehmanöver. Wohin fliegt das Flugzeug danach? (Bezugspunkt bei den Richtungsänderungen ist das Flugzeug; rechts ist demnach dort, wo die rechte Tragfläche ist, unten dort, wo die Räder sind, usw.)

- Halbe Schraube

- 90° nach rechts

- 90° nach oben

- Dreiviertelschraube im UZS*

- 90° nach unten

- Viertelschraube entgegen dem UZS

- 90° nach links

- Viertelschraube im UZS

- 90° nach rechts

- Viertelschraube entgegen dem UZS

diese Bewegung ist eine Schraube

Uhrzeigersinn

Lösung: Nach diesen Lenkmanövern fliegt das Flugzeug in Richtung

☐ Nord   ☐ Ost   ☐ Süd   ☐ West

Chaotische Zahlensuche ①

Suchen Sie hier die Zahlen von 11 bis 49 in ihrer natürlichen Reihenfolge. Viele Zahlen sind als Wort dargestellt, was das Gehirn immer wieder zum Umdenken zwingt.

44

elf

vierundzwanzig

einunddreißig

26

12

zweiundzwanzig

33

achtundvierzig

49

46

dreizehn

15

35

siebenunddreißig

fünfundzwanzig

27

19

einundvierzig

siebzehn

dreißig

40

sechsunddreißig

47

einundzwanzig

neunundzwanzig

45

34

20

achtunddreißig

16

dreiundzwanzig

zweiundvierzig

zweiunddreißig

39

28

achtzehn

43

vierzehn

Füllwörter ①

Lassen Sie sich zu den vorgegebenen Anfangs- und Endbuchstaben jeweils zehn Wörter einfallen. (Gültig sind nur die jeweiligen Grundwörter, also zum Beispiel „Buch" und nicht „Bücher", „bunt" und nicht „bunte", „Tee" und nicht „Teesieb".)

B ... R

1.	2.
3.	4.
5.	6.
7.	8.
9.	10.

L ... N

1.	2.
3.	4.
5.	6.
7.	8.
9.	10.

Rösselsprung ①

Aus den Wörtern in den Feldern lässt sich ein Zitat von Hermann Kesten (1900–96) bilden. Sie müssen wie das Pferd auf dem Schachbrett ziehen, um von einem zum anderen Wort zu gelangen. Beachten Sie bei den Platzhaltern unten die vorgegebenen Satzzeichen.

MAN	IST	WIRD	MAN	VON
NICHT	IN	DEM	ALTER	ÜBER-RASCHT
ETWAS	IM	JUGEND	UND	DAS
DER	GLAUBT	AN	ALTER	DAS

Zu diesen Feldern kann ein Pferd springen:

"_____ _____ ist _____ _____, _____

das _____ _____ _____ _____

_____ _____ _____ _____

_____ Alter _____ _____."

Nahaufnahme ①

Können Sie erahnen, welche Gegenstände hier in
Ausschnitten gezeigt werden?

1

2

Test 2

Machen Sie diesen Test, bevor Sie mit dem 80 Aufgaben umfassenden Übungsabschnitt 2 beginnen. Lösen Sie die Aufgaben bestmöglich. (Gelegentliche Fehler bleiben unberücksichtigt.) Tragen Sie das Ergebnis in Ihre persönliche Fortschrittstabelle auf Seite 11 ein.

A Lösen Sie schnellstmöglich die folgenden Rechenaufgaben und stoppen Sie die benötigte Zeit.

$9 \times 7 =$	$13 - 8 =$	$2 + 8 =$	$8 \times 6 =$
$4 + 9 =$	$3 \times 4 =$	$9 - 5 =$	$4 + 5 =$
$15 - 7 =$	$9 + 5 =$	$2 \times 6 =$	$12 - 8 =$
$2 \times 8 =$	$11 - 6 =$	$9 + 7 =$	$9 \times 2 =$
$7 + 9 =$	$5 \times 7 =$	$17 - 3 =$	$8 + 5 =$

Benötigte Zeit ☐ **:** ☐
Min./Sek.

B Machen Sie je ein Kreuz bei allen Zahlen, deren linke Ziffer gerade und deren rechte Ziffer ungerade ist. Wie schnell schaffen Sie das? Notieren Sie unten die Zeit.

☐ 51	☐ 64	☐ 86	☐ 96	☐ 61
☐ 26	☐ 36	☐ 17	☐ 16	☐ 49
☐ 17	☐ 52	☐ 31	☐ 48	☐ 16
☐ 36	☐ 15	☐ 12	☐ 16	☐ 66

Benötigte Zeit ☐ **:** ☐
Min./Sek.

C Unterstreichen Sie in dieser Liste alle Wörter, die exakt RUPU lauten.

RUPU	PURU	RUPU	PUBU	RUPU	RUPU	RUBU
PUBU	RUPU	RURU	RUPU	RUBU	PURU	PURU
BUPU	RUPU	PUPU	RUPU	RUPU	RUPU	RUPU
PUPU	PUPU	BUPU	PUPU	RUPU	PUPU	RUPU
RUBU	RUPU	RURU	RURU	RUBU	RUPU	RUPU
RUPU	BUPU	RURU	RUPU	PUPU	RUPU	RUBU

Benötigte Zeit

☐ **:** ☐

Min./Sek.

D Lesen Sie jeweils ein Wort und decken Sie es dann bitte ab. Schreiben Sie es sogleich aus dem Gedächtnis rückwärts in den Kasten daneben.

KORN ➜ ☐

BIENE ➜ ☐

BETRAG ➜ ☐

REFRAIN ➜ ☐

Benötigte Zeit

☐ **:** ☐

Min./Sek.

Wertvolle Bilder zählen ②

Jedem der drei Motive in dieser Übung ist eine
bestimmte Zahl zugeordnet (siehe Kasten). Addieren
Sie die Werte aller Bilder auf dieser Seite. Versuchen Sie dies
möglichst sicher und fehlerlos.

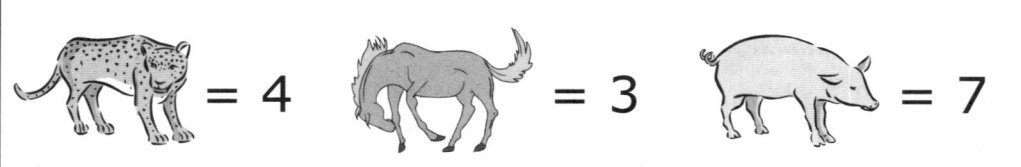

Lösungszahl:		

Zahlenjagd ②

Beginnen Sie bei der 1 und finden Sie nacheinander alle
Zahlen bis 40. Dies ist eine simple Übung, die jedoch Ihre
Konzentrationsausdauer immens fördern kann.

36 3 28 38 18

33 12 14 20 32

27 2 24 15

25 4 35 19

21 23 8

5 16 1

39 17 34 31

11 10

29 26 40 6 37

9 13 30 22 7

Begriffsmutationen ②

Wie gelangen Sie vom oberen Wort zum unteren, wenn Sie bei jedem Schritt genau einen Buchstaben austauschen müssen?

Beispiel:

H	A	F	T
H	E	F	T
H	E	F	E
H	U	F	E
H	U	P	E

Übung 1

B	E	I	N
W	A	N	D

Übung 2

R	O	L	F
G	E	R	D

Übung 3

E	I	G	E	R
N	A	B	E	L

Übung 4

H	E	U	T	E
L	A	N	Z	E

Wörterrecycling ②

Wie viele deutsche Wörter können Sie aus den Buchstaben bilden, die im Wort **RIESENRAD** enthalten sind?
Jeder im vorgegebenen Wort vorkommende Buchstabe darf dabei maximal einmal verwendet werden.

Lösungswörter:

Flexibel rechnen ②

Vervollständigen Sie die folgenden Gleichungen.
Tragen Sie in die Lücken die fehlenden Zahlen ein.

a) $12 - 5 = \_\_\_$

b) $\_\_\_ - 6 = 11$

c) $7 + \_\_\_ = 9$

d) $3 \cdot 3 = \_\_\_$

e) $\_\_\_ - 8 = 16$

f) $23 - \_\_\_ = 8$

g) $\_\_\_ + 6 = 21$

h) $15 + 9 = \_\_\_$

i) $22 - 15 = \_\_\_$

j) $\_\_\_ + 17 = 25$

k) $\_\_\_ + 17 = 31$

l) $41 - \_\_\_ = 13$

m) $14 \cdot 2 = \_\_\_$

n) $27 + 14 = \_\_\_$

o) $43 - \_\_\_ = 28$

p) $\_\_\_ + 13 = 31$

q) $\_\_\_ + 15 = 43$

r) $31 - 17 = \_\_\_$

s) $24 + 37 = \_\_\_$

t) $53 - \_\_\_ = 38$

u) $62 - \_\_\_ = 7$

v) $38 + 49 = \_\_\_$

Fotopuzzle ②

Ursprünglich entstammen diese neun Teile einem quadratischen Bild. Die Einzelteile wurden untereinander ausgetauscht. Finden Sie heraus, welches Teil wohin gehört.

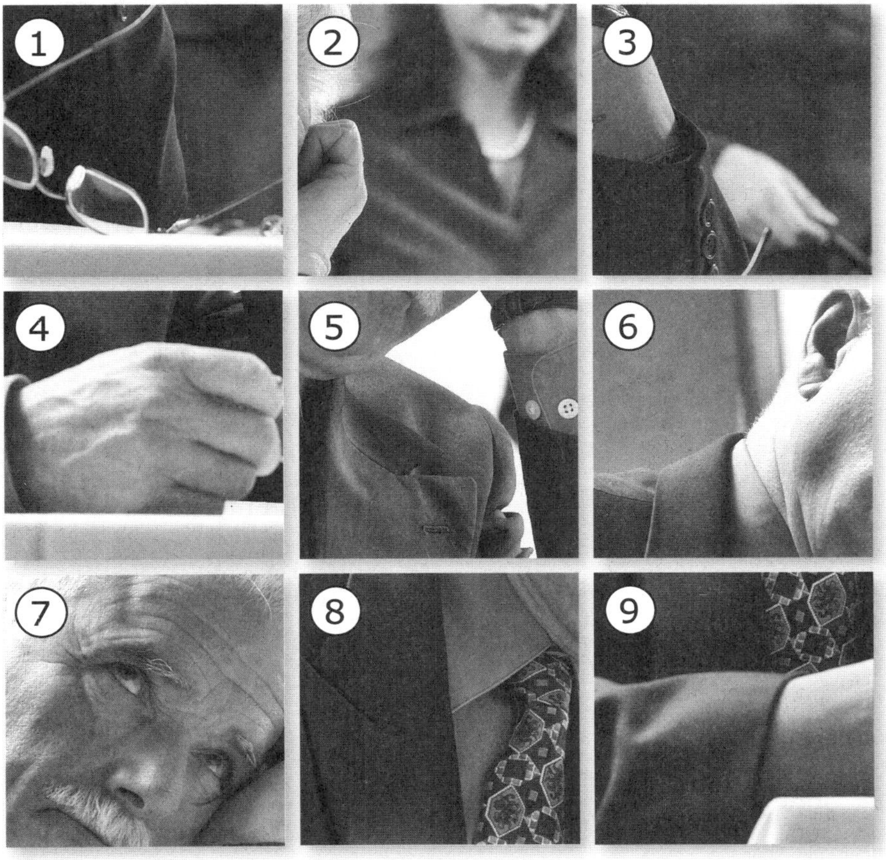

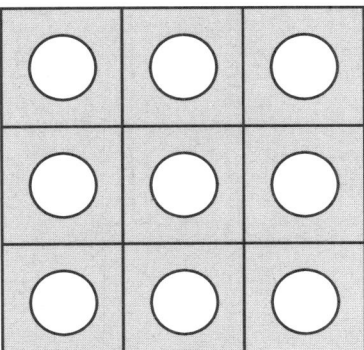

An welcher Stelle stehen die Nummern der Bildausschnitte, wenn man das Bild richtig zusammensetzt?

Symbolmuster entdecken ②

Hier sollen Sie nach identischen Symbolen suchen, die genau so angeordnet sind, wie im jeweils oberen Kästchen dargestellt. Wie viele solcher Konstellationen finden Sie in jeder Säule?

A)

B)

Ergebnis:

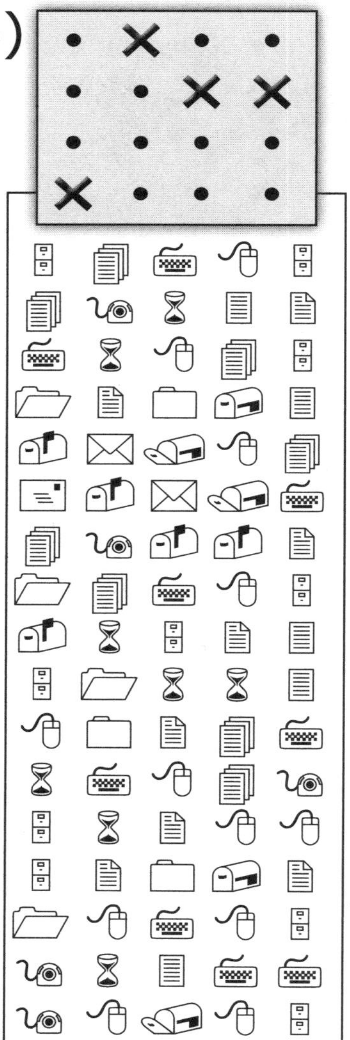

Ergebnis:

Drehwurm ②

Bei allen Bildern einer Zeile handelt es sich um
gedrehte Darstellungen eines Bildmotivs. Genau zwei
sind im Vergleich zu den anderen drei auch noch gespiegelt.
Welche sind dies jeweils?

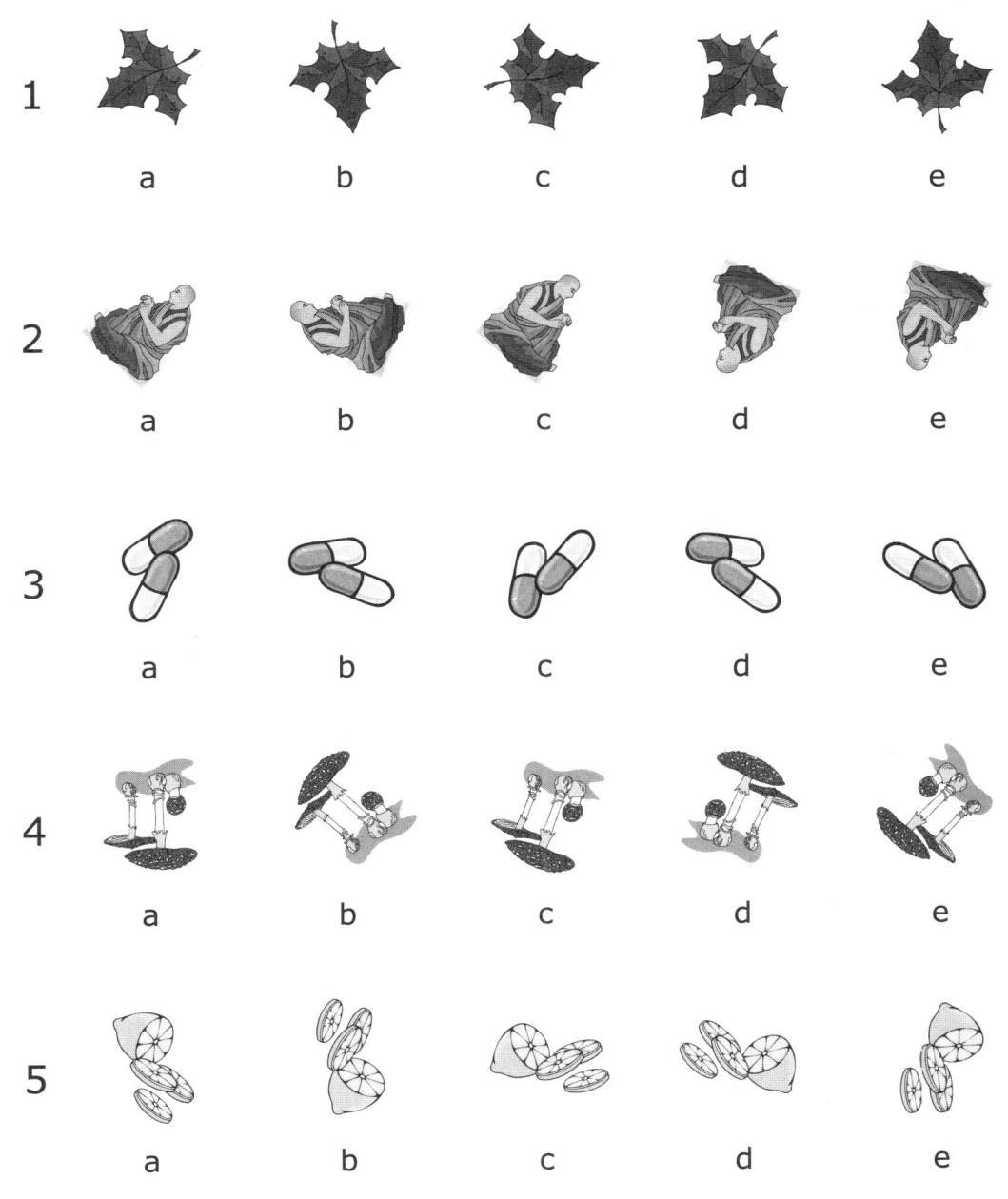

Gruppenzwang ②

Suchen Sie Gruppen identischer Bilder, die eine Form bilden wie die im grau hinterlegten Beispiel. Acht weitere solcher Anordnungen sollen Sie finden, und dies möglichst schnell.

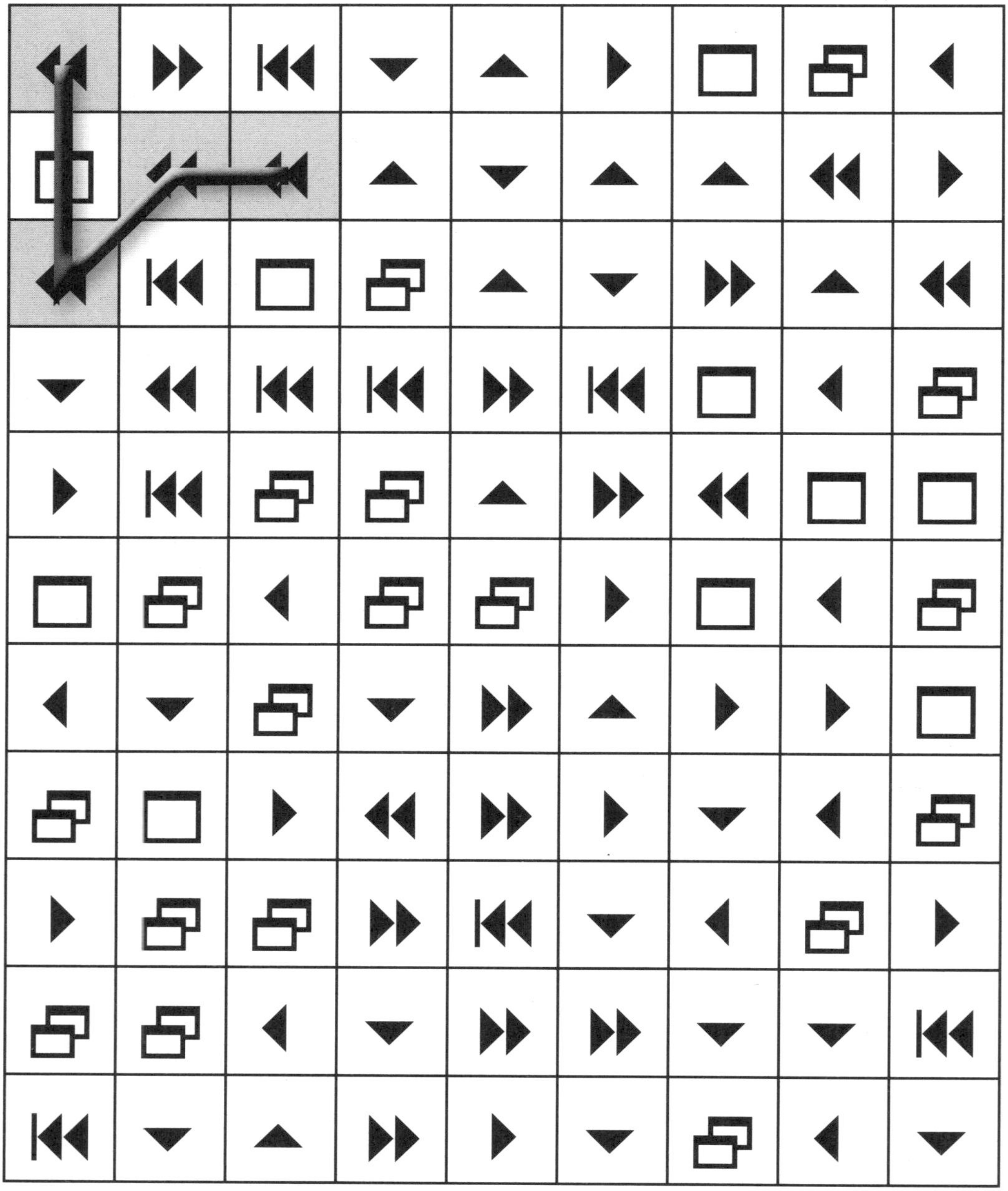

Mikado ②

Spielen Sie Mikado und entnehmen Sie alle Stifte von oben nach unten.

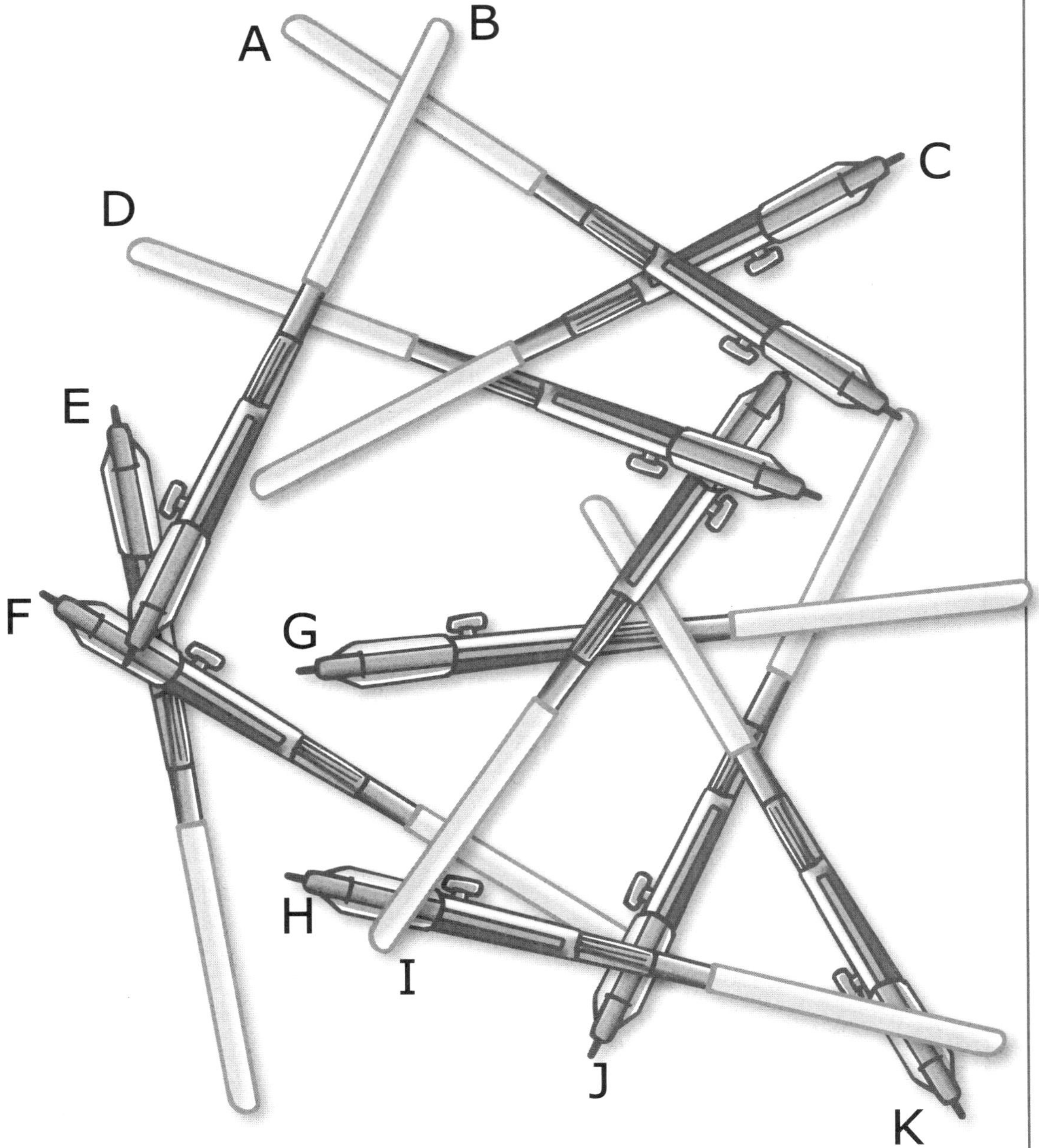

A   B

C

D

E

F   G

H

I

J

K

Reihenfolge:		

Ergänzungen ②

In die leeren Felder sollen passende Wortanfänge eingetragen werden, die gemeinsam mit den vorgegebenen Wortenden jeweils ein Gefühl bezeichnen.

1) _____ UT

2) _____ UDE

3) _____ EBE

4) _____ NSCHAFT

5) _____ HSINN

6) _____ UER

7) _____ GER

8) _____ GST

9) _____ AUEN

10) _____ HMUT

Suchen und addieren ②

Suchen Sie in jeder Zeile die jeweils links vorgegebenen Ziffern und addieren Sie sie. Tragen Sie am
Ende jeder Zeile die gesuchte Summe ein.

Bsp.: 3, 5	6 5 2 4 8 1 5 6 8 9 6 3 1 3	*16* ✓
a) 1, 5	6 9 8 6 5 3 2 1 4 7 8 5 4 7	
b) 2, 7	9 5 3 2 1 4 7 5 4 8 7 6 5 2	
c) 3, 6	1 5 4 8 7 9 5 6 2 3 5 4 8 7	
d) 4, 8	2 8 5 9 6 3 2 5 7 5 4 8 7 5	
e) 2, 3, 9	8 9 5 6 2 3 5 4 8 7 5 4 7 1	
f) 3, 5, 8	4 5 6 9 8 5 6 3 2 1 4 7 8 5	
g) 1, 7, 9	5 1 4 8 7 5 4 6 9 3 2 5 8 9	
h) 2, 5, 7	7 9 8 6 4 3 2 6 4 5 7 8 9 5	

Dem folgenden Text wurden vier Buchstaben entnommen.
Können Sie diese eintragen?

__OSS_Ü__E_ WA_EN _Ü__E_ EINE_ STADT,
DIE DAS __OSSE _Ü_E__EC_T DE_ STADT
E_WO__EN _ATTEN. _EUTE WE_DEN ZUMEIST
AUC_ JENE K_EISE ALS „__OSS_Ü__E_LIC_"
_EZEIC_NET, DENEN MAN LEDI_LIC_ EINEN
__OSSEN WO_LSTAND _EIMISST. INSOWEIT
GE_T ES DEM _E__IFF DES __OSS_Ü__E_S
Ä_NLIC_ WIE DEM DES PAT_IZIE_S, DE_
NIC_T ME__ NU_ EI_ENTLIC_ PAT_IZISC_E
FAMILIEN _EZEIC_NET, SONDE_N AUC_
AUF SOLC_E FAMILIEN ANWENDUN_
FINDET, DIE IN DE_ _ESC_IC_TE EINE_
_ESTIMMTEN STADT _EDEUTUN_
E_LAN_T _A_EN.
DAS __OSS_Ü__E__EC_T WU_DE WIE DAS
_Ü__E__EC_T ENT_ELTLIC_ E_WO__EN.
ES MUSSTE EIN _Ü__E__ELD ENT_IC_TET
WE_DEN, DAS EIN VIELFAC_ES DES NO_MALEN
_Ü__E__ELDES ZUM E_WER_ DES
_Ü__E__EC_TS AUSMAC_TE.

Zeichenfolgen ②

Suchen Sie im Feld unten zeilenweise nach der Zeichenfolge, die
im Kasten links dargestellt ist, und unterstreichen Sie diese. Wie oft können Sie sie finden?

So oft kommt die Zeichenfolge vor:		

Dingliche Beziehungen ②

Unten sehen Sie mehrere mit Nummern versehene Bilder, die etwas Bestimmtes darstellen. Jeder der darüber aufgelisteten Begriffe soll je einem dieser Bilder zugeordnet werden.
Beispiel: Zum Begriff „Farbe" passt der Pinsel, also „1".

Farbe
1

lesen

Blüte

Grabmal

Kalorien

Aufführung

gaggern

Anstrich

Liebe

naschen

Ei

Licht

Applaus

Flamme

Wissen

Bildung

Dornen

Maler

Seiten

Pharao

Petroleum

1

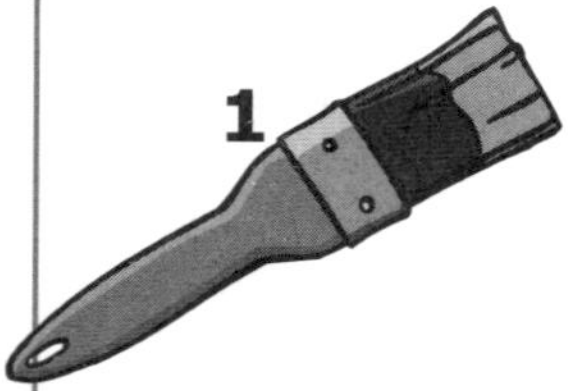

2

3

4

5

6

7

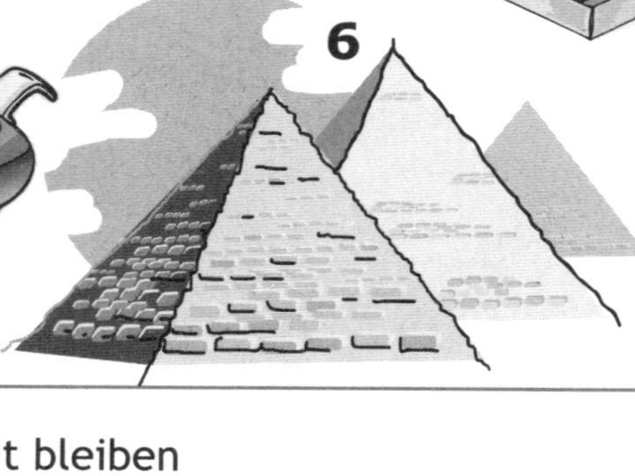

8

Zahlenketten ②

Jede Zahlenreihe ist nach einer bestimmten Rechenregel aufgebaut. Diese Regel sollen Sie herausfinden
und am Ende die folgerichtige Zahl eintragen.

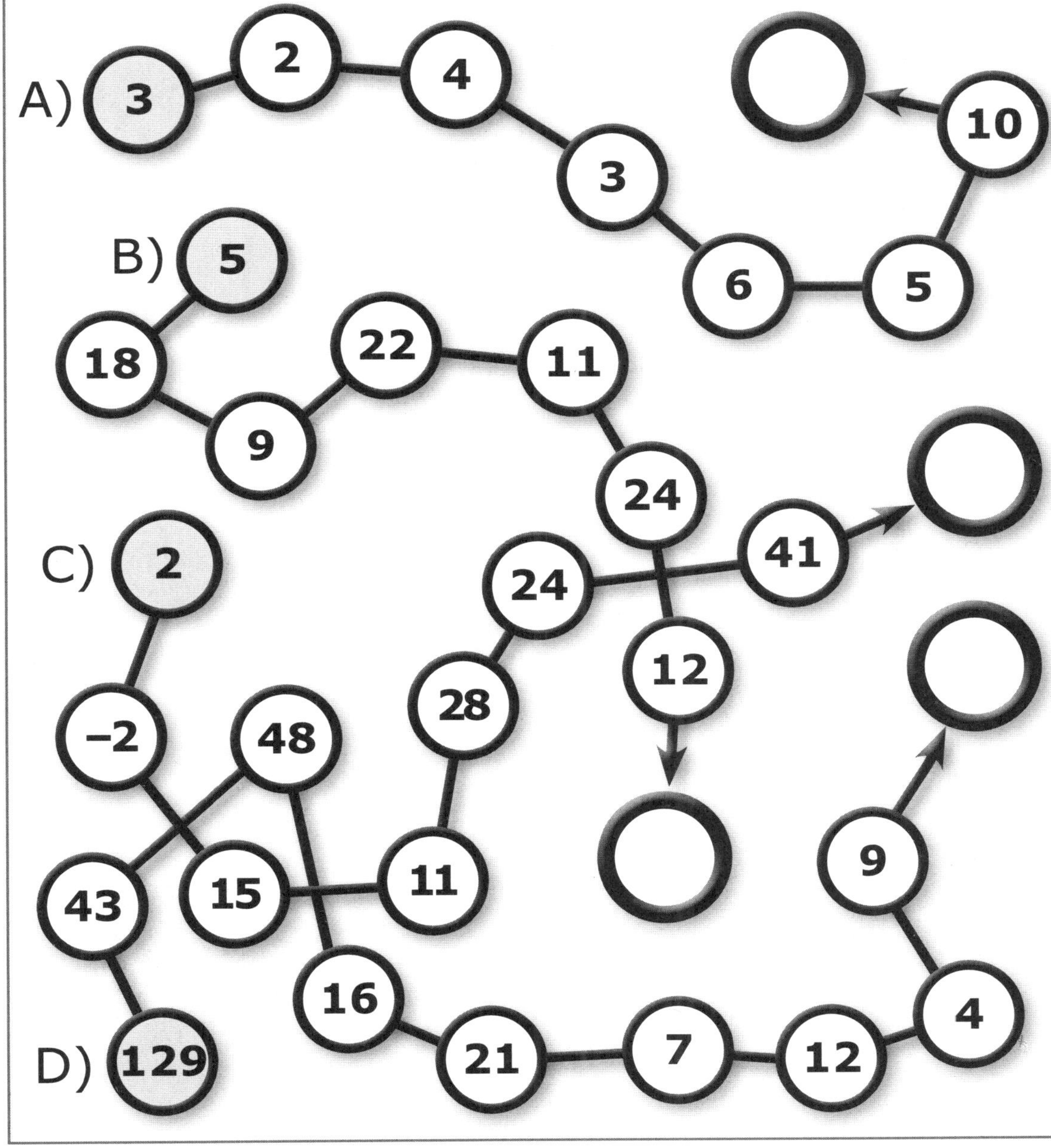

A) 3 — 2 — 4 — 3 — 6 — 5 — 10 — ◯

B) 5 — 18 — 9 — 22 — 11 — 24 — 41 — ◯

C) 2 — −2 — 48 — 28 — 24 — 24 — 12 — ◯ ; 11 — 15 — 43 — 16 — 9 — ◯

D) 129 — 21 — 7 — 12 — 4 — 9 — ◯

Verbindungslinien ②

Welche Zahlen sind miteinander verbunden?

Zählbares Durcheinander ②

Wie viele Blumen sind hier zu erkennen?

Antwort: Es sind ＿＿＿ Astern.

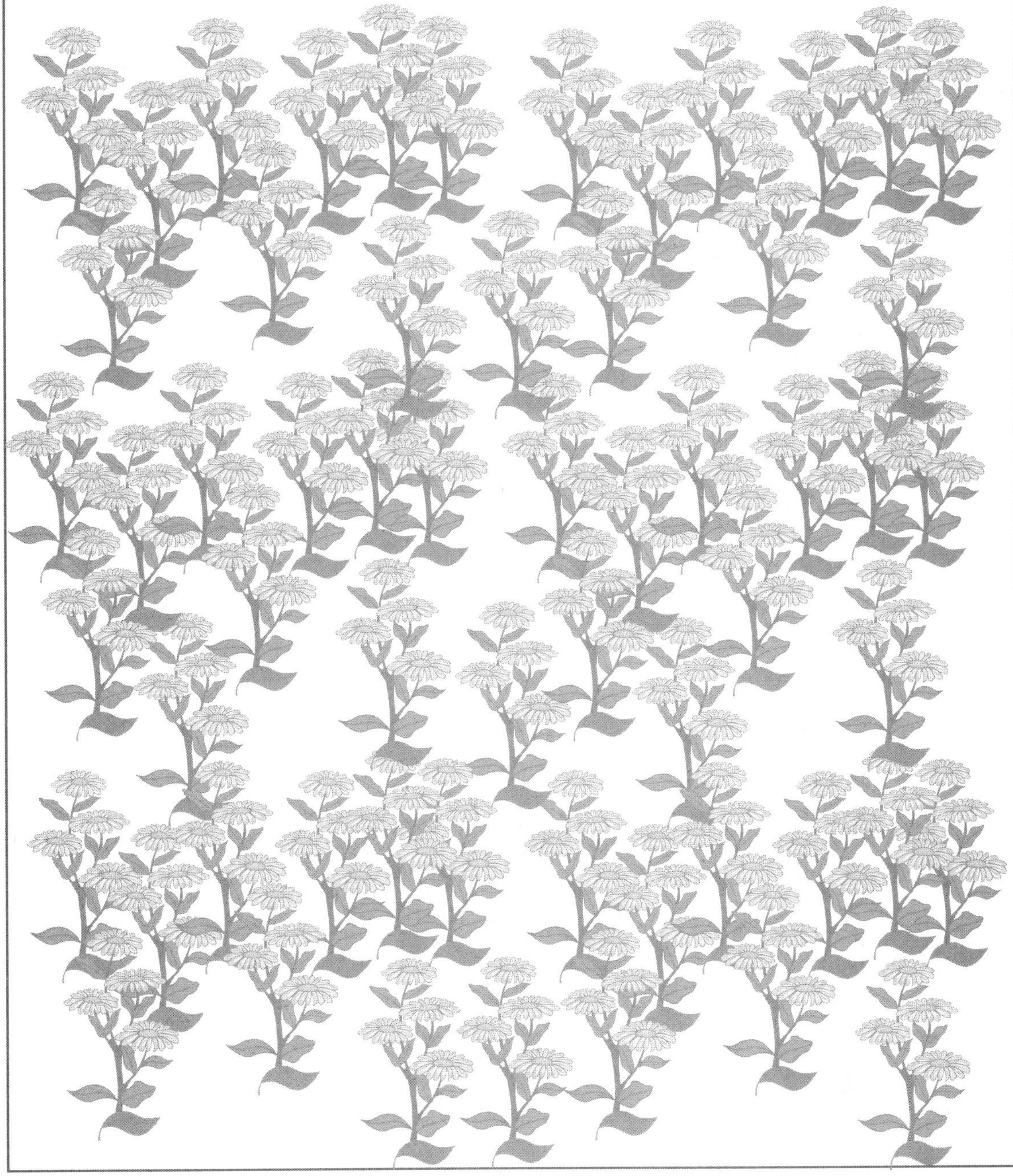

Wörterneubauten ②

Prägen Sie sich das vorgegebene Wort ein. Für die folgende Aufgabe müssen Sie „im Kopf" (ohne nachzusehen) die Positionen der einzelnen Buchstaben in diesem Wort bestimmen können.

KINDERWAGEN
1. 2. 3. 4. 5. 6. 7. 8. 9. 10. 11.

Decken Sie dieses Wort nun ab und bilden Sie aus den Buchstaben neue Wörter. Die angegebenen Zahlen stehen für die Position des jeweiligen Buchstabens im vorgegebenen Wort. 1 bedeutet also erster Buchstabe, 2 zweiter Buchstabe usw.

a) | 1 10 6 3 |

b) | 5 7 2 9 |

c) | 6 10 9 2 5 |

d) | 9 8 6 8 9 5 |

e) | 11 2 9 10 6 2 8 |

f) | 2 6 9 5 11 4 7 2 5 |

Farbverwirrung ②

Kreuzen Sie bei jedem Wort an, in welcher der drei „Farben" Weiß (W), Grau (G) und Schwarz (S) es abgedruckt wurde. Lassen Sie sich nicht von der Bedeutung des jeweiligen Begriffs irritieren.

Grau	Weiß	Schwarz	Grau	Weiß
W G S	W G S	W G S	W G S	W G S
☐ ☐ ☐	☐ ☐ ☐	☐ ☐ ☐	☐ ☐ ☐	☐ ☐ ☐

Weiß	Schwarz	Grau	Weiß	Schwarz
W G S	W G S	W G S	W G S	W G S
☐ ☐ ☐	☐ ☐ ☐	☐ ☐ ☐	☐ ☐ ☐	☐ ☐ ☐

Schwarz	Weiß	Grau	Schwarz	Grau
W G S	W G S	W G S	W G S	W G S
☐ ☐ ☐	☐ ☐ ☐	☐ ☐ ☐	☐ ☐ ☐	☐ ☐ ☐

Schwarz	Grau	Schwarz	Weiß	Schwarz
W G S	W G S	W G S	W G S	W G S
☐ ☐ ☐	☐ ☐ ☐	☐ ☐ ☐	☐ ☐ ☐	☐ ☐ ☐

Weiß	Schwarz	Weiß	Grau	Schwarz
W G S	W G S	W G S	W G S	W G S
☐ ☐ ☐	☐ ☐ ☐	☐ ☐ ☐	☐ ☐ ☐	☐ ☐ ☐

Grau	Schwarz	Weiß	Grau	Weiß
W G S	W G S	W G S	W G S	W G S
☐ ☐ ☐	☐ ☐ ☐	☐ ☐ ☐	☐ ☐ ☐	☐ ☐ ☐

Weiß	Schwarz	Grau	Schwarz	Schwarz
W G S	W G S	W G S	W G S	W G S
☐ ☐ ☐	☐ ☐ ☐	☐ ☐ ☐	☐ ☐ ☐	☐ ☐ ☐

Grau	Weiß	Schwarz	Weiß	Schwarz
W G S	W G S	W G S	W G S	W G S
☐ ☐ ☐	☐ ☐ ☐	☐ ☐ ☐	☐ ☐ ☐	☐ ☐ ☐

Schwarz	Grau	Weiß	Grau	Schwarz
W G S	W G S	W G S	W G S	W G S
☐ ☐ ☐	☐ ☐ ☐	☐ ☐ ☐	☐ ☐ ☐	☐ ☐ ☐

Weiß	Schwarz	Grau	Schwarz	Weiß
W G S	W G S	W G S	W G S	W G S
☐ ☐ ☐	☐ ☐ ☐	☐ ☐ ☐	☐ ☐ ☐	☐ ☐ ☐

Wortzentralen ②

Tragen Sie jeweils in das leere Mittelfeld ein Wort ein, das jedem der vier Begriffe entweder voran- oder nachgestellt werden kann, sodass dabei zusammengesetzte Hauptwörter entstehen. (Die Ausdrücke können natürlich für die Verbindung gebeugt werden.)

Deckel	Abwasser
1	
Ratte	Kabel

Spektrum	Sonne
2	
Orgel	Blau

Verkauf	Licht
3	
Tor	Strich

Korn	Salat
4	
Stärke	Spiel

Quersummenverfolgung ②

Nehmen Sie einen Stift zur Hand und verbinden Sie die Zahlen miteinander, deren Quersummen aufeinanderfolgen. Suchen Sie also zunächst die Zahl, deren Quersumme 1 ist, verbinden Sie diese mit der Zahl, deren Quersumme 2 ist, und so weiter bis zu der Zahl, deren Quersumme 20 ist.

301

42355

275

23

682

5101

343

408

911

12

89

693

101

10

364

20321

4132514

330

3042

393

Der Außenseiter ②

Welcher Begriff passt jeweils nicht dazu?

1 Zicke Biest Bestie Scheusal
a □ b □ c □ d □

2 Aussicht Perspektive Überblick Panorama
a □ b □ c □ d □

3 Objekt Sache Ding Fall
a □ b □ c □ d □

4 Diele Feld Flur Acker
a □ b □ c □ d □

5 Knatsch Lärm Krach Streit
a □ b □ c □ d □

6 Note Zensur Geldschein Bewertung
a □ b □ c □ d □

7 bereit schief geneigt schräg
a □ b □ c □ d □

8 Vielfalt Wechsel Austausch Ablösung
a □ b □ c □ d □

Bausatz ②

Füllen Sie gedanklich die Form oben mit den zur Verfügung stehenden Puzzleteilen aus. Sie werden dabei feststellen, dass ein Teil nicht hineinpasst und übrig bleibt. Welches?
(Damit es nicht zu schwierig ist, wurde die Ausrichtung der Teilstücke beibehalten.)

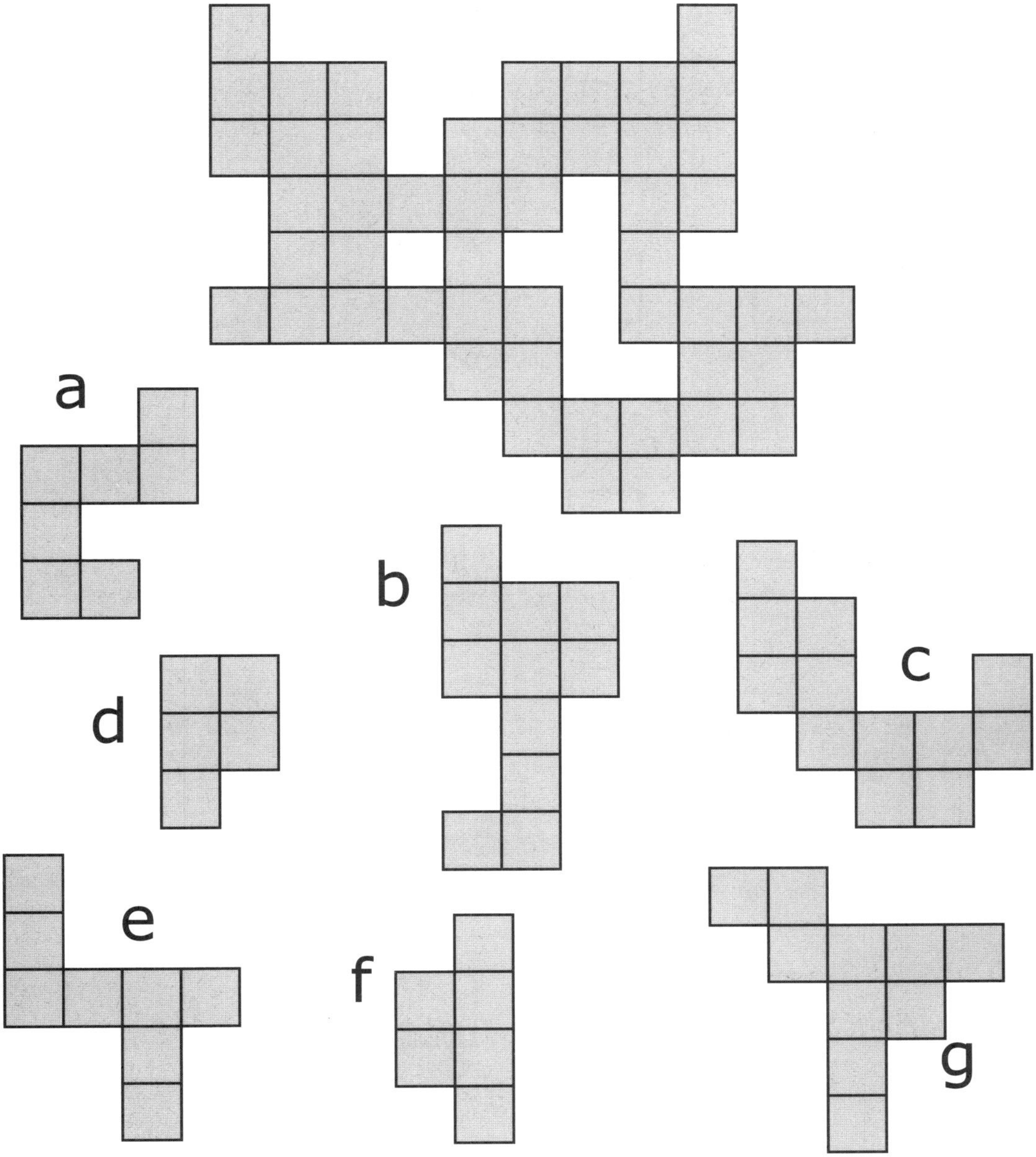

a

b

c

d

e

f

g

Lückenfüller ②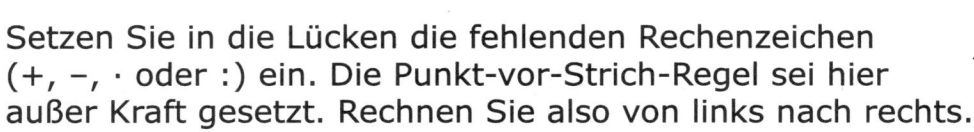

Setzen Sie in die Lücken die fehlenden Rechenzeichen
(+, −, · oder :) ein. Die Punkt-vor-Strich-Regel sei hier
außer Kraft gesetzt. Rechnen Sie also von links nach rechts.

A) 8 ☐ 2 ☐ 7 = 9

B) 7 ☐ 1 ☐ 2 = 3

C) 6 ☐ 3 ☐ 5 = 7

D) 2 ☐ 5 ☐ 2 ☐ 7 = 7

E) 8 ☐ 4 ☐ 1 ☐ 2 = 6

Wortschlangen ②

In die Kästen haben wir Wörter eingebaut, die schlangenförmig zu lesen sind – so wie im Beispiel rechts: „DENKEN".
Um welche Wörter handelt es sich?

N	N	E
E	K	D

1

S	I	E
K	E	E
A	F	F

2

R	A	T
E	R	O
D	O	M

3

B	A	G
E	S	G
E	R	E

4

A	U	T
P	R	A
P	A	R

5

B	L	A
U	A	T
S	L	T

6

A	L	O
T	I	S
I	O	N

7

E	H	T
I	E	K
T	X	A

8

R	E	D
O	R	N
K	I	A

Geistig fit bleiben   121

Kameraschwenk ②

Ordnen Sie die Bilder a bis f so, dass in jedem Bild ein Teil des vorangegangenen Bildes zu sehen ist. Aufeinanderfolgende Bilder resultieren dabei aus einer exakt horizontalen oder vertikalen Schwenkung der Kamera.

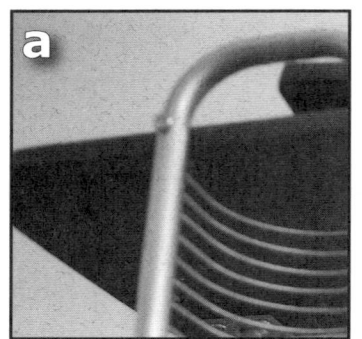

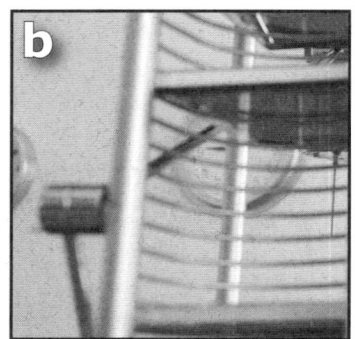

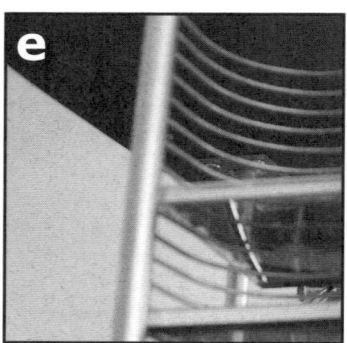

Ablauf:

Rechnungskreuzungen ②

Finden Sie heraus, welche Zahlen anstelle der Buchstaben eingesetzt werden müssen? Es kommen nur Zahlen zwischen 1 und 9 in Betracht. (Achten Sie beim Lösen auf die Punkt-vor-Strich-Regel.)

A	+	B	:	2	=	6
+		·		+		:
8	−	7	+	C	=	D
:		−		−		+
4	+	E	:	F	=	7
=		=		=		=
G	+	5	−	4	=	H

A = ___   B = ___   C = ___

D = ___   E = ___   F = ___

G = ___   H = ___

Wörtergitter ②

Tragen Sie die Wörter aus der Liste unten vollständig in das Gitter ein. (Die Wörter sollen wie üblich von oben nach unten bzw. von links nach rechts verlaufen.)

4	ENAK, IWAN, LAKE, OBEN, RAPS, ROTA, SAKE	8	ENDSPURT, GEISTLOS, SABOTAGE, TAGTRAUM
5	BLIND, EBERT, EHREN, EVITA, KASSE, LACHS, RUDEL, SMILE, STOSS, TOELE, TRUPP	9	DEFINIERT, ERZEUGNIS, SPEISEEIS, STAFFELEI
6	EMIRAT, KREDIT, PATRON, SITULA, SPIESS	10	ABENDSTERN, UEBERLEGEN
7	APPARAT, POSAUNE, SCHNELL, SESSION, SILBERN	11	SCHWANENSEE

Kubischer Außenseiter ②

Zwei Würfel wurden je zweimal auf unterschiedliche
Weise abgewickelt.
Welche Würfel sind identisch? Welcher Würfel bleibt übrig?

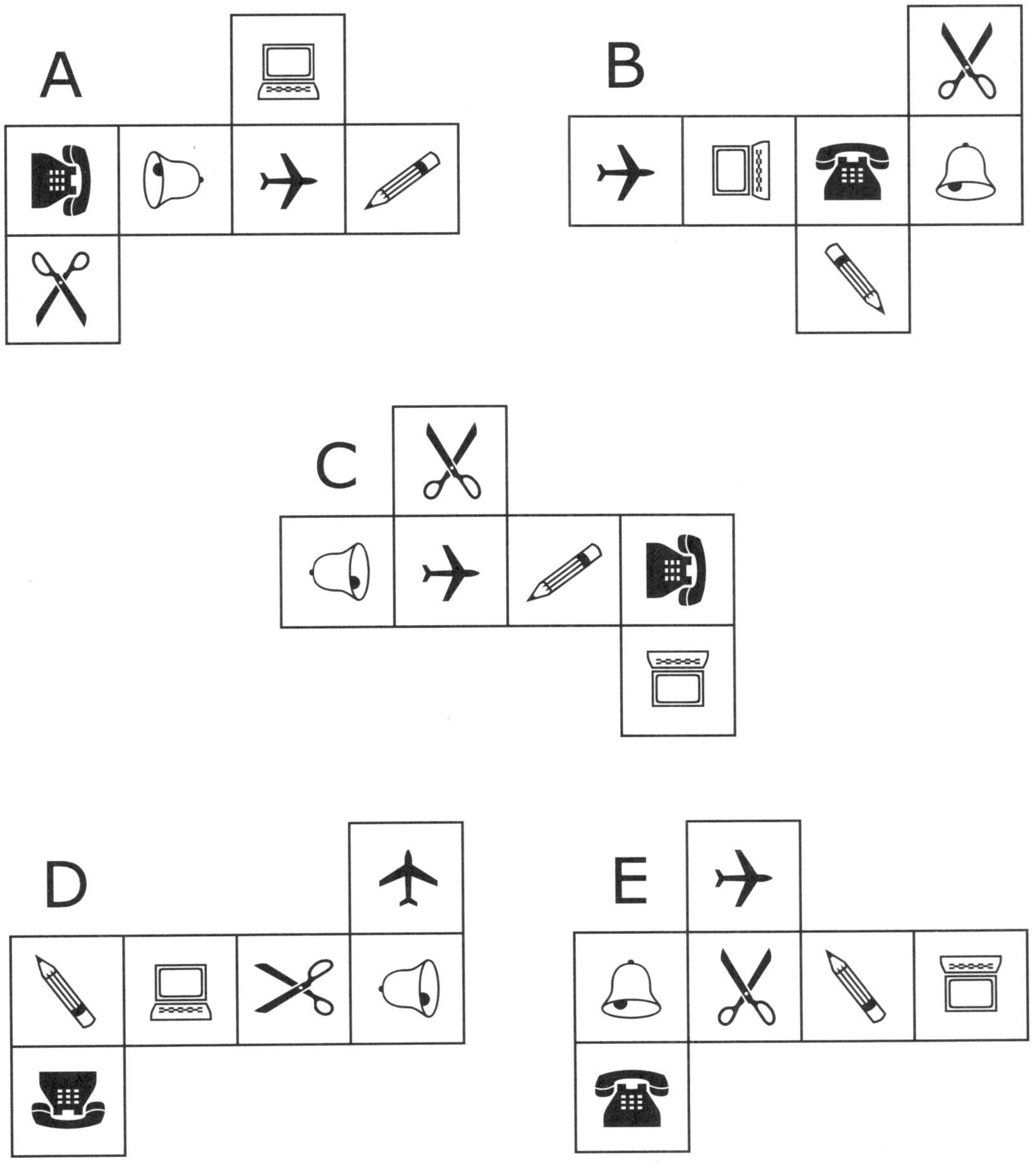

A

B

C

D

E

Gemeinsamkeiten ②

Was haben Eishockey und Fußball gemeinsam?
Nehmen Sie sich fünf Minuten Zeit und lassen Sie sich Eigenschaften, Merkmale usw. einfallen, die auf beide Sportarten zutreffen können.

Gemeinsamkeiten: _____

_____

_____

Wahrheit oder Lüge ②

Genau zwei der unten dargestellten Personen sagen nicht die Wahrheit. Wer von ihnen ist ehrlich?

Frau Gipp:
„Wenn Herr Manns lügt, dann sagt Frau Nobag die Unwahrheit!"

☐

Frau Nobag:
„Wenn Frau Gipp nicht ehrlich ist, dann lügt Herr Manns!"

☐

Herr Manns:
„Frau Gipp sagt die Wahrheit!"

☐

Netzwerk ②

Berechnen Sie folgende Summen:

1 Alle Zahlen in Rauten, die durch ▬▬▬▬ mit einem anderen Kreis verbunden sind.

Lösung: _____

2 Alle Zahlen in Rechtecken, die durch • • • • • • • • • • mit einem anderen Rechteck verbunden sind.

Lösung: _____

3 Alle Zahlen in Kreisen, die durch ▬ ▬ ▬ ▬ mit einem Rechteck verbunden sind.

Lösung: _____

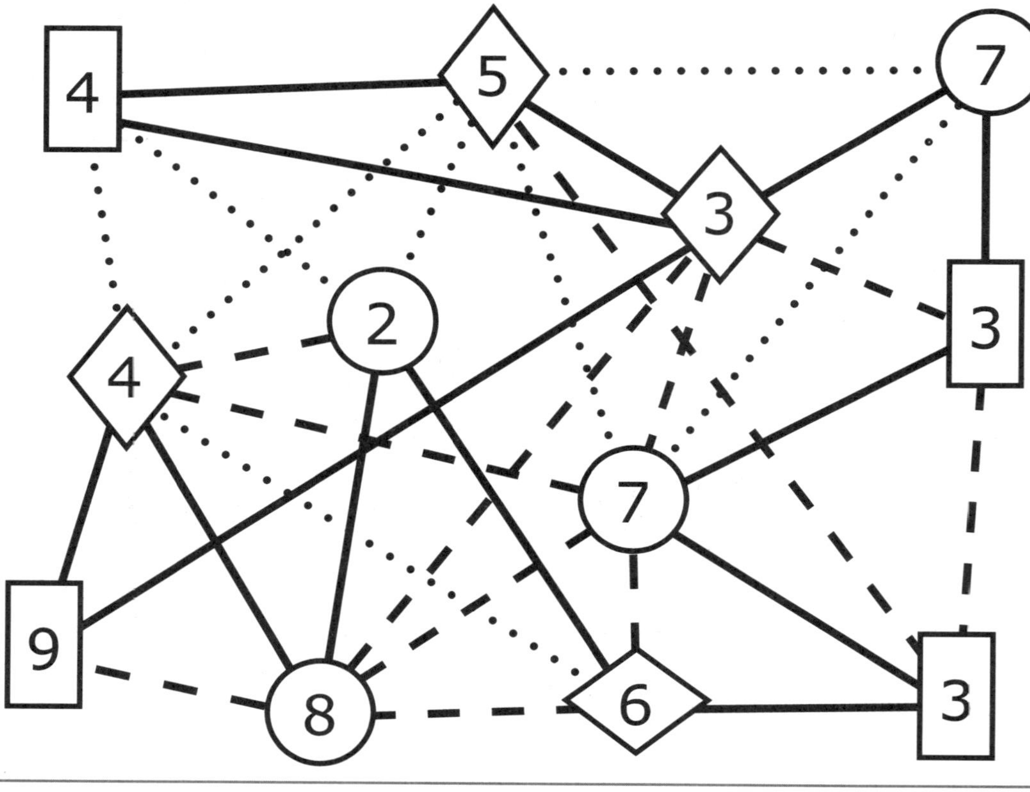

Fleißige Bienchen ②

Hier gilt es herauszufinden, in welchen Waben sich
Bienen versteckt halten. In jeder Wabe steht eine Zahl;
diese gibt an, in wie vielen der direkt angrenzenden Waben sich
eine Biene befindet. Malen Sie die besetzten Waben schwarz aus.

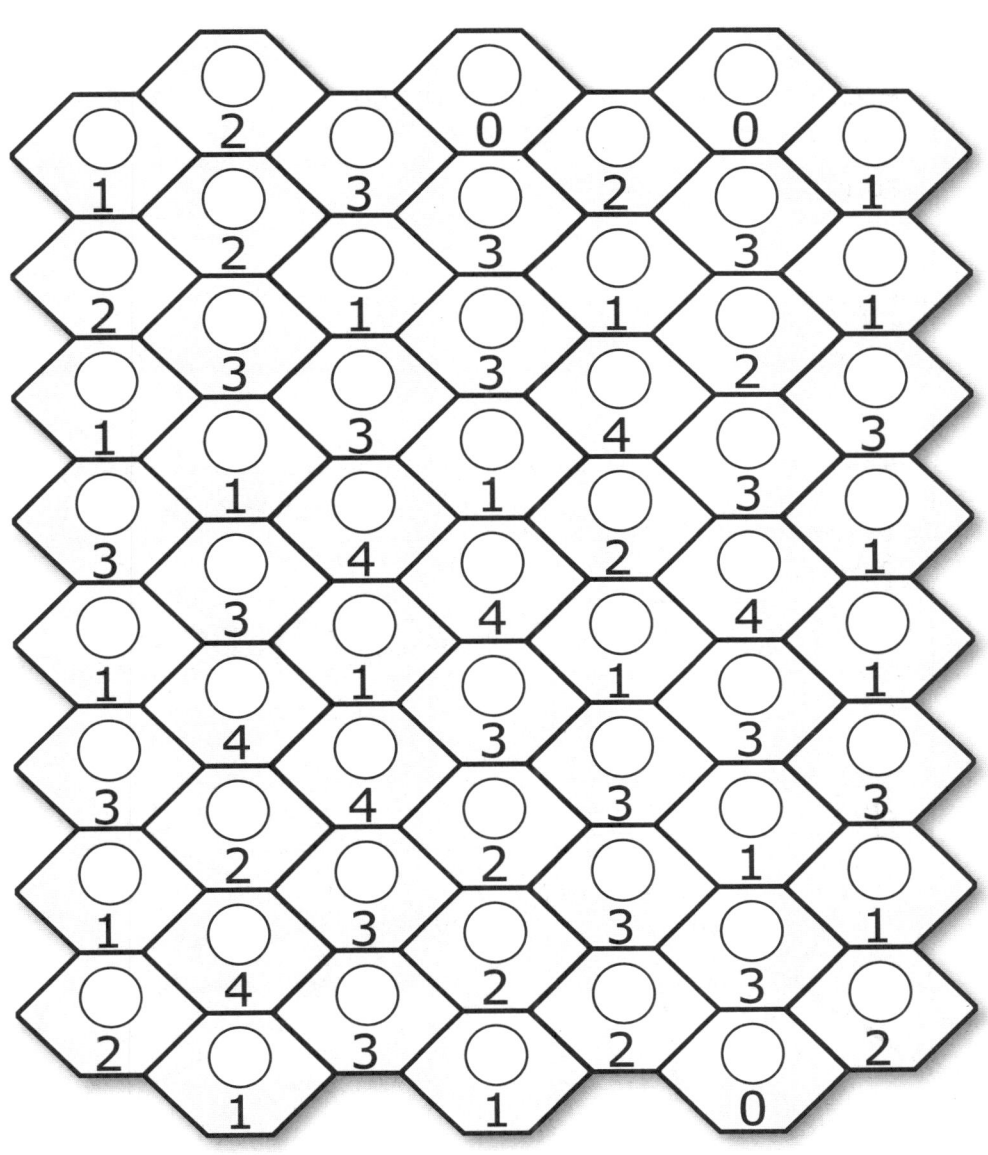

Sandwich ②

Gesucht wird hier jeweils ein Wort, das – entsprechend gebeugt – dem oberen Wort angefügt und dem unteren vorangestellt werden kann, sodass jeweils eine sinnvolle Verbindung entsteht.

Haus...

1)

...rahmen

Tisch...

2)

...kleid

Kraft...

3

...zeug

Fahr...

4)

...wagen

Hoch...

5)

...ruine

Suppen...

6)

...rand

Blick...

7)

...bett

Flucht...

8)

...marke

Zahlensuchspiel ②

Zehnmal haben wir hier die Zahl 74563 versteckt. Diese ist entweder waagerecht oder senkrecht in den Zeilen bzw. Spalten zu lesen.

2	7	3	6	2	5	6	7	5	3	2	4	5	6	7	6	2	1
3	4	0	7	4	7	3	5	7	3	3	4	7	5	6	3	4	1
2	5	6	9	8	7	4	3	4	7	1	2	5	4	1	9	6	7
3	6	5	5	1	2	7	4	5	6	3	6	0	5	8	4	7	5
6	3	9	7	5	2	5	8	6	2	8	4	7	5	2	0	4	3
7	8	7	4	5	6	3	3	3	9	5	8	4	6	9	1	5	4
5	7	8	0	7	2	4	2	8	6	7	5	5	4	8	6	6	8
7	3	9	4	8	6	7	6	1	7	5	9	6	8	6	7	3	5
3	4	4	9	6	3	0	7	5	3	2	6	3	3	7	6	2	6
3	4	5	2	7	4	5	6	3	3	7	6	0	2	7	3	0	1
2	5	4	3	6	2	7	3	6	7	4	9	5	4	1	0	6	7
8	5	6	5	1	2	0	6	2	7	5	3	8	4	5	6	3	5
7	4	5	6	3	2	3	7	4	5	6	3	7	6	2	2	6	4
7	8	6	7	2	6	2	3	6	5	3	4	3	0	5	1	7	0

Komplexes Wörterspiel ②

Wenn Sie die Buchstaben in den Ovalen zu Wörtern zusammensetzen, erhalten Sie links und rechts zwei Hinweise auf das jeweilige Wort in der Mitte. Felder, die ein Strich miteinander verbindet, enthalten die gleichen Buchstaben. Die grauen Felder ergeben schließlich von oben nach unten gelesen das Lösungswort.

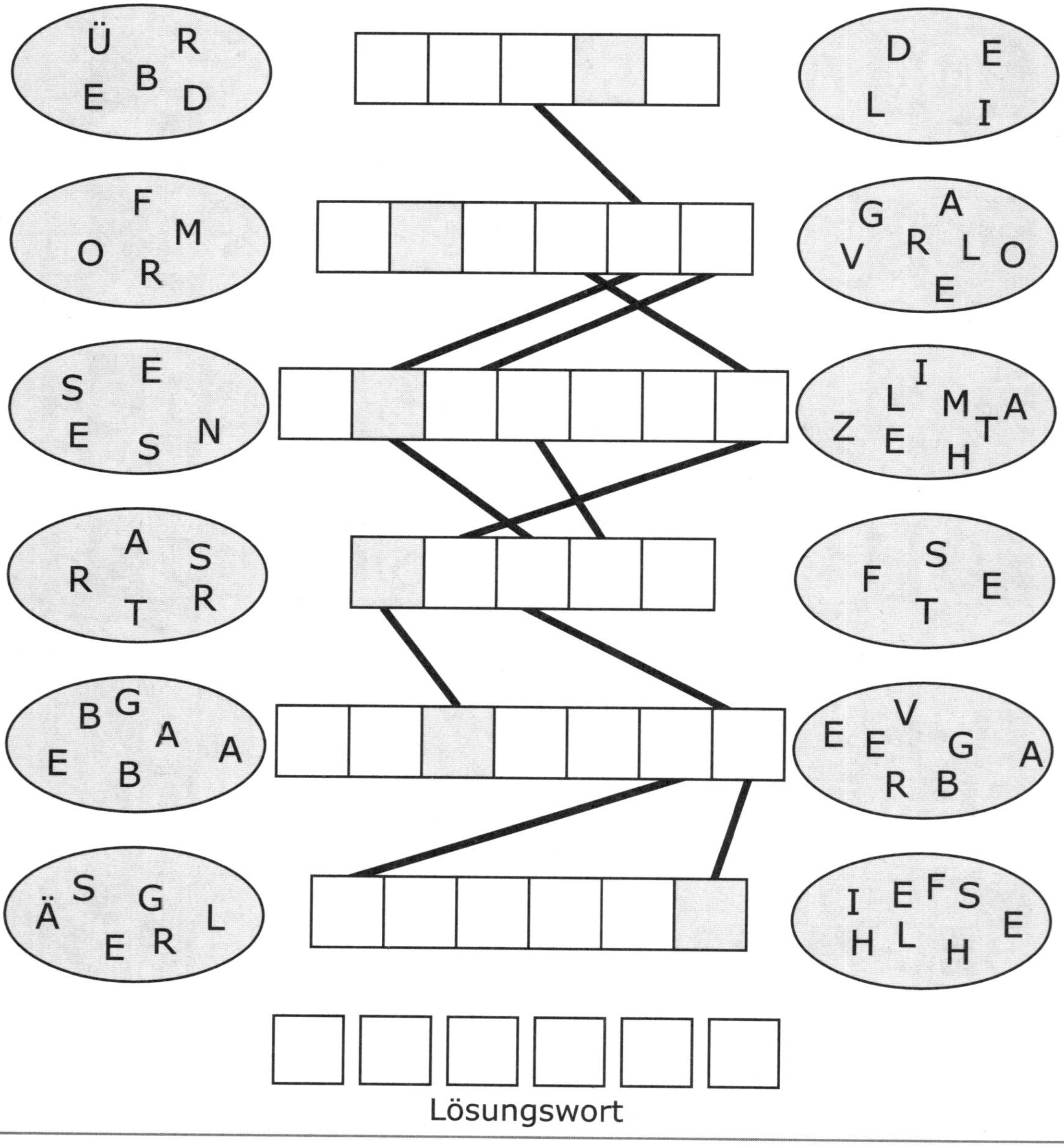

Lösungswort

Mathe-Ass ②

Nach welcher rechnerischen (immer gleichen) Regel resultiert aus der linken Zahl die rechte Zahl?
Welche Zahl müssen Sie demnach in das letzte Feld mit dem Fragezeichen eintragen? Notieren Sie darunter die rechnerische Regel, die hier immer aus zwei Funktionen besteht (z.B. „x2 –5").

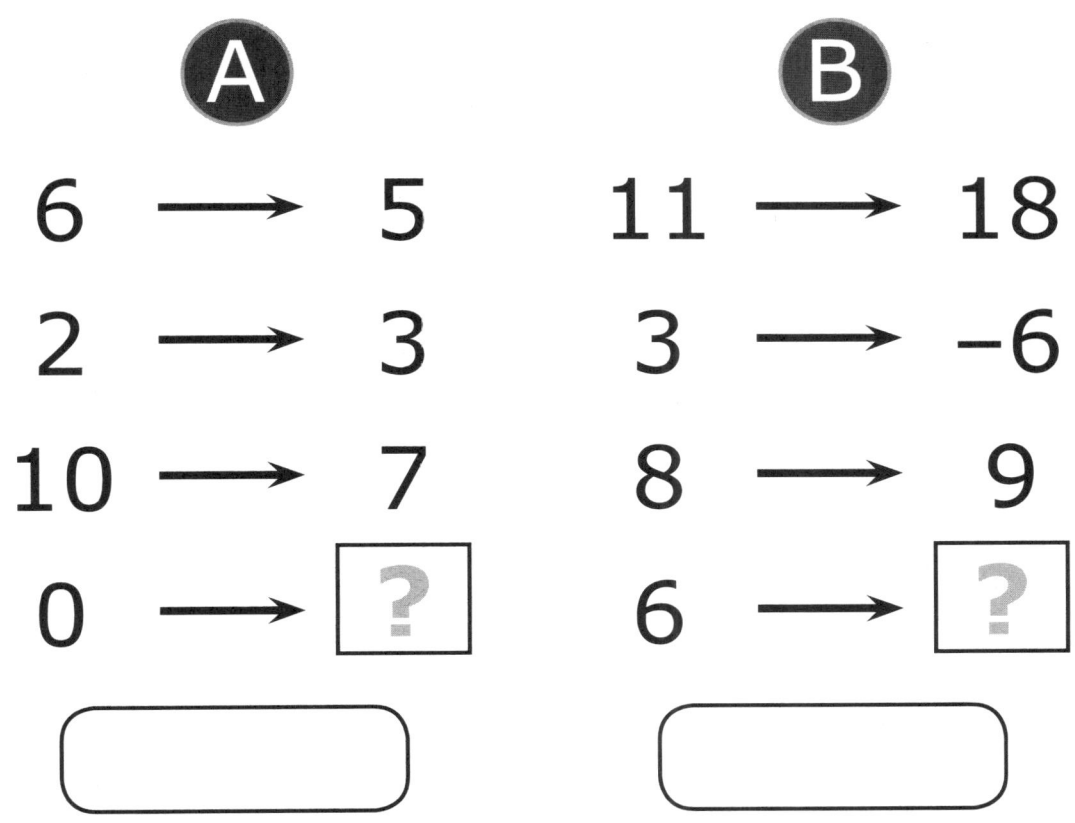

A

6 ⟶ 5

2 ⟶ 3

10 ⟶ 7

0 ⟶ ?

B

11 ⟶ 18

3 ⟶ -6

8 ⟶ 9

6 ⟶ ?

Synonyme Pärchen ②

Unter den sieben Wörtern eines jeden Kästchens befinden sich zwei Synonyme – Wörter also, die eine ähnliche Bedeutung haben. Können Sie diese finden?

1

- ☐ a bringen
- ☐ b schonen
- ☐ c aufdrängen
- ☐ d werfen
- ☐ e kommen
- ☐ f zustellen
- ☐ g zeichnen

2

- ☐ a Brosche
- ☐ b Planke
- ☐ c Front
- ☐ d Hieb
- ☐ e Halt
- ☐ f Klingel
- ☐ g Stirnseite

3

- ☐ a Leiter
- ☐ b Posse
- ☐ c Leistung
- ☐ d Farce
- ☐ e Methode
- ☐ f Umlauf
- ☐ g Praxis

4

- ☐ a trachten
- ☐ b beten
- ☐ c trösten
- ☐ d turteln
- ☐ e beeilen
- ☐ f begegnen
- ☐ g treffen

Strukturelle Identitäten ②

Betrachten Sie die Strukturen der neun Quadrate.
Genau drei davon sind identisch, aber gedreht. Welche?

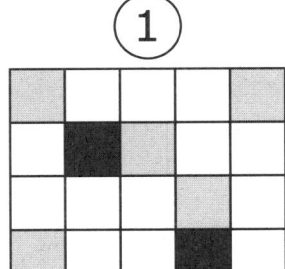
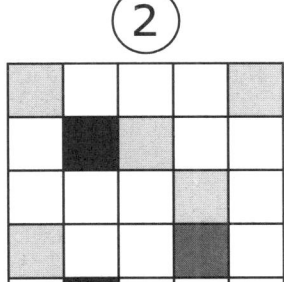

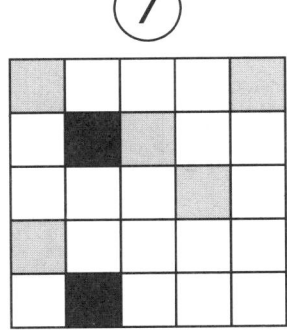
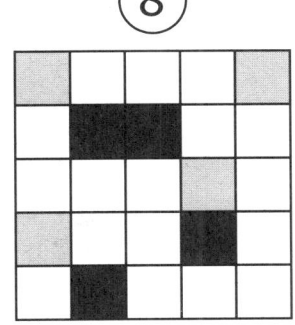
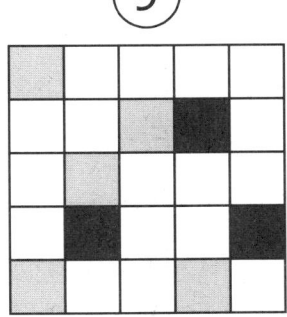

Lösung: ___ = ___ = ___

Im Rückwärtsgang ②

Der Schatz wurde gefunden. Wie kommen Sie nun zurück zum Ausgangspunkt? Bis zum Schatz sind Sie den Hinweisen gefolgt. Diese geben in Form von Buchstaben-Zahlen-Kombinationen an, wohin man vom jeweiligen Feld aus gehen muss. (So bedeutet zum Beispiel „u2" zwei Felder nach unten, „l4" vier Felder nach links usw.)
Beginnen Sie Ihre Reise zurück bei der Schatzkiste; suchen Sie dann das Feld, dessen Hinweis direkt zur Schatzkiste führte usw. Den gesuchten Ausgangspunkt haben Sie dann erreicht, wenn kein Hinweis mehr zur betroffenen Stelle führt. Es werden übrigens sämtliche Felder einmal beschritten.

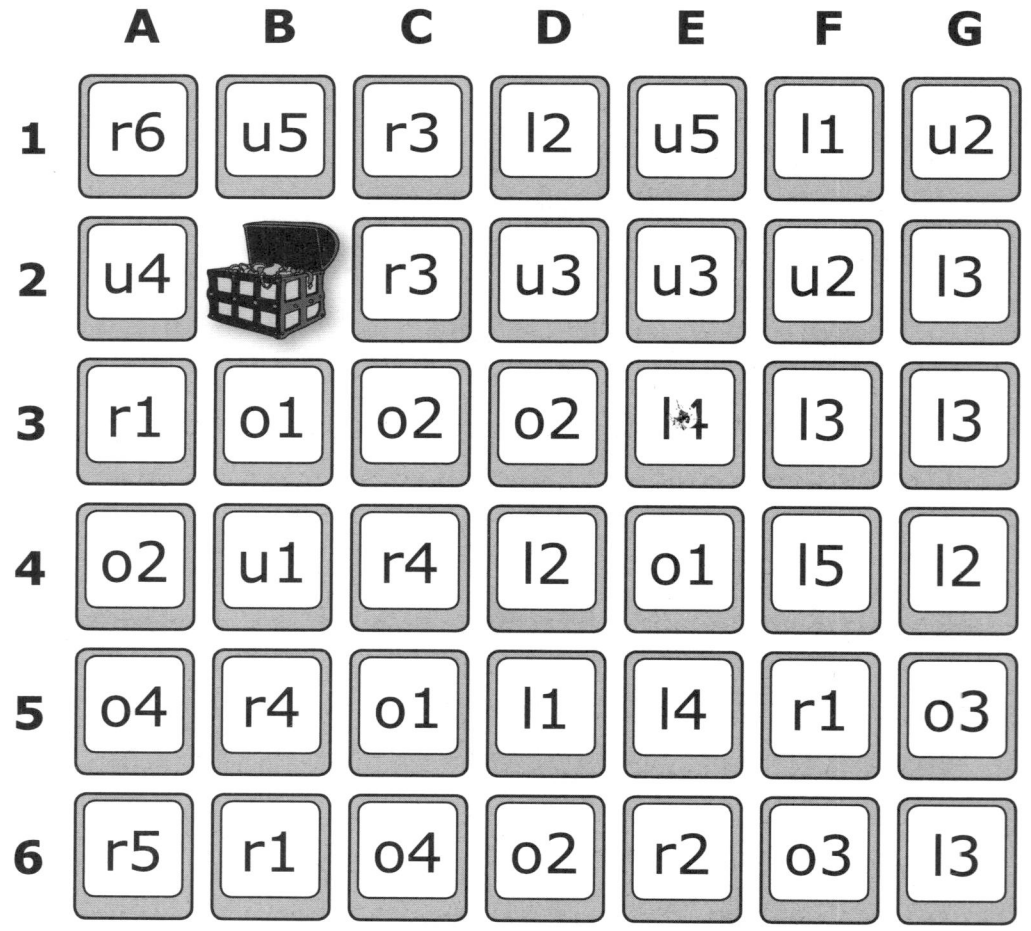

	A	B	C	D	E	F	G
1	r6	u5	r3	l2	u5	l1	u2
2	u4		r3	u3	u3	u2	l3
3	r1	o1	o2	o2	l4	l3	l3
4	o2	u1	r4	l2	o1	l5	l2
5	o4	r4	o1	l1	l4	r1	o3
6	r5	r1	o4	o2	r2	o3	l3

Wörterketten ②

Bilden Sie aus den vorgegebenen Wörtern sinnvolle zusammengesetzte Hauptwörter, und zwar so, dass Sie damit eine Art Dominoreihe setzen können.

Beispiel: Wolke, Duft, Himmel, Rose
➔ Rosenduft – Duftwolke – Wolkenhimmel

a | Schutz, Kabel, Mann, Brand

b | Spargel, Teppich, Orient, Suppe, Stange

c | Bahn, Ziege, Narr, Straße, Milch, Hof

d | Bohne, Milch, Marke, Essen, Butter, Salat, Kaffee

Ringwörter ②

Setzen Sie Buchstaben so in die leeren Felder ein, dass sich kreisförmig ein Wort ergibt. (Dieses kann sowohl im als auch entgegen dem Uhrzeigersinn verlaufen.)

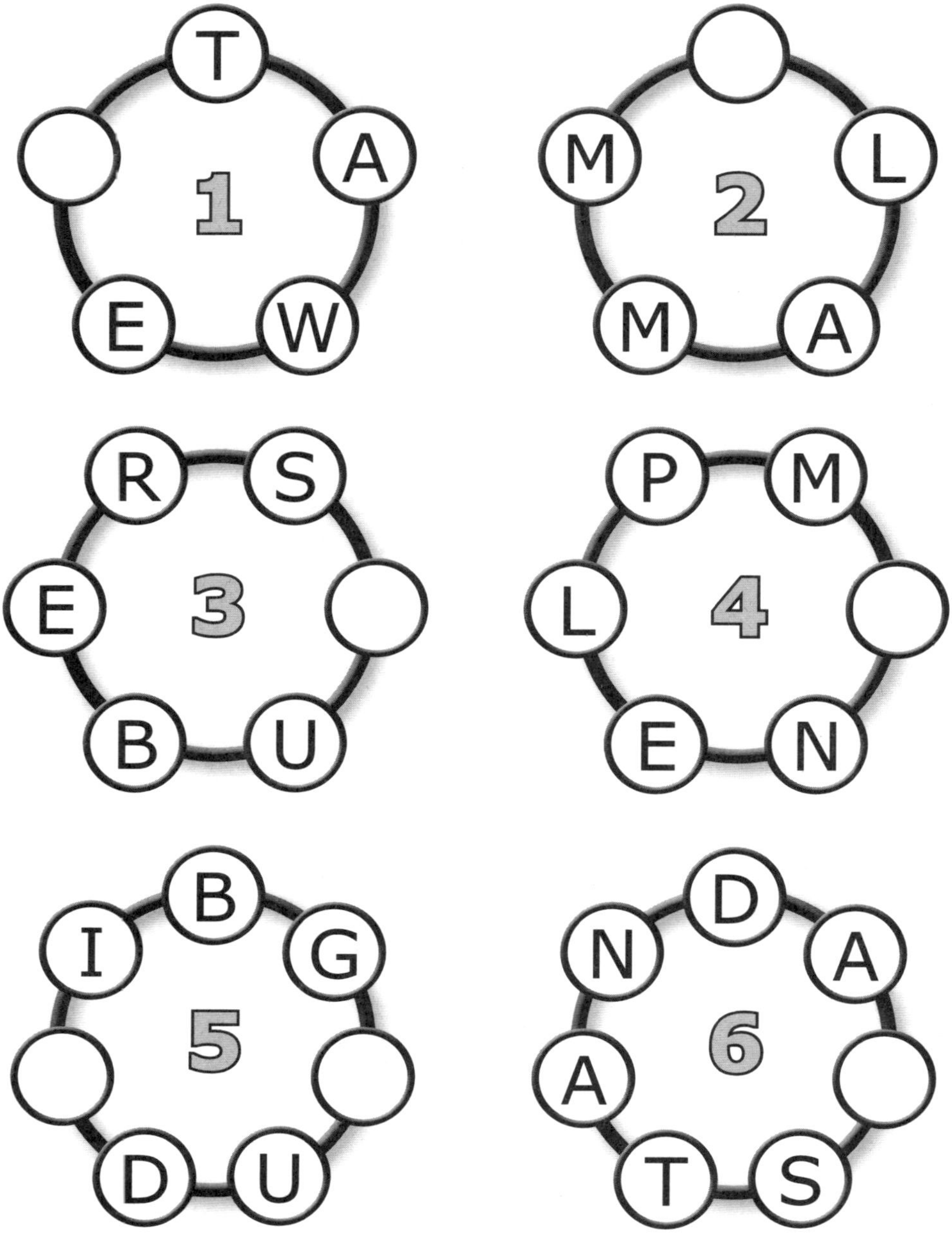

1 T A W E (leer)

2 (leer) L A M M

3 R S (leer) U B E

4 P M (leer) N E L

5 B G (leer) U D (leer) I

6 D A S T A (leer) N

Blitzrechnen ②

Nun eine leichte Kopfrechenübung, die Sie möglichst schnell lösen sollen. Errechnen Sie die Quersummen der folgenden Zahlen (die Quersumme ist die Summe aller Einzelziffern; Beispiel: Quersumme von 68456: 6 + 8 + 4 + 5 + 6 = 29).

59462	
98745	
25847	
32145	
62514	
75325	
65413	
48791	
79132	
54796	
98743	
12345	

2514879	
3639584	
2465789	
3214147	
2454643	
3928564	
3595943	
3568495	
7878989	
8796858	
2545618	
4659321	

Gegenspieler gesucht ②

Verbinden Sie je zwei Begriffe aus der linken und rechten Spalte, die eine gegenteilige Bedeutung haben.

berühmt (1) ●	● (a) wütend
privat (2) ●	● (b) abgespannt
eifrig (3) ●	● (c) folgsam
langsam (4) ●	● (d) ungern
austreten (5) ●	● (e) faul
unbrauchbar (6) ●	● (f) bekannt
trüb (7) ●	● (g) delikat
gleichmütig (8) ●	● (h) billig
erholt (9) ●	● (i) geeignet
dürftig (10) ●	● (j) beruflich
trotzig (11) ●	● (k) eintreten
grob (12) ●	● (l) trocken
freiwillig (13) ●	● (m) fein
anonym (14) ●	● (n) fremd
fade (15) ●	● (o) sauber
attraktiv (16) ●	● (p) früher
kostbar (17) ●	● (q) entstellt
zukünftig (18) ●	● (r) schnell
schmutzig (19) ●	● (s) ausreichend
feucht (20) ●	● (t) klar

Startschwierigkeiten ②

In jeder dieser Teilaufgaben sind Wörter aufgelistet, die alle mit den gleichen Buchstaben beginnen. Finden Sie heraus, welche Buchstaben das sind, und tragen Sie sie in die Platzhalter ein (ein Buchstabe je Platzhalter).

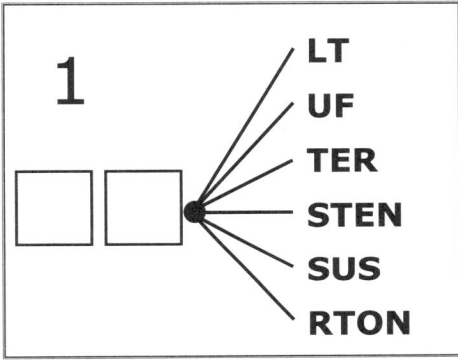

1
- LT
- UF
- TER
- STEN
- SUS
- RTON

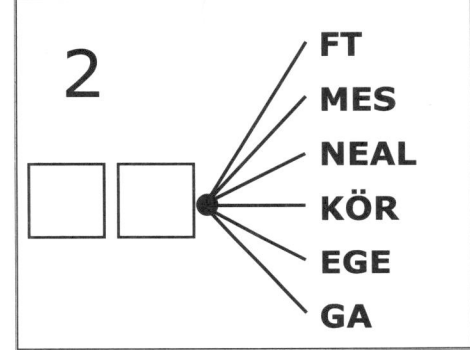

2
- FT
- MES
- NEAL
- KÖR
- EGE
- GA

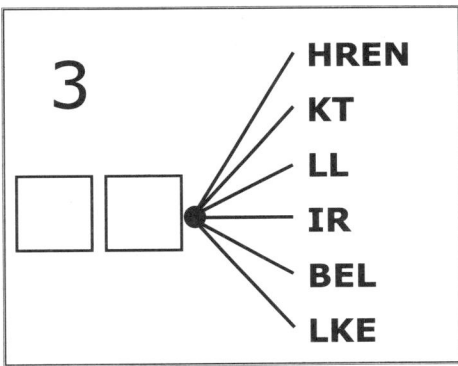

3
- HREN
- KT
- LL
- IR
- BEL
- LKE

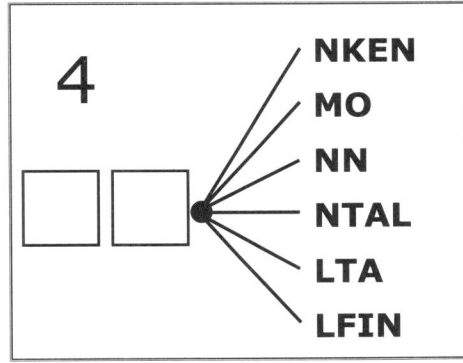

4
- NKEN
- MO
- NN
- NTAL
- LTA
- LFIN

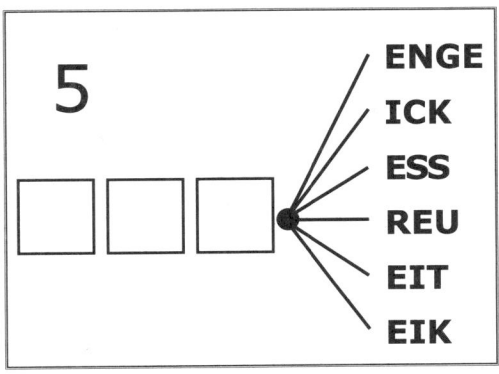

5
- ENGE
- ICK
- ESS
- REU
- EIT
- EIK

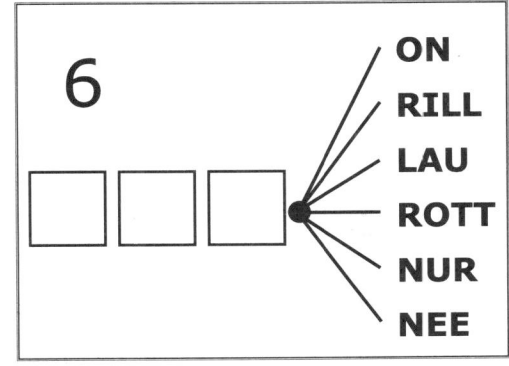

6
- ON
- RILL
- LAU
- ROTT
- NUR
- NEE

Lückentext ②

Lesen und gleichzeitig mitdenken – darauf kommt es in dieser Übung an. An verschiedenen Stellen im Text wurden mit Zahlen versehene Lücken gelassen. Schreiben Sie bitte die den Zahlen entsprechenden Begriffe in die Tabelle unten.

Die Finanzkrise 2007/2008 ist eine Wirtschaftskrise, (1) im Frühsommer 2007 mit der US-Immobilienkrise (Subprime-Krise) (2). Diese äußerte sich in einer Reihe (3) erlittenen Verlusten (4) Insolvenzen bei Unternehmen der Finanzbranche, was sich weltweit auswirkte. Im Wesentlichen wurde sie ausgelöst (5) fallende Immobilienpreise in den USA, die sich nach einer (6) Preissteigerungsphase zur sogenannten Immobilienblase (7) hatten. Gleichzeitig (8) immer mehr Kreditnehmer ihre Raten nicht mehr bezahlen, teils (9) steigender Zinsen, teils wegen zu niedriger Einkommen. Es waren (10) diesen Problemen im US-Immobilienbereich in erster Linie Subprime-Kredite (11), die überwiegend an Kreditnehmer mit geringer Bonität (12) wurden.

1) —————— 2) —————— 3) ——————

4) —————— 5) —————— 6) ——————

7) —————— 8) —————— 9) ——————

10) —————— 11) —————— 12) ——————

Spritztour ②

Folgen Sie der Zickzacklinie – beginnend bei „Start" – und zählen Sie dabei, wie oft der Weg eine Richtungsänderung nach rechts macht.

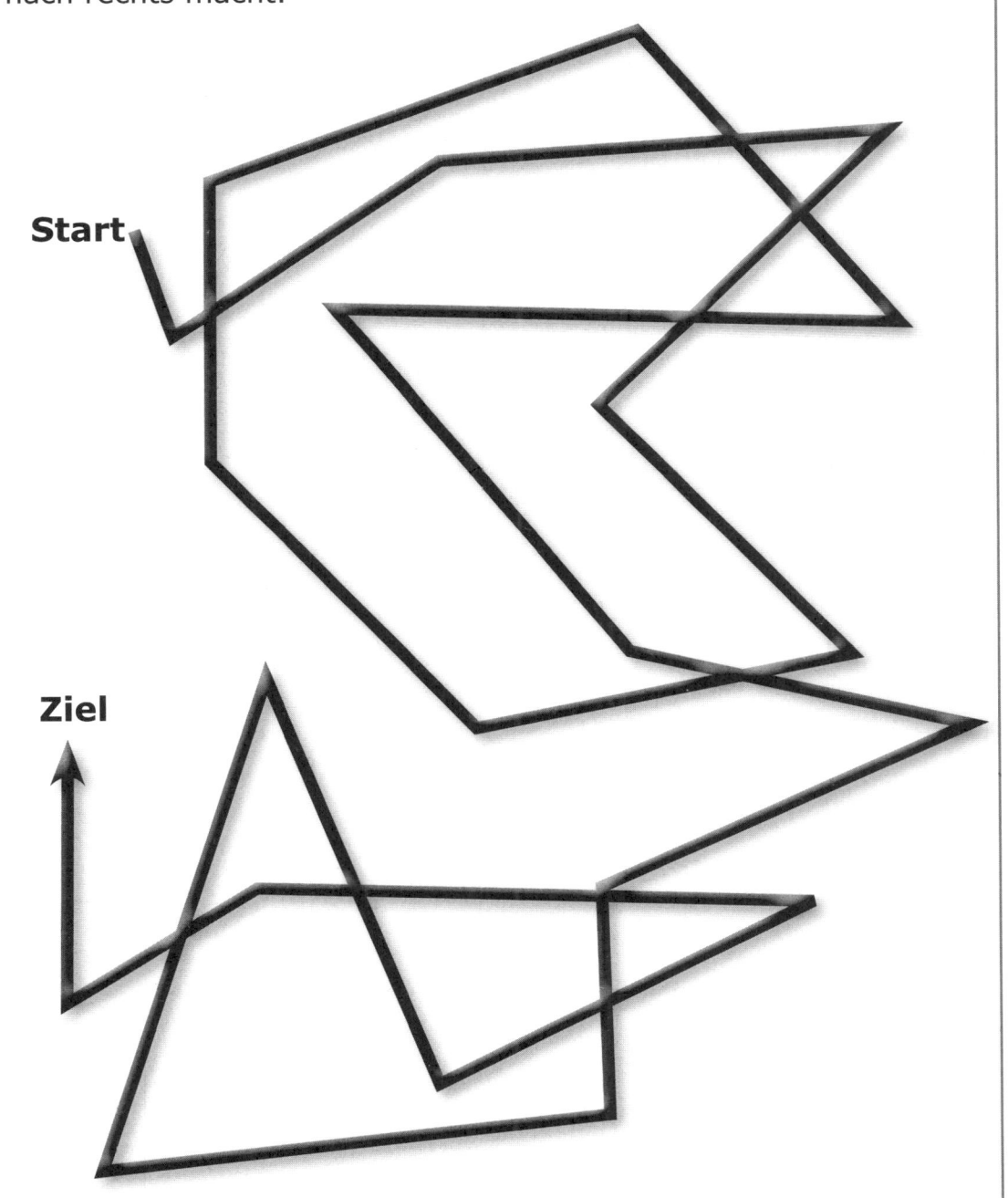

Start

Ziel

Drei Sorten einer Art ②

Finden Sie jeweils ein Wort, das jedem der drei angegebenen Begriffe hinten angefügt werden kann, sodass neue zusammengesetzte Wörter entstehen.

1   Haus...   U-...   Segel...   (_____)

2   Getreide...   Spiel...   Magnet...   (_____)

3   Fach...   Säge...   Flug...   (_____)

4   Kauf...   Ehe...   Markt...   (_____)

5   Gesetz...   Dreh...   Hand...   (_____)

6   Blüten...   Säge...   Schleif...   (_____)

7   Roll...   Haus...   Bade...   (_____)

8   Spür...   Blinden...   Lawinen...   (_____)

9   Lager...   Schwimm...   Montage...   (_____)

10   Druck...   Gesetzes...   Steil...   (_____)

11   Gleich...   Wohl...   Miss...   (_____)

12   Zug...   Arbeits...   Achs...   (_____)

Schlussfolgerungen ②

Hier wird nach logischen Schlüssen gefragt. Je zwei Aussagen sind vorgegeben. Diese sollen als wahr angenommen werden, auch wenn sie möglicherweise in der Realität absurd sind. Der jeweils dritte Satz ist eine Schlussfolgerung, basierend auf den ersten beiden Aussagen. Eine Schlussfolgerung muss logisch korrekt und zwingend richtig sein. Überprüfen Sie bitte, ob diese Schlussfolgerungen stimmen.

1.
● Manches Teure ist kahl.
● Alles Kahle ist grün.

⇒ *Manches Grüne ist teuer.*

☐ richtig   ☐ falsch

2.
● Kein Mantel ist schnell.
● Alles Komische ist ein Mantel.

⇒ *Nichts Schnelles ist komisch.*

☐ richtig   ☐ falsch

3.
● Alles Wässrige ist nass.
● Manches Nasse ist trocken.

⇒ *Manches Trockene ist wässrig.*

☐ richtig   ☐ falsch

Wettkampf ②

Ermitteln Sie aus den Hinweisen, welche Platzierungen die aufgelisteten Herren beim Wettbewerb erreichten. Tragen Sie als Lösung die Platznummern in die leeren Kästen ein.

- Karl kam hinter Bernhard ins Ziel.
- Joachim war nicht so schnell wie Thomas.
- Karl konnte Thomas hinter sich lassen.

2	Karl
3	Thomas
1	•Bernhard
4	Joachim

Synonym-Trios gesucht ②

Finden Sie in jedem Kasten drei Begriffe, die eine ähnliche Bedeutung haben.

1.
- ☐ a Vergehen
- ☐ b Bestreben
- ☐ c Trachten
- ☐ d Benehmen
- ☐ e Bemühen
- ☐ f Vergehen
- ☐ g Andenken

2.
- ☐ a Einsicht
- ☐ b Ergebnis
- ☐ c Summe
- ☐ d Menge
- ☐ e Konsequenz
- ☐ f Frucht
- ☐ g Resultat

3.
- ☐ a unerhört
- ☐ b ungezogen
- ☐ c zweifelhaft
- ☐ d anrüchig
- ☐ e fraglich
- ☐ f gratis
- ☐ g ungewiss

4.
- ☐ a Sitte
- ☐ b Champion
- ☐ c Riese
- ☐ d Kämpfer
- ☐ e Sieger
- ☐ f Brocken
- ☐ g Gewinner

5.
- ☐ a Intellekt
- ☐ b Instinkt
- ☐ c Inspektion
- ☐ d Interesse
- ☐ e Geist
- ☐ f Verstand
- ☐ g Nutzen

6.
- ☐ a nur
- ☐ b schon
- ☐ c auf
- ☐ d bloß
- ☐ e dass
- ☐ f außer
- ☐ g lediglich

Eingeschränktes Chaos ②

Hier sollen Sie herausfinden, welches Wort jeweils hinter den Buchstaben steckt. Als wichtige Hilfestellung haben wir die Auswahl durch einen Hinweisbegriff eingeschränkt.

Oberbegriff	Buchstabentausch	Lösung
a) Denkspruch	TMOTO	
b) Wertgegenstand	UEJLW	
c) Leuchtmittel	REKEZ	
d) Tugend	RETUE	
e) Buchteil	CDKELE	
f) Insekt	BEREMS	
g) Besteckteil	SMESER	
h) Bekleidung	NIRUFOM	
i) Behörde	OZLIEPI	
j) Kaffeeart	SPOREESS	

Doppelgänger ②

Sehen Sie genau hin. Unter den sieben Grafiken befinden sich sechs, die drei identische Zwillingspärchen bilden. Ein Bild hat keinen Doppelgänger. Welches?

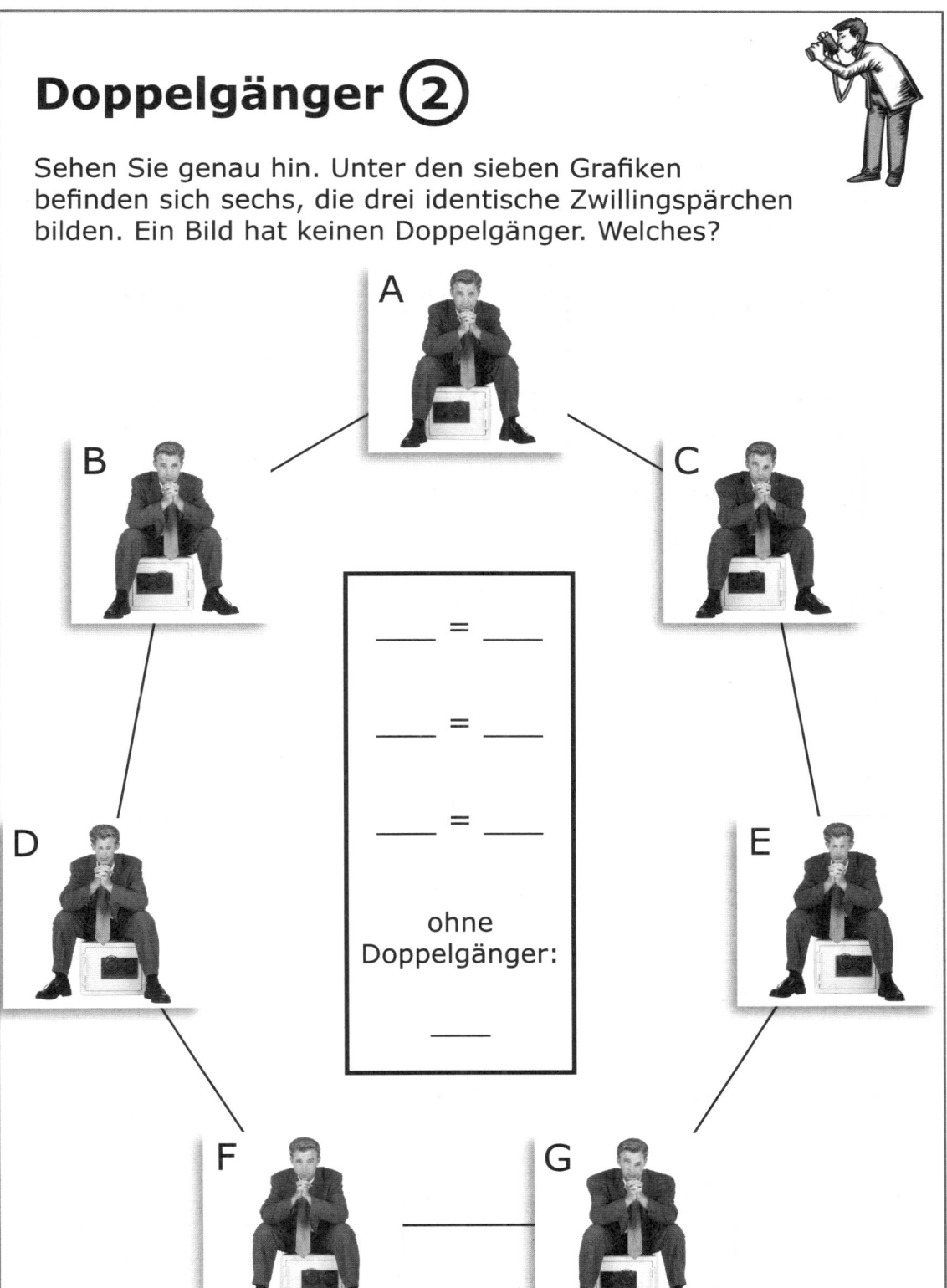

A

B

C

____ = ____

____ = ____

____ = ____

D

E

ohne
Doppelgänger:

____

F

G

Buchstaben suchen ②

Suchen und verbinden Sie alle Buchstaben, die in folgendem Zitat von Friedrich Engels stecken, und zwar in der Reihenfolge, in der sie auch im Satz vorkommen:

ALLES, WAS DIE MENSCHEN IN BEWEGUNG SETZT, MUSS DURCH IHREN KOPF HINDURCH; ABER WELCHE GESTALT ES IN DIESEM KOPF ANNIMMT, HÄNGT SEHR VON DEN UMSTÄNDEN AB.

E C H S D I S L U N
D D A E R E R U H V I
E G E A D R E M D N E
B S N E G O A A R M
N G A I L A S S R O
I E A I N E N K I E
S W U U I E H N C U
H R L E F E H L G S
N M N U S T Ä N N K
I N U S T S E E N P
C E R S H N E T Z O
F T H B M M N H M E I
T W T Ä E P C E H N
B S A T G A W D E R

Doppel-Zahlensuche ②

Die beiden Zahlen, die oben vorgegeben sind, gilt es in den Zeilen zu finden. Sie sind dort mehrfach vorhanden und können sowohl vorwärts als auch rückwärts geschrieben sein.

1625   **9784**

```
62162563621625605 5261
82937298365261342 1625
84836057454582934 5265
97841625392864529 8359
21625235628723506 3996
73928548293461360 5544
29854064587948643 8923
48829326950978406 3932
64487939846952614 634
54829363162562549 3605
52612936329831362 5484
46341652610638387 5261
```

Lösung:

Die vorgegebenen Zahlen sind

insgesamt ____-mal enthalten.

Wörtersuche ②

Finden Sie alle unten vorgegebenen Wörter. Diese können horizontal, vertikal, diagonal, vorwärts oder rückwärts geschrieben sein. Achtung: Die übrig bleibenden Buchstaben ergeben ein Zitat nach Sophokles.

E	S	O	R	E	E	T	W	L	E	R	Z	G	R	O
I	N	S	S	R	V	I	S	I	T	A	T	I	O	N
G	S	T	U	M	P	E	N	K	E	W	A	S	V	O
O	R	H	F	U	A	E	L	O	G	I	S	C	H	G
L	W	E	S	E	N	S	M	E	R	K	M	A	L	R
O	T	L	A	D	R	E	I	R	S	I	U	S	T	I
I	S	G	R	U	E	N	S	C	H	N	A	B	E	L
B	I	O	C	N	H	G	T	E	H	G	R	N	E	L
Z	E	I	T	G	Z	I	E	L	G	E	R	A	D	E
T	L	A	F	G	R	O	S	B	E	R	L	I	N	N

BERLIN
BIOLOGIE
ENTFERNT
ERMUEDUNG
GRILLEN
GRUEN-
SCHNABEL

IRONIE
LIKOER
LOGISCH
ORDNEN
SICHEL
SORGFALT
STUMPEN

TEEROSE
UMSATZ
VISITATION
WESENS-
MERKMAL
WIKINGER
ZIELGERADE

Lösung:

Vierteldrehungen ②

Jedes Bild soll im nächsten Schritt immer um 90° im
Uhrzeigersinn verdreht sein. Finden Sie all diejenigen,
bei denen dies nicht zutrifft.

1)  □   2)  □   3)  □   4)  □   5)  □   6) □

7)  □   8)  □   9)  □   10)  □   11)  □   12) □

13)  □   14)  □   15)  □   16)  □   17)  □   18) □

19)  □   20)  □   21)  □   22)  □   23)  □   24) □

25)  □   26)  □   27)  □   28)  □   29)  □   30) □

Wortzählung ②

Wie oft ist in den Zeilen unten das Wort LYRIK enthalten?
Lesen Sie regulär von links nach rechts.

LYRIKLYRLYRIKRLYRIKRIK

KRIKLLYRIKYRIKLYRLYRIKIK

LYRIKLYRIKLYRIKLYRIKLYRIK

KLYRIKLYRLYRIKRIKLYRIKIK

LYRIKKLYRIKLYRIKLYRIKLYK

RIKLYRIKLYRIKLYRIKLYRIK

KLYRIKLYRIKLYRIKLYRIKLYK

RIKLYLYRIKRIKLYRIKLYRIK

LYRIKLYRIKLYRLYRIKYRILYK

RIKLYRIKLYRIKLYRIKLYLYRIK

KRIKLYRIKLYRIKLYRIKLYRIK

LYRILYRIKKYRIKLYRIKYRIK

Lösung:
Das Wort LYRIK ist insgesamt ____-mal enthalten.

Streckenabschnitte ②

Sehen Sie genau hin. Welche der Teilstücke a bis f
wurden aus dem oben dargestellten Wegverlauf herauskopiert?

a) ☐

b) ☐

c) ☐

d) ☐

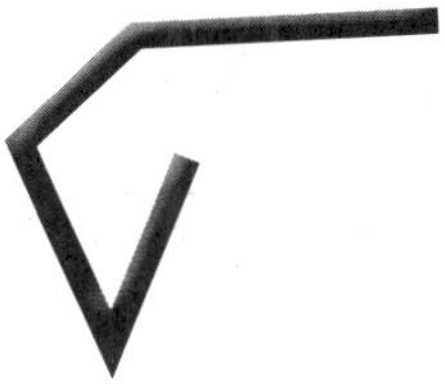

e) ☐

f) ☐

Tippfehlerteufel ②

In der jeweils unteren Zeile sind immer zwei Zeichen falsch (sie entsprechen nicht den Zeichen darüber). Markieren Sie in jedem Kästchen diese beiden Fehler.

pOu/%R§wV=
pOv/%R§wV–

?-#*dqPB%tT
?-#*bqPB%fT

JuIK/)6$5&(9H
JuIK/(6§5&(9H

)J7mnG6$§fD2
)J7mnG5$§fO2

?_lÄ#)L7(%&h$
?–lÄ#)L7(%&n$

B/h$)o0?"e§5<
P/n$)o0?"e§5<

<–"•/B%/3§"gJ
<–„•/8%/3§"gJ

PB/"$%&g(k+#
PB/"S%&q(k+#

=0L?öÄ*–%$°y
=0F?üÄ*–%$°y

:"7&=PänFt$§?
:"7b=PänFt$ß?

/JIF%(_`>"§%
/JIK%/_`>"§%

?#_;>"$o/%($
?*_;>"$°/%($

Striche zählen ②

Markieren Sie alle p und q, zu denen insgesamt zwei Querstriche gehören.

q g p g p q p b g p g q b

p b p q b p q b g p q b g

b g q b p g q b p q b g q

q b g q b q g p q b g q p

p b q p g p q b g p q b g

Buchstabenfüller ②

Tragen Sie die fehlenden Buchstaben ein und bilden Sie zügig sinnvolle Wörter.

Al_min_um
Wo_nmo_il
Hof_nun_
A_tsle_ter
U_or_nung
S_l_sä_le
O_atoriu_
Me_oir_n

Ze_tfo_g_
Py_am_d_
Ha_b_unk_l
Da_pf_chi_f
Wi_der_ab_
E_po_ition
Fe_l_etr_g
Or_a_ent

Ver_re_h_n
R_ck_rit_
Si_ht_eis_
In_el_ekt
Z_eig_telle
Ge_u_tuun_
Na_hs_eise
Pe_rol_um

Ko_pli_en_
A_zeic_en
R_zep_io_
A_res_at
E_zenge_
In_oler_nz
Ze_emo_iel_
C_ara_ter

Zahlen und Formen ②

Jeder Zahl von 1 bis 9 ist eine bestimmte Form zugeordnet.
Zeichnen Sie unten in die leeren Kästchen die fehlenden Formen
skizzenhaft ein. Gehen Sie der Reihe nach vor und überspringen
Sie keine Felder.

1	2	3	4	5	6	7	8	9
📫	○	■	♌	❖	♍	⊠	🖱	📞

7	1	3	2	4	7	6

3	5	1	7	2	5	9

4	5	2	6	8	5	3

Vokalsumme ②

Beginnen Sie links oben bei der 3 und folgen Sie danach
den Pfeilen. Steht ein Vokal vor der Zahl, müssen Sie
diese Zahl hinzuzählen. Ist dort ein Konsonant, müssen Sie sie
abziehen. Zu welchem Ergebnis führt dieser Weg?

3 →	o5 →	q2	g5 →	u8
z1 ←	e7 ←	a4	i9	w7
t4 →	i2 →	e2 →	o3	j6
r1 ←	a9 ←	u1 ←	f3	e6
i6	i7 →	u9	p4 ←	k3
a8 →	s5	e8 →	o7 →	☐

Förmlichkeiten ②

Notieren Sie in jedem Dreieck eine 4, in jedem Viereck
eine 9, in jedem Fünfeck eine 7, in jedem Sechseck
eine 2, in jedem Siebeneck eine 1 und in jedem Achteck eine 3.
Addieren Sie dann alle ungeraden Zahlen und subtrahieren Sie
alle geraden. Auf welches Ergebnis kommen Sie?

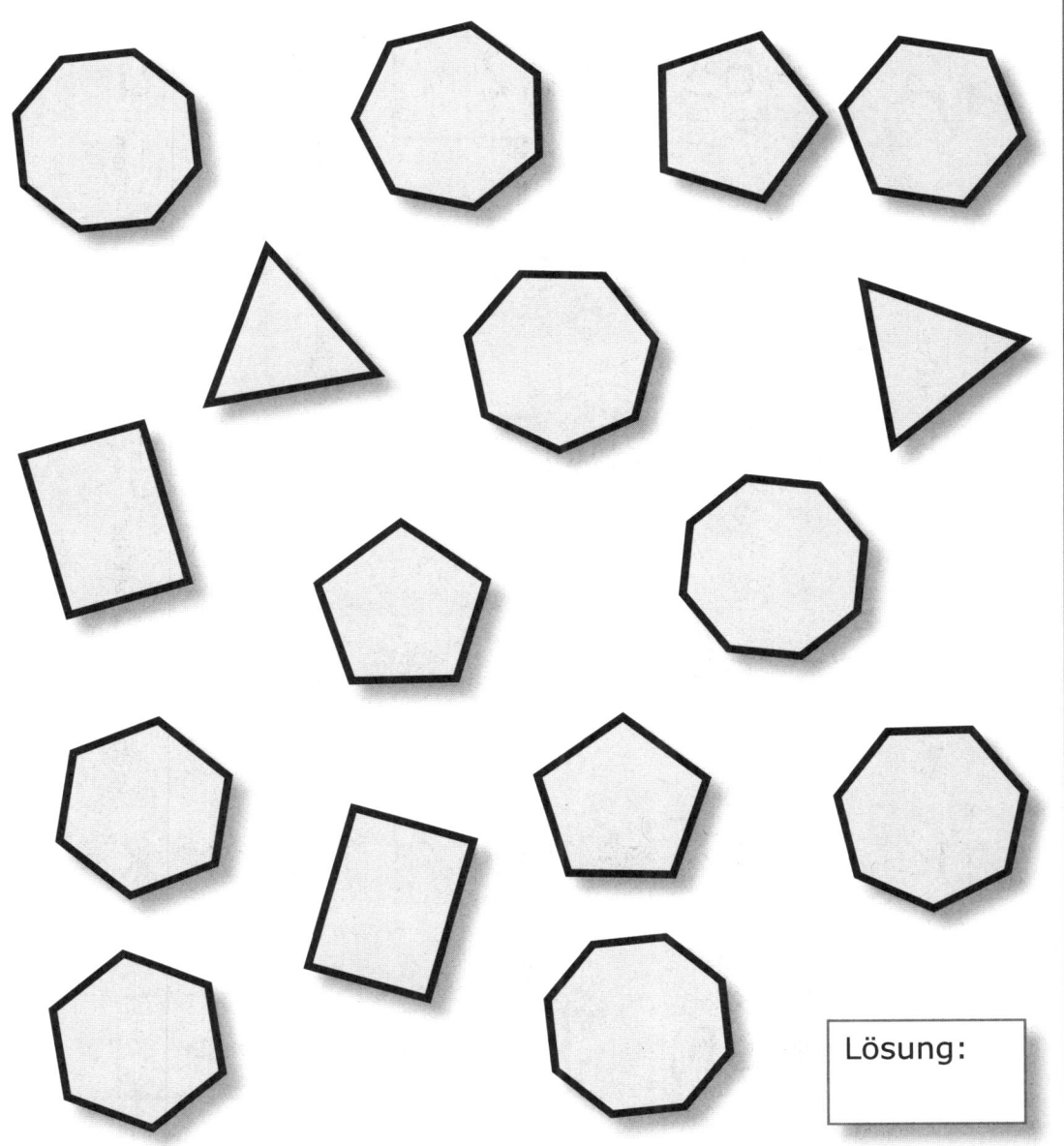

Lösung:

Ergebnisdifferenzen ②

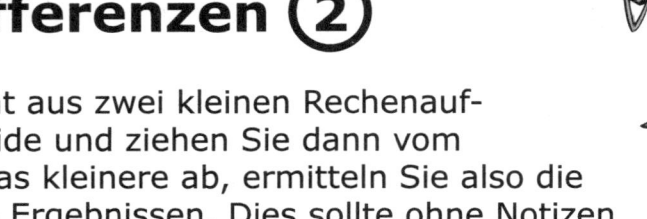

Jede Aufgabe besteht aus zwei kleinen Rechenaufgaben. Lösen Sie beide und ziehen Sie dann vom größeren Ergebnis das kleinere ab, ermitteln Sie also die Differenz aus beiden Ergebnissen. Dies sollte ohne Notizen erfolgen.

a)
$$5 + 8 - 7$$
$$3 - 4 + 9$$

b)
$$7 + 1 - 2$$
$$6 - 9 + 8$$

c)
$$4 - 1 + 9$$
$$1 + 3 + 2$$

d)
$$9 - 2 - 3$$
$$8 + 9 - 7$$

e)
$$1 + 5 + 2$$
$$2 - 1 + 9$$

f)
$$4 + 7 - 8$$
$$6 - 1 + 5$$

Malen auf dem Kopf ②

Zeichnen Sie die Symbole aus der oberen Hälfte spiegelbildlich in die entsprechenden leeren Felder der unteren Hälfte.
Ein Beispiel ist bereits vorgegeben.

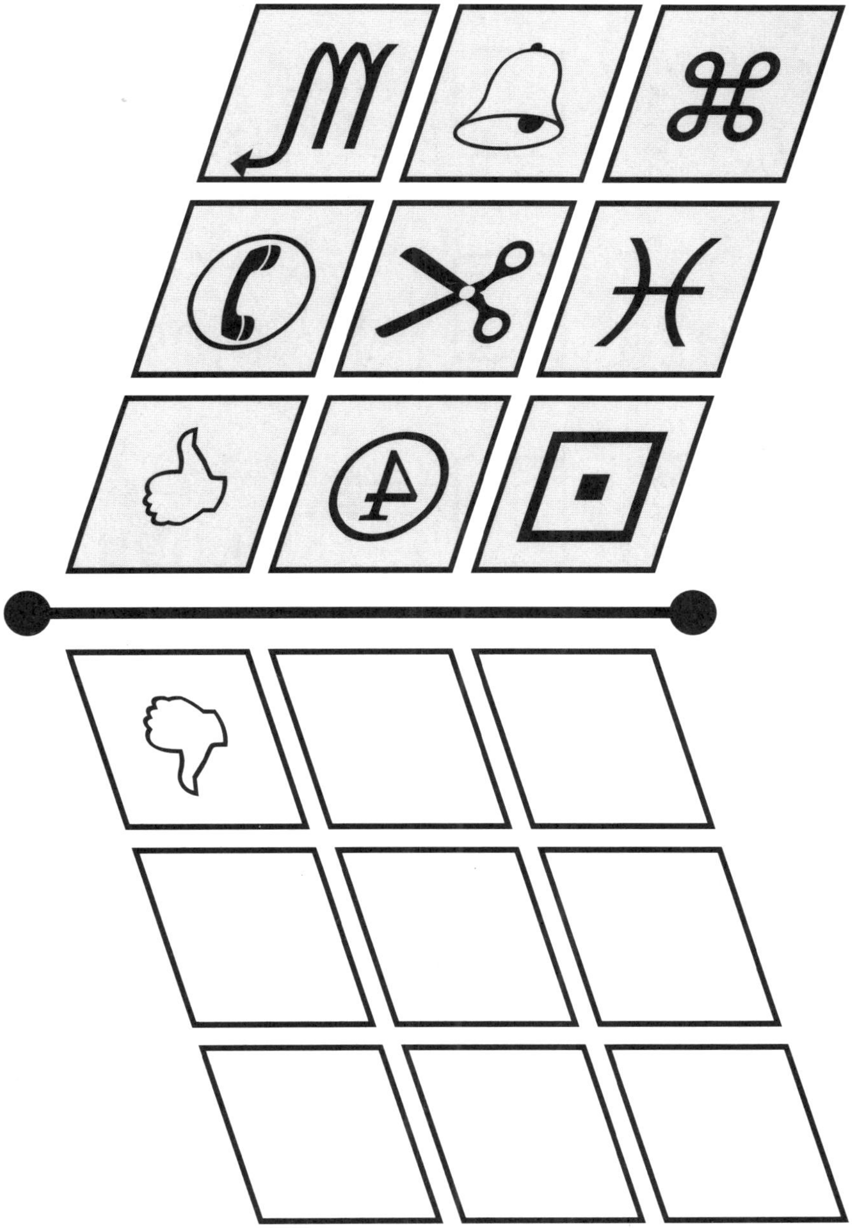

Grenzbereiche ②

Jede Teilaufgabe enthält zwei Zahlen. Sie sollen alle
markieren, die folgende Bedingungen erfüllen:
Obere Zahl: 352 bis 409
Untere Zahl: 0,0841 bis 0,103

a) 361 / 0,184 ☐

b) 349 / 0,0840 ☐

c) 399 / 0,1028 ☐

d) 411 / 0,0953 ☐

e) 353 / 0,0848 ☐

f) 253 / 0,0991 ☐

g) 532 / 0,0842 ☐

h) 401 / 0,08 ☐

i) 363 / 0,09 ☐

j) 354 / 0,102 ☐

k) 419 / 0,1 ☐

l) 408 / 0,11 ☐

Verlorene Begriffe ②

Vergleichen Sie diese beiden Kästen. Welche zwei Wörter im unteren Kasten kommen im oberen nicht vor?

Rakete

Sünde

Hafen

Runde

Pilot

Laster

Können

Strand

Boxen

Essig

Gabel

Dubai

Magen

Juwel

Fleiß

Chance

Indien

Indien

Fleiß

Dubai

Rakete

Pilot

Essig

Juwel

Laster

Boxen

Natur

Magen

Strand

Können

Chance

Runde

Sünde

Tonne

Hafen

Gabel

Oben fehlen die Wörter _____ und _____.

Nadeln im Heuhaufen ②

Wo ist die jeweils links vorgegebene Figur versteckt?

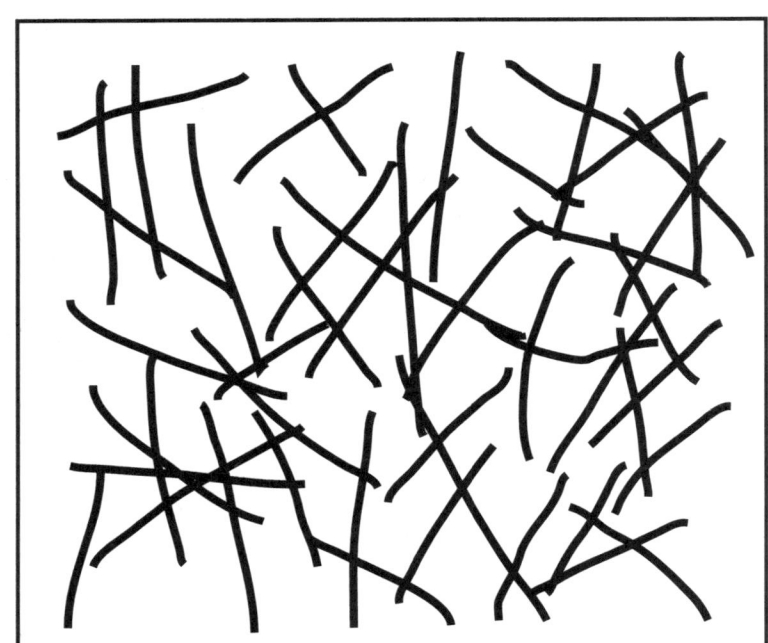

Summenkontrolle ②

Überprüfen Sie bei den folgenden Aufgaben die Ergebnisangaben. Stimmen die Summen, die rechts neben und unter den Zahlen stehen? Notieren Sie bei jeder Teilaufgabe die Anzahl der falschen Ergebnisse (0 bis 4).

a)
$$49 + 24 = 73$$
$$+ \quad +$$
$$33 + 71 = 114$$
$$= \quad =$$
$$72 \quad 105$$

b)
$$88 + 12 = 110$$
$$+ \quad +$$
$$51 + 47 = 98$$
$$= \quad =$$
$$139 \quad 59$$

c)
$$38 + 56 = 84$$
$$+ \quad +$$
$$65 + 43 = 98$$
$$= \quad =$$
$$93 \quad 99$$

d)
$$48 + 66 = 104$$
$$+ \quad +$$
$$28 + 47 = 75$$
$$= \quad =$$
$$76 \quad 111$$

e)
$$93 + 84 = 167$$
$$+ \quad +$$
$$36 + 80 = 116$$
$$= \quad =$$
$$139 \quad 164$$

f)
$$25 + 47 = 72$$
$$+ \quad +$$
$$85 + 45 = 140$$
$$= \quad =$$
$$110 \quad 92$$

Verdrehte Doppelgänger ②

Jedes Bild ist zweimal vorhanden, allerdings ist der
jeweilige Doppelgänger verdreht und gespiegelt.
Welche sind die Pärchen?

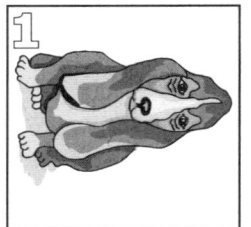 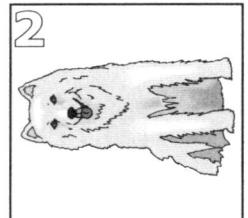  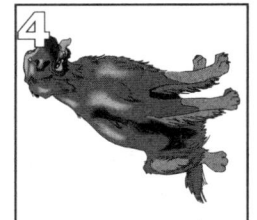

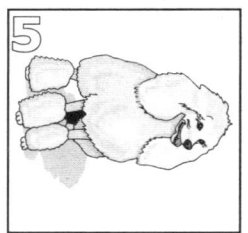 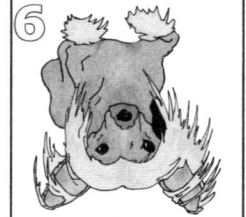  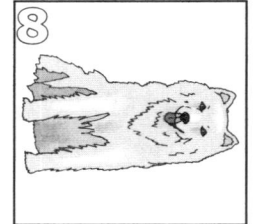

   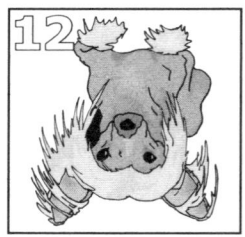

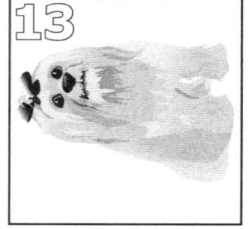 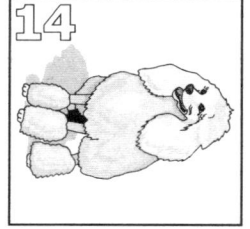  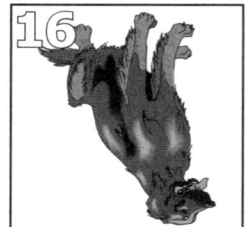

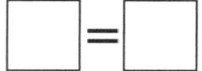 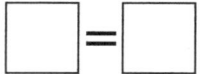 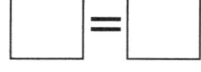 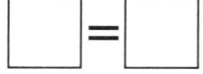

Rückwärts lesen ②

Eine herrlich ungewohnte Herausforderung für Ihre grauen Zellen. Dieser Text ist spiegelverkehrt abgedruckt, er muss also von rechts nach links gelesen werden.

Römischer Senator

Lucius Vitellius war ein römischer Konsul und Zensor. Er war als Statthalter von Syrien Koordinator der römischen Orientpolitik und einer der einflussreichsten Senatoren unter den Kaisern Caligula und Claudius, die ihn mit der außergewöhnlichen Ehre von drei Konsulaten auszeichneten. Von seinen Zeitgenossen wurde er als tüchtiger Verwalter geschätzt und als redegewandter Höfling verachtet. Sein Sohn Aulus Vitellius war im Vierkaiserjahr 69 n. Chr. römischer Kaiser.

Frage: Mit wie vielen Konsulaten wurde Vitellius ausgezeichnet?

Antwort: _____

Falscher Drilling ②

Je ein Bild ist anders als die anderen beiden. Finden Sie dieses in jeder Zeile.

1

2

3

 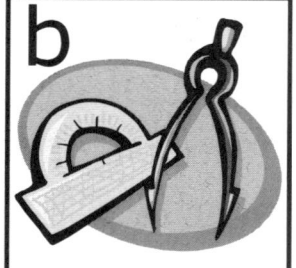 

4

 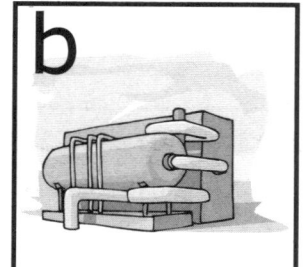 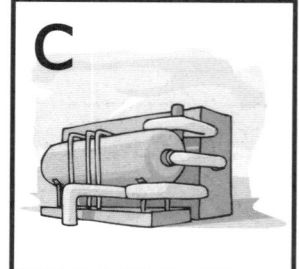

Pilotentraining ②

Ein Doppeldecker fliegt zunächst in Richtung Süden. Dann vollzieht der Pilot mehrere Lenk- und Drehmanöver. Wohin fliegt das Flugzeug danach? (Bezugspunkt bei den Richtungsänderungen ist das Flugzeug; rechts ist demnach dort, wo die rechte Tragfläche ist, unten dort, wo die Räder sind, usw.)

- ○ **90° nach oben**
- ○ **Dreiviertelschraube im UZS***
- ○ **Halbe Schraube**
- ○ **90° nach links**
- ○ **Viertelschraube im UZS**
- ○ **90° nach rechts**
- ○ **90° nach unten**
- ○ **Viertelschraube entgegen dem UZS**
- ○ **90° nach rechts**
- ○ **Viertelschraube im UZS**

diese Bewegung ist eine Schraube

*Uhrzeigersinn

Lösung: Nach diesen Lenkmanövern fliegt das Flugzeug in Richtung

☐ Nord   ☐ Ost   ☐ Süd   ☐ West

Chaotische Zahlensuche ②

Suchen Sie hier die Zahlen von 11 bis 49 in ihrer natürlichen Reihenfolge. Viele Zahlen sind als Wort dargestellt, was das Gehirn immer wieder zum Umdenken zwingt.

40   siebzehn   43

einundzwanzig   11   fünfunddreißig

29   fünfundvierzig   26

dreiunddreißig   14   zwanzig

48   vierundzwanzig

sechzehn   30   37

49   siebenundvierzig   vierundvierzig

fünfundzwanzig   22   einunddreißig

12   vierunddreißig
          einundvierzig
          46   18

achtunddreißig

27   dreizehn

zweiunddreißig   36   achtundzwanzig

neunzehn   zweiundvierzig

39   dreiundzwanzig   15

Füllwörter ②

Lassen Sie sich zu den vorgegebenen Anfangs- und Endbuchstaben jeweils zehn Wörter einfallen. (Gültig sind nur die jeweiligen Grundwörter, also zum Beispiel „Buch" und nicht „Bücher", „bunt" und nicht „bunte", „Tee" und nicht „Teesieb".)

G ... L

1.	2.
3.	4.
5.	6.
7.	8.
9.	10.

W ... N

1.	2.
3.	4.
5.	6.
7.	8.
9.	10.

Rösselsprung ②

Aus den Wörtern in den Feldern lässt sich ein Zitat frei nach Josef Meinrad (1913–96) bilden. Sie müssen wie das Pferd auf dem Schachbrett ziehen, um von einem zum anderen Wort zu gelangen. Beachten Sie bei den Platzhaltern unten die vorgegebenen Satzzeichen.

EIN	NICHT	DEN	EIN	DESHALB
GEBURTS-TAG	GEWOR-DEN	WEIL	MERKT	MANCH-MAL
ER	MANN	SIE	FRAU	JAHR
IST	SEINER	ÄLTER	VER-GISST	DASS

Zu diesen Feldern kann ein Pferd springen:

	✗		✗	
✗				✗
		PFERD		
✗				✗
	✗		✗	

„_____ Mann _____ _____ _____

_____ _____ _____ _____, _____

_____ _____ _____, _____ _____

_____ _____ _____ ist __."

Nahaufnahme ②

Können Sie erahnen, welche Gegenstände hier in Ausschnitten gezeigt werden?

1

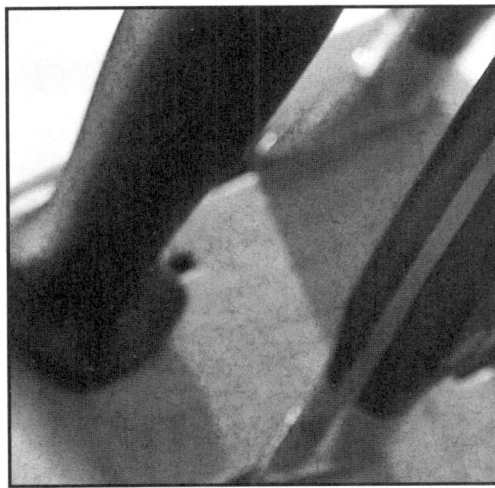

2

Test 3

Machen Sie diesen Test, bevor Sie mit dem 80 Aufgaben umfassenden Übungsabschnitt 3 beginnen. Lösen Sie die Aufgaben bestmöglich. (Gelegentliche Fehler bleiben unberücksichtigt.) Tragen Sie das Ergebnis in Ihre persönliche Fortschrittstabelle auf Seite 11 ein.

A Lösen Sie schnellstmöglich die folgenden Rechenaufgaben und stoppen Sie die benötigte Zeit.

$11 - 8 =$	$4 + 4 =$	$9 \times 3 =$	$13 - 8 =$
$4 \times 4 =$	$16 - 5 =$	$7 + 5 =$	$4 \times 7 =$
$5 + 7 =$	$7 \times 9 =$	$4 - 1 =$	$8 + 8 =$
$8 - 1 =$	$8 + 3 =$	$5 \times 9 =$	$17 - 4 =$
$6 \times 7 =$	$15 - 6 =$	$7 + 9 =$	$6 + 9 =$

Benötigte Zeit [:]

Min./Sek.

B Machen Sie je ein Kreuz bei allen Zahlen, deren linke Ziffer gerade und deren rechte Ziffer ungerade ist. Wie schnell schaffen Sie das? Notieren Sie unten die Zeit.

☐ 48	☐ 66	☐ 28	☐ 12	☐ 79
☐ 83	☐ 51	☐ 17	☐ 87	☐ 24
☐ 59	☐ 14	☐ 39	☐ 41	☐ 56
☐ 26	☐ 13	☐ 15	☐ 36	☐ 69

Benötigte Zeit [:]

Min./Sek.

C Unterstreichen Sie in dieser Liste alle Wörter, die exakt BUPU lauten.

BUPU BUPU RUPU BUBU BUPU RUPU BUPU
PUBU RUPU BURU RUPU RUBU BURU PURU
BUPU BUPU PUPU BUPU BUPU BUPU BUPU
PUBU PUPU BUPU BUPU BUPU PUBU BUBU
RUBU BUPU RURU RURU RUBU BUPU BUPU
BUPU BUPU BUPU BUPU BUPU RUBU PUBU

Benötigte Zeit [:]
Min./Sek.

D Lesen Sie jeweils ein Wort und decken Sie es dann bitte ab. Schreiben Sie es sogleich aus dem Gedächtnis rückwärts in den Kasten daneben.

HALM →

LITER →

BESITZ →

URKUNDE →

Benötigte Zeit [:]
Min./Sek.

Wertvolle Bilder zählen ③

Jedem der drei Motive in dieser Übung ist eine
bestimmte Zahl zugeordnet (siehe Kasten). Addieren
Sie die Werte aller Bilder auf dieser Seite. Versuchen Sie dies
möglichst sicher und fehlerlos.

 = 9    = 5    = 2

Lösungszahl:	

Zahlenjagd ③

Beginnen Sie bei der 1 und finden Sie nacheinander alle Zahlen bis 40. Dies ist eine simple Übung, die jedoch Ihre Konzentrationsausdauer immens fördern kann.

23

29

6

19

28

4

11

30

9

37

33

12

27

17

3

18

26

21

14

1

39

8

5

15

20

35

31

22

2

36

34

25

24

38

32

7

16

40

10

13

Begriffsmutationen ③

Wie gelangen Sie vom oberen Wort zum unteren, wenn Sie bei jedem Schritt genau einen Buchstaben austauschen müssen?

Beispiel:

H	A	F	T
H	E	F	T
H	E	F	E
H	U	F	E
H	U	P	E

Übung 1

W	I	L	D
W	A	L	D
W	A	N	D
H	A	N	D
H	A	N	F

Übung 2

K	A	U	Z
K	A	U	M
R	A	U	M
R	A	H	M
R	U	H	M

Übung 3

S	A	G	A
S	A	G	E
P	A	G	E
P	A	T	E
P	U	T	E

Übung 4

F	A	R	M
L	A	M	M
L	A	M	A
L	I	M	A

Übung 5

K	A	H	L
K	O	H	L
W	O	H	L
W	A	H	L
W	A	L	L
W	A	L	D

Wörterrecycling ③

Wie viele deutsche Wörter können Sie aus den Buchstaben bilden, die im Wort **EISENBAHN** enthalten sind?
Jeder im vorgegebenen Wort vorkommende Buchstabe darf dabei maximal einmal verwendet werden.

Lösungswörter:

Flexibel rechnen ③

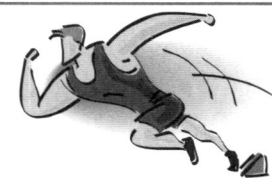

Vervollständigen Sie die folgenden Gleichungen.
Tragen Sie in die Lücken die fehlenden Zahlen ein.

a) $8 + \underline{} = 15$

b) $13 + 8 = \underline{}$

c) $11 + 7 = \underline{}$

d) $\underline{} + 9 = 12$

e) $\underline{} - 4 = 17$

f) $18 - \underline{} = 9$

g) $13 + \underline{} = 31$

h) $21 - 9 = \underline{}$

i) $18 + 9 = \underline{}$

j) $\underline{} - 15 = 7$

k) $\underline{} - 23 = 8$

l) $30 - \underline{} = 6$

m) $41 - \underline{} = 33$

n) $42 - 27 = \underline{}$

o) $63 : 9 = \underline{}$

p) $\underline{} + 16 = 25$

q) $\underline{} \cdot 7 = 49$

r) $24 - \underline{} = 9$

s) $13 \cdot \underline{} = 39$

t) $58 + 18 = \underline{}$

u) $15 \cdot 4 = \underline{}$

v) $\underline{} - 47 = 54$

Fotopuzzle ③

Ursprünglich entstammen diese neun Teile einem
quadratischen Bild. Die Einzelteile wurden untereinander ausgetauscht. Finden Sie heraus, welches Teil wohin
gehört.

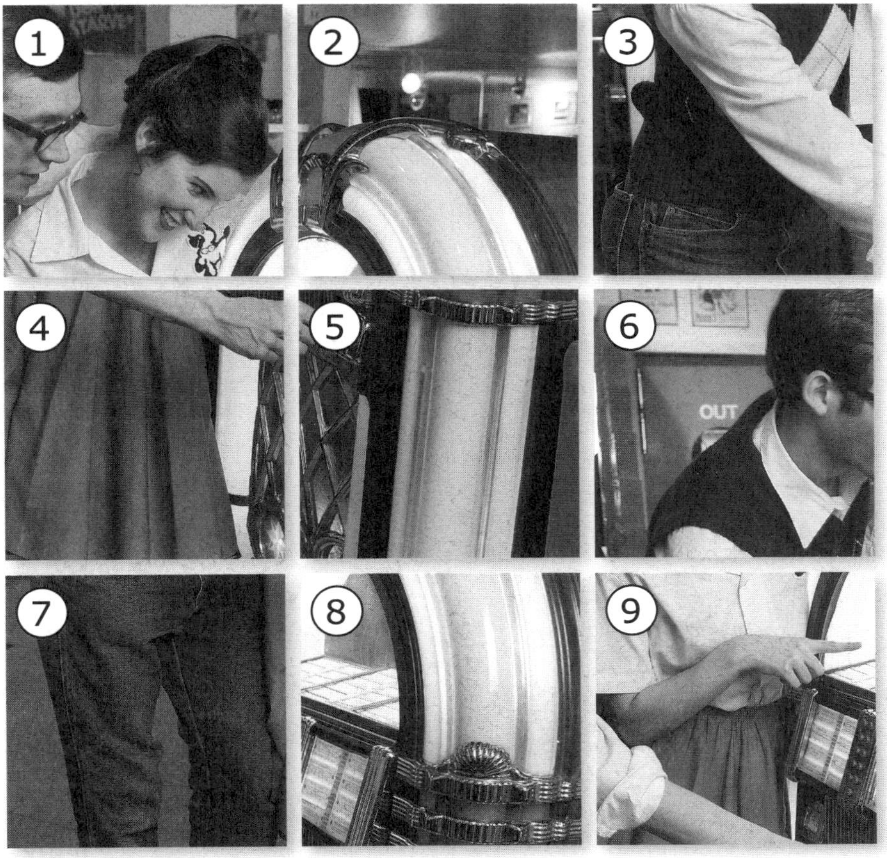

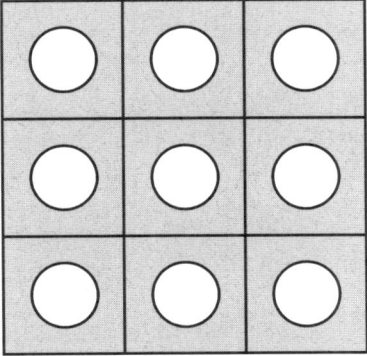

An welcher Stelle
stehen die Nummern
der Bildausschnitte,
wenn man das Bild
richtig zusammen-
setzt?

Symbolmuster entdecken ③

Hier sollen Sie nach identischen Symbolen suchen, die genau so angeordnet sind, wie im jeweils oberen Kästchen dargestellt. Wie viele solcher Konstellationen finden Sie in jeder Säule?

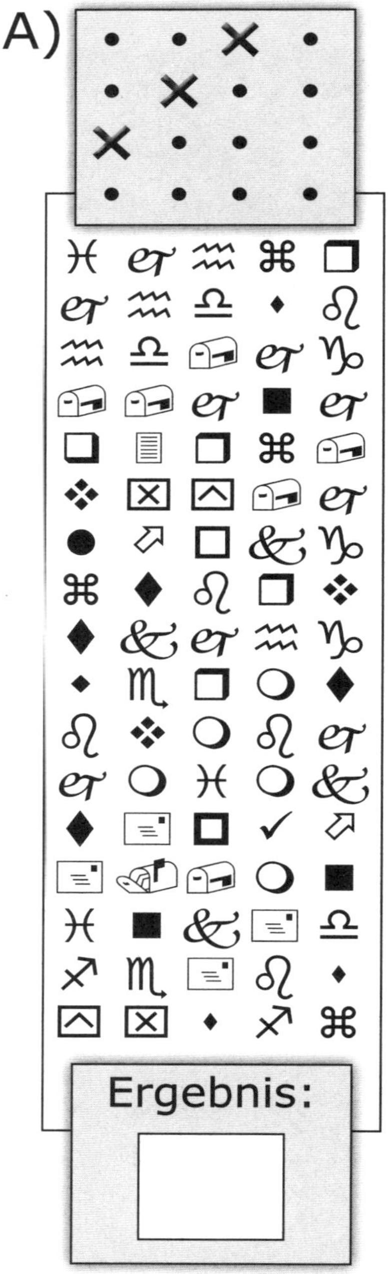

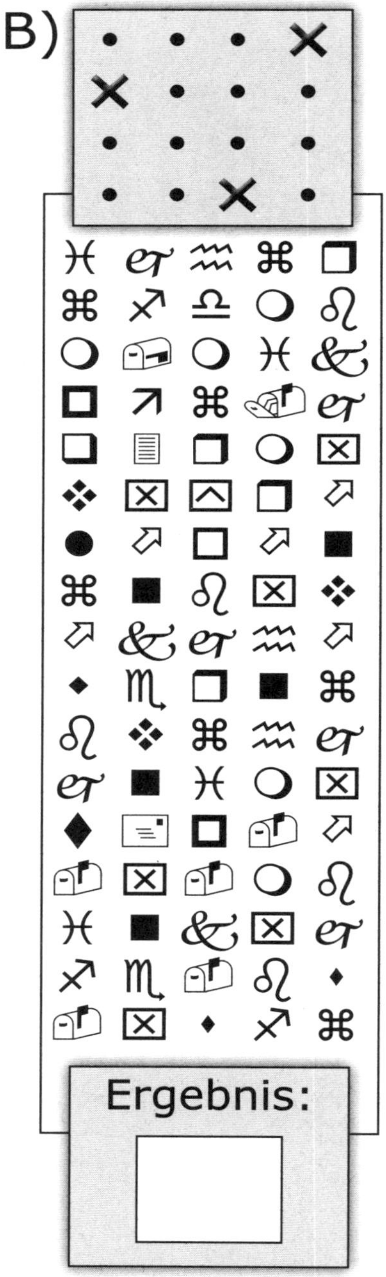

A)

B)

Ergebnis:

Ergebnis:

Drehwurm ③

Bei allen Bildern einer Zeile handelt es sich um gedrehte Darstellungen eines Bildmotivs. Genau zwei sind im Vergleich zu den anderen drei auch noch gespiegelt. Welche sind dies jeweils?

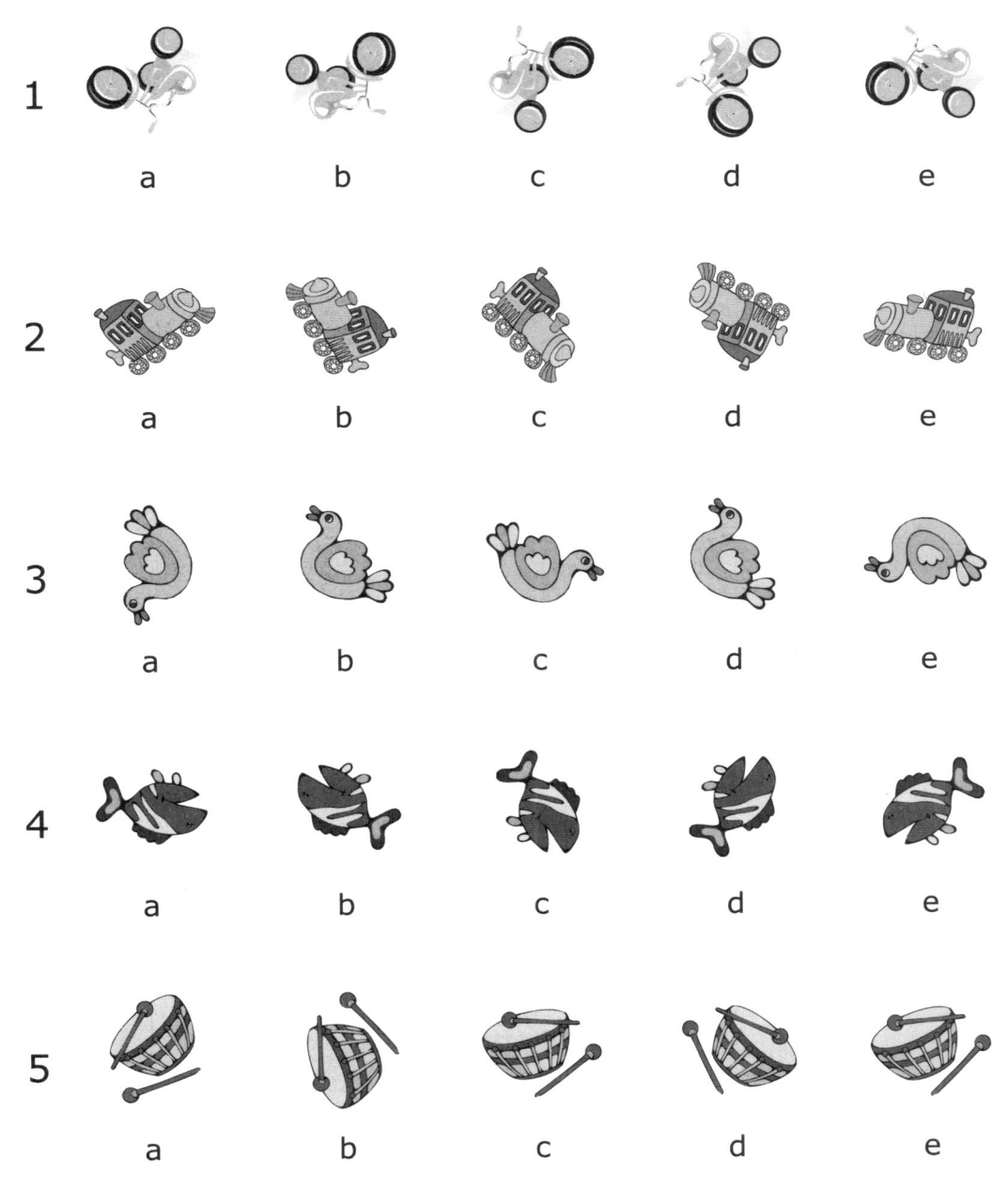

Gruppenzwang ③

Suchen Sie Gruppen identischer Bilder, die eine Form bilden wie die im grau hinterlegten Beispiel. Sieben weitere solcher Anordnungen sollen Sie finden, und dies möglichst schnell.

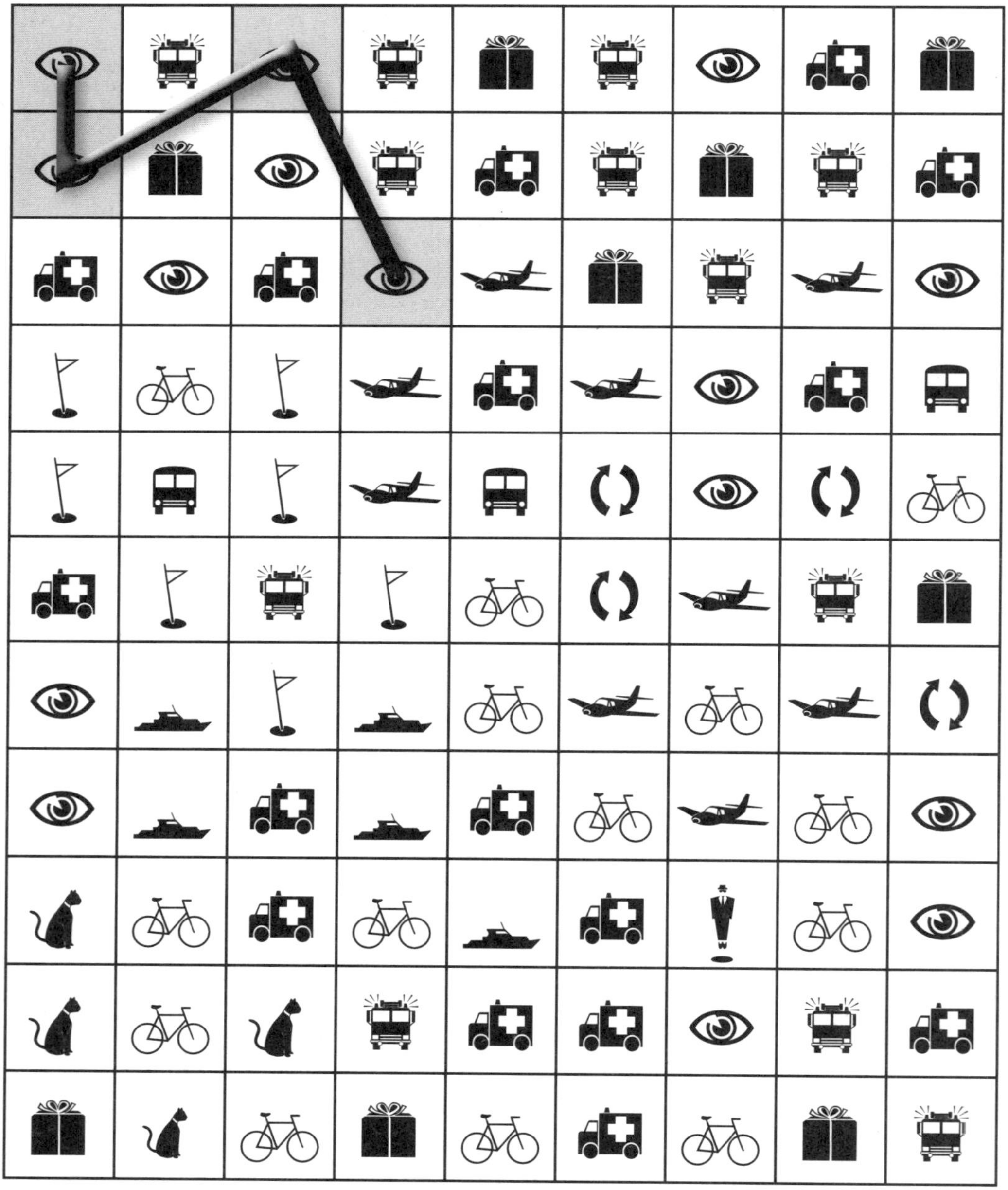

Mikado ③

Spielen Sie Mikado und entnehmen Sie alle Stäbchen von oben nach unten.

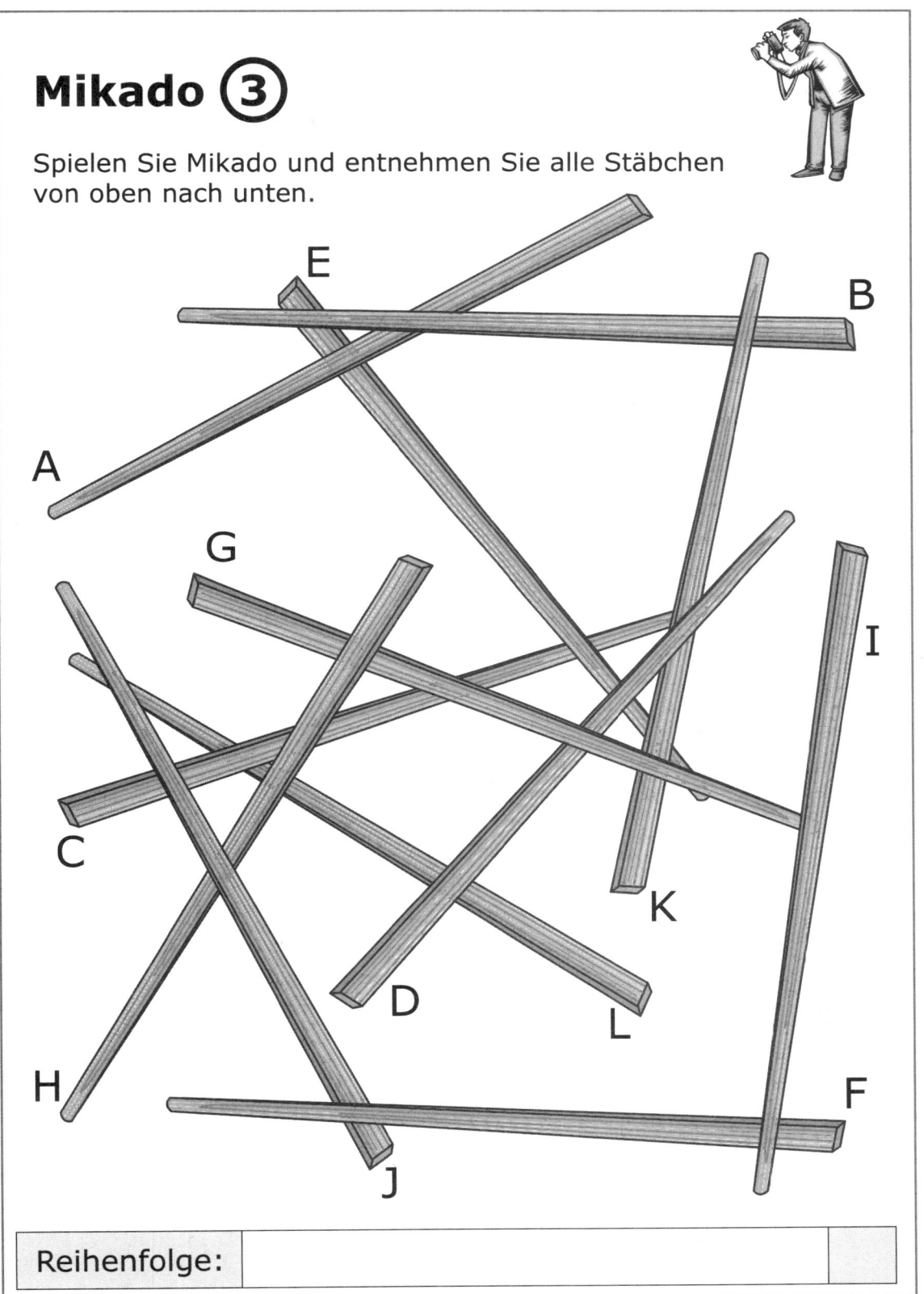

Reihenfolge:

Ergänzungen ③

In die leeren Felder sollen passende Wortanfänge eingetragen werden, die gemeinsam mit den vorgegebenen Wortenden jeweils ein Haustier bezeichnen.

1) _____ ICKEL

2) _____ FTAUBE

3) _____ DFISCH

4) _____ THAHN

5) _____ CHSE

6) _____ ERD

7) _____ EIN

8) _____ STER

9) _____ CKEL

10) _____ NCHEN

Suchen und addieren ③

Suchen Sie in jeder Zeile die jeweils links vorgegebenen Ziffern und addieren Sie sie. Tragen Sie am
Ende jeder Zeile die gesuchte Summe ein.

Bsp.: 3, 5	6 5 2 4 8 1 5 6 8 9 6 3 1 3	**_16_** ✓
a) 3, 6	3 8 5 4 7 2 1 3 6 2 5 9 6 3	
b) 2, 8	3 2 6 8 5 2 1 4 7 8 9 5 6 2	
c) 5, 9	9 5 8 4 7 1 5 2 6 3 5 4 5 7	
d) 2, 5	1 5 2 3 6 5 2 1 4 7 8 5 6 9	
e) 3, 5, 8	8 5 2 9 6 3 2 1 4 7 8 5 4 6	
f) 2, 3, 9	6 4 9 7 2 1 3 2 4 6 8 9 5 6	
g) 4, 6, 7	4 8 5 7 2 3 4 1 2 4 7 5 8 9	
h) 1, 4, 5	1 2 3 5 2 6 4 2 1 7 4 5 2 8	

Lesen über Lücken ③

Dem folgenden Text wurden vier Buchstaben entnommen. Können Sie diese eintragen?

_ER _EGRI__ ZIEL _EZEIC_NET EINEN IN _ER ZUKUN_T LIEGEN_EN, GEGENÜBER _EM GEGENWÄRTIGEN IM ALLGEMEINEN VERÄN_ERTEN, ERSTRE_ENSWERTEN UN_ ANGESTRE_TEN ZUSTAN_. EIN ZIEL IST SOMIT EIN _E_INIERTER UN_ ANGESTRE_TER EN_PUNKT EINES PROZESSES, MEIST EINER MENSC_-LIC_EN HAN_LUNG. MIT DEM ZIEL IST _ÄU_IG _ER ER_OLG EINES PROJEKTS _ZW. EINER ME_R ODER WENIGER AU_ WEN_IGEN AR_EIT MARKIERT.

_EISPIELE _IER_ÜR SIN_ _AS ZIEL EINER REISE, QUALITÄTSZIELE, UNTERNE_MENSZIELE O_ER _AS ERREIC_EN EINER ZEITVORGA_E O_ER MARKE _EI EINEM SPORTLIC_EN WETTKAMP_.

Zeichenfolgen ③

Suchen Sie im Feld unten zeilenweise nach der Zeichenfolge, die
im Kasten links dargestellt ist, und unterstreichen Sie diese. Wie oft können Sie sie finden?

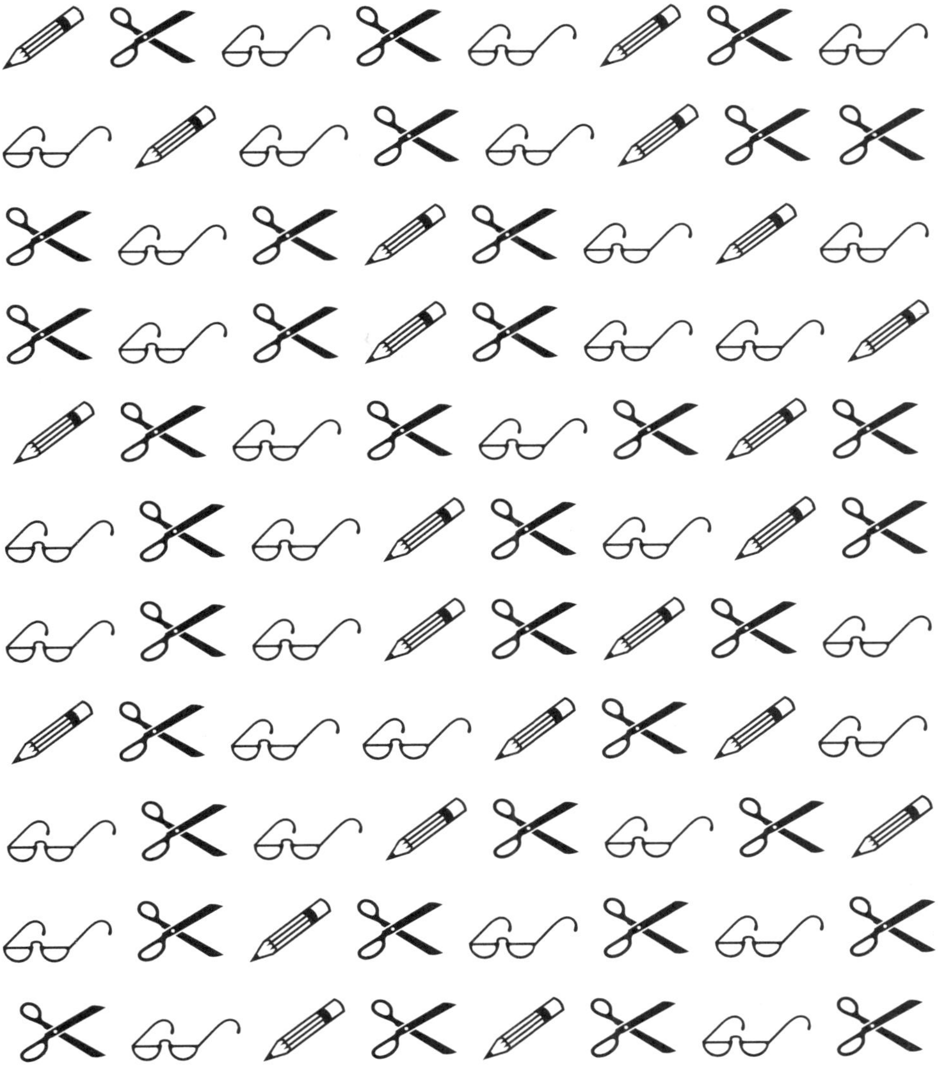

So oft kommt die Zeichenfolge vor:

Dingliche Beziehungen ③

Unten sehen Sie mehrere mit Nummern versehene Bilder, die etwas Bestimmtes darstellen. Jeder der darüber aufgelisteten Begriffe soll je einem dieser Bilder zugeordnet werden.
Beispiel: Zum Begriff „Fäuste" passen die Boxer, also „1".

Fäuste
1

Schnabel

schlafen

Dinner

Strand

Mond

Kriegausstattung

Kampf

Urlaub

Vogel

Astronaut

Waffen

Werkzeug

Indianer

Wein

Regenschutz

Palme

Haken

All

romantisch

Befestigung

Camping

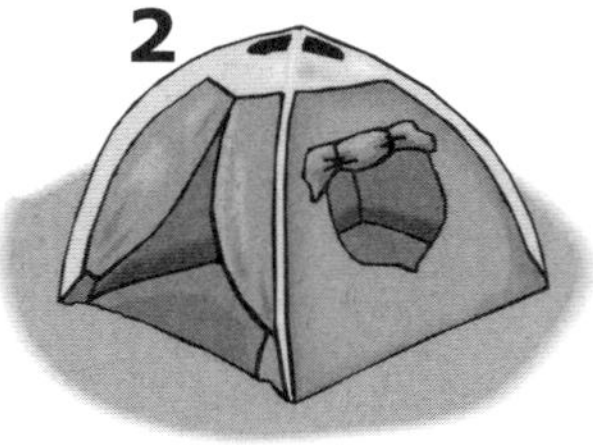

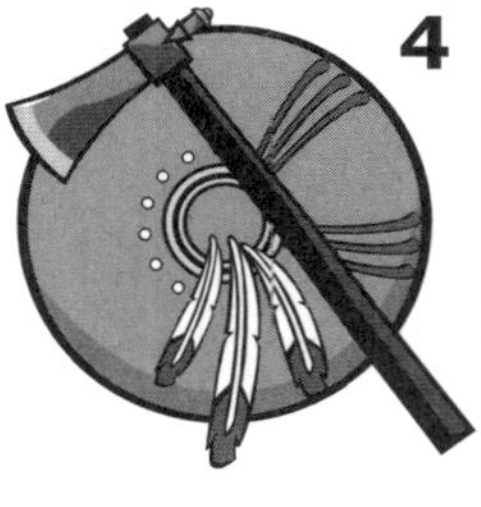

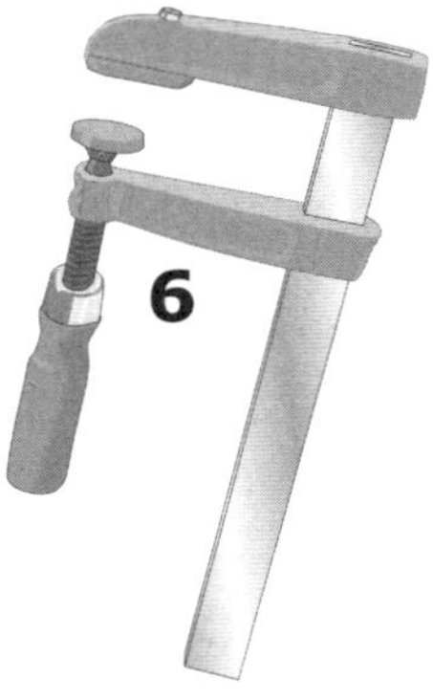

Zahlenketten ③

Jede Zahlenreihe ist nach einer bestimmten Rechenregel aufgebaut. Diese Regel sollen Sie herausfinden
und am Ende die folgerichtige Zahl eintragen.

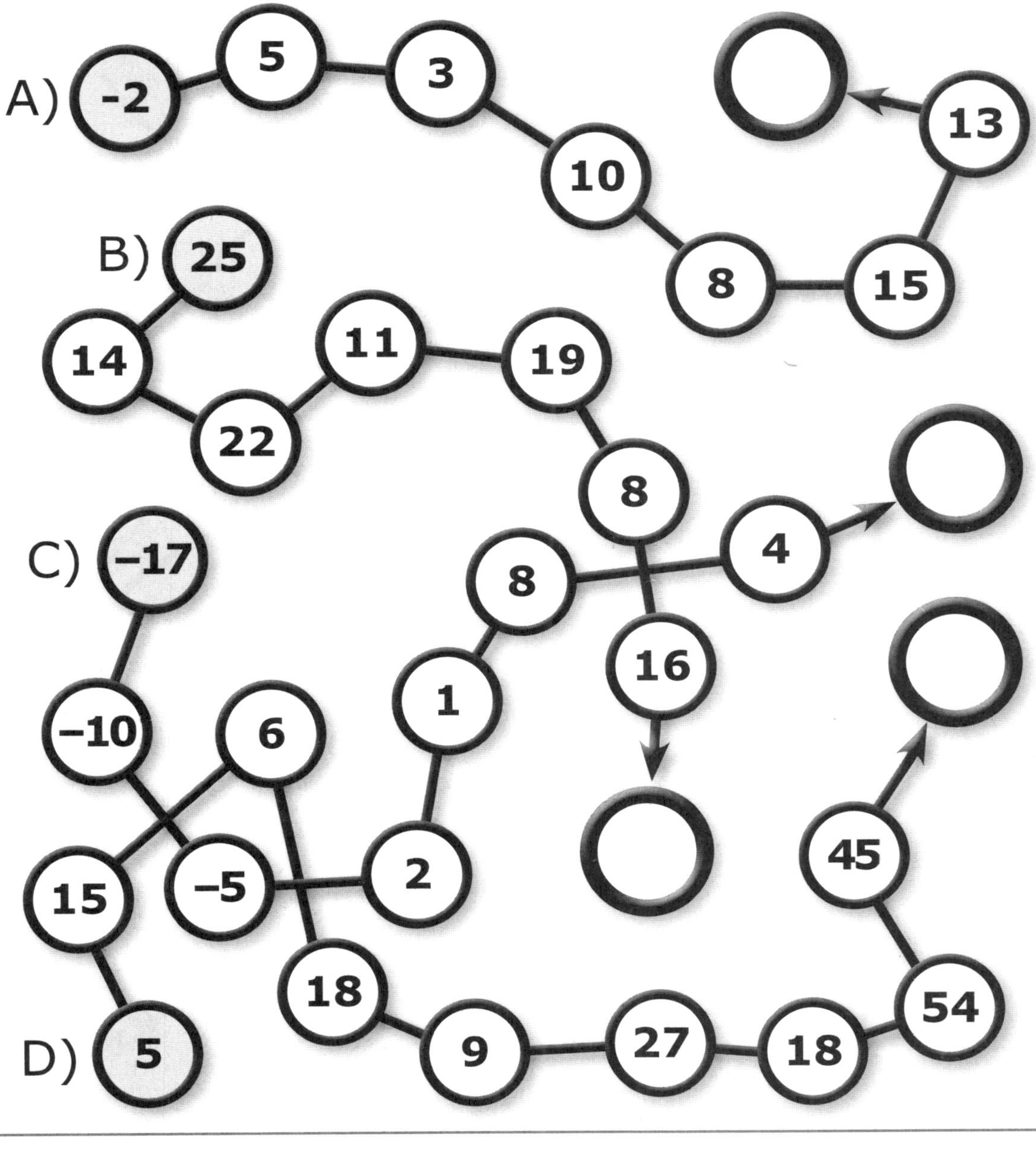

A) -2 — 5 — 3 — 10 — 8 — 15 — 13 — ◯

B) 25 — 14 — 22 — 11 — 19 — 8 — 4 — ◯

C) -17 — -10 — 15 — -5 — 6 — 2 — 1 — 8 — 8 — 16 — ◯ — 4 — ◯

D) 5 — 18 — 9 — 27 — 18 — 54 — 45 — ◯

Verbindungslinien ③

Welche Zahlen sind miteinander verbunden?

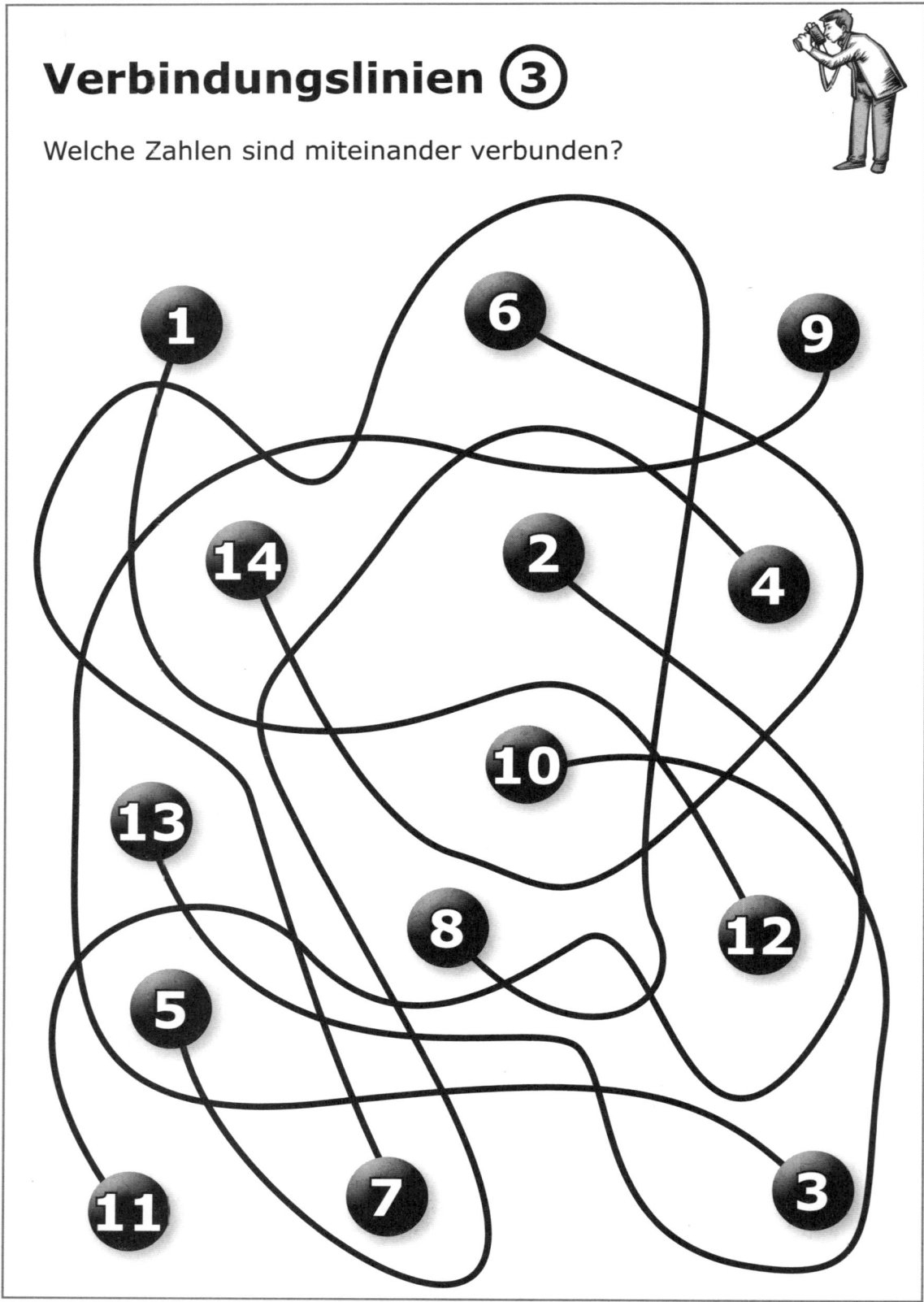

Zählbares Durcheinander ③

Wie viele Pilze zählen Sie?

Antwort: Es sind ____ Pilze.

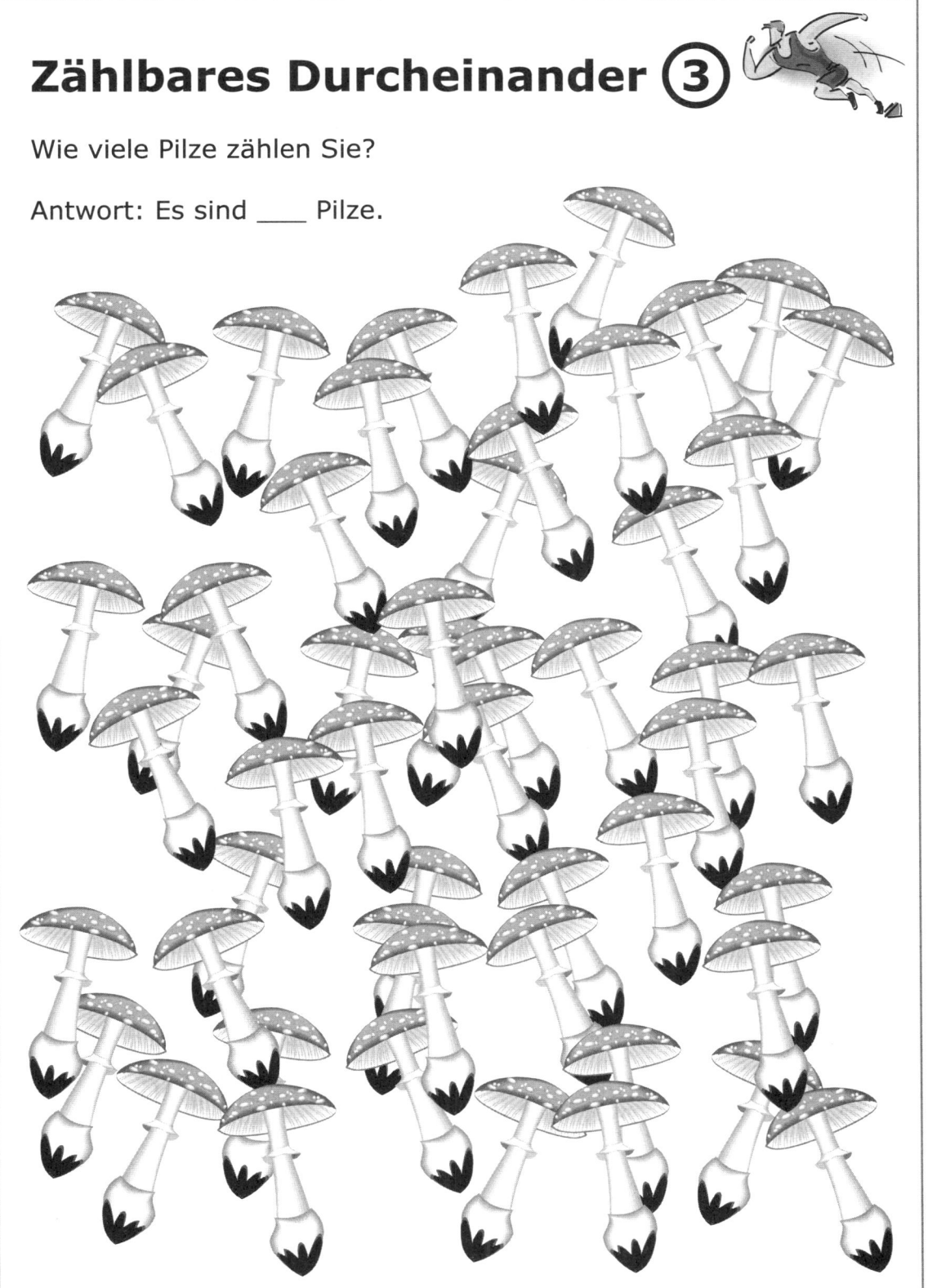

Wörterneubauten ③

Prägen Sie sich das vorgegebene Wort ein. Für die folgende Aufgabe müssen Sie „im Kopf" (ohne nachzusehen) die Positionen der einzelnen Buchstaben in diesem Wort bestimmen können.

F I LMKAMERA
1. 2. 3. 4. 5. 6. 7. 8. 9. 10.

Decken Sie dieses Wort nun ab und bilden Sie aus den Buchstaben neue Wörter. Die angegebenen Zahlen stehen für die Position des jeweiligen Buchstabens im vorgegebenen Wort. 1 bedeutet also erster Buchstabe, 2 zweiter Buchstabe usw.

a)	6 9 8 10 3	

b)	5 3 2 7 10	

c)	4 10 5 3 8 9	

d)	1 6 9 4 8 9	

e)	7 10 2 1 8 2 8 9	

f)	5 8 2 7 1 9 8 2	

Farbverwirrung ③

Kreuzen Sie bei jedem Wort an, in welcher der drei „Farben" Weiß (W), Grau (G) und Schwarz (S) es abgedruckt wurde. Lassen Sie sich nicht von der Bedeutung des jeweiligen Begriffs irritieren.

Weiß	Schwarz	Grau	Weiß	Grau
W G S	W G S	W G S	W G S	W G S
☐ ☐ ☐	☐ ☐ ☐	☐ ☐ ☐	☐ ☐ ☐	☐ ☐ ☐

Schwarz	Grau	Weiß	Schwarz	Weiß
W G S	W G S	W G S	W G S	W G S
☐ ☐ ☐	☐ ☐ ☐	☐ ☐ ☐	☐ ☐ ☐	☐ ☐ ☐

Weiß	Grau	Schwarz	Grau	Schwarz
W G S	W G S	W G S	W G S	W G S
☐ ☐ ☐	☐ ☐ ☐	☐ ☐ ☐	☐ ☐ ☐	☐ ☐ ☐

Grau	Schwarz	Weiß	Schwarz	Schwarz
W G S	W G S	W G S	W G S	W G S
☐ ☐ ☐	☐ ☐ ☐	☐ ☐ ☐	☐ ☐ ☐	☐ ☐ ☐

Schwarz	Weiß	Grau	Schwarz	Weiß
W G S	W G S	W G S	W G S	W G S
☐ ☐ ☐	☐ ☐ ☐	☐ ☐ ☐	☐ ☐ ☐	☐ ☐ ☐

Schwarz	Weiß	Grau	Weiß	Grau
W G S	W G S	W G S	W G S	W G S
☐ ☐ ☐	☐ ☐ ☐	☐ ☐ ☐	☐ ☐ ☐	☐ ☐ ☐

Schwarz	Grau	Schwarz	Schwarz	Weiß
W G S	W G S	W G S	W G S	W G S
☐ ☐ ☐	☐ ☐ ☐	☐ ☐ ☐	☐ ☐ ☐	☐ ☐ ☐

Weiß	Schwarz	Weiß	Schwarz	Grau
W G S	W G S	W G S	W G S	W G S
☐ ☐ ☐	☐ ☐ ☐	☐ ☐ ☐	☐ ☐ ☐	☐ ☐ ☐

Grau	Weiß	Grau	Schwarz	Schwarz
W G S	W G S	W G S	W G S	W G S
☐ ☐ ☐	☐ ☐ ☐	☐ ☐ ☐	☐ ☐ ☐	☐ ☐ ☐

Schwarz	Grau	Schwarz	Weiß	Weiß
W G S	W G S	W G S	W G S	W G S
☐ ☐ ☐	☐ ☐ ☐	☐ ☐ ☐	☐ ☐ ☐	☐ ☐ ☐

Wortzentralen ③

Tragen Sie jeweils in das leere Mittelfeld ein Wort ein, das jedem der vier Begriffe entweder voran- oder nachgestellt werden kann, sodass dabei zusammengesetzte Hauptwörter entstehen.
(Die Ausdrücke können natürlich für die Verbindung gebeugt werden.)

Atom	Brühe
1	
Raum	Magnet

Apfel	Schule
2	
Stamm	Leben

Tanz	Halle
3	
Kampf	Verein

Saal	Ei
4	
Seite	Bild

Quersummenverfolgung ③

Nehmen Sie einen Stift zur Hand und verbinden Sie die Zahlen miteinander, deren Quersummen aufeinanderfolgen. Suchen Sie also zunächst die Zahl, deren Quersumme 1 ist, verbinden Sie diese mit der Zahl, deren Quersumme 2 ist, und so weiter bis zu der Zahl, deren Quersumme 20 ist.

200

9009

11041

213

32033

89

122

53

10

5045

6166

5142

76

21

109

316312

72

5555

7008

1111

Der Außenseiter ③

Welcher Begriff passt jeweils nicht dazu?

1. Epoche a☐　Zeit b☐　Dauer c☐　Frist d☐

2. apart a☐　vornehm b☐　teuer c☐　nobel d☐

3. Quelle a☐　Bach b☐　Beleg c☐　Beweis d☐

4. Vertrag a☐　Abkommen b☐　Kontrakt c☐　Handel d☐

5. Tratsch a☐　Klatsch b☐　Geschwätz c☐　Gerücht d☐

6. Lärm a☐　Schmutz b☐　Dreck c☐　Sudelei d☐

7. Mahl a☐　Dinner b☐　Essen c☐　Speise d☐

8. Lampe a☐　Leuchte b☐　Licht c☐　Flamme d☐

Bausatz ③

Füllen Sie gedanklich die Form oben mit den zur Verfügung stehenden Puzzleteilen aus. Sie werden dabei feststellen, dass ein Teil nicht hineinpasst und übrig bleibt. Welches?
(Damit es nicht zu schwierig ist, wurde die Ausrichtung der Teilstücke beibehalten.)

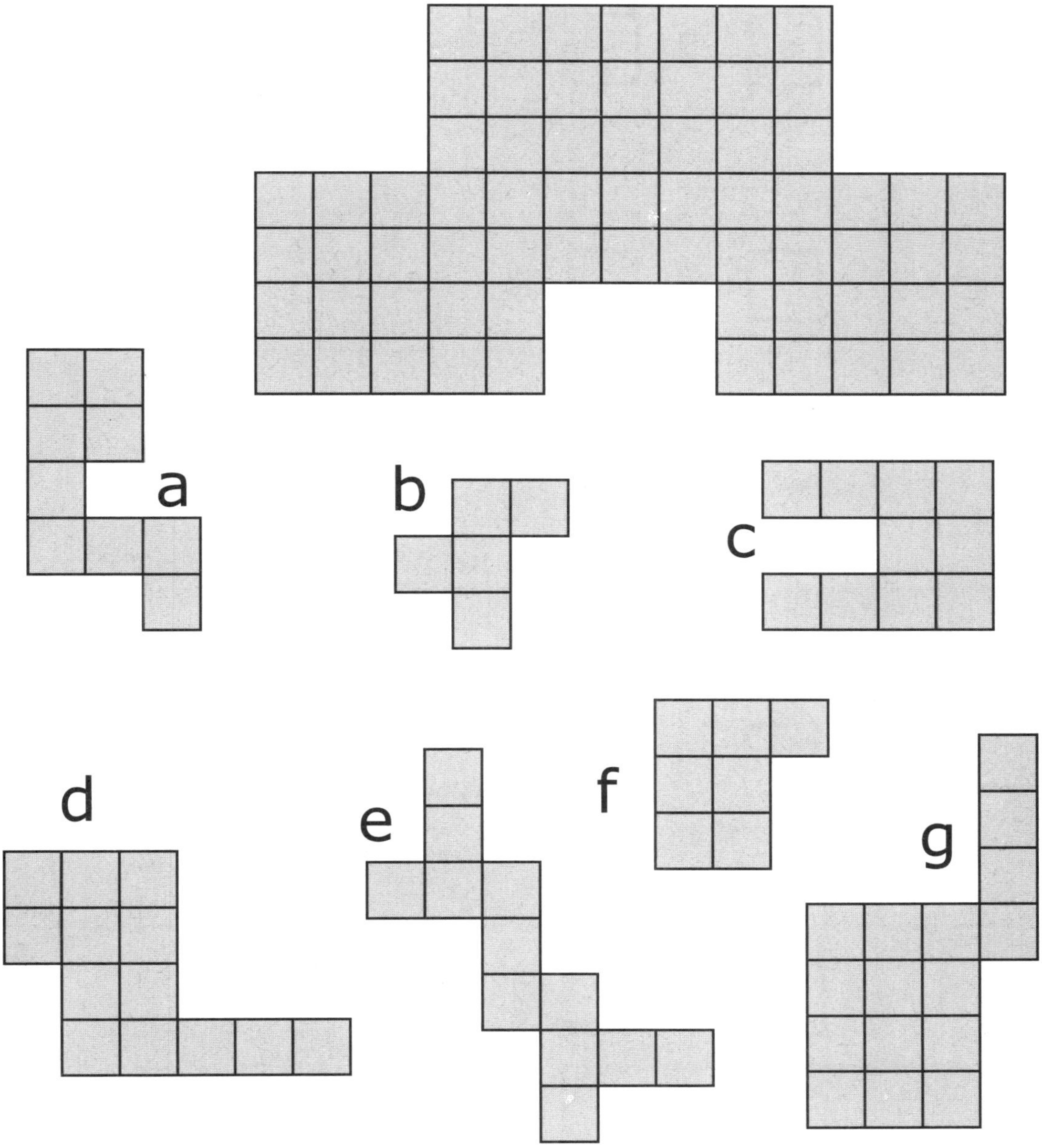

a
b
c
d
e
f
g

Lückenfüller ③

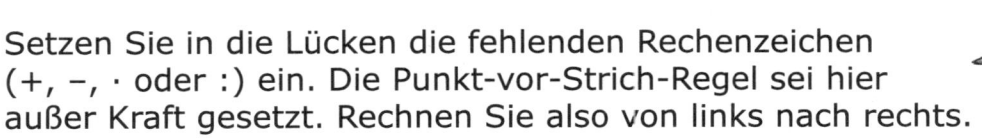

Setzen Sie in die Lücken die fehlenden Rechenzeichen
(+, −, · oder :) ein. Die Punkt-vor-Strich-Regel sei hier
außer Kraft gesetzt. Rechnen Sie also von links nach rechts.

A) 8 ☐ 2 ☐ 3 = 7

B) 6 ☐ 2 ☐ 7 = 5

C) 5 ☐ 2 ☐ 3 = 9

D) 1 ☐ 3 ☐ 2 ☐ 1 = 9

E) 5 ☐ 2 ☐ 2 ☐ 4 = 2

Wortschlangen ③

In die Kästen haben wir Wörter eingebaut, die schlangenförmig zu lesen sind – so wie im Beispiel rechts: „DENKEN".
Um welche Wörter handelt es sich?

N	N	E
E	K	D

1

R	C	P
A	H	A
I	R	T

2

D	E	R
U	O	B
R	O	T

3

T	E	M
T	W	U
T	S	R

4

N	H	A
D	E	B
N	A	L

5

L	I	M
N	E	O
I	S	U

6

K	T	I
O	I	O
N	D	N

7

L	I	E
E	B	B
R	A	H

8

I	W	R
T	G	O
Z	I	V

Kameraschwenk ③

Ordnen Sie die Bilder a bis f so, dass in jedem Bild
ein Teil des vorangegangenen Bildes zu sehen ist.
Aufeinanderfolgende Bilder resultieren dabei aus
einer exakt horizontalen oder vertikalen Schwenkung der Kamera.

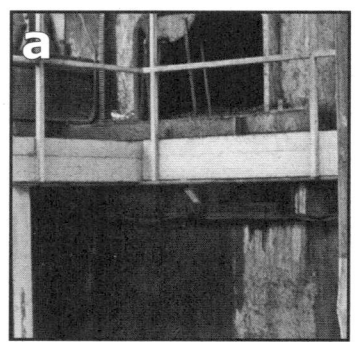

Ablauf: ☐—☐—☐—☐—☐—☐

Rechnungskreuzungen ③

Finden Sie heraus, welche Zahlen anstelle der Buchstaben eingesetzt werden müssen? Es kommen nur Zahlen zwischen 1 und 9 in Betracht. (Achten Sie beim Lösen auf die Punkt-vor-Strich-Regel.)

A	–	6	:	B	=	4
+		–		·		+
3	+	2	·	C	=	D
–		:		+		:
4	·	E	–	1	=	F
=		=		=		=
G	–	H	:	5	=	5

A = ___   B = ___   C = ___

D = ___   E = ___   F = ___

G = ___   H = ___

Wörtergitter ③

Tragen Sie die Wörter aus der Liste unten vollständig in das Gitter ein. (Die Wörter sollen wie üblich von oben nach unten bzw. von links nach rechts verlaufen.)

4 BRAV, EMSE
5 BASAR, KRAFT, ORTEN, TEILS, TREUE, TROLL, UMBAU
6 KURARE, LOUNGE, ORANGE, OTTERN, TAROCK, TENNIS
7 FUELLIG, HEARING, KOFFEIN, LUEFTEN, POLIZEI, STRAUCH

8 ALLERGIE, FAULPELZ, REINHEIT
9 GLADIATOR, HARTKAESE, PROBIEREN, ROHRLEGER, VERZEHREN
10 GAERTNERIN, GEGENSTAND, SUBTRAHEND
11 HALTESTELLE, PATAGONISCH

Kubischer Außenseiter

Zwei Würfel wurden je zweimal auf unterschiedliche
Weise abgewickelt.
Welche Würfel sind identisch? Welcher Würfel bleibt übrig?

A

B

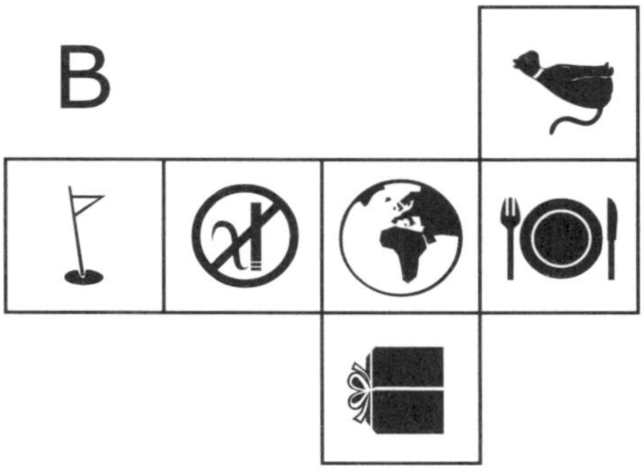

C

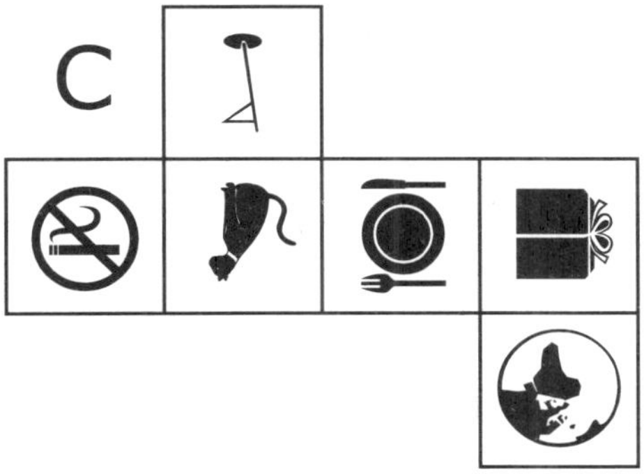

D

E

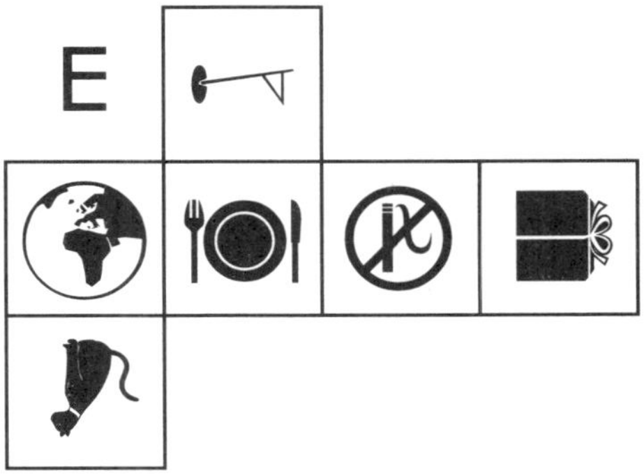

Gemeinsamkeiten ③

Was haben ein Buch und eine Zeitung gemeinsam?
Nehmen Sie sich ein paar Minuten Zeit und lassen Sie sich
Eigenschaften, Funktionen, Merkmale usw. einfallen, die auf
beide Begriffe zutreffen können.

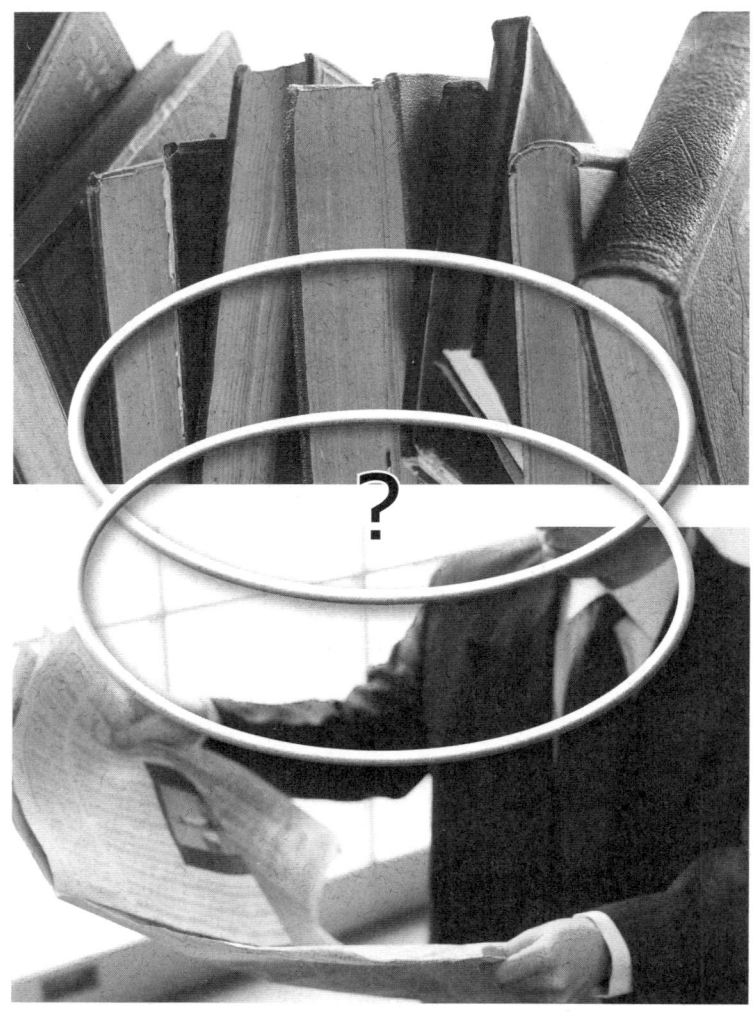

Gemeinsamkeiten: _____

_____

_____

Wahrheit oder Lüge ③

Genau zwei der unten dargestellten Personen sagen die Wahrheit. Wer von ihnen ist ein Lügner?

Frau Karmer:
„Entweder lügt Herr Feinst oder Herr Sega!"
☐

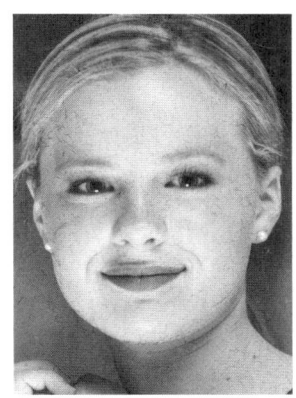

Herr Feinst:
„Herr Sega oder Frau Karmer bzw. beide sind ehrlich!"
☐

Herr Sega:
„Herr Feinst lügt!"
☐

Netzwerk ③

Berechnen Sie folgende Summen:

1 Alle Zahlen in Rauten, die durch • • • • • • • • • • • mit einem Kreis verbunden sind.

Lösung: _____

2 Alle Zahlen in Kreisen, die durch ▬▬▬▬▬ mit einer Raute verbunden sind.

Lösung: _____

3 Alle Zahlen in Rechtecken, die durch ▬ ▬ ▬ ▬ mit einem anderen Rechteck verbunden sind.

Lösung: _____

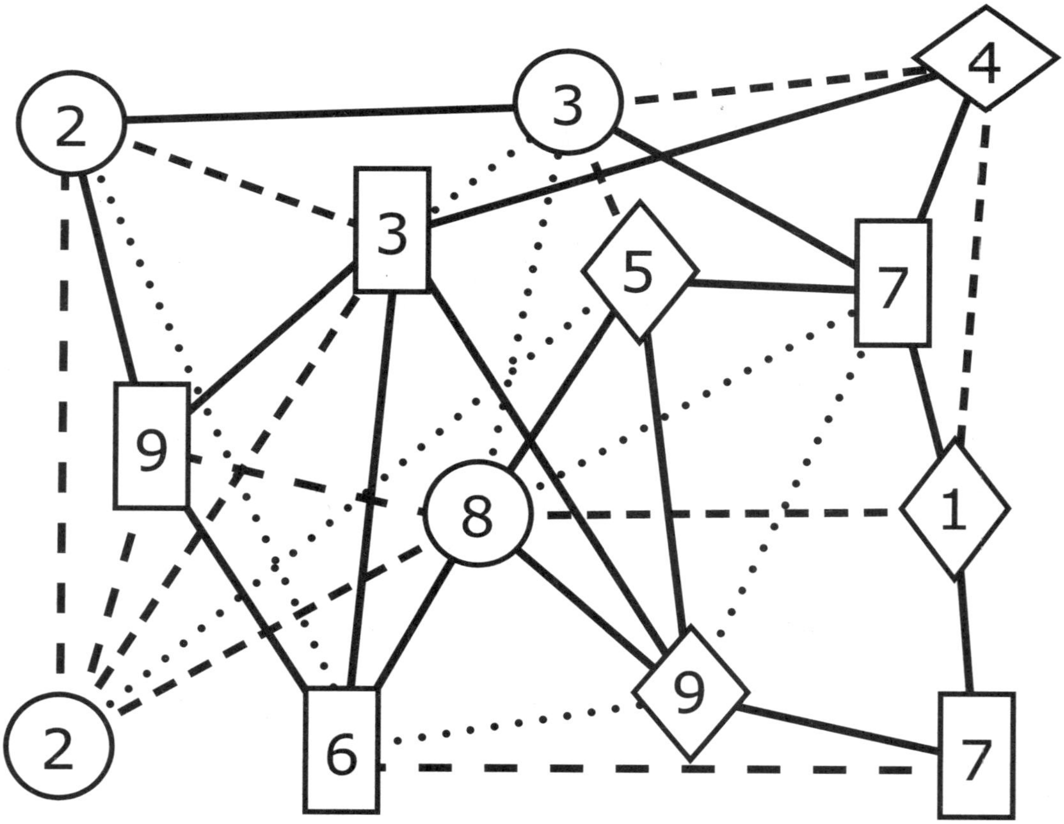

Fleißige Bienchen ③

Hier gilt es herauszufinden, in welchen Waben sich
Bienen versteckt halten. In jeder Wabe steht eine Zahl;
diese gibt an, in wie vielen der direkt angrenzenden Waben sich
eine Biene befindet. Malen Sie die besetzten Waben schwarz aus.

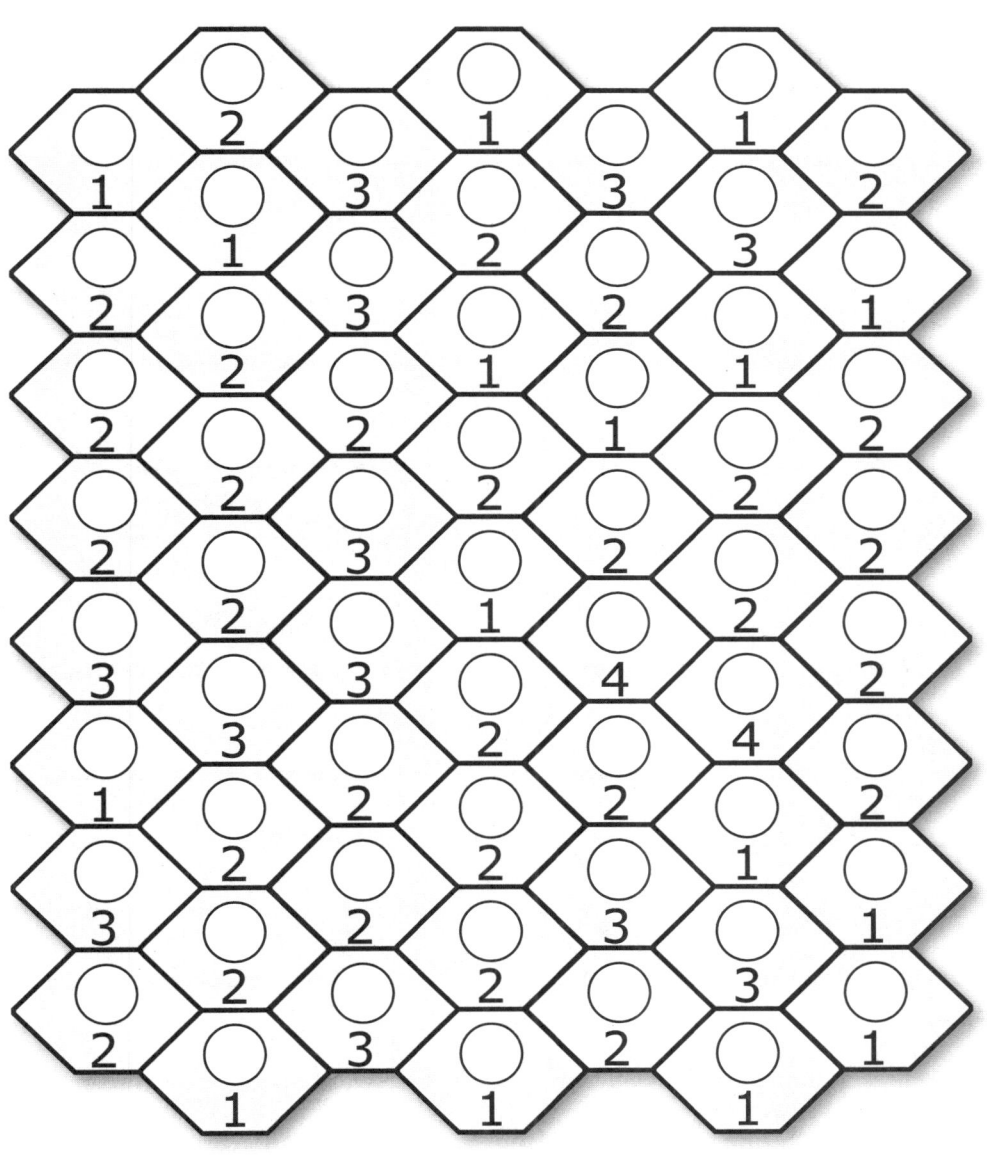

Sandwich ③

Gesucht wird hier jeweils ein Wort, das – entsprechend gebeugt – dem oberen Wort angefügt und dem unteren vorangestellt werden kann, sodass jeweils eine sinnvolle Verbindung entsteht.

Getränke...

1)

...stapel

Bananen...

2)

...schule

Kunst...

3

...gestöber

Husten...

4)

...presse

Ferien...

5)

...kette

Mauer...

6)

...wurf

Rahm...

7)

...binder

Verkehrs...

8)

...damm

Zahlensuchspiel ③

Zehnmal haben wir hier die Zahl 16532 versteckt. Diese ist entweder waagerecht oder senkrecht in den Zeilen bzw. Spalten zu lesen.

```
5 9 3 6 2 8 6 7 5 1 6 5 3 2 7 6 2 3
1 4 4 7 4 7 3 5 4 3 3 4 8 5 6 3 4 1
6 5 8 9 8 4 4 8 2 7 1 0 5 4 1 9 6 7
5 5 5 5 1 2 8 6 1 7 5 6 6 5 8 4 3 5
3 2 1 6 5 3 2 8 6 2 8 4 7 5 2 8 6 3
2 8 6 7 2 6 6 3 5 7 5 8 6 6 5 1 7 4
5 7 8 6 9 3 4 2 3 6 1 5 8 1 6 5 3 2
7 3 2 4 9 6 7 6 2 8 6 8 2 8 6 7 5 5
3 4 8 5 6 8 6 7 5 3 5 4 1 6 7 6 2 6
3 4 5 7 4 1 6 5 4 3 3 6 6 2 8 3 4 1
1 6 5 3 2 6 5 8 2 7 2 0 5 4 1 9 6 7
8 5 6 5 1 5 8 6 2 7 5 3 3 8 5 6 3 5
6 2 7 2 4 3 4 8 3 2 8 4 2 5 2 8 6 7
7 8 6 7 2 2 1 6 5 3 2 4 3 6 5 1 7 2
```

Komplexes Wörterspiel ③

Wenn Sie die Buchstaben in den Ovalen zu Wörtern zusammensetzen, erhalten Sie links und rechts zwei Hinweise auf das jeweilige Wort in der Mitte. Felder, die ein Strich miteinander verbindet, enthalten die gleichen Buchstaben. Die grauen Felder ergeben schließlich von oben nach unten gelesen das Lösungswort.

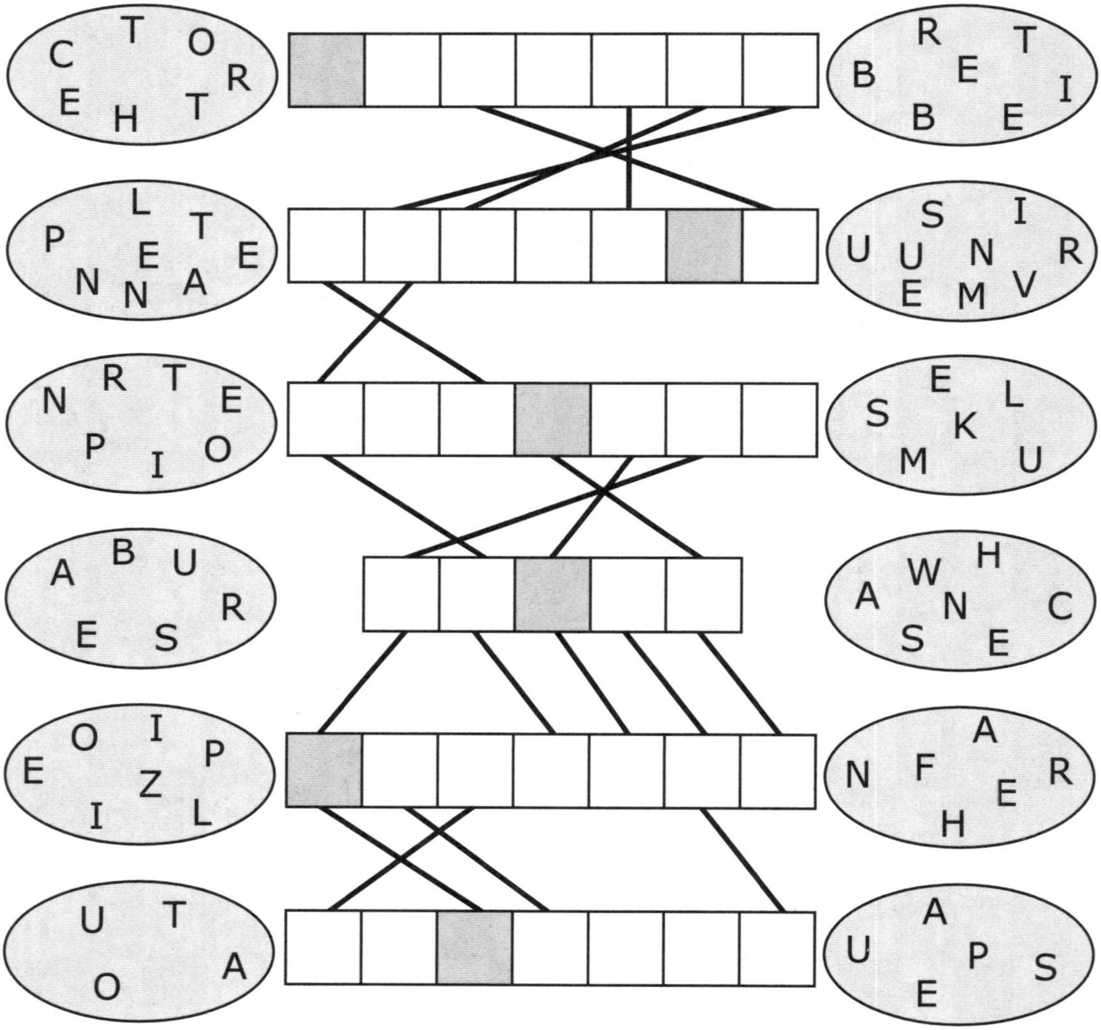

Lösungswort

Mathe-Ass ③

Nach welcher rechnerischen (immer gleichen) Regel resultiert aus der linken Zahl die rechte Zahl?
Welche Zahl müssen Sie demnach in das letzte Feld mit dem Fragezeichen eintragen? Notieren Sie darunter die rechnerische Regel, die hier immer aus zwei Funktionen besteht (z.B. „x2 −5").

A

$-2 \longrightarrow 2$

$4 \longrightarrow 5$

$10 \longrightarrow 8$

$0 \longrightarrow \boxed{?}$

B

$5 \longrightarrow 12$

$1 \longrightarrow 0$

$2 \longrightarrow 3$

$6 \longrightarrow \boxed{?}$

Synonyme Pärchen ③

Unter den sieben Wörtern eines jeden Kästchens befinden sich zwei Synonyme – Wörter also, die eine ähnliche Bedeutung haben. Können Sie diese finden?

1

- ☐ a ausbauen
- ☐ b unterweisen
- ☐ c entfalten
- ☐ d ausbrüten
- ☐ e anleiten
- ☐ f fortbleiben
- ☐ g vertreiben

2

- ☐ a Besitz
- ☐ b Eigenheim
- ☐ c Geldanlage
- ☐ d Chipkarte
- ☐ e Tresor
- ☐ f Eigentum
- ☐ g Bestand

3

- ☐ a Panorama
- ☐ b Zuneigung
- ☐ c Hobby
- ☐ d Paradies
- ☐ e Auskommen
- ☐ f Freiheit
- ☐ g Aussicht

4

- ☐ a Papier
- ☐ b Paket
- ☐ c Schutzhülle
- ☐ d Organ
- ☐ e Stelle
- ☐ f Schale
- ☐ g Inhalt

Strukturelle Identitäten ③

Betrachten Sie die Strukturen der neun Quadrate.
Genau drei davon sind identisch, aber gedreht. Welche?

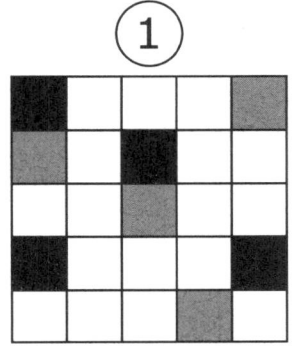
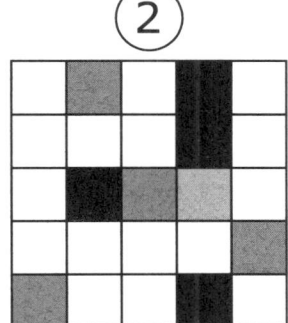
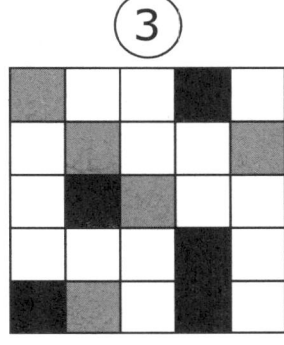
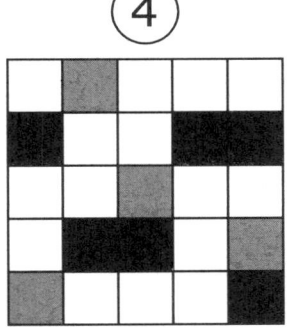

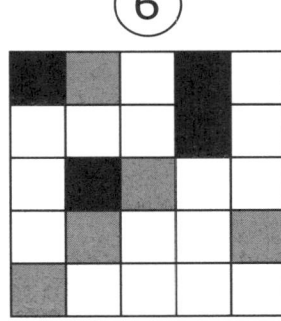
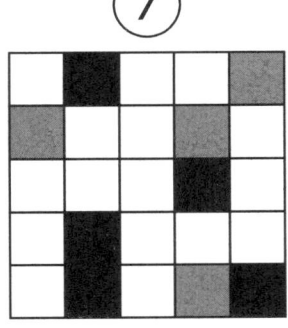
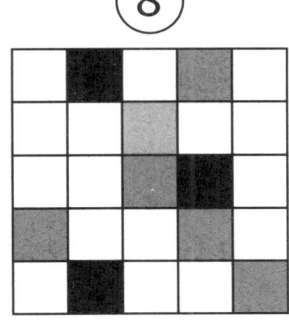
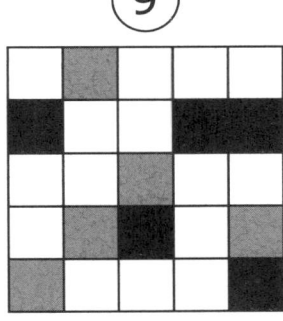

Lösung: ____ = ____ = ____

Im Rückwärtsgang ③

Der Schatz wurde gefunden. Wie kommen Sie nun zurück zum Ausgangspunkt? Bis zum Schatz sind Sie den Hinweisen gefolgt. Diese geben in Form von Buchstaben-Zahlen-Kombinationen an, wohin man vom jeweiligen Feld aus gehen muss. (So bedeutet zum Beispiel „u2" zwei Felder nach unten, „l4" vier Felder nach links usw.)

Beginnen Sie Ihre Reise zurück bei der Schatzkiste; suchen Sie dann das Feld, dessen Hinweis direkt zur Schatzkiste führte usw. Den gesuchten Ausgangspunkt haben Sie dann erreicht, wenn kein Hinweis mehr zur betroffenen Stelle führt. Es werden übrigens sämtliche Felder einmal beschritten.

	A	B	C	D	E	F	G	H
1	r6	u1	r3	l1	u2	u2	u5	l6
2	o1	u3	u4	u3	l4	r2	l3	l5
3	r6	u1	r5	o2	l3	u3	l3	u3
4	u1	l1	r3	r1	o2		o2	l1
5	r7	r4	o1	u1	l2	u2	l2	o1
6	o3	u1	r2	l2	o5	o4	l6	o5
7	r7	r3	o4	o3	r2	l5	o2	l4

Wörterketten ③

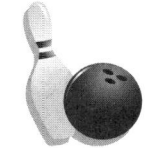

Bilden Sie aus den vorgegebenen Wörtern sinnvolle zusammengesetzte Hauptwörter, und zwar so, dass Sie damit eine Art Dominoreihe setzen können.

Beispiel: Wolke, Duft, Himmel, Rose
→ Rosenduft – Duftwolke – Wolkenhimmel

a Tuch, Reise, Geschäft, Tasche

b Land, Amerika, Heimat, Latein, Jäger

c Brand, Stress, Bild, Spiegel, Hormon, Fläche

d Streit, Fleisch, Schein, Geld, Ehe, Brühe, Hammel

Ringwörter ③

Setzen Sie Buchstaben so in die leeren Felder ein, dass sich kreisförmig ein Wort ergibt. (Dieses kann sowohl im als auch entgegen dem Uhrzeigersinn verlaufen.)

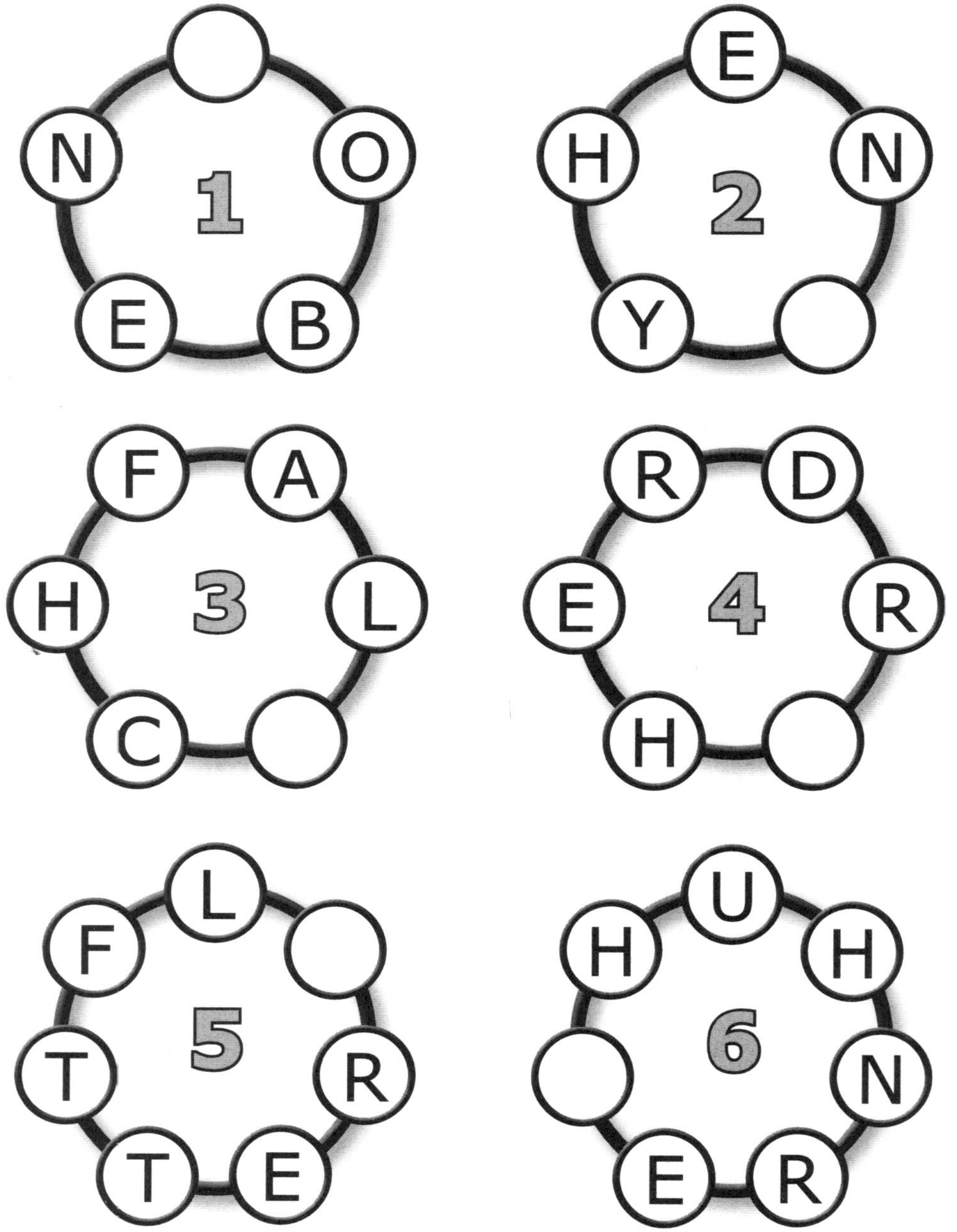

1 N, O, E, B

2 E, H, N, Y

3 F, A, H, L, C

4 R, D, E, R, H

5 F, L, T, T, E, R

6 H, U, H, N, E, R

Blitzrechnen ③

Nun eine leichte Kopfrechenübung, die Sie möglichst schnell lösen sollen. Errechnen Sie die Quersummen der folgenden Zahlen (die Quersumme ist die Summe aller Einzelziffern; Beispiel: Quersumme von 68456: 6 + 8 + 4 + 5 + 6 = 29).

81625		9587462	
74812		5326485	
63265		1324685	
32498		7689563	
91536		3658245	
82548		8653254	
42154		6985957	
51398		2351241	
67845		4986247	
25968		8526452	
96895		5326523	
18859		6895187	

Gegenspieler gesucht ③

Verbinden Sie je zwei Begriffe aus der linken und rechten Spalte, die eine gegenteilige Bedeutung haben.

alltäglich (1) •   • (a) dauernd

bösartig (2) •   • (b) kräftig

duldsam (3) •   • (c) bärtig

feindlich (4) •   • (d) geizig

natürlich (5) •   • (e) außergewöhnlich

abgelenkt (6) •   • (f) geschminkt

oberflächlich (7) •   • (g) erfreut

ruinös (8) •   • (h) modern

traurig (9) •   • (i) selbstlos

lautlos (10) •   • (j) harmlos

egoistisch (11) •   • (k) konzentriert

methodisch (12) •   • (l) dröhnend

klassisch (13) •   • (m) vorbeugend

heilend (14) •   • (n) intolerant

kurzfristig (15) •   • (o) dreckig

spendabel (16) •   • (p) förderlich

energielos (17) •   • (q) ahnungslos

sachkundig (18) •   • (r) freundlich

blitzsauber (19) •   • (s) chaotisch

rasiert (20) •   • (t) tiefgründig

Startschwierigkeiten ③

In jeder dieser Teilaufgaben sind Wörter aufgelistet, die alle mit den gleichen Buchstaben beginnen. Finden Sie heraus, welche Buchstaben das sind, und tragen Sie sie in die Platzhalter ein (ein Buchstabe je Platzhalter).

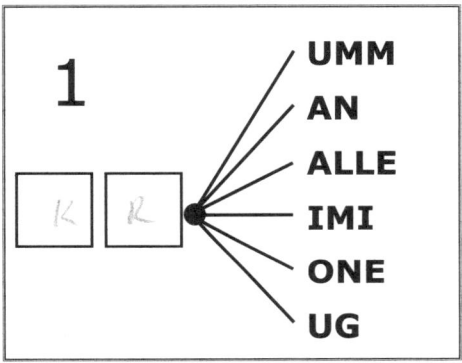

1 K R

- UMM
- AN
- ALLE
- IMI
- ONE
- UG

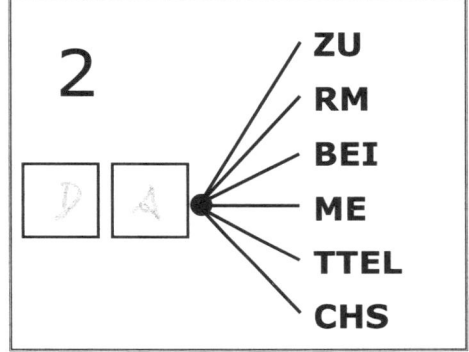

2 D A

- ZU
- RM
- BEI
- ME
- TTEL
- CHS

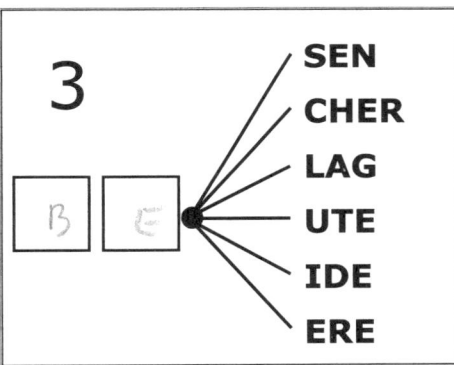

3 B E

- SEN
- CHER
- LAG
- UTE
- IDE
- ERE

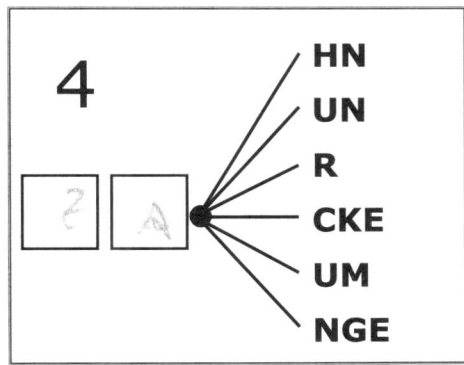

4 Z A

- HN
- UN
- R
- CKE
- UM
- NGE

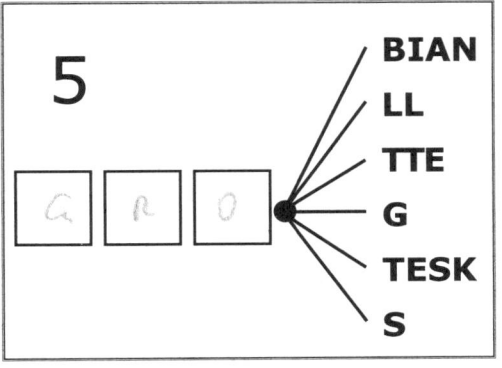

5 G R O

- BIAN
- LL
- TTE
- G
- TESK
- S

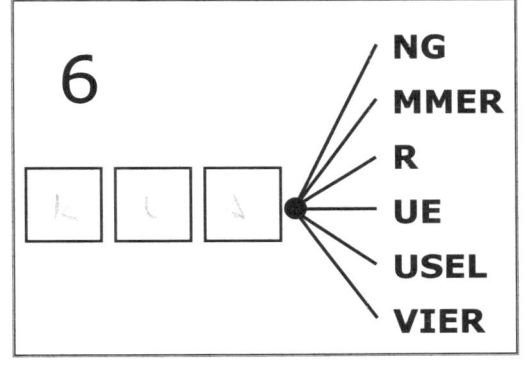

6 L L A

- NG
- MMER
- R
- UE
- USEL
- VIER

Lückentext ③

Lesen und gleichzeitig mitdenken – darauf kommt es in dieser Übung an. An verschiedenen Stellen im Text wurden mit Zahlen versehene Lücken gelassen. Schreiben Sie bitte die den Zahlen entsprechenden Begriffe in die Tabelle unten.

In dem Buch Der Medicus geht es um den jungen Robert Jeremy Cole (kurz Rob), der im 11. (1) in London aufwächst. Nachdem innerhalb (2) Zeit seine Eltern sterben, wird er von einem Baderchirurgen als Lehrling aufgenommen, wobei er das (3) der Heilkunst erlernt. Aus der Leidenschaft, anderen (4) zu helfen, erwächst in ihm der (5), den besten Lehrmeister für seine Ausbildung zum Medicus zu finden. So macht er sich auf die (6) nach Isfahan in Persien, um dort an der Universität des großen Mediziners (7) Arztes Ibn Sina Avicenna zu (8). Zwei Jahre dauert die Reise nach Isfahan, wo er es (9) abenteuerlichen Umständen schafft, in der medizinischen (10) aufgenommen zu (11). Als Arzt und Gelehrter kehrt er mit seiner geliebten Frau Mary schließlich in ihre Heimat Schottland (12), um dort glücklich zu werden.

1) ———————— 2) —————— 3) ——————

4) ———————— 5) —————— 6) ——————

7) ———————— 8) —————— 9) ——————

10) ——————— 11) ————— 12) —————

Spritztour ③

Folgen Sie der Zickzacklinie – beginnend bei „Start" – und zählen Sie dabei, wie oft der Weg eine Richtungsänderung nach rechts macht.

Start

Ziel

Drei Sorten einer Art ③

Finden Sie jeweils ein Wort, das jedem der drei angegebenen
Begriffe hinten angefügt werden kann, sodass neue zusammengesetzte Wörter entstehen.

1	Stein...	Stimm...	Leisten...	(_____)
2	Schul...	Schwarz...	Spiel...	(_____)
3	Kartoffel...	Nudel...	Band...	(_____)
4	Hand...	Stahlkappen...	Ski...	(_____)
5	Kraft...	Heiz...	Welt...	(_____)
6	Mutter...	Grab...	Schand...	(_____)
7	Raum...	Arbeits...	Tropen...	(_____)
8	Lohn...	Hunde...	Kopf...	(_____)
9	Stumpf...	Tast...	Geruchs...	(_____)
10	Fahrt...	Gegen...	Rücken...	(_____)
11	Dauer...	Schall...	Radio...	(_____)
12	Haus...	Los...	Telefon...	(_____)

Schlussfolgerungen ③

Hier wird nach logischen Schlüssen gefragt. Je zwei Aussagen sind vorgegeben. Diese sollen als wahr angenommen werden, auch wenn sie möglicherweise in der Realität absurd sind. Der jeweils dritte Satz ist eine Schlussfolgerung, basierend auf den ersten beiden Aussagen. Eine Schlussfolgerung muss logisch korrekt und zwingend richtig sein. Überprüfen Sie bitte, ob diese Schlussfolgerungen stimmen.

1.
- Alle Vögel sind da.
- Alles, was da ist, ist bunt.

➡ *Alle Vögel sind bunt.*

☒ richtig   ☐ falsch

2.
- Manche Bücher sind dick.
- Alles Dicke ist rund.

➡ *Alle Bücher sind rund.*

☐ richtig   ☒ falsch

3.
- Es gibt blaues Holz.
- Jedes Holz enthält Gold.

➡ *Goldhaltiges Holz ist nie blau.*

☐ richtig   ☒ falsch

Wettkampf ③

Ermitteln Sie aus den Hinweisen, welche Platzierungen die aufgelisteten Damen beim Wettbewerb erreichten. Tragen Sie als Lösung die Platznummern in die leeren Kästen ein.

- Sophia ist hübscher als Verona.
- Veronas Platzierung ist schlechter als Beates.
- Elvira landete einen Platz hinter Sophia.
- Beate kam nicht auf den dritten Platz.

2	Sophia
4	Verona
3	Elvira
1	Beate

Synonym-Trios gesucht ③

Finden Sie in jedem Kasten drei Begriffe, die eine ähnliche Bedeutung haben.

1.
- ☐ a beherzigen
- ☐ b erschweren
- ☐ c verteidigen
- ☐ d behindern
- ☐ e bremsen
- ☐ f erklären
- ☐ g beichten

2.
- ☐ a Zufall
- ☐ b Zugang
- ☐ c Einsicht
- ☐ d Zufahrt
- ☐ e Einlass
- ☐ f Eintracht
- ☐ g Zutritt

3.
- ☐ a vielleicht
- ☐ b besonders
- ☐ c gelegentlich
- ☐ d allgemein
- ☐ e manchmal
- ☐ f ohnedies
- ☐ g zeitweise

4.
- ☐ a Wüstenschiff
- ☐ b Murmeltier
- ☐ c Trampeltier
- ☐ d Tanzschiff
- ☐ e Esel
- ☐ f Kamel
- ☐ g Kreuzfahrt

5.
- ☐ a Intelligenz
- ☐ b Klugheit
- ☐ c Besonnenheit
- ☐ d Würde
- ☐ e Einsicht
- ☐ f Gleichmut
- ☐ g Vernunft

6.
- ☐ a unverzüglich
- ☐ b geduldig
- ☐ c fristgemäß
- ☐ d dringend
- ☐ e rechtzeitig
- ☐ f jetzt
- ☐ g pünktlich

Eingeschränktes Chaos ③

Hier sollen Sie herausfinden, welches Wort jeweils hinter den Buchstaben steckt. Als wichtige Hilfestellung haben wir die Auswahl durch einen Hinweisbegriff eingeschränkt.

	Oberbegriff	Buchstabentausch	Lösung
a)	Gefäß	FSAS	
b)	Biene	ROENHD	
c)	Form	IRUFG	
d)	Buchteil	TESIE	
e)	Bodenschatz	HLEOK	
f)	Bootteil	DLEDPA	
g)	Bauwerk	GGERAA	
h)	Bruchstück	HECRSEB	
i)	Bühnenteil	LSUESIK	
j)	Gerät	OTUPEMRC	

Doppelgänger ③

Sehen Sie genau hin. Unter den sieben Grafiken
befinden sich sechs, die drei identische Zwillingspärchen
bilden. Ein Bild hat keinen Doppelgänger. Welches?

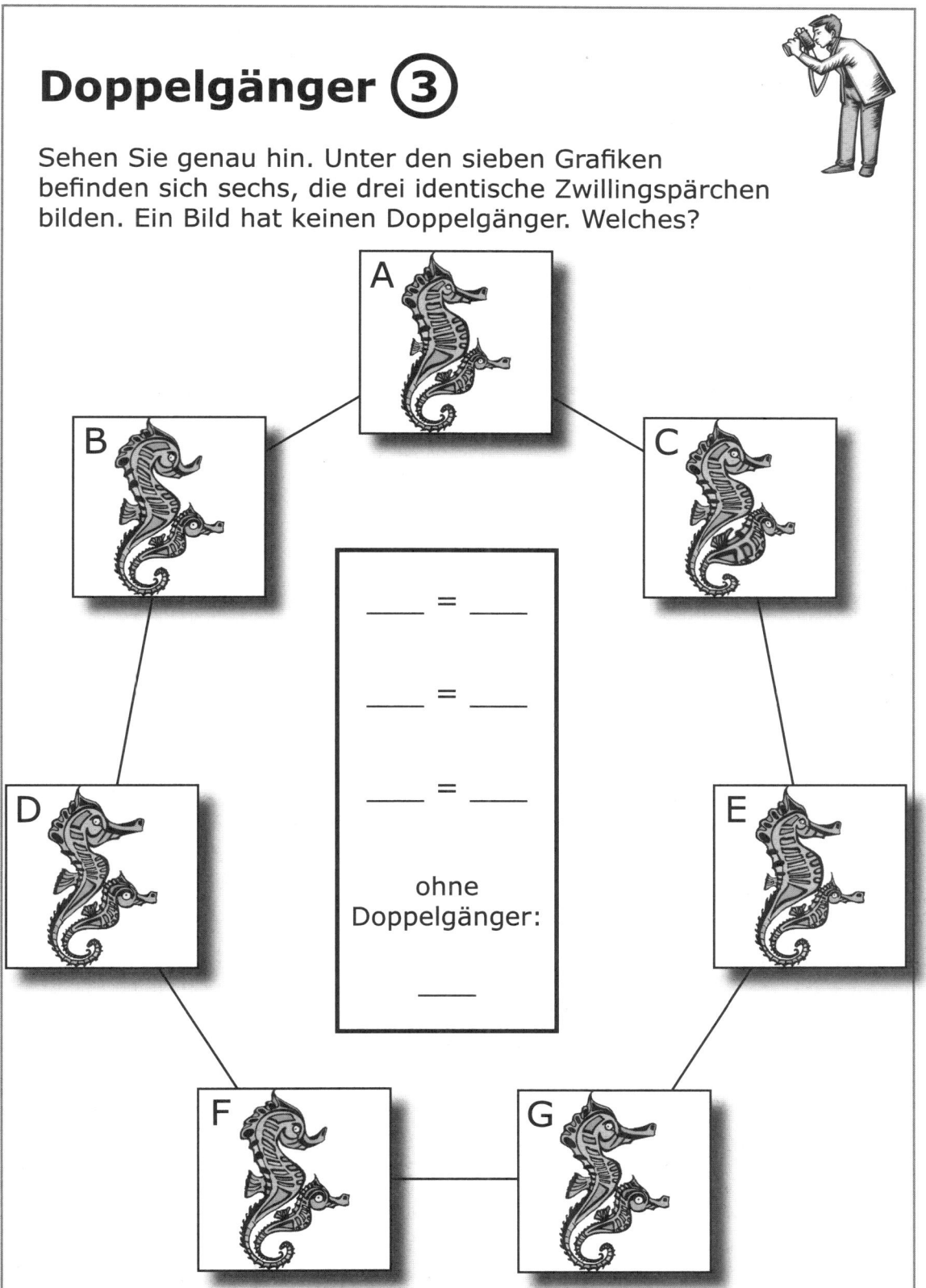

____ = ____

____ = ____

____ = ____

ohne
Doppelgänger:

____

Buchstaben suchen ③

Suchen und verbinden Sie alle Buchstaben, die in folgendem Zitat von Albert Einstein stecken, und zwar in der Reihenfolge, in der sie auch im Satz vorkommen:
GESUNDER MENSCHENVERSTAND IST EINE SAMMLUNG VON VORURTEILEN, DIE MAN BIS ZUM ACHTZEHNTEN LEBENSJAHR ERWORBEN HAT.

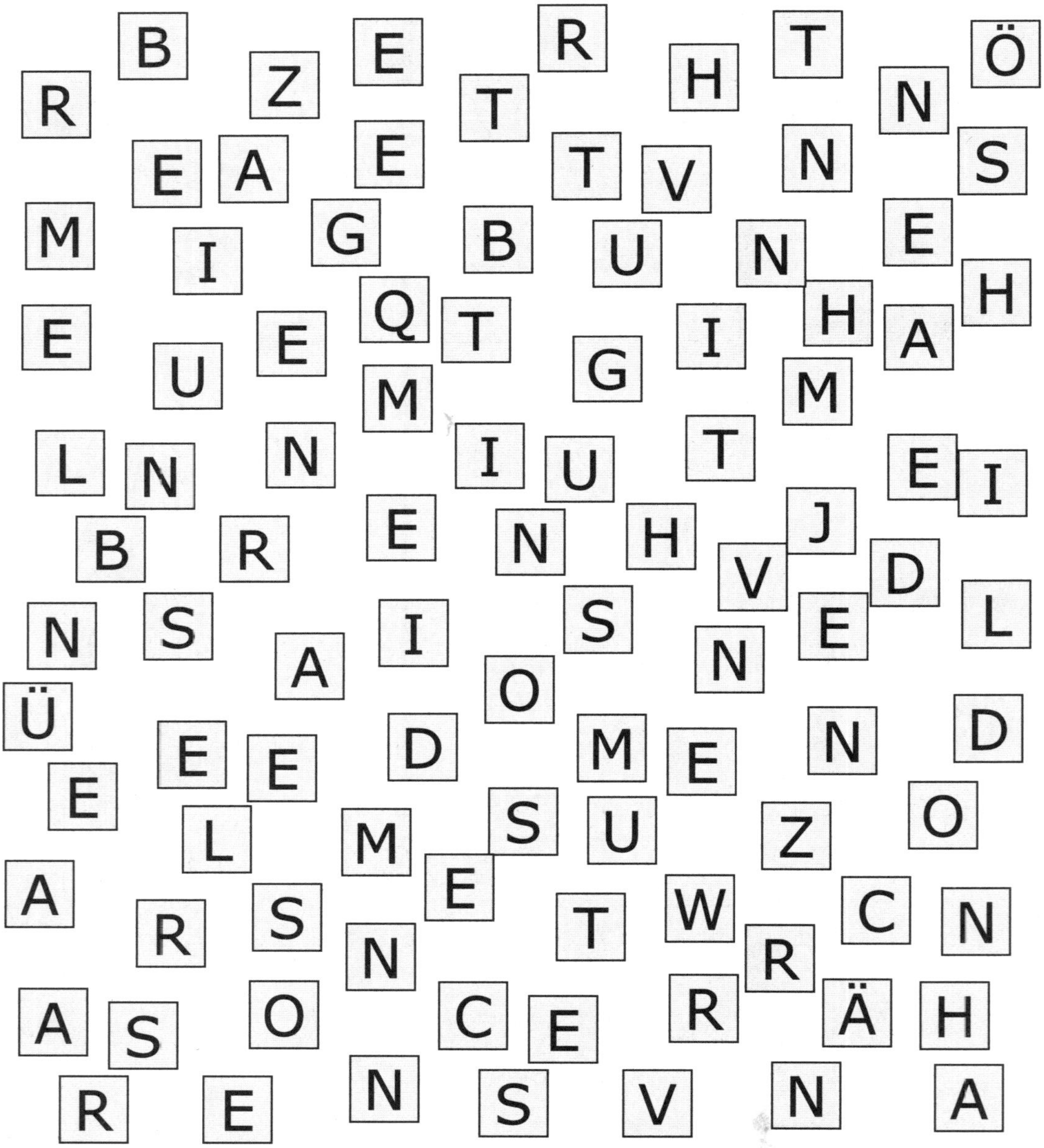

B Z E R T H T Ö
R E A E T T V N N S
M I G B U N E H
E Q T U N M H A
U E M G I T E I
L N N I U T J
B R E N H V E D
N S A I S N E L
Ü E E D O M E N D
E E L M S U E Z O
A R M E T W R C N
A S O N C E R Ä H A
R E N S V N A

Doppel-Zahlensuche ③

Die beiden Zahlen, die oben vorgegeben sind, gilt es in den Zeilen zu finden. Sie sind dort mehrfach vorhanden und können sowohl vorwärts als auch rückwärts geschrieben sein.

5307　　9878

```
62530763628789605893 8
82970358369506347035 7
84836057454582934526 5
68293164392864529835 9
98781235628798786399 6
73928548293461360530 7
29854703587949878892 3
48530726950878906393 2
65307639846994934634
54829363530762549360 5
64582936329831987848 4
46789254506383874526
```

Lösung:

Die vorgegebenen Zahlen sind

insgesamt ____-mal enthalten.

Wörtersuche ③

Finden Sie alle unten vorgegebenen Wörter. Diese können horizontal, vertikal, diagonal, vorwärts oder rückwärts geschrieben sein. Achtung: Die übrig bleibenden Buchstaben ergeben ein Zitat nach Sophokles.

D	A	S	S	S	C	H	I	C	R	K	S	A	M	L
K	U	N	S	T	A	K	A	D	E	M	I	E	U	R
E	G	R	P	U	I	E	R	T	H	S	C	H	S	A
U	E	O	O	R	N	U	L	I	E	B	E	N	S	O
C	W	H	T	H	M	A	M	H	A	B	G	I	E	R
A	A	N	L	E	G	E	R	S	M	O	E	C	R	H
I	R	E	I	H	G	I	L	A	I	C	T	I	P	G
S	N	E	G	R	O	M	D	I	P	C	E	W	M	E
N	E	R	H	O	B	L	F	R	E	I	H	E	I	T
T	N	G	T	S	K	O	N	T	O	A	S	T	E	R

ALIGHIERI
ANLEGER
BOCCIA
BOHREN
EBENSO
FREIHEIT
GREENHORN

HABGIER
IMPRESSUM
KUNST-
AKADEMIE
MAEHER
MORGENS
PARANUSS

SKONTO
SPOTLIGHT
TOASTER
UMSICHT
WARNEN

Lösung:

Vierteldrehungen ③

Jedes Bild soll im nächsten Schritt immer um 90° im Uhrzeigersinn verdreht sein. Finden Sie all diejenigen, bei denen dies nicht zutrifft.

1)  ☐ 2)  ☐ 3)  ☐ 4)  ☐ 5)  ☐ 6) ☐

7)  ☐ 8)  ☐ 9)  ☐ 10)  ☐ 11)  ☐ 12) ☐

13)  ☐ 14)  ☐ 15)  ☐ 16)  ☐ 17)  ☐ 18) ☐

19)  ☐ 20)  ☐ 21)  ☐ 22)  ☐ 23)  ☐ 24) ☐

25)  ☐ 26)  ☐ 27)  ☐ 28)  ☐ 29)  ☐ 30) ☐

Wortzählung ③

Wie oft ist in den Zeilen unten das Wort TORSO enthalten?
Lesen Sie regulär von links nach rechts.

TORTORSOROTSTRSTRTOSTROT
SRTROSTRSRTOSRTOSTROSRTO
SRTOTROSTROTORSORTSRTOSO
ROTORSOTROSRTSRTOSOSTRO
STROSOTRSTSOTORSOTROSTOR
TORSOTROSTROTSRTSTROSTRO
TRSOTRSTROTROTSOTRSTORSO
TOSORTSORTORSOSTORSORTO
TOSTROTSORTOTROSRTSOTRO
SOROSRTSTROTROSTROSRTSO
ROTRTSORTSROROTSROSTORO
TOTORSOTROSTSORTSORTORSO
RTORTORSOSTROSTORTORTSO
TROSOSOTORSOTRORSTSOTRSO

Lösung:
Das Wort TORSO ist insgesamt ____-mal enthalten.

Streckenabschnitte ③

Sehen Sie genau hin. Welche der Teilstücke a bis f
wurden aus dem oben dargestellten Wegverlauf herauskopiert?

a) ☐

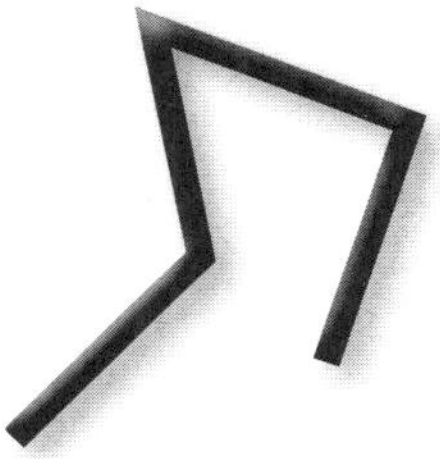

b) ☐

c) ☐

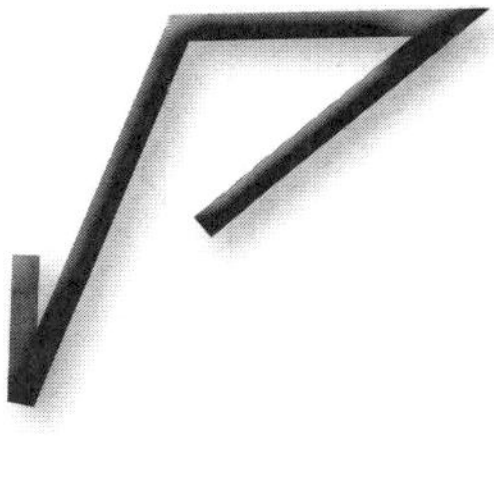

d) ☐

e) ☐

f) ☐

Tippfehlerteufel ③

In der jeweils unteren Zeile sind immer zwei Zeichen falsch (sie entsprechen nicht den Zeichen darüber). Markieren Sie in jedem Kästchen diese zwei Fehler.

%=)A/as(&ga)SA
%=)A/os(&qa)SA

06asF&A0s(F%=
09asF&A0s/F%=

„%wd98"&"6w(
„%wd98"%"5w(

$ZsQW%$"$%/
ZQV%$"$%/

!?&$%$ß§$&BG
!?&$%$$§$&PG

^=§"/;Y-=$§§ND
^=§"/;X-=$§§HD

="§:i"?"!^=KC $
="§:!"?"!^–KC $

)„RZCB§"):-=?<
(„RZCBß"):-=?<

<(/&BV"R"J="IG
<(/&DV"R"J="!G

?!´"P§§"$=(Y-=
?!´"?§§"S=(Y-=

=§)"/ $/-<=?"§
=§)"($/->=?"§

(</&!=§-$=?§
(<(&!=§-$=S§

Striche zählen ③

Markieren Sie alle b und g, zu denen insgesamt drei Querstriche gehören.

b g p q b g p b q p g p q

b g p g q b q g p g p q p

b g p q b g p b p q b p q

b p q b g q b g q b p g q

p q b g q p q b g q b q g

Buchstabenfüller ③

Tragen Sie die fehlenden Buchstaben ein und bilden Sie zügig sinnvolle Wörter.

Bü_o_rat
Sch_af_ac_
M_gne_ka_te
De_on_tra_ion
Ei_ensi_n
Du_che_nan_er
Z_ei_stel_e
Bo_en_ebel

T_äg_ei_
A_tslei_er
Wa_se_kan_st_r
Au_ze_ch_ung
Bil_s_hi_m
Ela_ti_i_ät
Ka_it_lan_age
Ho_h_e_irg_

Wo_n_obil
Te_pe_a_e_t
De_i_alzah_
Zu_be_lei_er
So_ge_echt
I_bi_sbud_
Ge_ec_tig_e_t
T_au_en_ost

Lie_e_tuh_
Ch_ra_ter_ug
Il_u_t_ati_n
A_a_e_iker
Kaf_e_k_n_e
Ver_an_en_ei_
Un_er_eh_er
S_p_en_el_er

Zahlen und Formen ③

Jeder Zahl von 1 bis 9 ist eine bestimmte Form zugeordnet. Zeichnen Sie unten in die leeren Kästchen die fehlenden
Formen skizzenhaft ein. Gehen Sie der Reihe nach vor und überspringen Sie keine Felder.

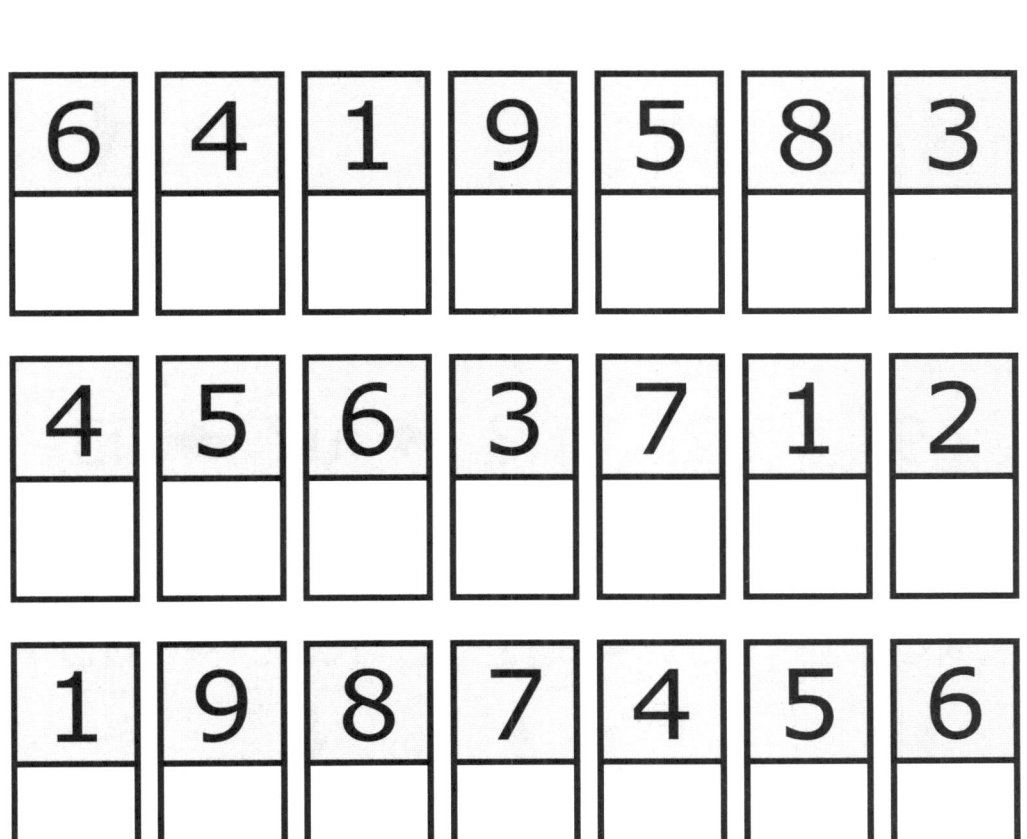

Vokalsumme ③

Beginnen Sie links oben bei der 5 und folgen Sie danach
den Pfeilen. Steht ein Vokal vor der Zahl, müssen Sie
diese Zahl hinzuzählen. Ist dort ein Konsonant, müssen Sie sie
abziehen. Zu welchem Ergebnis führt dieser Weg?

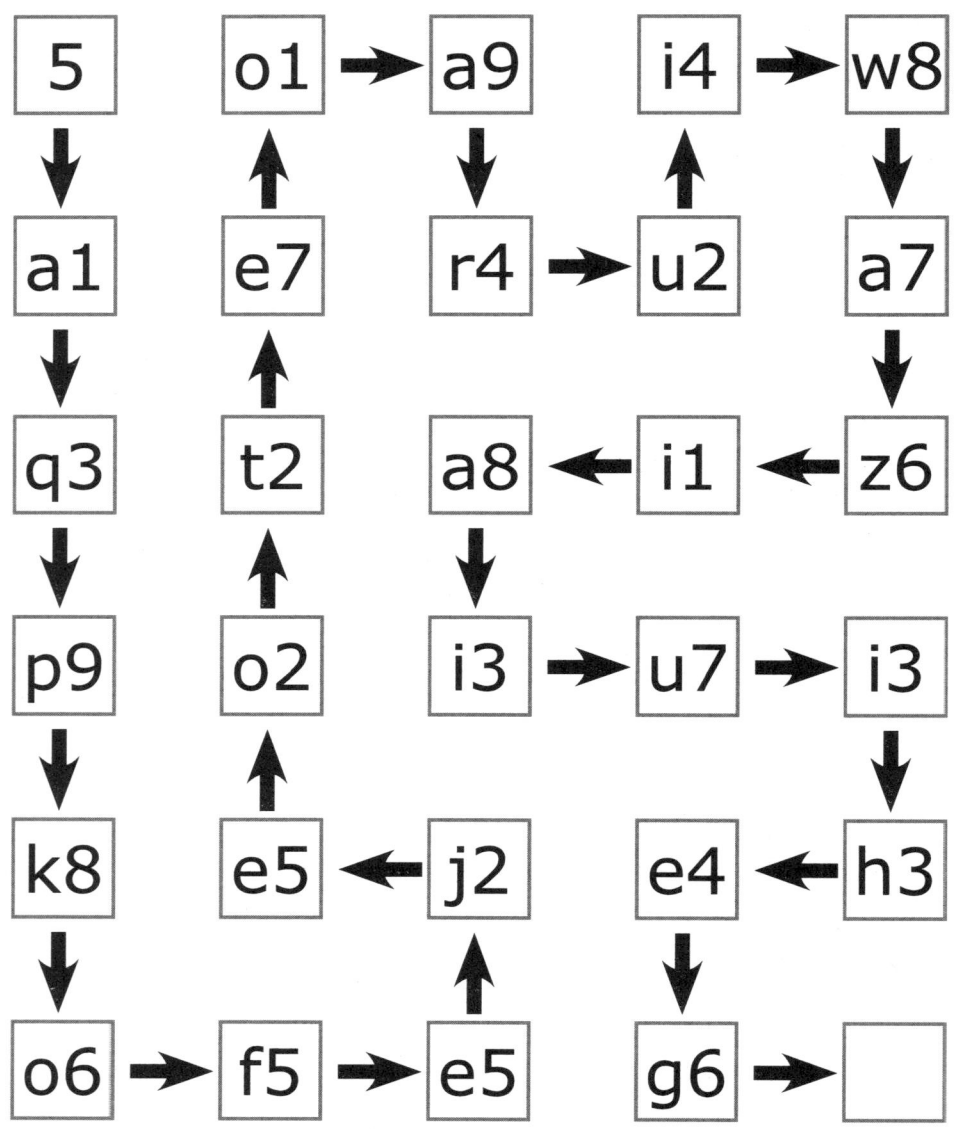

Förmlichkeiten ③

Notieren Sie in jedem Dreieck eine 4, in jedem Viereck
eine 5, in jedem Fünfeck eine 8, in jedem Sechseck
eine 9, in jedem Siebeneck eine 1 und in jedem Achteck eine 3.
Addieren Sie dann alle ungeraden Zahlen und subtrahieren Sie
alle geraden. Auf welches Ergebnis kommen Sie?

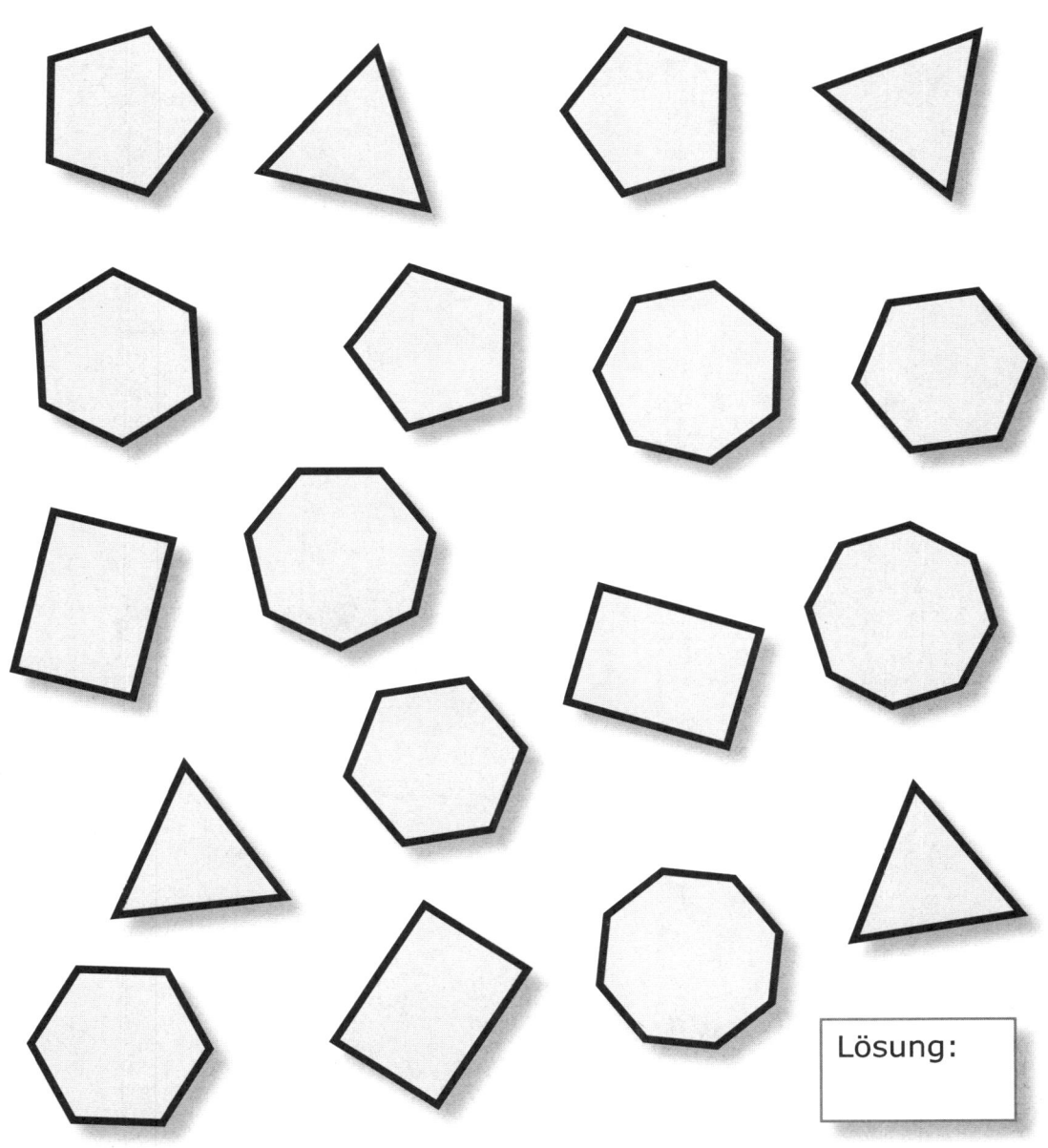

Lösung:

Ergebnisdifferenzen ③

Jede Aufgabe besteht aus zwei kleinen Rechenaufgaben. Lösen Sie beide und ziehen Sie dann vom größeren Ergebnis das kleinere ab, ermitteln Sie also die Differenz aus beiden Ergebnissen. Dies sollte ohne Notizen erfolgen.

a)
$$8 + 3 - 7$$
$$6 - 1 + 9$$

b)
$$5 + 8 - 3$$
$$7 + 2 - 4$$

c)
$$4 - 7 + 8$$
$$3 + 6 + 5$$

d)
$$1 + 8 - 3$$
$$9 + 4 - 7$$

e)
$$2 + 6 + 4$$
$$9 - 2 + 8$$

f)
$$3 + 5 + 8$$
$$8 - 3 + 9$$

Malen auf dem Kopf ③

Zeichnen Sie die Symbole aus der oberen Hälfte spiegelbildlich
in die entsprechenden leeren Felder der unteren Hälfte.
Ein Beispiel ist bereits vorgegeben.

Grenzbereiche ③

Jede Teilaufgabe enthält zwei Zahlen. Sie sollen alle
markieren, die folgende Bedingungen erfüllen:
Obere Zahl: 1,056 bis 1,108
Untere Zahl: 186 bis 315

a) $\dfrac{1,105}{187}$ ☐   b) $\dfrac{1,035}{210}$ ☐

c) $\dfrac{1,1}{326}$ ☐   d) $\dfrac{1,087}{178}$ ☐

e) $\dfrac{0,997}{198}$ ☐   f) $\dfrac{1,06}{300}$ ☐

g) $\dfrac{1,107}{314}$ ☐   h) $\dfrac{1,151}{199}$ ☐

i) $\dfrac{1,033}{170}$ ☐   j) $\dfrac{1,099}{249}$ ☐

k) $\dfrac{1,069}{271}$ ☐   l) $\dfrac{1,111}{303}$ ☐

Verlorene Begriffe ③

Vergleichen Sie diese beiden Kästen. Welche zwei Wörter im unteren Kasten kommen im oberen nicht vor?

Ebene   Richtung   Klasse

Leistung   Illusionist   Atlas

Operette

Babylon   Trabant

Magenbrot   Jubeljahr

Quadrat

Dromedar

Hymne   Nachtigall   Zirkus   Fasching

Nachtigall   Klasse   Quadrat

Jubeljahr   Leistung

Gelegenheit   Richtung

Zirkus   Illusionist   Operette

Hymne   Plastik

Dromedar

Babylon   Magenbrot

Fasching

Trabant   Atlas   Ebene

Oben fehlen die Wörter _____ und _____.

Nadeln im Heuhaufen ③

Wo sind die jeweils links vorgegebenen Figuren versteckt?

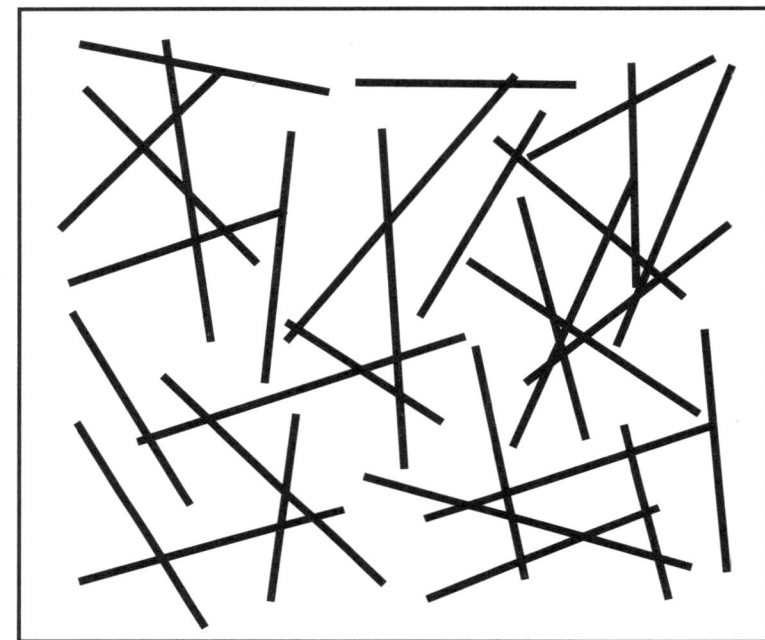

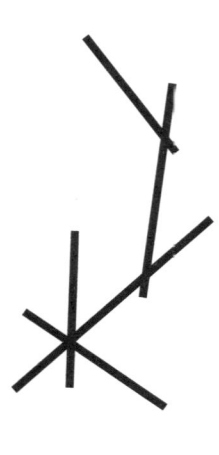

Summenkontrolle ③

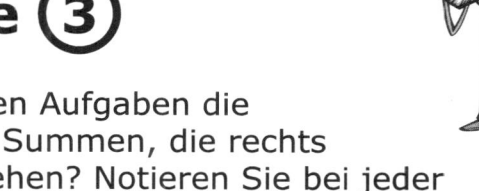

Überprüfen Sie bei den folgenden Aufgaben die
Ergebnisangaben. Stimmen die Summen, die rechts
neben und unter den Zahlen stehen? Notieren Sie bei jeder
Teilaufgabe die Anzahl der falschen Ergebnisse (0 bis 4).

a)
62 + 18	= 80
+ +	
35 + 63	= 98
= =	
97 71	

b)
31 + 55	= 76
+ +	
74 + 38	= 102
= =	
105 92	

c)
94 + 39	= 133
+ +	
82 + 72	= 154
= =	
176 111	

d)
13 + 55	= 78
+ +	
38 + 87	= 117
= =	
53 132	

e)
69 + 98	= 167
+ +	
46 + 65	= 111
= =	
105 153	

f)
46 + 58	= 104
+ +	
70 + 69	= 149
= =	
116 117	

Verdrehte Doppelgänger ③

Jedes Bild ist zweimal vorhanden, allerdings ist der jeweilige Doppelgänger verdreht und gespiegelt. Welche sind die Pärchen?

  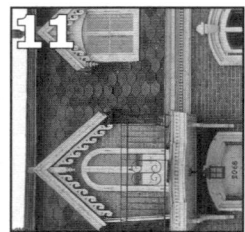 

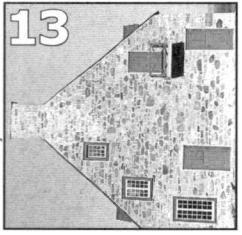   

  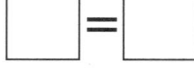 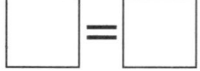

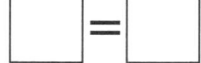 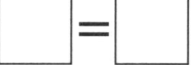 

Rückwärts lesen ③

Eine herrlich ungewohnte Herausforderung für Ihre grauen Zellen. Dieser Text ist spiegelverkehrt abgedruckt, er muss also von rechts nach links gelesen werden.

Portugals Nationalflagge entwickelte sich von den königlichen Wappenbannern hin zum Symbol des republikanischen Portugal. Sie wurde offiziell zum Jahrestag der Wiederherstellung der Unabhängigkeit präsentiert und ein halbes Jahr später angenommen.

Die Flagge wurde immer wieder dem zeitgenössischen Geschmack oder an politische Veränderungen angepasst, aber nie komplett durch ein neues Design ersetzt. Die einzelnen Elemente der heutigen Flagge stammen daher aus den verschiedenen Epochen der Geschichte Portugals. Bei der letzten Änderung, dem Wechsel der Hintergrundfarben von Blau-Weiß zu Grün-Rot, kam es in Portugal zu politischen Streitigkeiten.

Frage: Welche Hintergrundfarben hatte die Flagge vor der letzten Änderung?

Antwort: _____

Falscher Drilling ③

Je ein Bild ist anders als die anderen beiden. Finden Sie dieses in jeder Zeile.

1

2

3

4

Pilotentraining ③

Ein Doppeldecker fliegt zunächst in Richtung Norden. Dann vollzieht der Pilot mehrere Lenk- und Drehmanöver. Wohin fliegt das Flugzeug danach? (Bezugspunkt bei den Richtungsänderungen ist das Flugzeug; rechts ist demnach dort, wo die rechte Tragfläche ist, unten dort, wo die Räder sind, usw.)

- 90° nach unten
- Viertelschraube entgegen dem UZS*
- 90° nach links
- Viertelschraube im UZS
- 90° nach rechts
- Viertelschraube entgegen dem UZS
- Halbe Schraube
- 90° nach rechts
- 90° nach oben
- Halbe Schraube

diese Bewegung ist eine Schraube

*Uhrzeigersinn

Lösung:	Nach diesen Lenkmanövern fliegt das Flugzeug in Richtung
	☐ Nord ☐ Ost ☐ Süd ☐ West

Chaotische Zahlensuche ③

Suchen Sie hier die Zahlen von 11 bis 49 in ihrer natürlichen Reihenfolge. Viele Zahlen sind als Wort dargestellt, was das Gehirn immer wieder zum Umdenken zwingt.

zweiundvierzig

12

siebenunddreißig

20

achtundvierzig

47

vierundzwanzig

43

26

neunundzwanzig

19

15

dreißig

achtunddreißig

elf

45

28

dreizehn

achtzehn

vierzehn

40

einundvierzig

34

einundzwanzig

einunddreißig

siebzehn

46

39

35

44

27

sechsunddreißig

16

dreiundzwanzig

zweiundzwanzig

49

zweiunddreißig

fünfundzwanzig

33

Füllwörter ③

Lassen Sie sich zu den vorgegebenen Anfangs- und Endbuchstaben jeweils zehn Wörter einfallen. (Gültig sind nur die jeweiligen Grundwörter, also zum Beispiel „Buch" und nicht „Bücher", „bunt" und nicht „bunte", „Tee" und nicht „Teesieb".)

W ... H

1. _____
2. _____
3. _____
4. _____
5. _____
6. _____
7. _____
8. _____
9. _____
10. _____

R ... E

1. _____
2. _____
3. _____
4. _____
5. _____
6. _____
7. _____
8. _____
9. _____
10. _____

Rösselsprung ③

Aus den Wörtern in den Feldern lässt sich ein Zitat des deutschen Freikletterers Wolfgang Güllich bilden. Sie müssen wie das Pferd auf dem Schachbrett ziehen, um von einem zum anderen Wort zu gelangen. Beachten Sie bei den Platzhaltern unten die vorgegebenen Satzzeichen.

HÄN-GEND	LEBEN	FREI	NIE	WIE
FINGER-SPITZEN	INTEN-SIV	AN	IN	ÜBER
DAS	AB-GRUND	SCHÖN-HEIT	ERFAH-REN	HABE
SO	ZWEI	ICH	DEM	SEINER

Zu diesen Feldern kann ein Pferd springen:

	✗		✗	
✗				✗
		PFERD		
✗				✗
	✗		✗	

„_____ habe _____ _____ Leben

_____ _____ _____ _____

_____, _____ _____ _____

_____ _____ _____ ."

Nahaufnahme ③

Können Sie erahnen, welche Gegenstände hier in Ausschnitten gezeigt werden?

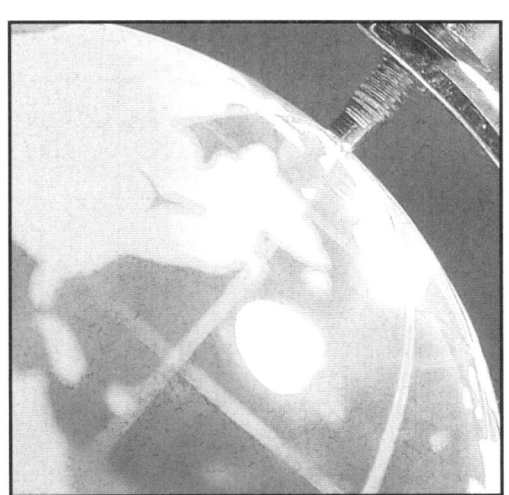

1

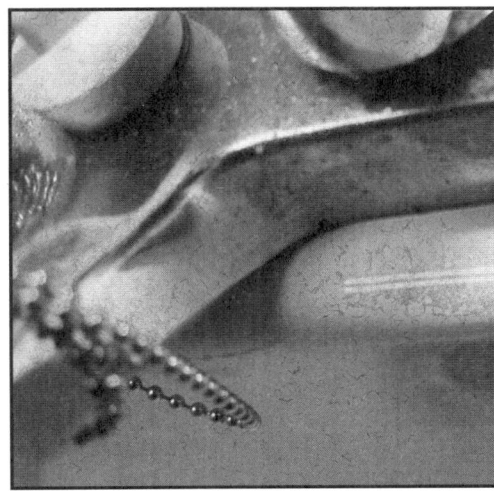

2

Machen Sie diesen Test, bevor Sie mit dem 80 Aufgaben umfassenden Übungsabschnitt 4 beginnen. Lösen Sie die Aufgaben bestmöglich. (Gelegentliche Fehler bleiben unberücksichtigt.) Tragen Sie das Ergebnis in Ihre persönliche Fortschrittstabelle auf Seite 11 ein.

A Lösen Sie schnellstmöglich die folgenden Rechenaufgaben und stoppen Sie die benötigte Zeit.

$7 + 5 =$	$3 \times 8 =$	$18 - 3 =$	$4 + 7 =$
$14 - 6 =$	$9 + 5 =$	$4 \times 7 =$	$18 - 4 =$
$3 \times 6 =$	$13 - 6 =$	$5 + 8 =$	$6 \times 3 =$
$5 + 2 =$	$4 \times 4 =$	$6 - 3 =$	$7 + 3 =$
$4 - 2 =$	$7 + 5 =$	$5 \times 2 =$	$11 - 9 =$

Benötigte Zeit ⬚ **:** ⬚

Min./Sek.

B Machen Sie je ein Kreuz bei allen Zahlen, deren linke Ziffer ungerade und deren rechte Ziffer ungerade ist. Wie schnell schaffen Sie das? Notieren Sie unten die Zeit.

☐ 66	☐ 93	☐ 41	☐ 15	☐ 86
☐ 22	☐ 51	☐ 18	☐ 74	☐ 56
☐ 56	☐ 72	☐ 31	☐ 86	☐ 46
☐ 73	☐ 17	☐ 69	☐ 23	☐ 94

Benötigte Zeit ⬚ **:** ⬚

Min./Sek.

C Unterstreichen Sie in dieser Liste alle Wörter, die exakt RUBU lauten.

RUPU	RUBU	RUPU	RUBU	PUBU	RUBU	RUBU
RUBU	RURU	RUBU	RUPU	RUBU	RURU	PURU
BUPU	RUPU	PUPU	PUPU	RURU	PUPU	RUBU
RURU	PUBU	BUPU	PUBU	RUPU	RUBU	RURU
RUBU	RUPU	RURU	RUBU	PUBU	RURU	RUPU
PURU	PUBU	RUBU	RURU	RUPU	RUBU	RUBU

Benötigte Zeit [:   ]
Min./Sek.

D Lesen Sie jeweils ein Wort und decken Sie es dann bitte ab. Schreiben Sie es sogleich aus dem Gedächtnis rückwärts in den Kasten daneben.

KANU → [   ]

MAUER → [   ]

TASCHE → [   ]

ZEITNOT → [   ]

Benötigte Zeit [:   ]
Min./Sek.

Wertvolle Bilder zählen ④

Jedem der drei Motive in dieser Übung ist eine
bestimmte Zahl zugeordnet (siehe Kasten). Addieren
Sie die Werte aller Bilder auf dieser Seite. Versuchen Sie dies
möglichst sicher und fehlerlos.

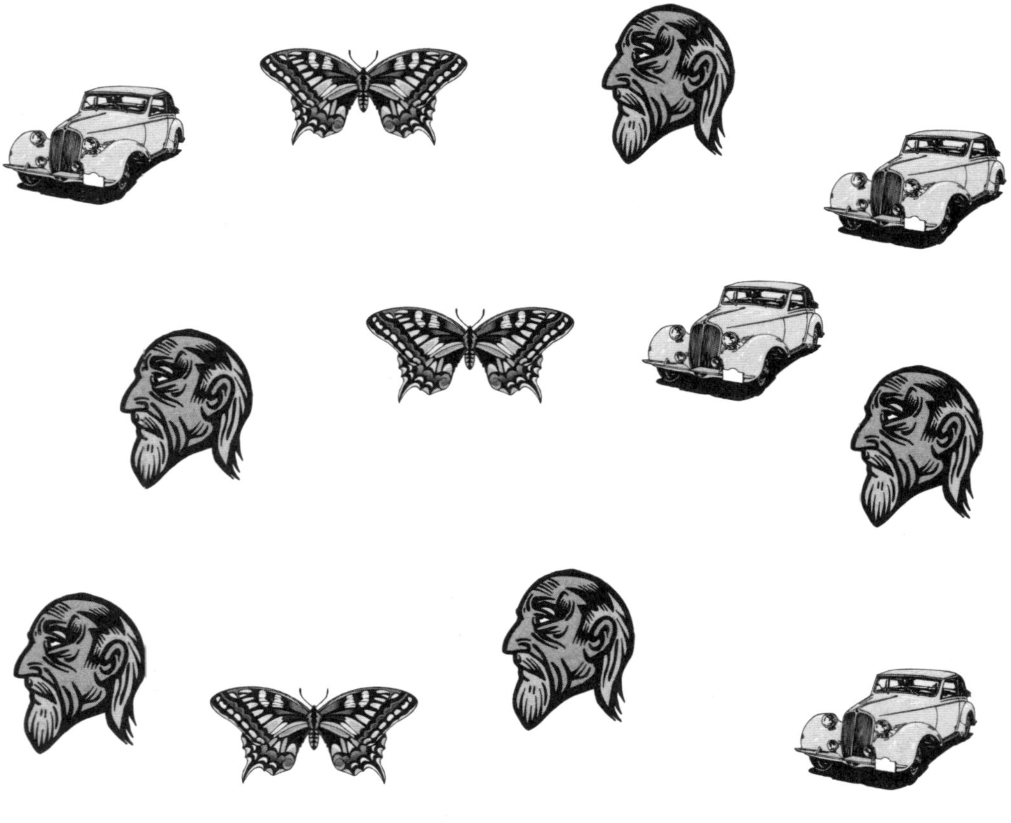

Lösungszahl:		

Zahlenjagd ④

Beginnen Sie bei der 1 und finden Sie nacheinander alle Zahlen bis 40. Dies ist eine simple Übung, die jedoch Ihre Konzentrationsausdauer immens fördern kann.

23 29 37 9

21 25 10 11 36

40 3 7 30

19

27 18 14 1

33 31

39 8 20 5

22

15 35 2

24

28 26

34 32

16

17

6 4 12 38 13

Begriffsmutationen ④

Wie gelangen Sie vom oberen Wort zum unteren, wenn Sie bei jedem Schritt genau einen Buchstaben austauschen müssen?

Beispiel:

H	A	F	T
H	E	F	T
H	E	F	E
H	U	F	E
H	U	P	E

Übung 1

M	A	U	T
H	E	H	L

Übung 2

L	E	C	K
P	A	R	A

Übung 3

A	B	E	R
E	G	A	L

Übung 4

H	E	L	M
K	A	R	O

Übung 5

D	U	M	A
L	A	R	A

Wörterrecycling ④

Wie viele deutsche Wörter können Sie aus den Buchstaben bilden, die im Wort **FELSENLANDSCHAFT** enthalten sind? Jeder im vorgegebenen Wort vorkommende Buchstabe darf dabei maximal einmal verwendet werden.

Lösungswörter:

Flexibel rechnen ④

Vervollständigen Sie die folgenden Gleichungen.
Tragen Sie in die Lücken die fehlenden Zahlen ein.

a $15 - 8 =$ ___

b $9 +$ ___ $= 16$

c ___ $+ 3 = 16$

d $8 + 9 =$ ___

e $11 -$ ___ $= 7$

f ___ $- 7 = 9$

g $13 - 8 =$ ___

h $5 +$ ___ $= 13$

i ___ $- 13 = 4$

j $14 + 8 =$ ___

k $22 -$ ___ $= 5$

l ___ $- 12 = 7$

m $11 + 5 =$ ___

n $25 -$ ___ $= 6$

o ___ $+ 5 = 21$

p $3 \cdot 9 =$ ___

q $31 -$ ___ $= 12$

r ___ $\cdot 8 = 64$

s $9 \cdot 4 =$ ___

t $7 \cdot$ ___ $= 54$

u ___ $\cdot 8 = 72$

v $11 \cdot 11 =$ ___

Fotopuzzle ④

Ursprünglich entstammen diese neun Teile einem quadratischen Bild. Die Einzelteile wurden untereinander ausgetauscht. Finden Sie heraus, welches Teil wohin gehört.

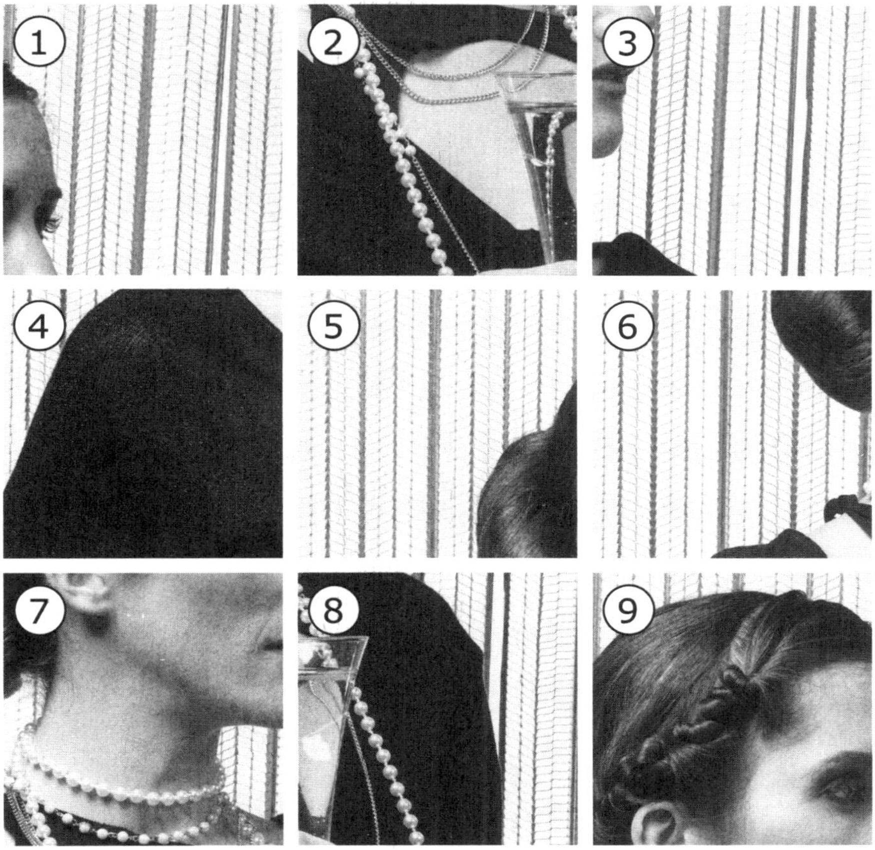

An welcher Stelle stehen die Nummern der Bildausschnitte, wenn man das Bild richtig zusammensetzt?

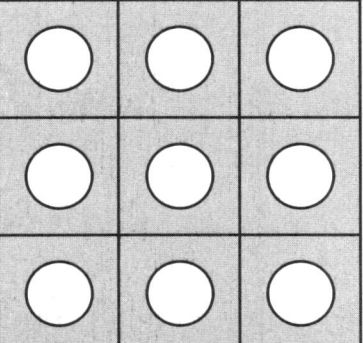

Symbolmuster entdecken ④

Hier sollen Sie nach identischen Symbolen suchen, die genau so angeordnet sind, wie im jeweils oberen Kästchen dargestellt. Wie viele solcher Konstellationen finden Sie in jeder Säule?

A)

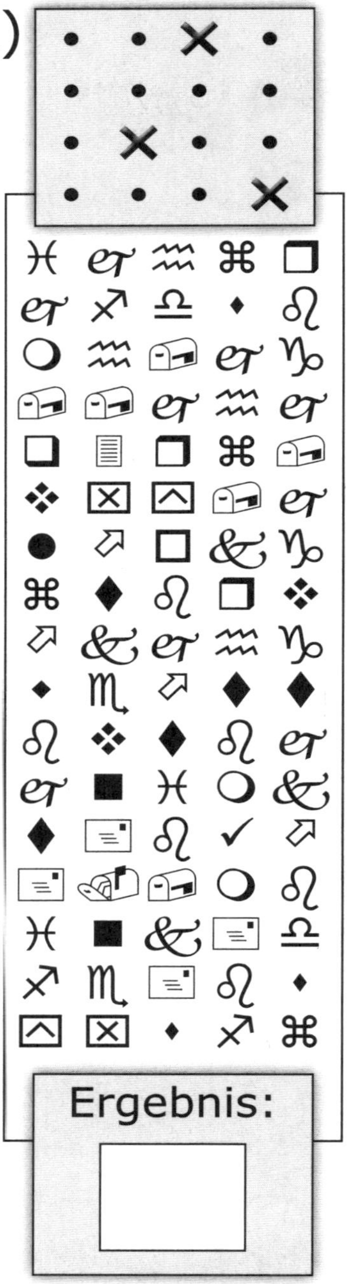

B)

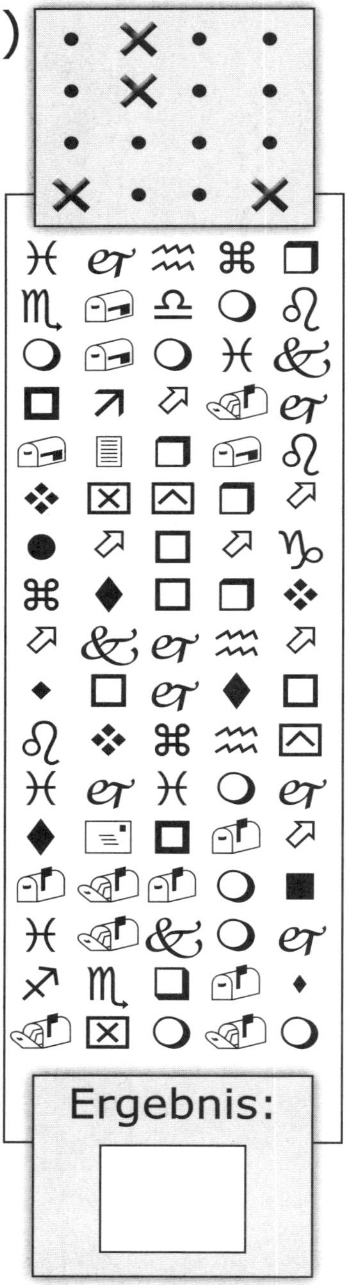

Ergebnis:

Ergebnis:

Drehwurm ④

Bei allen Bildern einer Zeile handelt es sich um gedrehte Darstellungen eines Bildmotivs. Genau zwei sind im Vergleich zu den anderen drei auch noch gespiegelt. Welche sind dies jeweils?

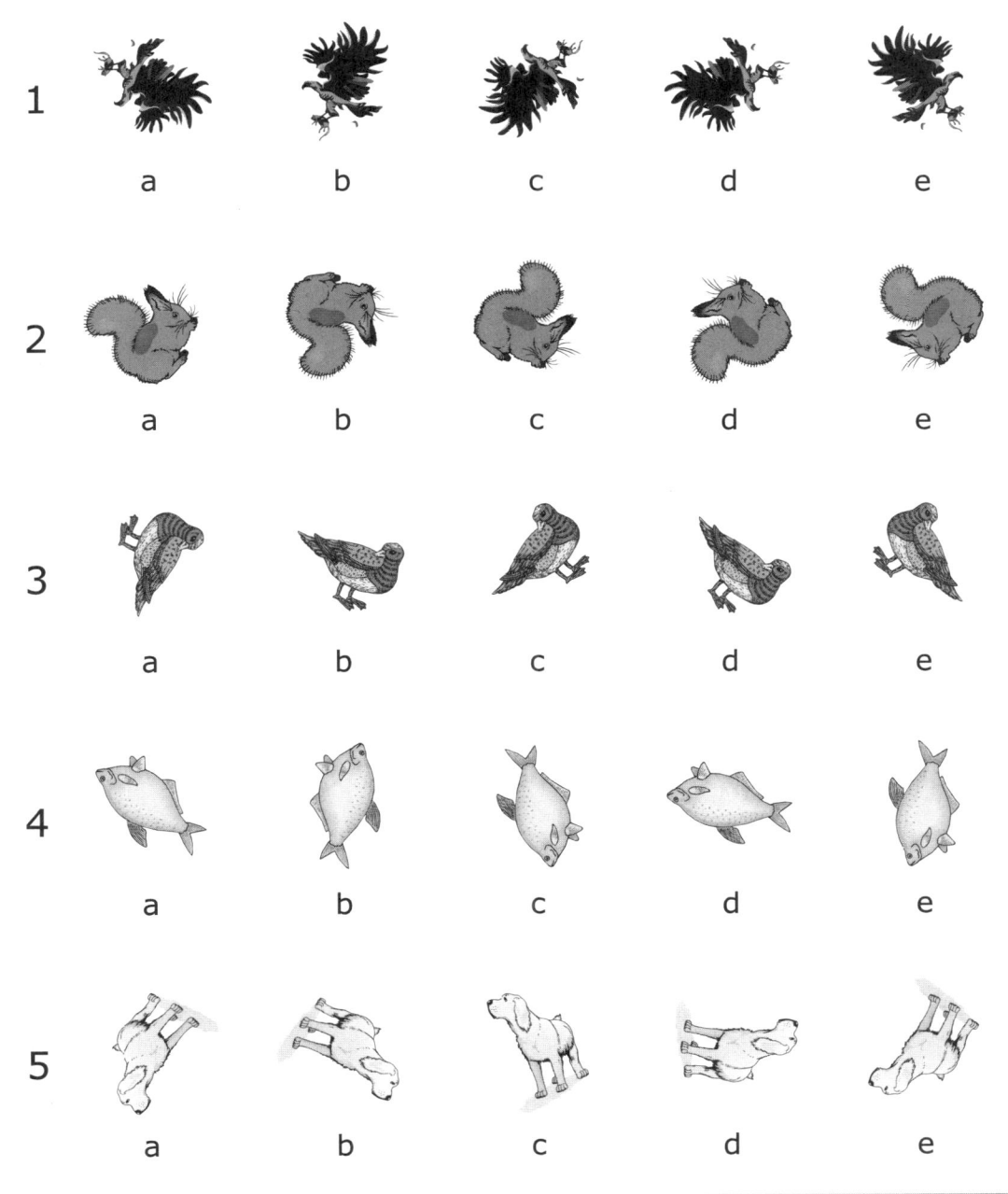

Gruppenzwang ④

Suchen Sie Gruppen identischer Bilder, die eine Form bilden
wie die im grau hinterlegten Beispiel. Sieben weitere solcher
Anordnungen sollen Sie finden, und dies möglichst schnell.

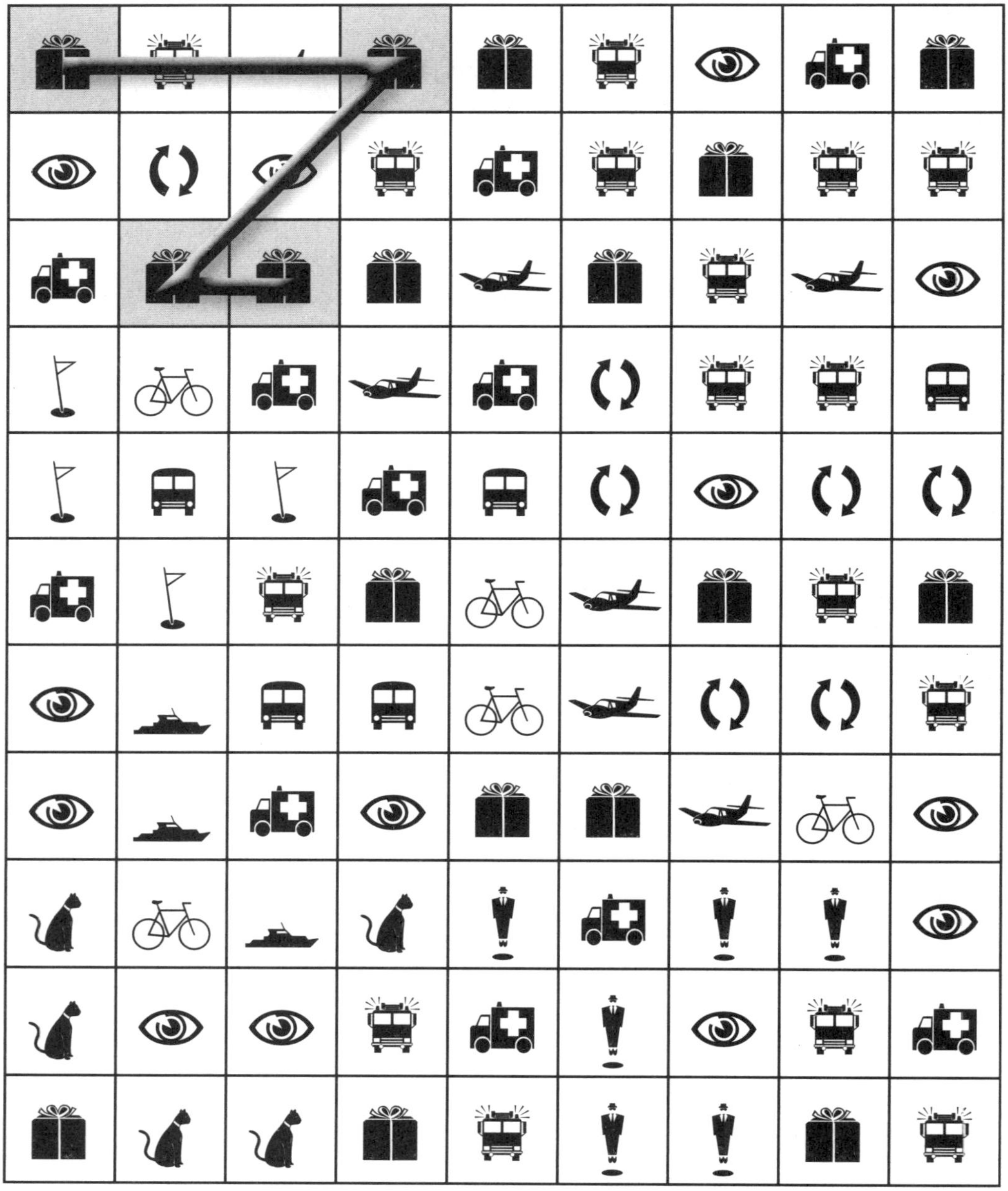

Mikado ④

Spielen Sie Mikado und entnehmen Sie sämtliche
Federn von oben nach unten.

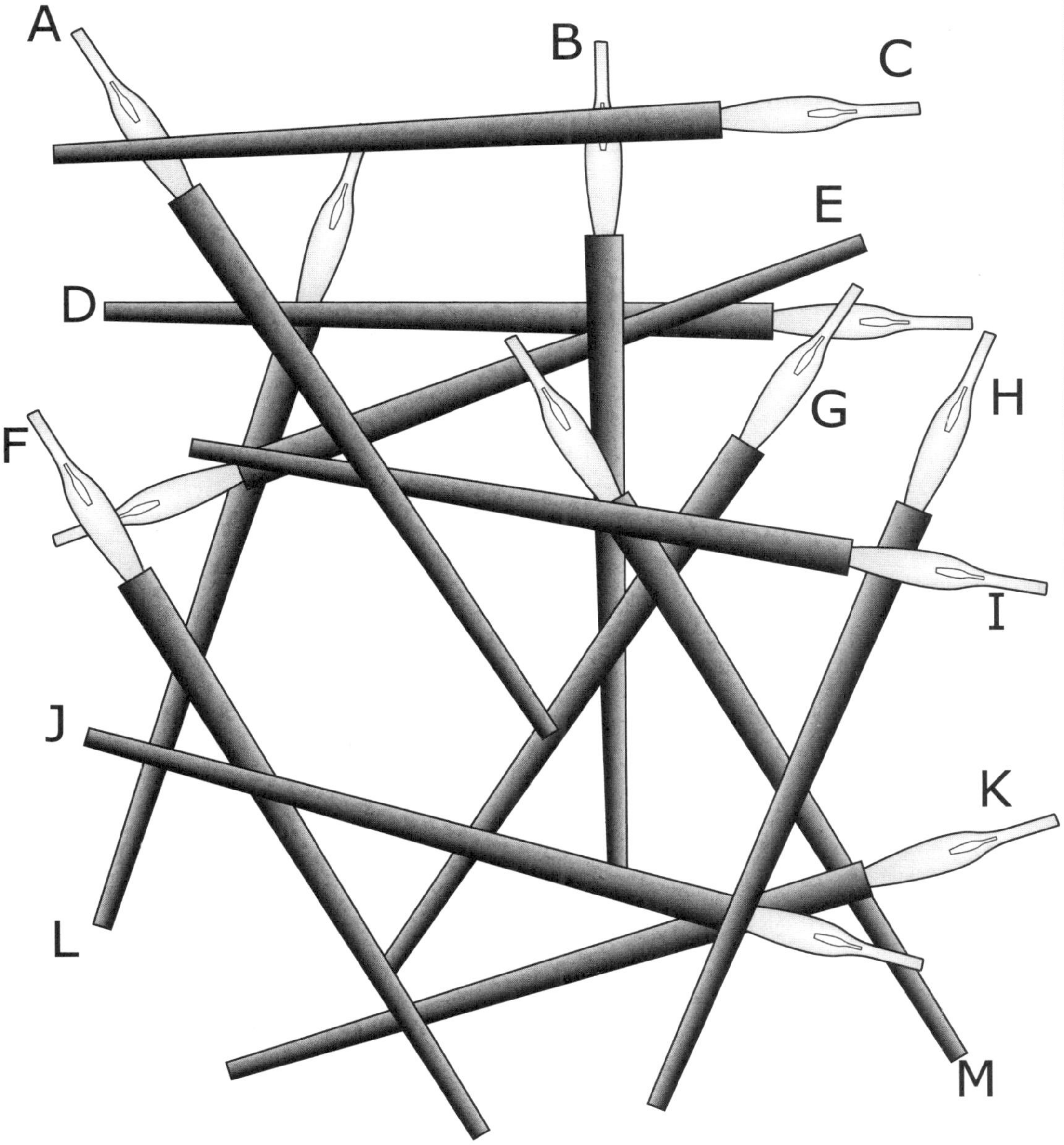

A B C

E

D

F G H

I

J

K

L

M

Reihenfolge:

Ergänzungen ④

In die leeren Felder sollen passende Wortanfänge eingetragen werden, die gemeinsam mit den vorgegebenen Wortenden jeweils ein Obstsorte bezeichnen.

1) _____ NGE

2) _____ ANE

3) _____ USE

4) _____ NAS

5) _____ FEL

6) _____ UME

7) _____ ONE

8) _____ OSE

9) _____ WI

10) _____ RNE

Suchen und addieren

Suchen Sie in jeder Zeile die jeweils links vorgegebenen Ziffern und addieren Sie sie. Tragen Sie am Ende jeder Zeile die gesuchte Summe ein.

Bsp.: 3, 5	6 5 2 4 8 1 5 6 8 9 6 3 1 3	**_16_** ✓
a) 1, 6	3 1 5 6 2 4 8 7 9 5 8 6 2 4	
b) 3, 7	8 5 2 6 3 5 2 4 7 1 4 5 8 9	
c) 5, 9	4 2 5 1 7 8 4 8 5 6 3 9 5 1	
d) 2, 8	2 5 7 4 8 7 9 5 6 2 6 5 8 4	
e) 3, 6, 7	9 8 7 4 5 6 3 2 5 8 7 4 1 5	
f) 4, 5, 8	5 8 7 4 2 1 3 2 6 5 4 7 5 2	
g) 1, 4, 5	7 8 4 2 1 5 9 8 6 3 5 4 7 8	
h) 2, 6, 9	1 5 3 9 8 6 7 4 5 2 3 6 5 9	

Lesen über Lücken ④

Dem folgenden Text wurden vier Buchstaben entnommen. Können Sie diese eintragen?

IM A__GEMEI_E_ SP_ACHGE__AUCH SP_ICHT MA_ VO_ D_EI OZEA_E_: AT_A_-TISCHE_ OZEA_, I_DISCHE_ OZEA_ U_D PAZIFISCHE_ OZEA_. _EI DIESE_ SICHT-WEISE WI_D DE_ A_KTISCHE OZEA_ A_S TEI_ DES AT_A_TIKS A_GESEHE_ U_D DE_ SÜD_ICHE OZEA_ ZU DE_ D_EI ZUE_ST GE_A__TE_ OZEA_E_ GEZÄH_T. EI_E A_TE__ATIVE _ET_ACHTU_GS-WEISE U_TE_TEI_T DIE ZWEI G_ÖSSTE_ OZEA_E DE_ E_DE (PAZIFIK U_D AT_A_-TIK) E_TSP_ECHE_D IH_E_ ZUGEHÖ_IG-KEIT ZU_ _O_D- _ZW. SÜDHEMISPHÄ_E. HISTO_ISCH SP_ICHT MA_ VO_ DE_ SIE_E_ WE_TMEE_E_, DIE _E_E_ PAZIFIK, AT_A_-TIK U_D I_DISCHEM OZEA_ AUCH DAS KA_I_ISCHE MEE_, DAS MITTE_MEE_, DAS GE__E MEE_ U_D DIE _O_DSEE UMFASSE_.

Zeichenfolgen ④

Suchen Sie im Feld unten zeilenweise nach der Zeichenfolge, die im Kasten links dargestellt ist, und unterstreichen Sie diese. Wie oft können Sie sie finden?

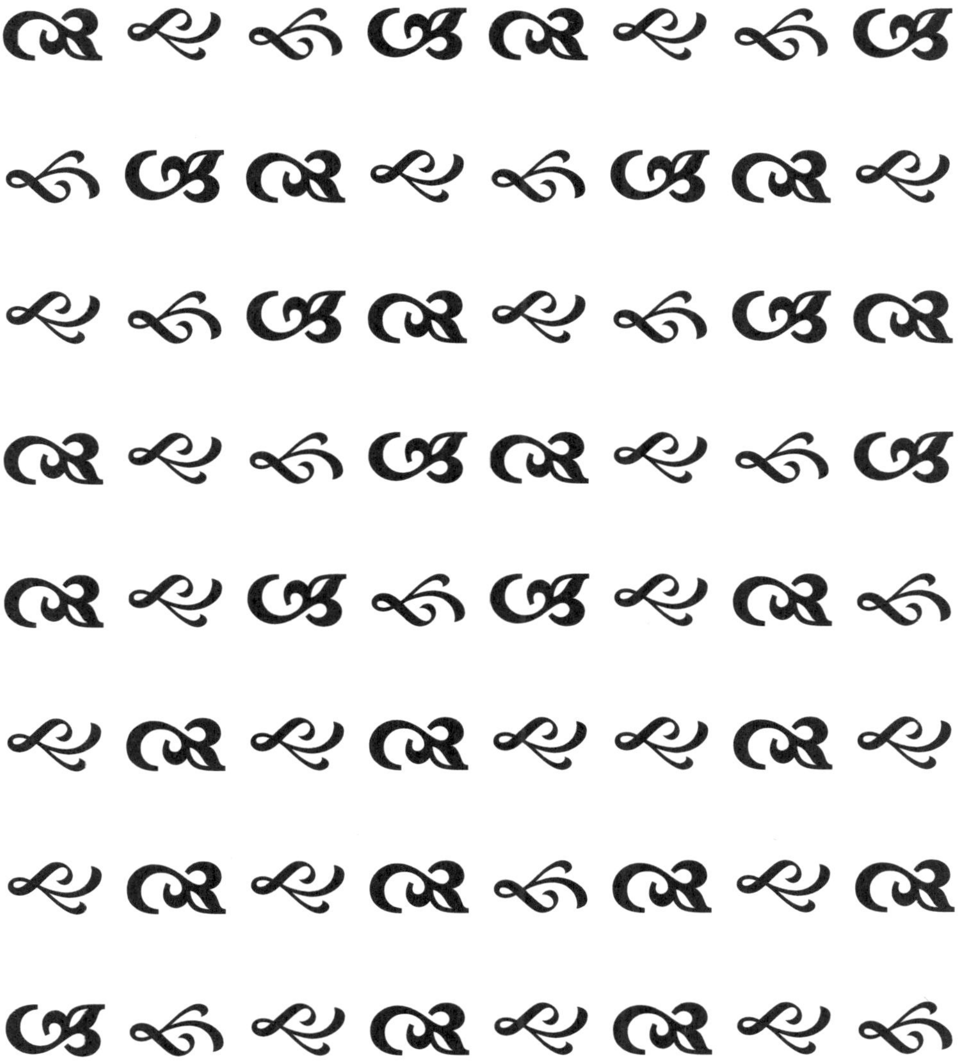

So oft kommt die Zeichenfolge vor:		

Dingliche Beziehungen ④

Unten sehen Sie mehrere mit Nummern versehene Bilder, die etwas Bestimmtes darstellen. Jeder der darüber aufgelisteten Begriffe soll je einem dieser Bilder zugeordnet werden.
Beispiel: Zu „Zehenspitzen" passt die Ballerina, also „1".

Zehenspitzen
1

Hackfleisch

Ballett

Verstärker

Gesang

Rasur

Fast Food

Sägeblatt

Figur

Schere

Panzer

Tanz

Stimme

Bart

Schaufellader

Mikrofon

Erdarbeitem

Saiten

Brötchen

Rückwärtsgang

1 **2**  **3**  **4**

5 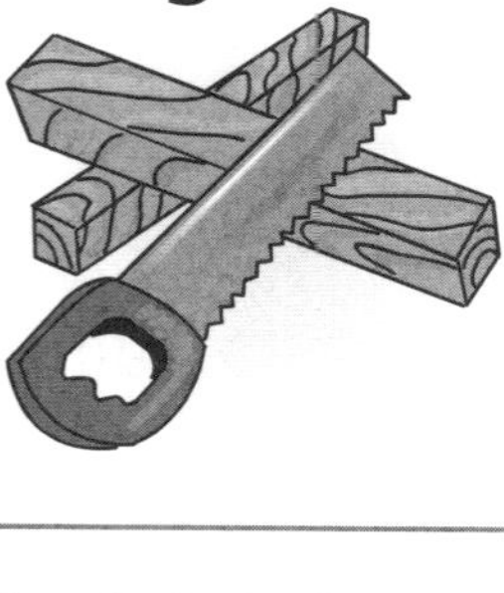 **6** 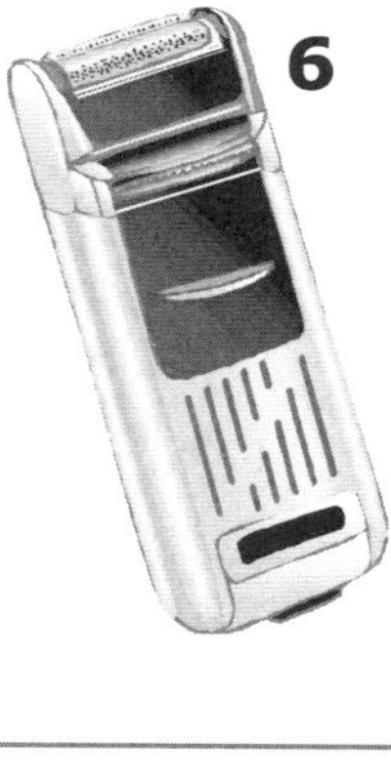 **7** 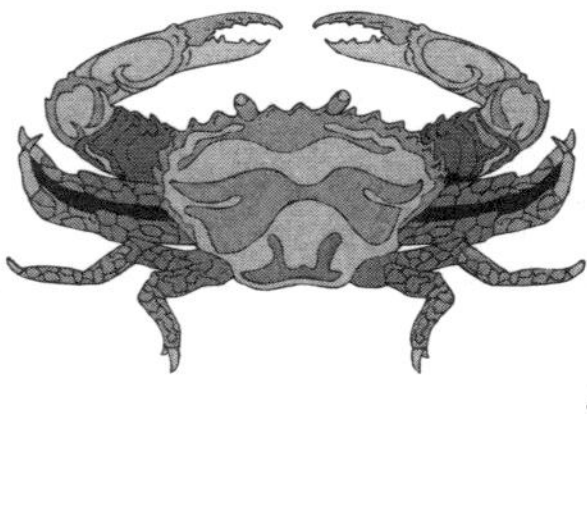 **8**

Zahlenketten ④

Jede Zahlenreihe ist nach einer bestimmten Rechenregel aufgebaut. Diese Regel sollen Sie herausfinden
und am Ende die folgerichtige Zahl eintragen.

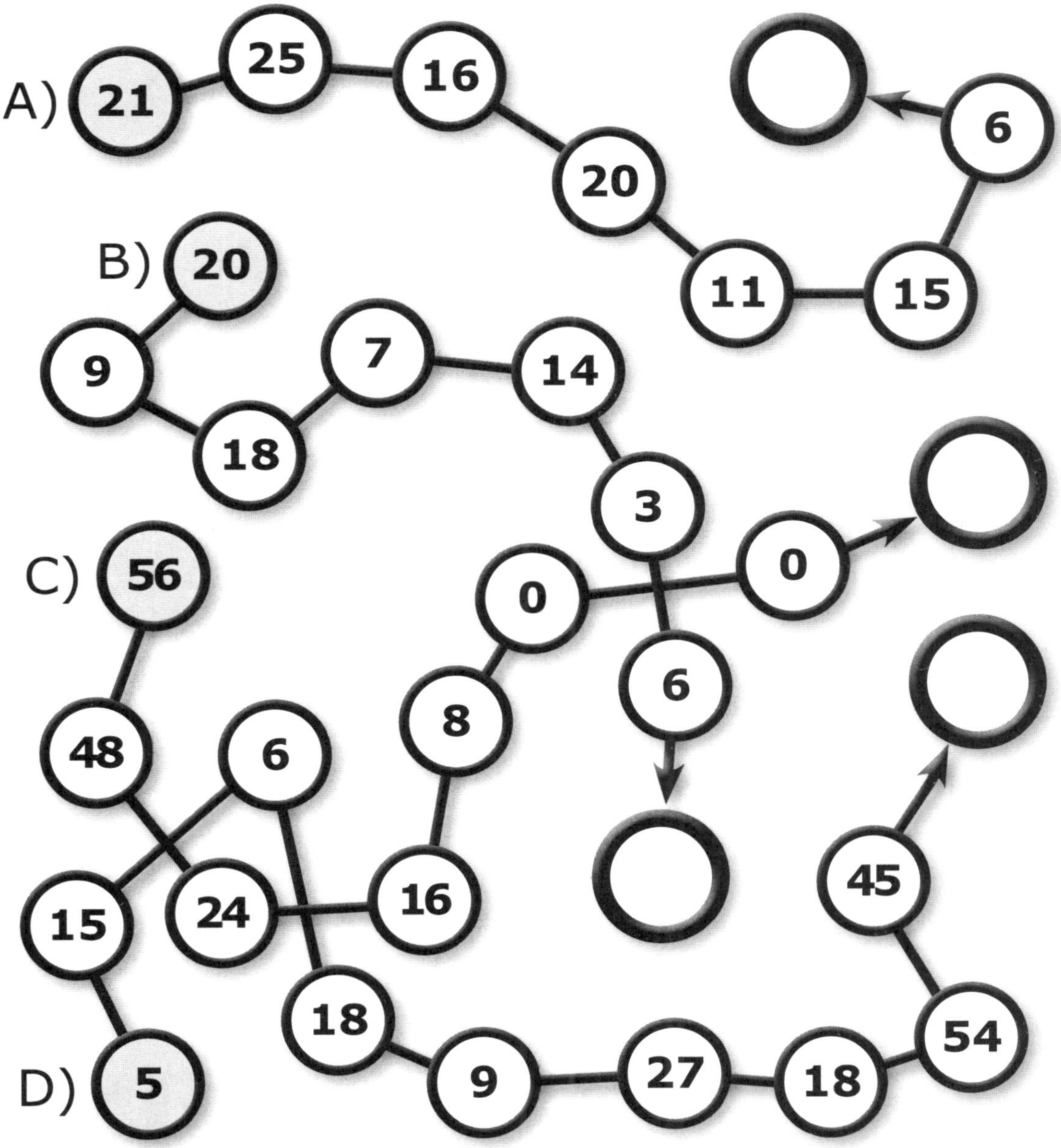

A) 21 — 25 — 16 — 20 — 11 — 15 — 6 — ◯

B) 20 — 9 — 18 — 7 — 14 — 3 — 0 — 6 — ◯

C) 56 — 48 — 15 — 24 — 6 — 16 — 8 — 0 — 0 — ◯

D) 5 — 18 — 9 — 27 — 18 — 54 — 45 — ◯

Verbindungslinien ④

Welche Zahlen sind miteinander verbunden?

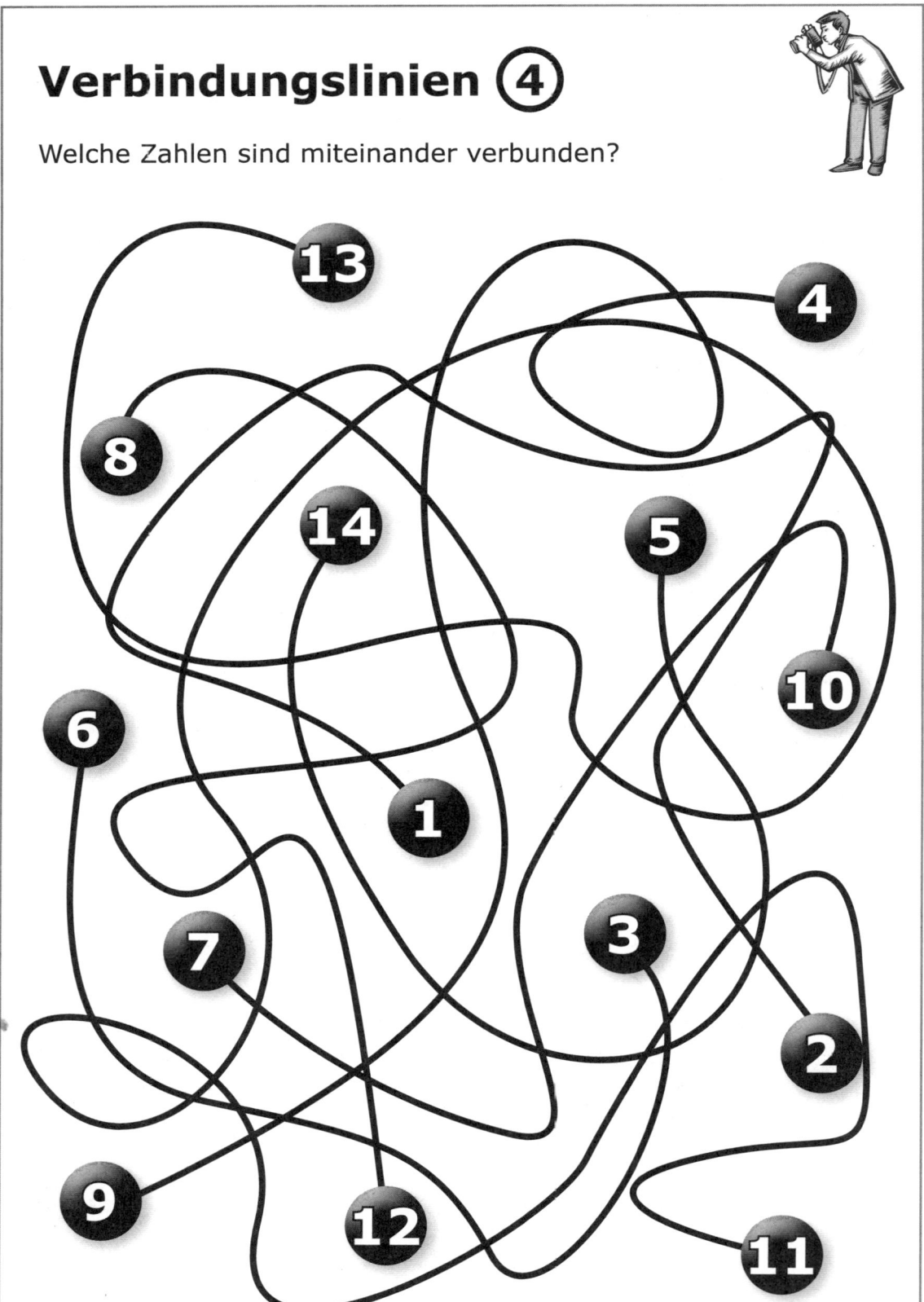

Zählbares Durcheinander ④

Wie viele Schlangen sind hier zu erkennen?

Antwort: Es sind ____ Schlangen.

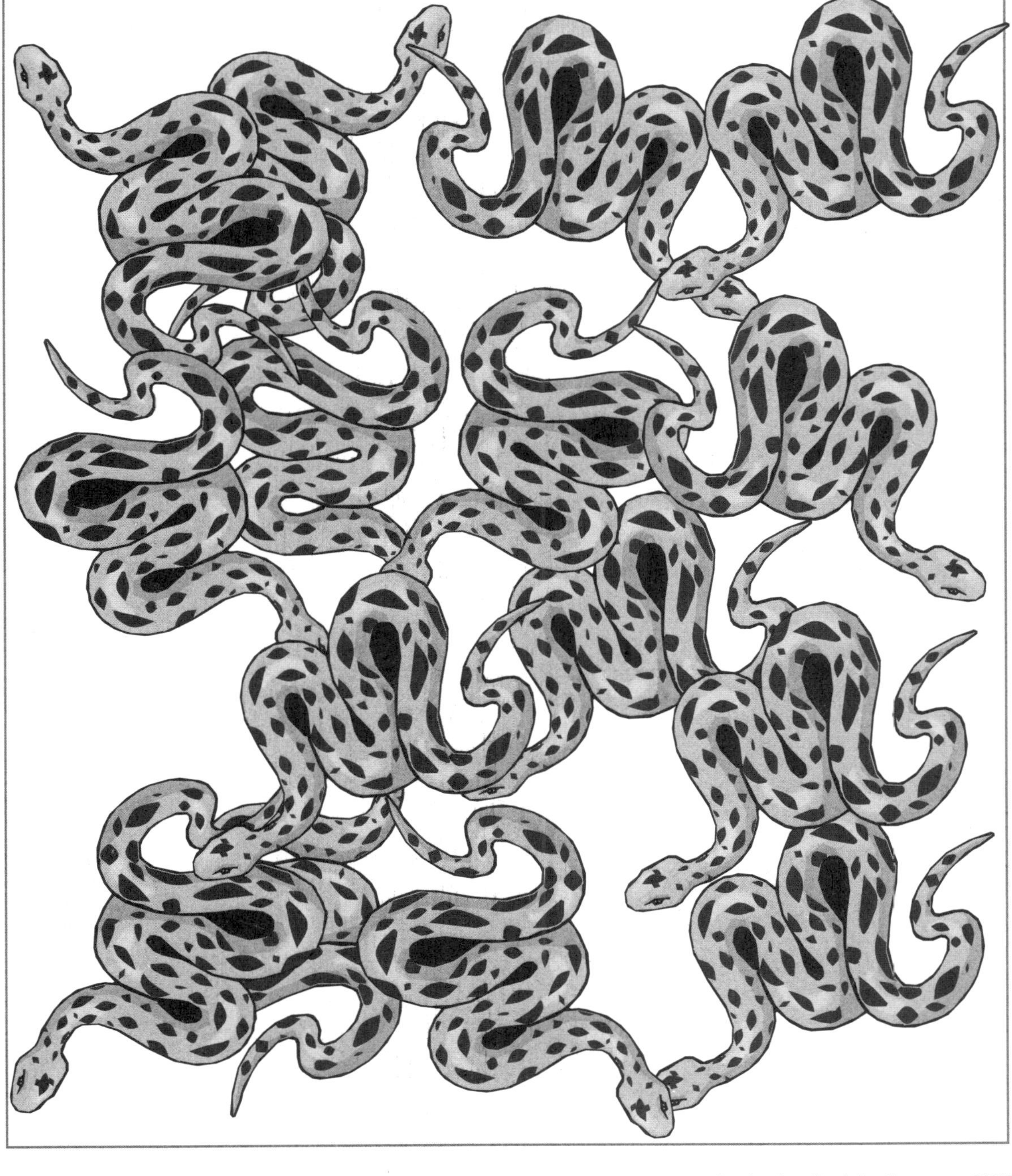

Wörterneubauten ④

Prägen Sie sich das vorgegebene Wort ein. Für die folgende Aufgabe müssen Sie „im Kopf" (ohne nachzusehen) die Positionen der einzelnen Buchstaben in diesem Wort bestimmen können.

$$S\ T\ E\ I\ N\ A\ D\ L\ E\ R$$
1. 2. 3. 4. 5. 6. 7. 8. 9. 10.

Decken Sie dieses Wort nun ab und bilden Sie aus den Buchstaben neue Wörter. Die angegebenen Zahlen stehen für die Position des jeweiligen Buchstabens im vorgegebenen Wort. 1 bedeutet also erster Buchstabe, 2 zweiter Buchstabe usw.

a) 8 6 4 9

b) 5 6 7 3 8

c) 1 3 10 4 9

d) 7 4 9 1 3 8

e) 3 1 2 8 6 5 7

f) 9 4 1 7 4 3 8 3

Farbverwirrung ④

Kreuzen Sie bei jedem Wort an, in welcher der drei „Farben" Weiß (W), Grau (G) und Schwarz (S) es abgedruckt wurde. Lassen Sie sich nicht von der Bedeutung des jeweiligen Begriffs irritieren.

Grau	Weiß	Grau	Weiß	Schwarz
W G S ☐ ☐ ☐	W G S ☐ ☐ ☐	W G S ☐ ☐ ☐	W G S ☐ ☐ ☐	W G S ☐ ☐ ☐

Weiß	Schwarz	Weiß	Schwarz	Grau
W G S ☐ ☐ ☐	W G S ☐ ☐ ☐	W G S ☐ ☐ ☐	W G S ☐ ☐ ☐	W G S ☐ ☐ ☐

Schwarz	Grau	Schwarz	Weiß	Grau
W G S ☐ ☐ ☐	W G S ☐ ☐ ☐	W G S ☐ ☐ ☐	W G S ☐ ☐ ☐	W G S ☐ ☐ ☐

Weiß	Schwarz	Schwarz	Grau	Schwarz
W G S ☐ ☐ ☐	W G S ☐ ☐ ☐	W G S ☐ ☐ ☐	W G S ☐ ☐ ☐	W G S ☐ ☐ ☐

Grau	Schwarz	Weiß	Schwarz	Weiß
W G S ☐ ☐ ☐	W G S ☐ ☐ ☐	W G S ☐ ☐ ☐	W G S ☐ ☐ ☐	W G S ☐ ☐ ☐

Grau	Weiß	Grau	Schwarz	Weiß
W G S ☐ ☐ ☐	W G S ☐ ☐ ☐	W G S ☐ ☐ ☐	W G S ☐ ☐ ☐	W G S ☐ ☐ ☐

Schwarz	Schwarz	Weiß	Schwarz	Grau
W G S ☐ ☐ ☐	W G S ☐ ☐ ☐	W G S ☐ ☐ ☐	W G S ☐ ☐ ☐	W G S ☐ ☐ ☐

Weiß	Schwarz	Grau	Weiß	Schwarz
W G S ☐ ☐ ☐	W G S ☐ ☐ ☐	W G S ☐ ☐ ☐	W G S ☐ ☐ ☐	W G S ☐ ☐ ☐

Grau	Schwarz	Schwarz	Grau	Weiß
W G S ☐ ☐ ☐	W G S ☐ ☐ ☐	W G S ☐ ☐ ☐	W G S ☐ ☐ ☐	W G S ☐ ☐ ☐

Schwarz	Weiß	Weiß	Schwarz	Grau
W G S ☐ ☐ ☐	W G S ☐ ☐ ☐	W G S ☐ ☐ ☐	W G S ☐ ☐ ☐	W G S ☐ ☐ ☐

Wortzentralen ④

Tragen Sie jeweils in das leere Mittelfeld ein Wort ein, das jedem der vier Begriffe entweder voran- oder nachgestellt werden kann, sodass dabei zusammengesetzte Hauptwörter entstehen. (Die Ausdrücke können natürlich für die Verbindung gebeugt werden.)

Eis ... Bruch

1

Schlag ... Gips

Zeit ... Kristall

2

Schokolade ... Tee

Wort ... Zeichen

3

Fang ... Bogen

Teig ... Weizen

4

Laib ... Beruf

Quersummenverfolgung ④

Nehmen Sie einen Stift zur Hand und verbinden Sie die Zahlen miteinander, deren Quersummen aufeinanderfolgen. Suchen Sie also zunächst die Zahl, deren Quersumme 1 ist, verbinden Sie diese mit der Zahl, deren Quersumme 2 ist, und so weiter bis zu der Zahl, deren Quersumme 20 ist.

10121

700060

40204

10001

3464

61405

1704

23402

71

2101

693

102

5040

22101

379

1000

3121

202020207

51201014

2981

Der Außenseiter ④

Welcher Begriff passt jeweils nicht dazu?

1
primitiv	primär	ursprünglich	eigentlich
a ☐	b ☐	c ☐	d ☐

2
Furcht	Qual	Angst	Sorge
a ☐	b ☐	c ☐	d ☐

3
Zepter	Krone	Spitze	Wipfel
a ☐	b ☐	c ☐	d ☐

4
Schachtel	Box	Karton	Ring
a ☐	b ☐	c ☐	d ☐

5
Dorn	Stachel	Klasse	Spitze
a ☐	b ☐	c ☐	d ☐

6
beschließen	ersehen	abmachen	festlegen
a ☐	b ☐	c ☐	d ☐

7
Verdacht	Anzeige	Annonce	Inserat
a ☐	b ☐	c ☐	d ☐

8
Tipp	Ruf	Hinweis	Wink
a ☐	b ☐	c ☐	d ☐

Bausatz ④

Füllen Sie gedanklich die Form oben mit den zur Verfügung stehenden Puzzleteilen aus. Sie werden dabei feststellen, dass ein Teil nicht hineinpasst und übrig bleibt. Welches?
(Damit es nicht zu schwierig ist, wurde die Ausrichtung der Teilstücke beibehalten.)

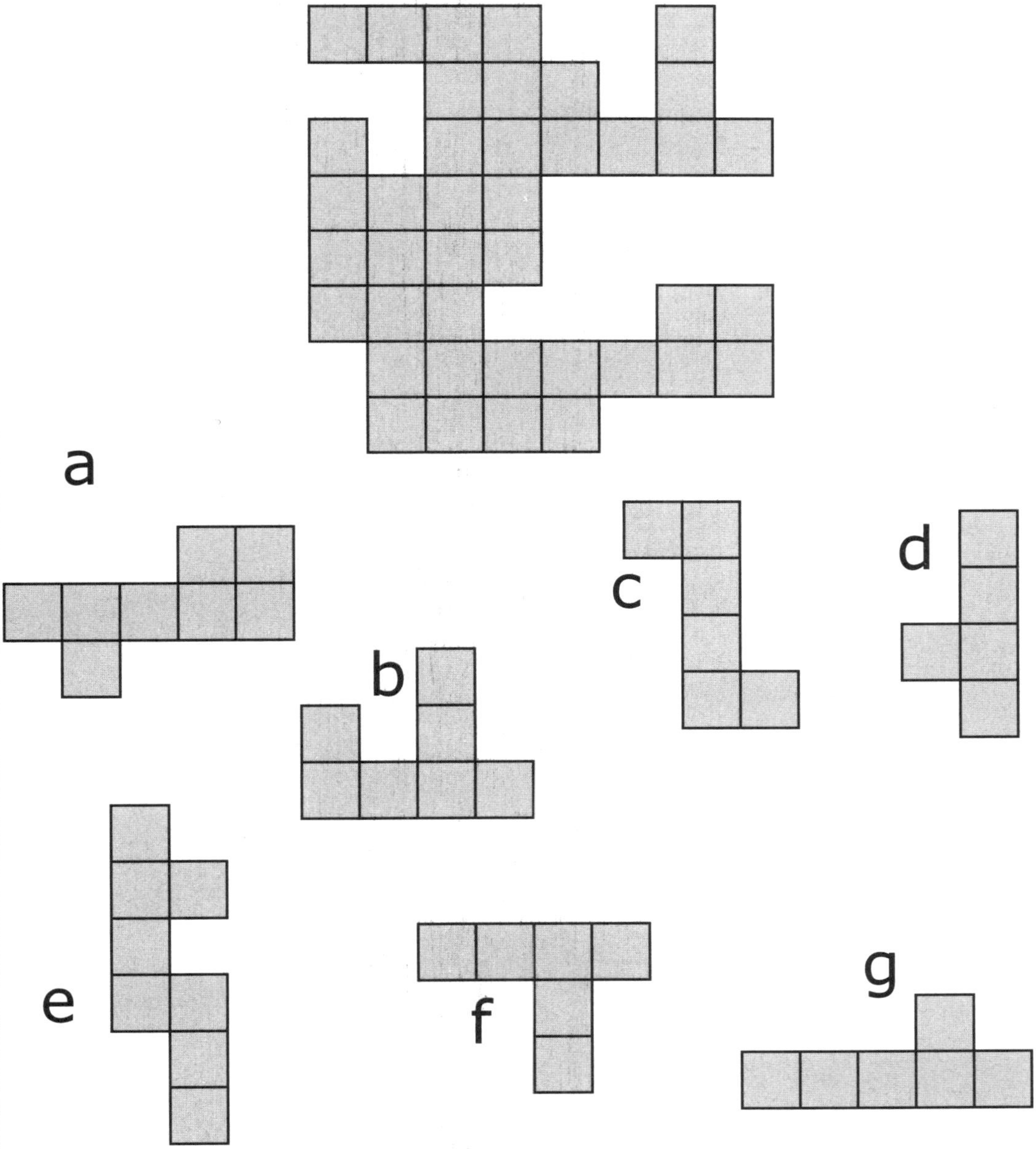

a

b

c

d

e

f

g

Lückenfüller ④

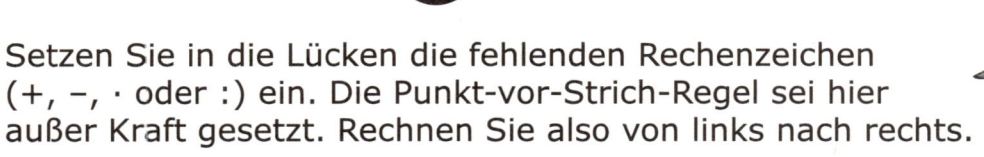

Setzen Sie in die Lücken die fehlenden Rechenzeichen
(+, −, · oder :) ein. Die Punkt-vor-Strich-Regel sei hier
außer Kraft gesetzt. Rechnen Sie also von links nach rechts.

A) 8 ☐ 7 ☐ 5 = 5

B) 6 ☐ 3 ☐ 2 = 4

C) 7 ☐ 3 ☐ 2 = 2

D) 8 ☐ 4 ☐ 6 ☐ 3 = 5

E) 9 ☐ 1 ☐ 2 ☐ 5 = 9

Wortschlangen ④

In die Kästen haben wir Wörter eingebaut, die schlangenförmig zu lesen sind – so wie im Beispiel rechts: „DENKEN".
Um welche Wörter handelt es sich?

N	N	E
E	K	D

1

L	E	I
A	F	T
D	E	N

2

T	A	A
I	M	U
K	O	T

3

R	O	R
N	T	E
I	I	S	T

4

H	E	N
C	H	E
S	E	G

5

R	G	A
E	T	M
P	N	E

6

G	A	T
E	N	T
L	B	E

7

R	M	T
E	A	U
H	C	H

8

K	E	L
A	S	P
T	K	E

Kameraschwenk ④

Ordnen Sie die Bilder a bis f so, dass in jedem Bild
ein Teil des vorangegangenen Bildes zu sehen ist.
Aufeinanderfolgende Bilder resultieren dabei aus
einer exakt horizontalen oder vertikalen Schwenkung der Kamera.

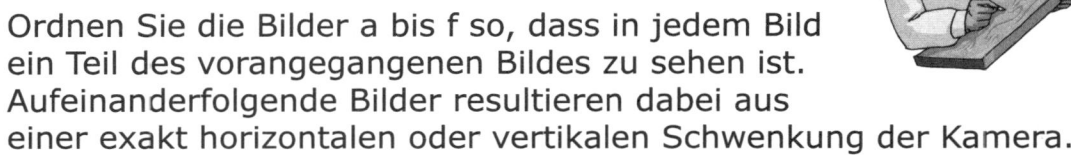

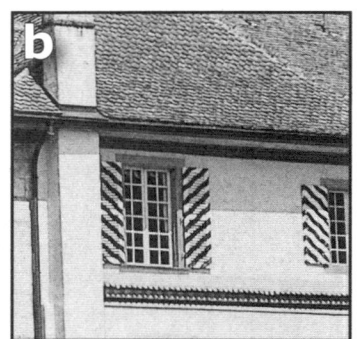

Ablauf: ☐—☐—☐—☐—☐—☐

Rechnungskreuzungen ④

Finden Sie heraus, welche Zahlen anstelle der Buchstaben eingesetzt werden müssen? Es kommen nur Zahlen zwischen 1 und 9 in Betracht. (Achten Sie beim Lösen auf die Punkt-vor-Strich-Regel.)

8	–	A	:	2	=	B
:		+		·		·
C	–	8	:	4	=	D
+		–		–		:
E	+	7	–	F	=	4
=		=		=		=
5	:	G	+	H	=	3

A = __   B = __   C = __

D = __   E = __   F = __

G = __   H = __

Wörtergitter ④

Tragen Sie die Wörter aus der Liste unten vollständig in das Gitter ein. (Die Wörter sollen wie üblich von oben nach unten bzw. von links nach rechts verlaufen.)

4 BALL, BEAT, FACH, HERZ, LAVA, LUMP, NOAH, SATO, TAPA

5 EFFET, FRANC, IDOLE, LEBER, REEDE, REIFE, RUDOW, SITTE, SPEER, TAMIL

6 ABRIEB, TENDER

7 APPETIT, DEBAKEL, DOUBELN, GESTELL, MITTELS, PETALEN, RESERVE

8 ERBARMEN, ERMATTET, LIEBELEI, ROSTFREI

9 EDELTANNE, VOELLEREI, WASCHECHT

10 UNDEUTLICH

12 HANDVERLESEN

Kubischer Außenseiter

Zwei Würfel wurden je zweimal auf unterschiedliche
Weise abgewickelt.
Welche Würfel sind identisch? Welcher Würfel bleibt übrig?

A

B

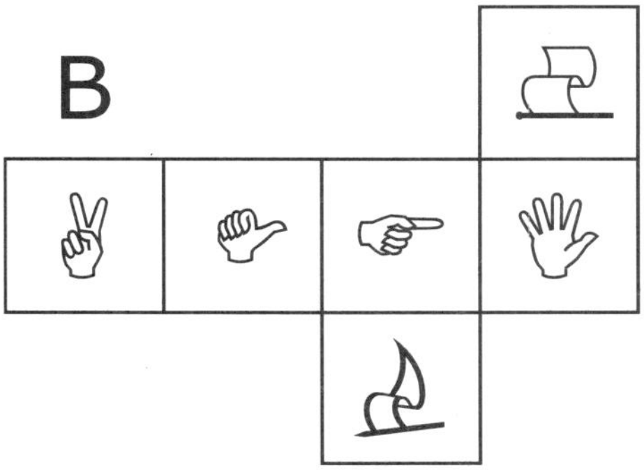

C

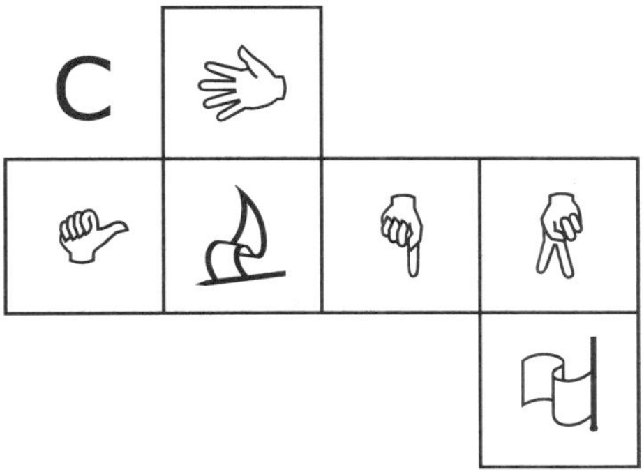

D

E

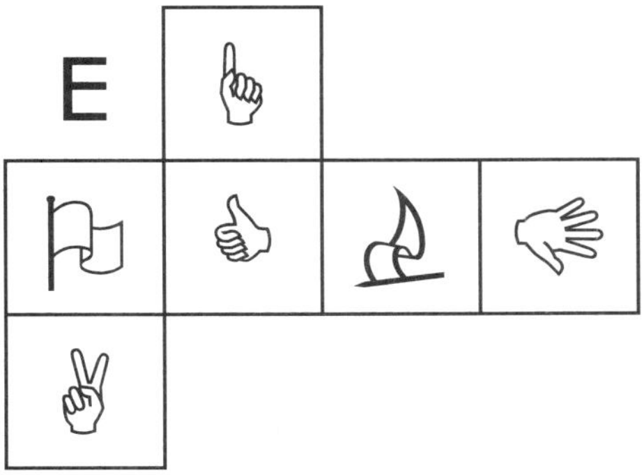

Gemeinsamkeiten ④

Was haben eine Katze und ein Hund gemeinsam?
Nehmen Sie sich ein paar Minuten Zeit und lassen Sie sich
Eigenschaften, Funktionen, Merkmale usw. einfallen, die auf
beide Tierarten zutreffen können.

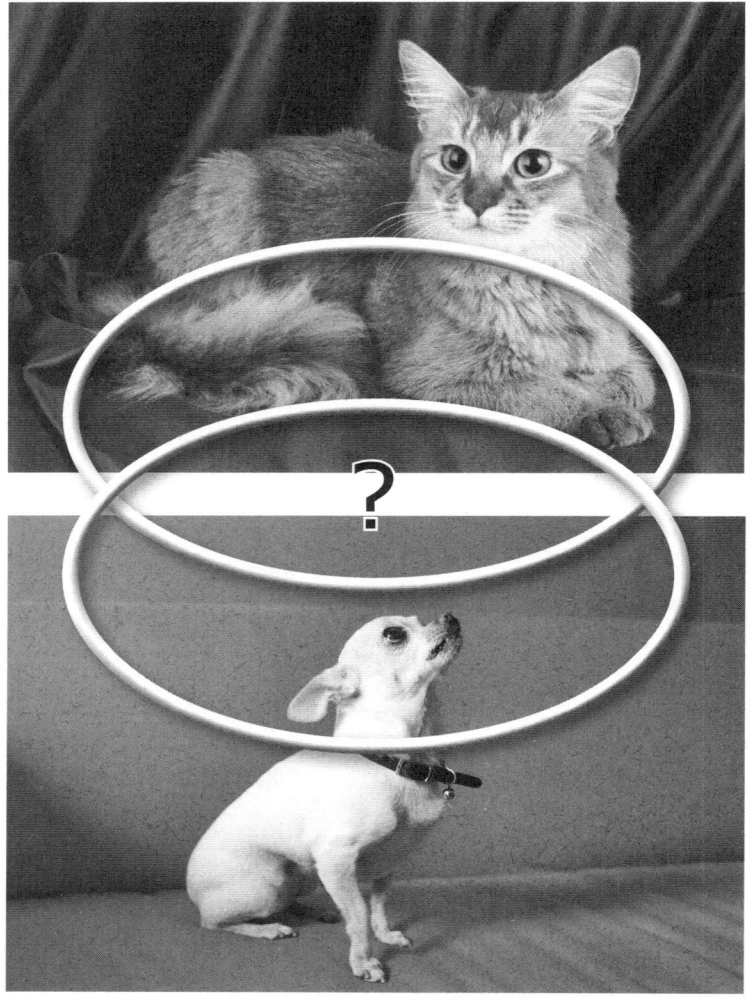

Gemeinsamkeiten: _____

_____

_____

Wahrheit oder Lüge ④

Genau zwei der unten dargestellten Damen lügen.
Wer von ihnen sagt als Einzige die Wahrheit?

Frau Berger:
„Frau Zareg lügt dann,
wenn entweder ich die
Wahrheit sage oder
Frau Teemann!"
☐

Frau Zareg:
„Frau Berger lügt!"
☐

Frau Teemann:
„Frau Zareg sagt die
Wahrheit!"
☐

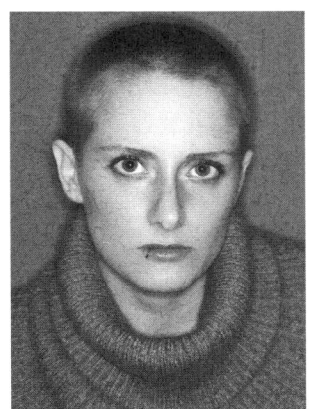

Netzwerk ④

Berechnen Sie folgende Summen:

1 Alle Zahlen in Rauten, die durch • • • • • • • • • • • •
mit einem Kreis verbunden sind.

Lösung: _____

2 Alle Zahlen in Kreisen, die durch ▬▬▬▬▬▬▬▬
mit einem Rechteck verbunden sind.

Lösung: _____

3 Alle Zahlen in Rechtecken, die durch ▬ ▬ ▬ ▬ ▬
mit einer Raute verbunden sind.

Lösung: _____

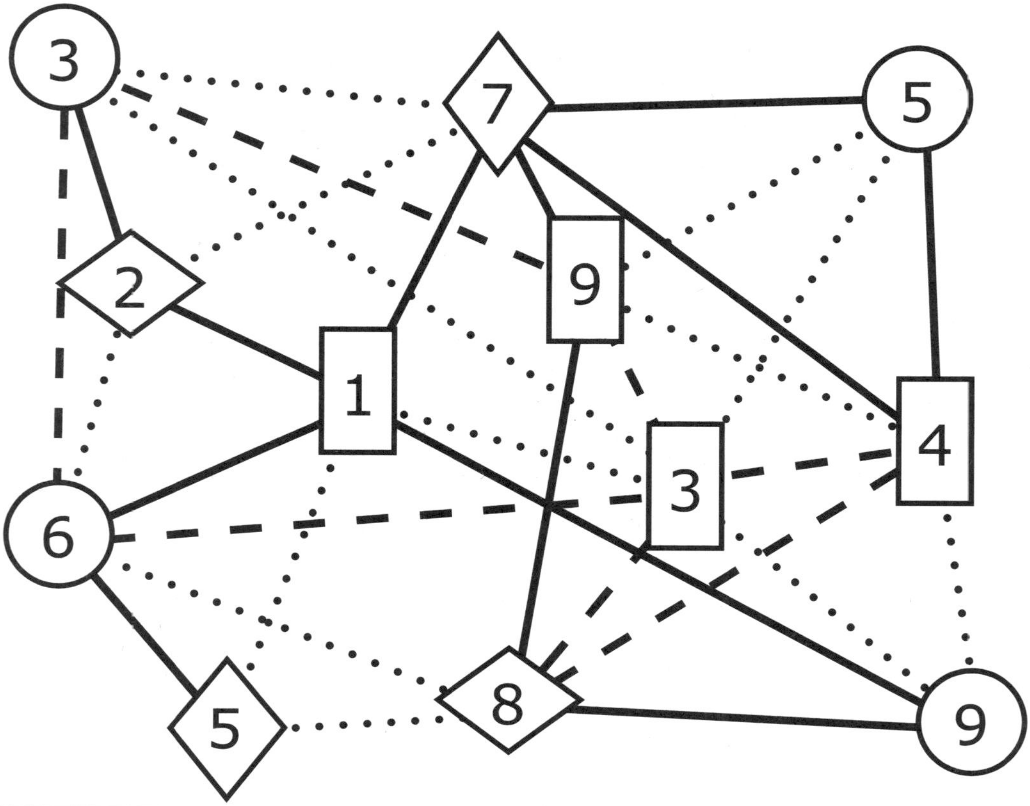

Fleißige Bienchen ④

Hier gilt es herauszufinden, in welchen Waben sich Bienen versteckt halten. In jeder Wabe steht eine Zahl; diese gibt an, in wie vielen der direkt angrenzenden Waben sich eine Biene befindet. Malen Sie die besetzten Waben schwarz aus.

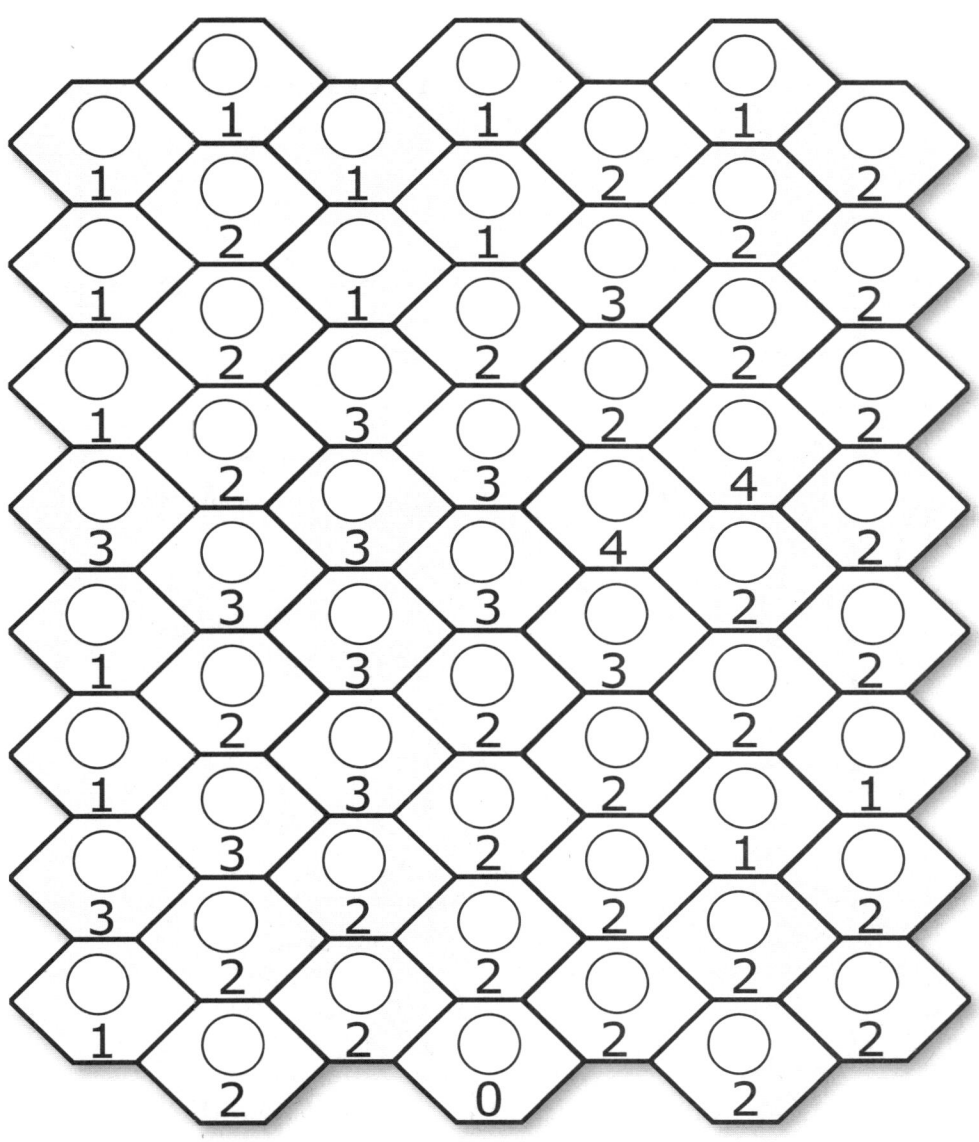

Sandwich ④

Gesucht wird hier jeweils ein Wort, das – entsprechend gebeugt – dem oberen Wort angefügt und dem unteren vorangestellt werden kann, sodass jeweils eine sinnvolle Verbindung entsteht.

Feier...	Brief...
1)	2)
...brot	...ei

Kuss...	Bau...
3	4)
...harmonika	...ofen

Wein...	Brief...
5)	6)
...post	...versprechen

Reise...	Wasser...
7)	8)
...form	...nachweis

Zahlensuchspiel ④

Zehnmal haben wir hier die Zahl 16807 versteckt. Diese ist entweder waagerecht oder senkrecht in den Zeilen bzw. Spalten zu lesen. Und manchmal sogar rückwärts!

```
5 9 3 6 2 8 6 7 5 3 2 4 1 6 8 0 7 3
3 4 4 7 0 8 6 1 4 3 3 4 8 5 6 3 4 1
2 5 8 9 8 4 4 8 2 7 1 0 5 4 1 9 1 7
8 5 5 1 6 8 0 7 7 5 6 6 5 8 4 6 5
6 7 6 2 4 2 5 8 3 2 8 4 7 5 2 8 8 3
7 0 6 7 2 6 6 3 6 7 5 8 6 6 5 1 0 4
5 8 8 6 9 3 4 2 1 6 7 5 8 4 8 6 7 8
7 6 2 4 9 6 7 6 6 8 4 8 2 8 6 7 5 5
3 1 8 5 6 8 6 7 8 3 2 4 5 6 7 6 2 6
7 0 8 6 1 7 6 5 0 3 3 6 7 2 0 3 4 1
2 5 6 9 8 4 5 8 7 7 1 0 5 4 8 9 6 7
8 5 6 5 1 2 8 6 2 7 5 3 4 8 6 6 3 5
6 2 1 6 8 0 7 8 3 2 8 4 7 5 1 8 6 7
7 8 6 7 2 6 3 3 6 7 0 8 6 1 5 1 7 2
```

Komplexes Wörterspiel ④

Wenn Sie die Buchstaben in den Ovalen zu Wörtern zusammensetzen, erhalten Sie links und rechts zwei Hinweise auf das
jeweilige Wort in der Mitte. Felder, die ein Strich miteinander
verbindet, enthalten die gleichen Buchstaben. Die grauen Felder
ergeben schließlich von oben nach unten gelesen das
Lösungswort.

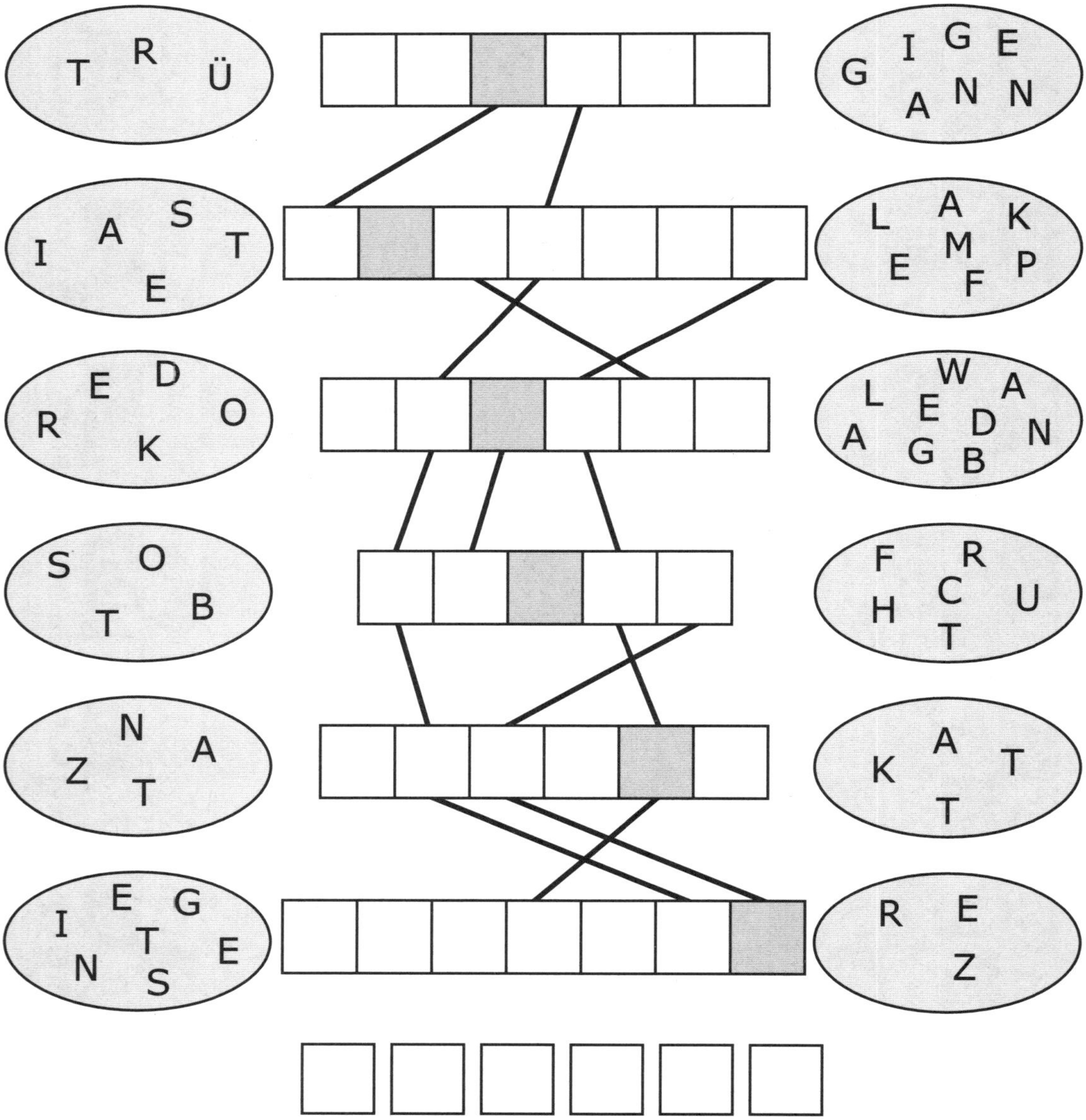

Lösungswort

Mathe-Ass ④

Nach welcher rechnerischen (immer gleichen) Regel
resultiert aus der linken Zahl die rechte Zahl?
Welche Zahl müssen Sie demnach in das letzte Feld mit
dem Fragezeichen eintragen? Notieren Sie darunter die
rechnerische Regel, die hier immer aus zwei Funktionen besteht
(z.B. „x2 –5").

A

3 ⟶ 4

4 ⟶ 7

9 ⟶ 22

7 ⟶ ❓

B

2 ⟶ 4

10 ⟶ 8

4 ⟶ 5

8 ⟶ ❓

Synonyme Pärchen ④

Unter den sieben Wörtern eines jeden Kästchens
befinden sich zwei Synonyme – Wörter also, die eine
ähnliche Bedeutung haben. Können Sie diese finden?

1

- ☐ a abgemacht
- ☐ b abfallen
- ☐ c verbindlich
- ☐ d anwesend
- ☐ e flüssig
- ☐ f loslösen
- ☐ g fettarm

2

- ☐ a Gesetz
- ☐ b Epik
- ☐ c Pacht
- ☐ d Note
- ☐ e Schein
- ☐ f Profi
- ☐ g Norm

3

- ☐ a Produkt
- ☐ b Maus
- ☐ c Probe
- ☐ d Versuch
- ☐ e Schale
- ☐ f Land
- ☐ g Hoch

4

- ☐ a halbwüchsig
- ☐ b verlassen
- ☐ c bringen
- ☐ d zulassen
- ☐ e aufspüren
- ☐ f ungelenk
- ☐ g entdecken

Strukturelle Identitäten ④

Betrachten Sie die Strukturen der neun Quadrate.
Genau drei davon sind identisch, aber gedreht. Welche?

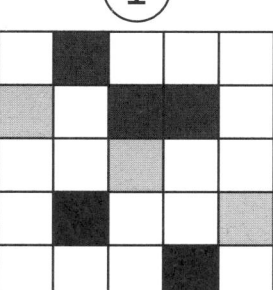
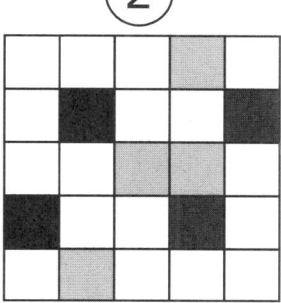
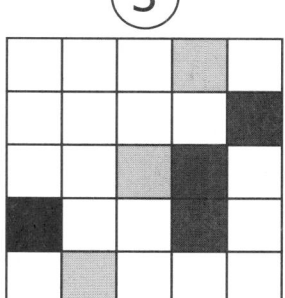

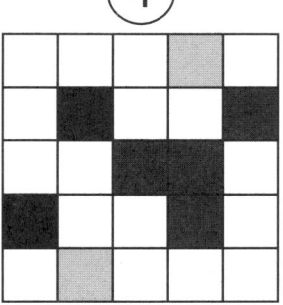
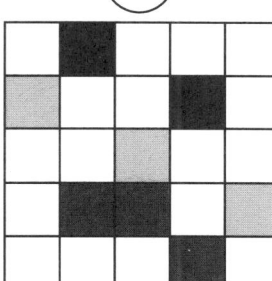
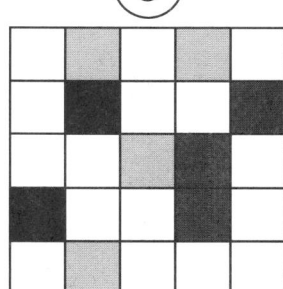

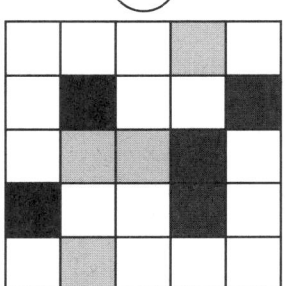

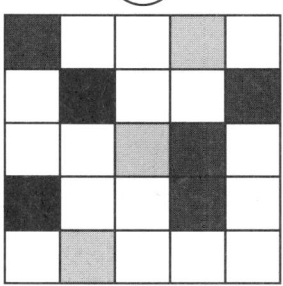

Lösung: ___ = ___ = ___

Im Rückwärtsgang ④

Der Schatz wurde gefunden. Wie kommen Sie nun zurück zum Ausgangspunkt? Bis zum Schatz sind Sie den Hinweisen gefolgt. Diese geben in Form von Buchstaben-Zahlen-Kombinationen an, wohin man vom jeweiligen Feld aus gehen muss. (So bedeutet zum Beispiel „u2" zwei Felder nach unten, „l4" vier Felder nach links usw.)
Beginnen Sie Ihre Reise zurück bei der Schatzkiste; suchen Sie dann das Feld, dessen Hinweis direkt zur Schatzkiste führte usw. Den gesuchten Ausgangspunkt haben Sie dann erreicht, wenn kein Hinweis mehr zur betroffenen Stelle führt. Es werden übrigens sämtliche Felder einmal beschritten.

	A	B	C	D	E	F	G	H
1	r4	r6	u3	u4	l1	u1	l4	u2
2	u5	r1	r4	r1	u2	l5	u5	l4
3	r2	u4	u2	u3	l3	r1	l6	l4
4	u2	o3	l1	r4	r1	o1	l6	u2
5	r4	u1	r3	l2	u2	l5	o4	l1
6	o5	r3		r3	o3	l3	o2	o4
7	r7	o5	r3	o3	l2	o1	l3	o2

Wörterketten ④

Bilden Sie aus den vorgegebenen Wörtern sinnvolle zusammengesetzte Hauptwörter, und zwar so, dass Sie damit eine Art Dominoreihe setzen können.

Beispiel: Wolke, Duft, Himmel, Rose
→ Rosenduft – Duftwolke – Wolkenhimmel

a | Bein, Tisch, Bügel, Kleid

b | Essig, Apfel, Gurke, Kraut, Adam

c | Reis, Speicher, Korn, See, Wind, Fahrt

d | Abend, Rohr, Grün, Blatt, Dampf, Kohl, Bruch

Ringwörter ④

Setzen Sie Buchstaben so in die leeren Felder ein, dass sich kreisförmig ein Wort ergibt. (Dieses kann sowohl im als auch entgegen dem Uhrzeigersinn verlaufen.)

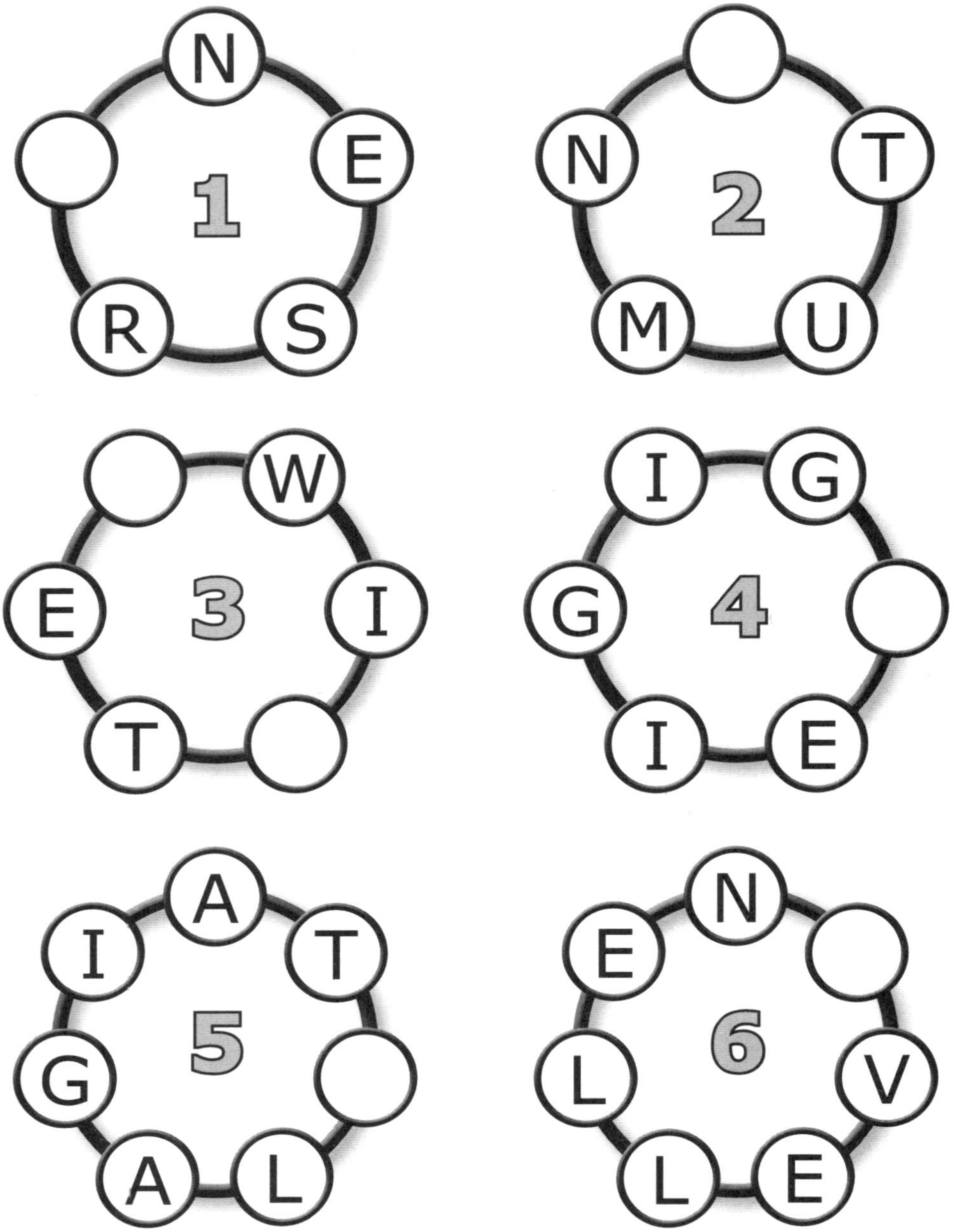

1 N E R S

2 N T M U

3 W E I T

4 I G G I E

5 A I T G A L

6 E N L V L E

Blitzrechnen ④

Nun eine leichte Kopfrechenübung, die Sie möglichst schnell lösen sollen. Errechnen Sie die Quersummen der folgenden Zahlen (die Quersumme ist die Summe aller Einzelziffern; Beispiel: Quersumme von 68456: 6 + 8 + 4 + 5 + 6 = 29).

65217		7849467	
64978		3164978	
31245		2587951	
16948		3649785	
73465		1594567	
58792		6458791	
36942		3679485	
46798		3654741	
13469		4567891	
25874		8524679	
36987		4679784	
12456		2548976	

Gegenspieler gesucht ④

Verbinden Sie je zwei Begriffe aus der linken und rechten Spalte, die eine gegenteilige Bedeutung haben.

dahinter (1) •　• (a) antik

enorm (2) •　• (b) abstrakt

auffällig (3) •　• (c) egoistisch

neuerdings (4) •　• (d) dürftig

gewunden (5) •　• (e) erlaubt

modern (6) •　• (f) betrübt

kalt (7) •　• (g) egal

instand (8) •　• (h) davor

belebt (9) •　• (i) spottbillig

bildhaft (10) •　• (j) menschenleer

langweilig (11) •　• (k) gerade

altruistisch (12) •　• (l) bezahlt

strafbar (13) •　• (m) erträglich

einfältig (14) •　• (n) aufgekratzt

fröhlich (15) •　• (o) normal

bedeutsam (16) •　• (p) geistreich

überteuert (17) •　• (q) mangelhaft

verheerend (18) •　• (r) lustig

offen (19) •　• (s) längst

andächtig (20) •　• (t) glühend

Startschwierigkeiten ④

In jeder dieser Teilaufgaben sind Wörter aufgelistet, die alle mit den gleichen Buchstaben beginnen. Finden Sie heraus, welche Buchstaben das sind, und tragen Sie sie in die Platzhalter ein (ein Buchstabe je Platzhalter).

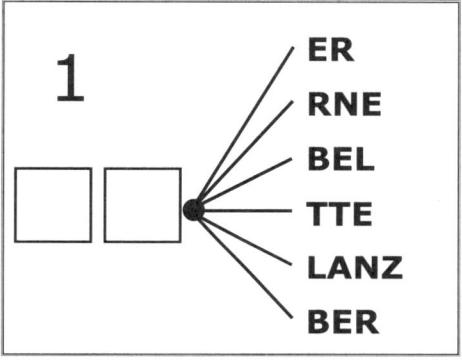

1 □ □

- ER
- RNE
- BEL
- TTE
- LANZ
- BER

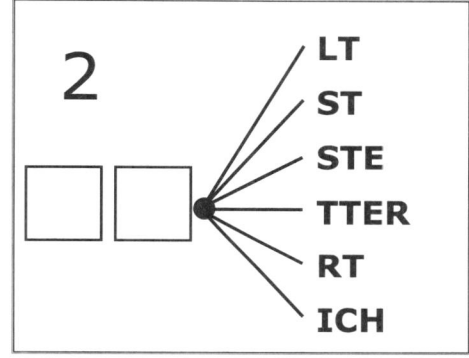

2 □ □

- LT
- ST
- STE
- TTER
- RT
- ICH

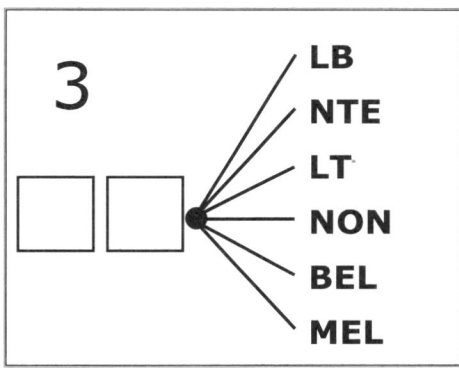

3 □ □

- LB
- NTE
- LT
- NON
- BEL
- MEL

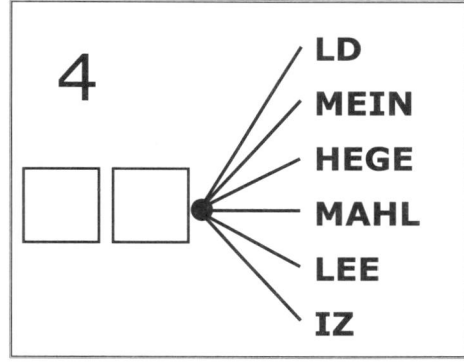

4 □ □

- LD
- MEIN
- HEGE
- MAHL
- LEE
- IZ

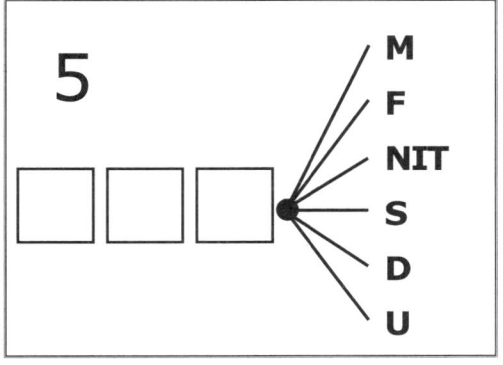

5 □ □ □

- M
- F
- NIT
- S
- D
- U

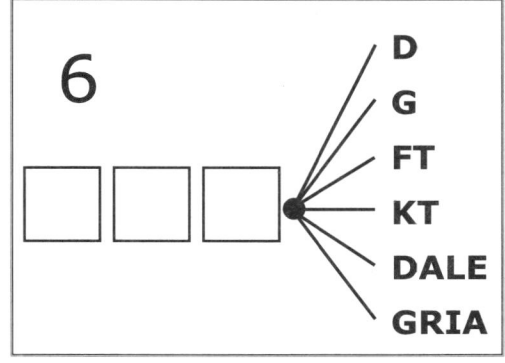

6 □ □ □

- D
- G
- FT
- KT
- DALE
- GRIA

Lückentext ④

Lesen und gleichzeitig mitdenken – darauf kommt es in dieser Übung an. An verschiedenen Stellen im Text wurden mit Zahlen versehene Lücken gelassen. Schreiben Sie bitte die den Zahlen entsprechenden Begriffe in die Tabelle unten.

Fechten (1) neben Boxen und Ringen zu den ersten Wettbewerben (2) Menschheit. Eine Art sportlichen Fechtens betrieb man (3) in der Antike. Ursprünglich war das Fechten ein bewaffneter (4) zweier Personen, bei dem Blankwaffen mit langer Klinge sowie Handschutz verwendet (5). Dabei sind diese so geführt worden, dass (6) des Gegners abgefangen werden konnten. Mit Verbreitung des Schießpulvers (7) der gepanzerte Ritter seine Bedeutung. Das Schwert wurde nur noch (8) leichte oder ungerüstete (9) verwendet. Seit dem frühen 16. Jahrhundert verbreitete sich das Rapierfechten. Das im (10) zu vorangegangenen Schwerttypen leichtere Rapier erfreute sich auch im zivilen Leben, besonders bei der zunehmend bedeutenden Bürgerschicht, großer (11).
Die daraus entstandenen Waffen Florett, Degen und Säbel kommen auch heute noch in sportlichen Wettkämpfen zum (12).

1) —————— 2) —————— 3) ——————

4) —————— 5) —————— 6) ——————

7) —————— 8) —————— 9) ——————

10) —————— 11) —————— 12) ——————

Spritztour ④

Folgen Sie der Zickzacklinie – beginnend bei „Start" – und zählen Sie dabei, wie oft der Weg eine Richtungsänderung nach rechts macht.

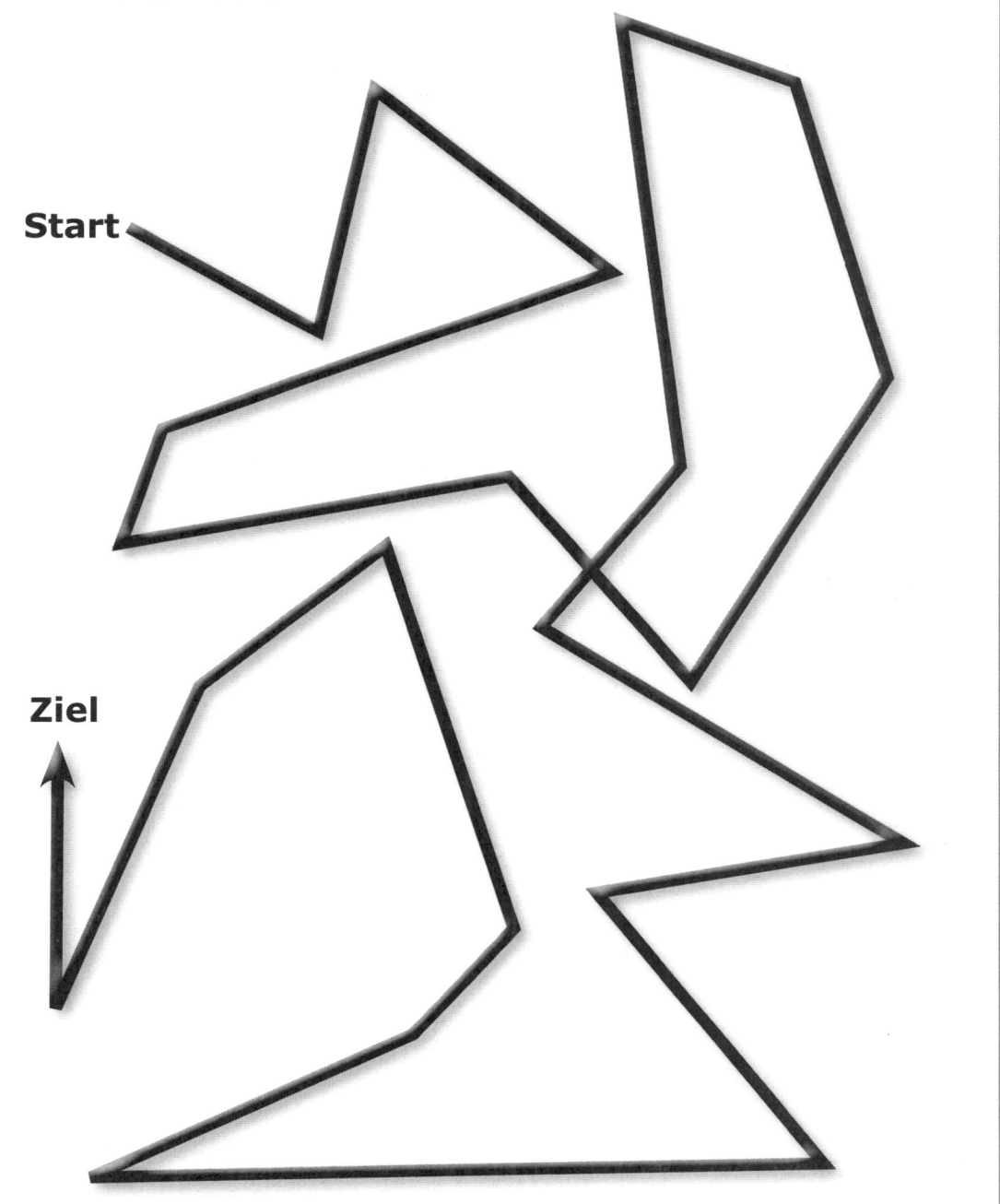

Drei Sorten einer Art ④

Finden Sie jeweils ein Wort, das jedem der drei angegebenen
Begriffe hinten angefügt werden kann, sodass neue zusammengesetzte Wörter entstehen.

1	Ofen...	Fern...	Auspuff...	(_____)
2	Fahr...	Auto...	Eisen...	(_____)
3	Back...	Berg...	Flick...	(_____)
4	Hals...	Gebirgs...	Absperr...	(_____)
5	Direkt...	Brief...	Kurz...	(_____)
6	Licht...	Profil...	Stand...	(_____)
7	Druck...	Kurz...	Mikro...	(_____)
8	Zier...	Tinten...	Hai...	(_____)
9	Fuß...	Abschluss...	Wasser...	(_____)
10	Denk...	Fecht...	Profi...	(_____)
11	Akten...	Eis...	Müll...	(_____)
12	Absatz...	Ballungs...	Einsatz...	(_____)

Schlussfolgerungen ④

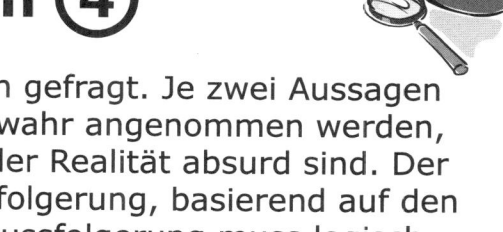

Hier wird nach logischen Schlüssen gefragt. Je zwei Aussagen sind vorgegeben. Diese sollen als wahr angenommen werden, auch wenn sie möglicherweise in der Realität absurd sind. Der jeweils dritte Satz ist eine Schlussfolgerung, basierend auf den ersten beiden Aussagen. Eine Schlussfolgerung muss logisch korrekt und zwingend richtig sein. Überprüfen Sie bitte, ob diese Schlussfolgerungen stimmen.

1.
● Alle Tomaten sind klug.
● Manche Nahrungsmittel sind klug.

➡ *Manche Tomaten sind Nahrungsmittel.*

☐ richtig   ☐ falsch

2.
● Es gibt großen Dosen.
● Alle Dosen sind billig.

➡ *Manches Billige ist groß.*

☐ richtig   ☐ falsch

3.
● Einige Planeten sind nett.
● Alles Nette ist nah.

➡ *Nette Planeten sind nicht nah.*

☐ richtig   ☐ falsch

Wettkampf ④

Ermitteln Sie aus den Hinweisen, welche Platzierungen die aufgelisteten Herren beim Wettbewerb erreichten. Tragen Sie als Lösung die Platznummern in die leeren Kästen ein.

- Fritz war schneller als Mike.
- Gerd konnte Hans im Ziel nur noch von hinten sehen.
- Hans konnte Fritz im Wettkampf abhängen.
- Gerd musste sich am Ende von Mike überholen lassen.

☐ Hans

☐ Fritz

☐ Gerd

☐ Mike

Synonym-Trios gesucht ④

Finden Sie in jedem Kasten drei Begriffe, die eine ähnliche Bedeutung haben.

1.
- ☐ a absagen
- ☐ b veranstalten
- ☐ c stornieren
- ☐ d verdienen
- ☐ e widerrufen
- ☐ f betreiben
- ☐ g loben

2.
- ☐ a Umsatz
- ☐ b Rüstung
- ☐ c Abscheu
- ☐ d Doppel
- ☐ e Ekel
- ☐ f Widerwille
- ☐ g Kunde

3.
- ☐ a Lage
- ☐ b Erstschrift
- ☐ c Urfassung
- ☐ d Spannung
- ☐ e Audio
- ☐ f Fall
- ☐ g Original

4.
- ☐ a ärgerlich
- ☐ b lästig
- ☐ c leidig
- ☐ d einträglich
- ☐ e hilfreich
- ☐ f geistig
- ☐ g zierlich

5.
- ☐ a Mitleid
- ☐ b Spott
- ☐ c Neugier
- ☐ d Abwehr
- ☐ e Abzug
- ☐ f Kürzung
- ☐ g Streichung

6.
- ☐ a bezaubernd
- ☐ b stolz
- ☐ c anmutig
- ☐ d galant
- ☐ e wunderlich
- ☐ f amtlich
- ☐ g charmant

Eingeschränktes Chaos ④

Hier sollen Sie herausfinden, welches Wort jeweils hinter den Buchstaben steckt. Als wichtige Hilfestellung haben wir die Auswahl durch einen Hinweisbegriff eingeschränkt.

	Oberbegriff	Buchstabentausch	Lösung
a)	Kernobst	PAFLE	
b)	Grünfläche	SARNE	
c)	Drehstange	HSCAE	
d)	Getreide	FREAH	
e)	heiliges Buch	ELBBI	
f)	Zeitangabe	DTMUA	
g)	Schalter	STTAE	
h)	Fahrschein	ARKTE	
i)	Aushang	TLAKPA	
j)	Leuchtmittel	MELPA	

Doppelgänger ④

Sehen Sie genau hin. Unter den sieben Grafiken befinden sich sechs, die drei identische Zwillingspärchen bilden. Ein Bild hat keinen Doppelgänger. Welches?

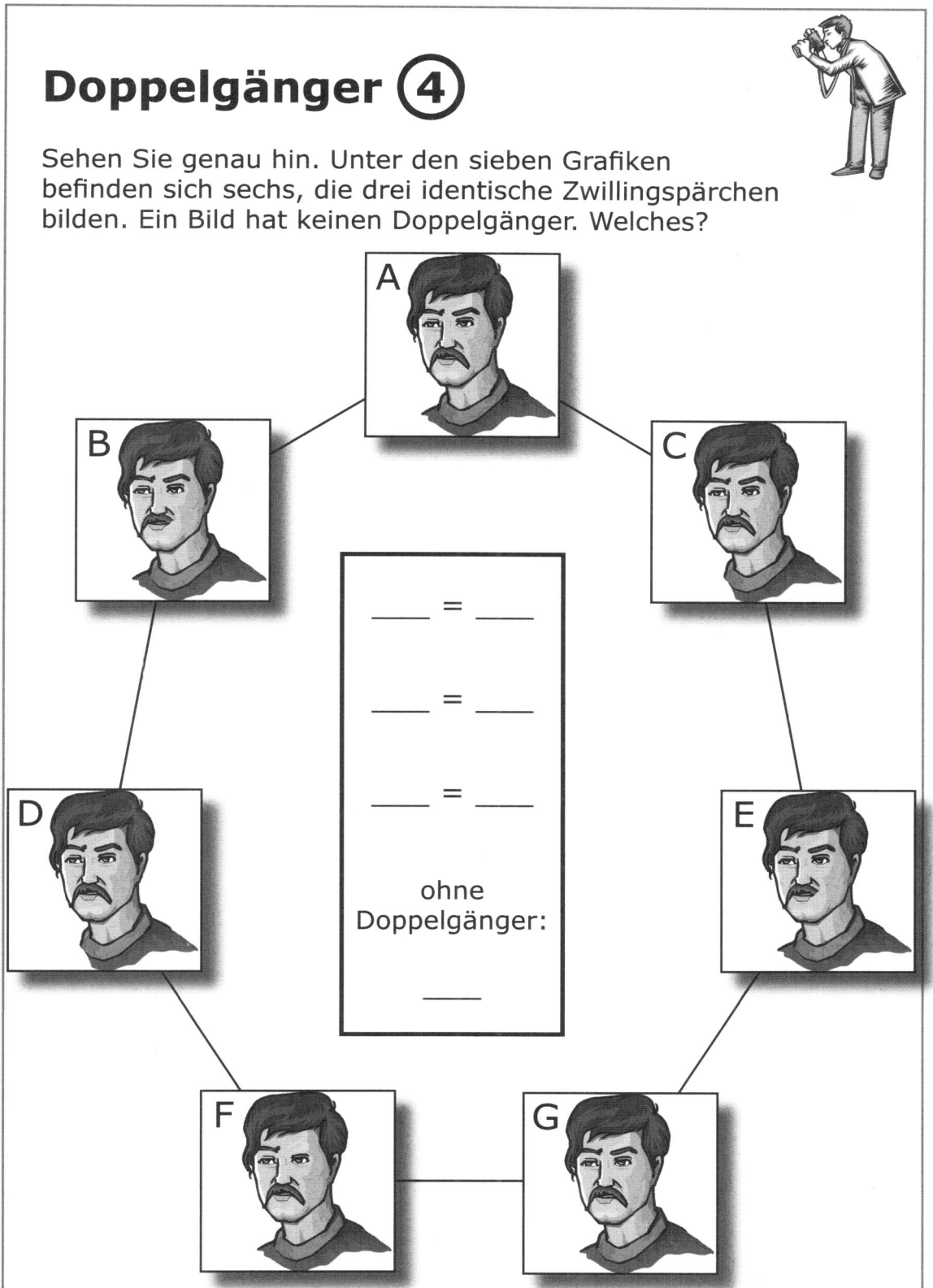

___ = ___

___ = ___

___ = ___

ohne
Doppelgänger:

___

Buchstaben suchen ④

Suchen und verbinden Sie alle Buchstaben, die in folgendem Zitat von Albert Einstein stecken, und zwar in der Reihenfolge, in der sie auch im Satz vorkommen:

DIE SCHULE SOLL STETS DANACH TRACHTEN, DASS DER JUNGE MENSCH SIE ALS HARMONISCHE PERSÖNLICHKEIT VERLASSE, NICHT ALS SPEZIALIST.

D E A A L S N S L

E G S T I Z E R M J

S H A E D L S N U S

L I O N A S E I E

C S A R N C H E

H U E M L S O

E S H E A N D S

I H C A S

I E D C I L C C E

T H H N P R T

S K C V R E A T

S I T A S E

E R N L T S I P L Ö

Doppel-Zahlensuche ④

Die beiden Zahlen, die oben vorgegeben sind, gilt es in den Zeilen zu finden. Sie sind dort mehrfach vorhanden und können sowohl vorwärts als auch rückwärts geschrieben sein.

9512   **4785**

```
62951265874463605 8938
82937298369521592 4785
84951257454951234 5265
68293164478564525 8749
29951247859512506 3996
73928548293461360 5544
29854064587448951 2923
48829512950634785 3932
58741639895124934 634
54829363392862549 3605
64582587429832159 5484
46341625450638385 8746
```

Lösung:

Die vorgegebenen Zahlen sind

insgesamt ____-mal enthalten.

Wörtersuche ④

Finden Sie alle unten vorgegebenen Wörter. Diese können horizontal, vertikal, diagonal, vorwärts oder rückwärts geschrieben sein. Achtung: Die übrig bleibenden Buchstaben ergeben ein Sprichwort.

N	I	K	S	T	E	C	K	E	N	P	F	E	R	D
B	E	N	A	U	F	T	R	A	G	G	E	B	E	R
U	R	S	D	N	U	E	N	N	B	E	R	V	T	L
N	E	H	E	I	Z	N	I	E	M	E	G	I	E	E
D	I	B	E	O	A	E	H	H	E	E	M	K	U	D
E	B	U	E	L	L	N	L	E	D	A	T	A	R	H
S	E	N	E	R	O	B	E	G	U	E	N	R	B	A
T	R	N	N	F	A	E	H	R	S	C	H	I	F	F
A	E	D	E	F	I	L	E	E	A	D	E	A	L	S
G	I	L	L	A	H	R	L	T	B	U	T	T	E	R

ANNALEN
AUFTRAGGEBER
BRUETER
BUNDESTAG
BUTTER
DEFILEE
EINZIEHEN
ERGEHEN

FAEHRSCHIFF
HALLIG
INDIANER
KANZEL
LOESEN
MAURER
MEDUSA
NEUGEBORENES

REIBEREI
SCHIFF
STECKENPFERD
TADELN
UEBERALL
VIKARIAT

Lösung:

Vierteldrehungen ④

Jedes Bild soll im nächsten Schritt immer um 90° im Uhrzeigersinn verdreht sein. Finden Sie all diejenigen, bei denen dies nicht zutrifft.

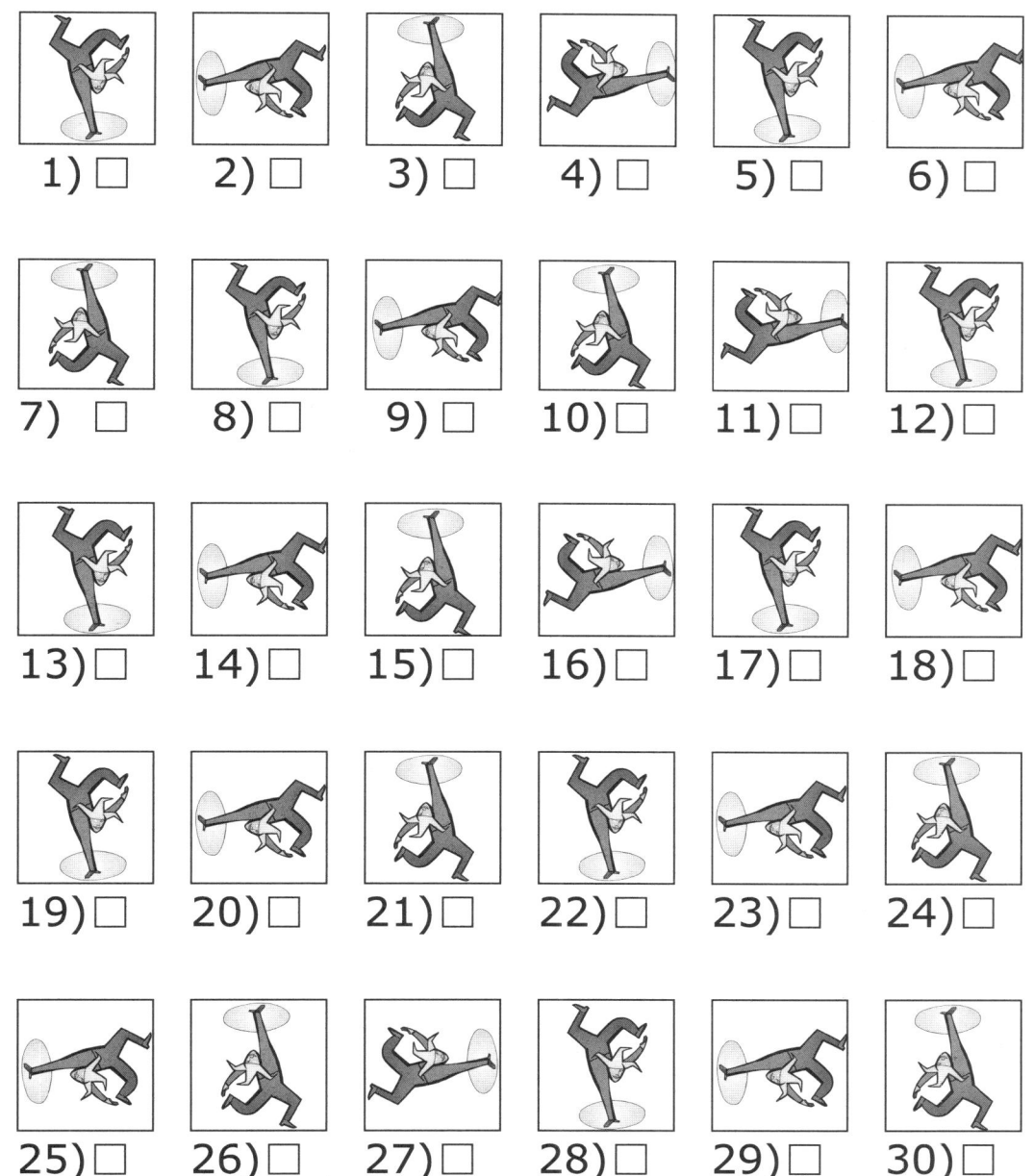

1) □　　2) □　　3) □　　4) □　　5) □　　6) □

7) □　　8) □　　9) □　　10) □　　11) □　　12) □

13) □　　14) □　　15) □　　16) □　　17) □　　18) □

19) □　　20) □　　21) □　　22) □　　23) □　　24) □

25) □　　26) □　　27) □　　28) □　　29) □　　30) □

Wortzählung ④

Wie oft ist in den Zeilen unten das Wort TEST enthalten?
Lesen Sie regulär von links nach rechts.

TSSTTESTSESTTESTETST

SESTTESTTSSTTETSTES

TTESTSESTTESTTETSTETST

TESTETSTETSTETSTESTET

TSTETSTETSTETSTETSTTE

TETSTESTTETSTETSTETSTE

TSTETSESEETSEETESTESEE

SETETSTESTTSETETSETESS

TSEESSTEESSETTESTSER

TSEETESTETSETEESTESETE

Lösung:
Das Wort TEST ist insgesamt _____-mal enthalten.

Streckenabschnitte ④

Sehen Sie genau hin. Welche der Teilstücke a bis f wurden aus dem oben dargestellten Wegverlauf herauskopiert?

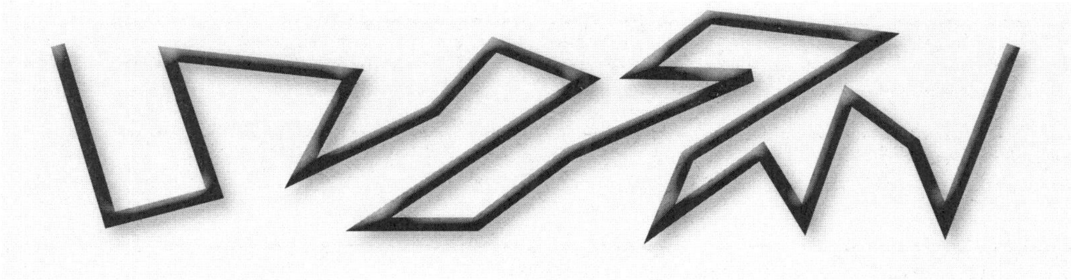

a) ☐

b) ☐

c) ☐

d) ☐

e) ☐

f) ☐

Tippfehlerteufel ④

In der jeweils unteren Zeile sind immer drei Zeichen falsch (sie entsprechen nicht den Zeichen darüber). Markieren Sie in jedem Kästchen diese drei Fehler.

Löeo39#aAke(g LöEo38#aA7e(g	G&pq90?"#ömP Gbpg90?"#ömB
LöliSh%Yv(/w Löli§h%Xy(/w	ml=lks)§SOä& m!=lks)$SQäb
dK0=9/8&hF4§ dKD=8/8bhF4§	i;mFuZ9%t§re l;mJuZ6%t§re
1W3§E54T(8ji 1W2§F54T/8ji	?"h)8uN76Gf$?"n)8uH76Gt$
c&gj(b(6$sb§B c&gj(k(6$sd§ß	ö*0'8K–Sn/zW ä*0'8K+§n/zW
vL3b%gJnmF0 yL3&%gJnmL0	äL*#§üÄ´ÖJ&S äL*#?üÄ´ÖJ%$

Striche zählen ④

Markieren Sie alle b und q, zu denen insgesamt drei Querstriche gehören.

b p d b q b p b q d b q p

☐ ☐ ☐ ☐ ☐ ☐ ☐ ☐ ☐ ☐ ☐ ☐ ☐

q d q b p q d q b p b d b

☐ ☐ ☐ ☐ ☐ ☐ ☐ ☐ ☐ ☐ ☐ ☐ ☐

p b b d b p b d b p b q d

☐ ☐ ☐ ☐ ☐ ☐ ☐ ☐ ☐ ☐ ☐ ☐ ☐

b p b q d p b d b q p b q

☐ ☐ ☐ ☐ ☐ ☐ ☐ ☐ ☐ ☐ ☐ ☐ ☐

q d p b d b q p d b p b p

☐ ☐ ☐ ☐ ☐ ☐ ☐ ☐ ☐ ☐ ☐ ☐ ☐

Buchstabenfüller ④

Tragen Sie die fehlenden Buchstaben ein und bilden Sie zügig sinnvolle Wörter.

Wa_dlam_e
Bi_dsc_irm
Gr_shal_
K_ei_er_ack
Fu_b_ll
B_inkl_id
Ha_pth_ar
_chla_ba_m

D_mor_el
Fa_rr_dhu_e
Hu_de_ei_e
_c_uh_egal
D_m_n_a_t
Ke_le_t_ep_e
Wi_ter_eit
S_orc_

W_ldb_and
He_li_e_sch_in
Ja_an_r
_leis_if_
_oh_efa_er
Ma_ers_ei_
Zei_u_g__ei_e
itta

_om_ut_r
Sc_alte_
_efie_er
P_las_er
A_te_n_
_lum_n_tiel
B_g_e_fa_rer
M_n_tsen_e

Zahlen und Formen ④

Jeder Zahl von 1 bis 9 ist eine bestimmte Form zugeordnet. Zeichnen Sie unten in die leeren Kästchen die fehlenden
Formen skizzenhaft ein. Gehen Sie der Reihe nach vor und überspringen Sie keine Felder.

1	2	3	4	5	6	7	8	9
⌘	&	♎	♏	▢	et	↗	⌃	⊠

5	1	7	8	9	2	8

3	7	5	4	3	7	8

9	2	4	6	5	6	3

Vokalsumme ④

Beginnen Sie links oben bei der 8 und folgen Sie danach den Pfeilen. Steht ein Vokal vor der Zahl, müssen Sie diese Zahl hinzuzählen. Ist dort ein Konsonant, müssen Sie sie abziehen. Zu welchem Ergebnis führt dieser Weg?

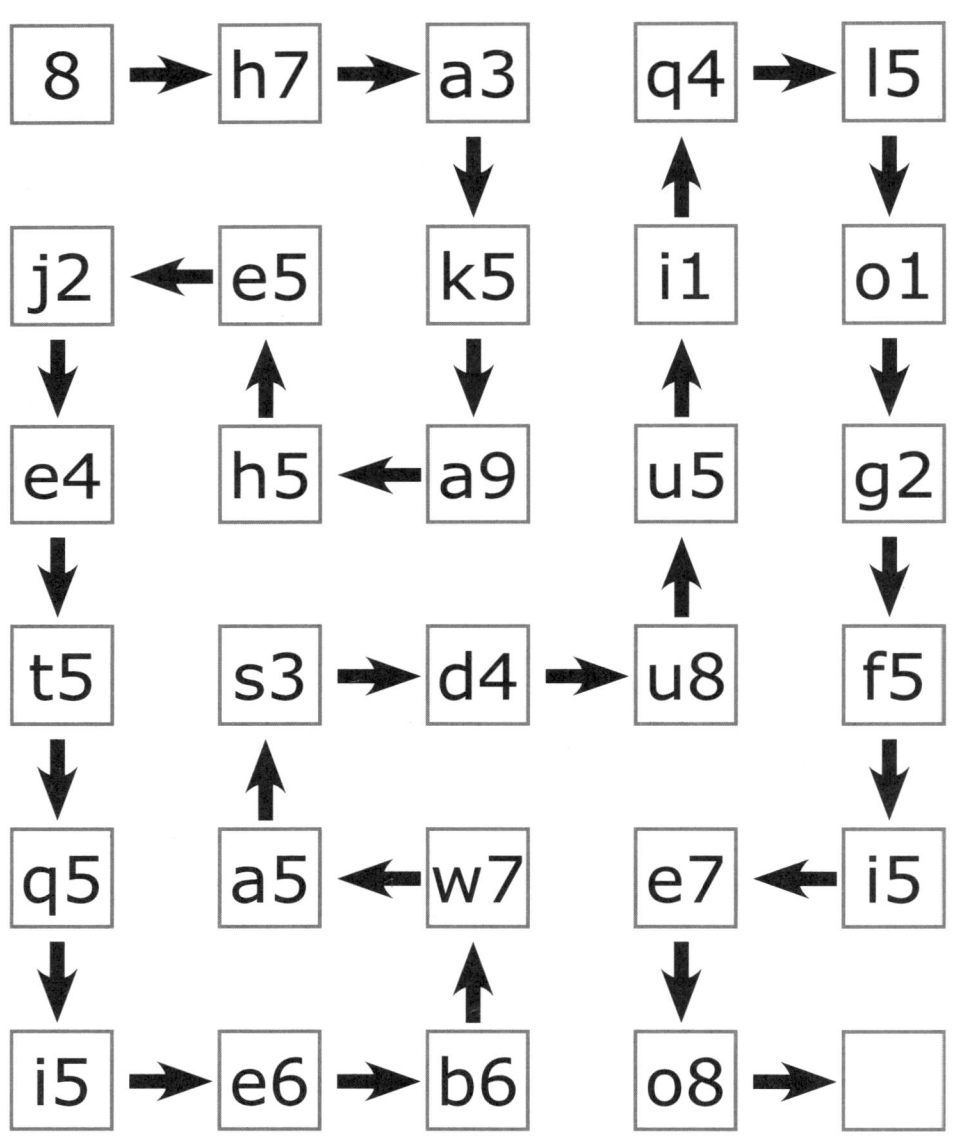

Förmlichkeiten ④

Notieren Sie in jedem Dreieck eine 7, in jedem Viereck
eine 2, in jedem Fünfeck eine 1, in jedem Sechseck
eine 6, in jedem Siebeneck eine 3 und in jedem Achteck eine 4.
Addieren Sie dann alle geraden Zahlen und subtrahieren Sie alle
ungeraden. Auf welches Ergebnis kommen Sie?

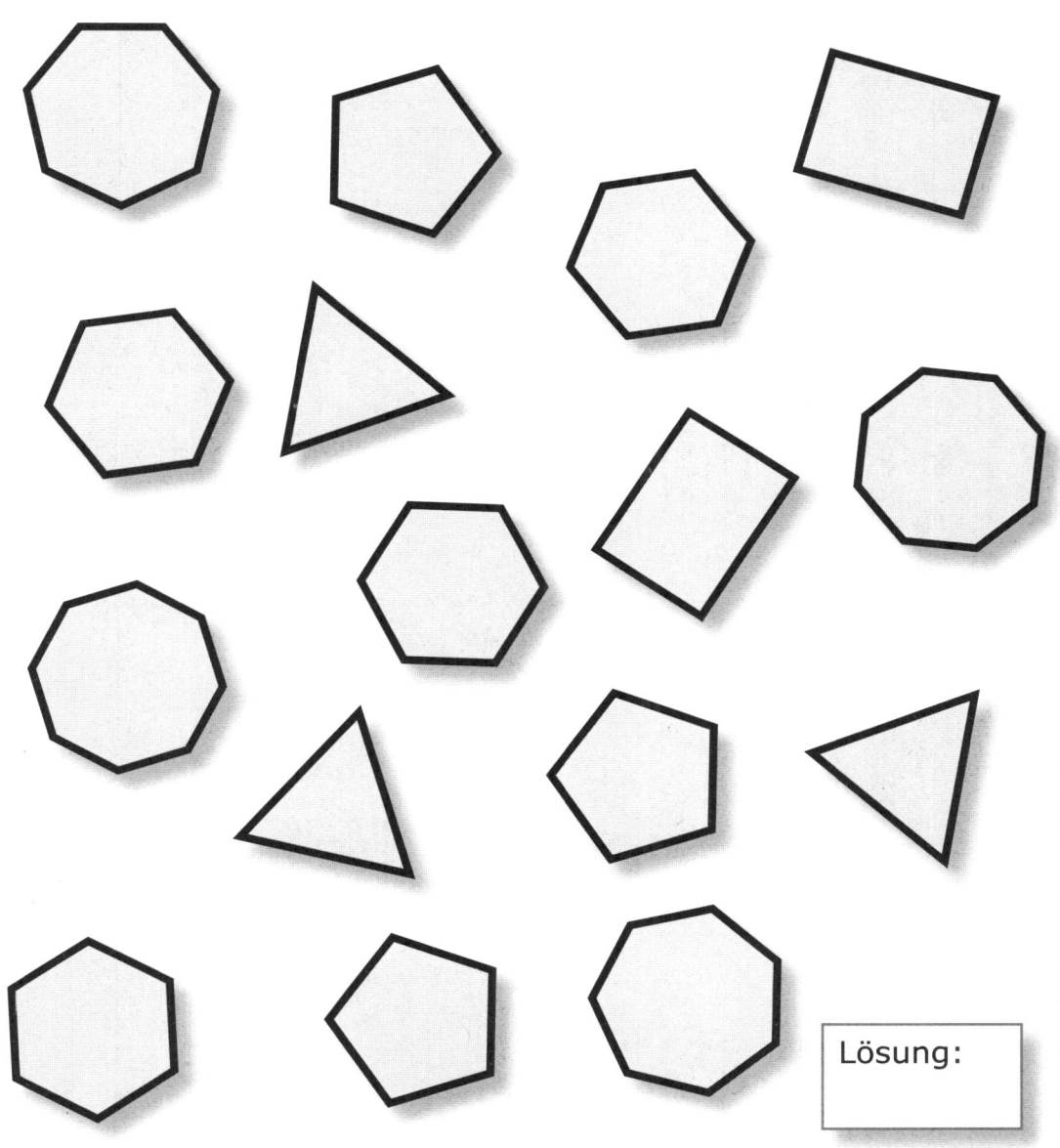

Lösung:

Ergebnisdifferenzen ④

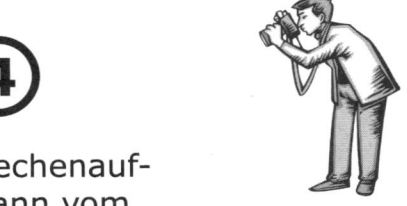

Jede Aufgabe besteht aus zwei kleinen Rechenaufgaben. Lösen Sie beide und ziehen Sie dann vom
größeren Ergebnis das kleinere ab, ermitteln Sie also die
Differenz aus beiden Ergebnissen. Dies sollte ohne Notizen
erfolgen.

a)
8 – 2 – 5
6 + 4 – 6

b)
7 – 3 + 8
5 + 4 + 2

c)
4 + 3 – 2
8 – 5 + 6

d)
6 – 3 + 4
7 – 1 – 3

e)
5 – 4 – 1
9 + 4 + 3

f)
9 – 4 + 8
5 – 1 + 3

Malen auf dem Kopf ④

Zeichnen Sie die Symbole aus der oberen Hälfte spiegelbildlich in die entsprechenden leeren Felder der unteren Hälfte. Ein Beispiel ist bereits vorgegeben.

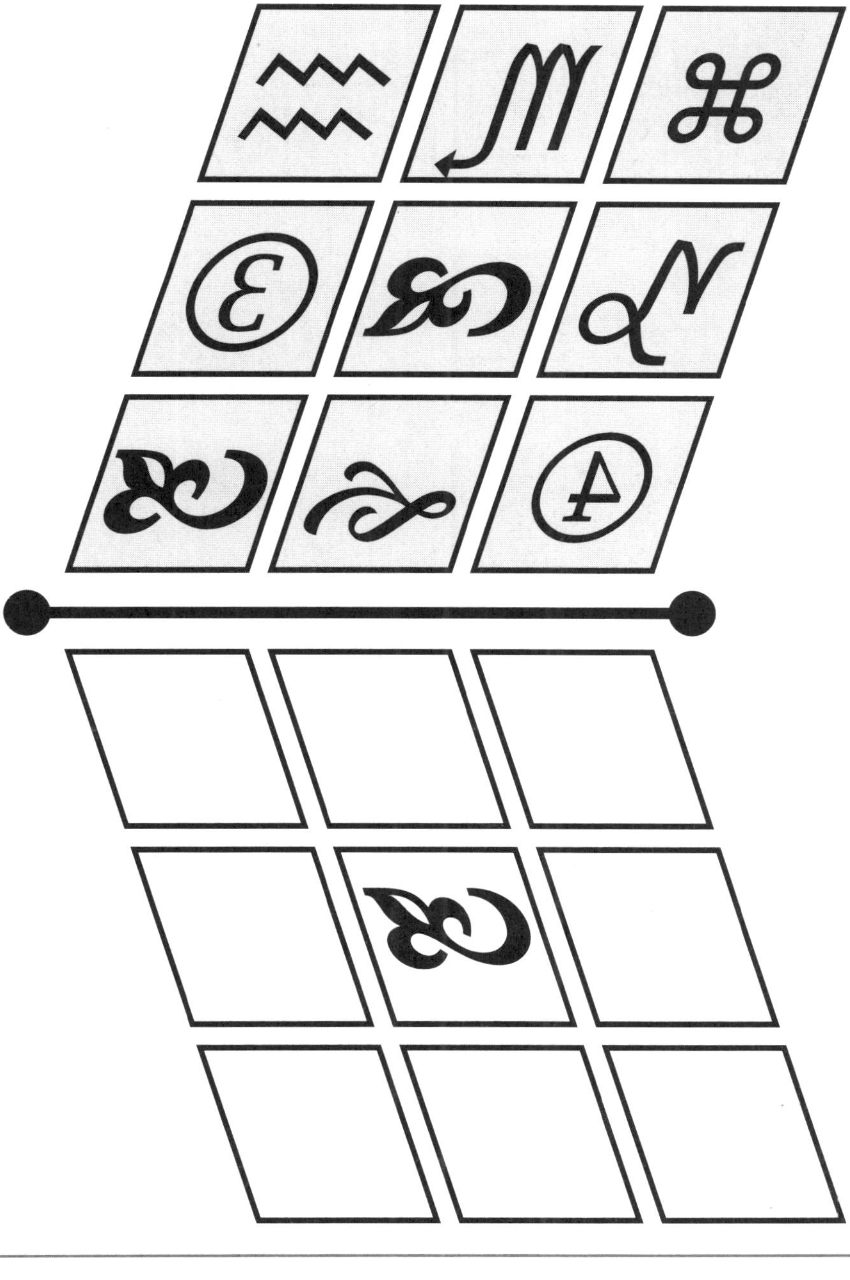

Grenzbereiche ④

Jede Teilaufgabe enthält zwei Zahlen. Sie sollen alle
markieren, die folgende Bedingungen erfüllen:
Obere Zahl: 113 bis 456
Untere Zahl: 0,2139 bis 0,9852

a) 112 / 0,6547 ☐

b) 365 / 0,5248 ☐

c) 478 / 0,1235 ☐

d) 523 / 0,945 ☐

e) 324 / 0,59 ☐

f) 689 / 0,4 ☐

g) 257 / 0,35 ☐

h) 268 / 0,99 ☐

i) 245 / 0,654 ☐

j) 954 / 0,325 ☐

k) 369 / 0,1258 ☐

l) 514 / 0,3 ☐

Verlorene Begriffe ④

Vergleichen Sie diese beiden Kästen. Welche zwei Wörter im unteren Kasten kommen im oberen nicht vor?

Geschmack   nett   wider   Nebel

Feld   alles

Körner

Geld   Lampe   Arbeit

Urlaub   Kälte   Vase

Markt   Orange   Dackel   Trichter

---

alles   Orange

Markt   Urlaub

Dackel

Kälte   Geschmack   Geld

Vase   lang

wider   Körner

Trichter

Nebel   Wehmut

nett   Feld   Arbeit   Lampe

Oben fehlen die Wörter _____ und _____.

Nadeln im Heuhaufen ④

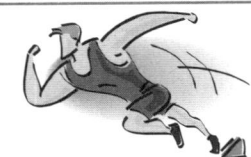

Wo sind die jeweils links vorgegebenen Figuren versteckt?

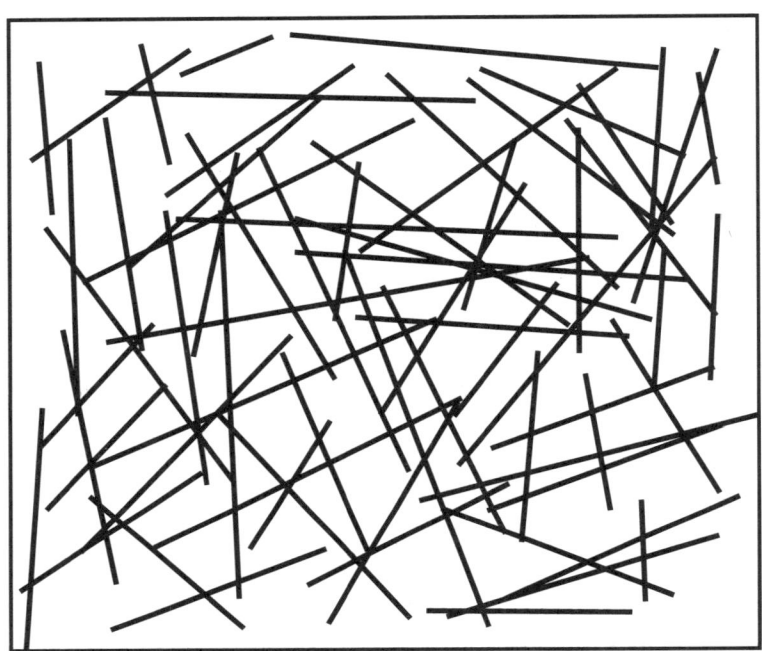

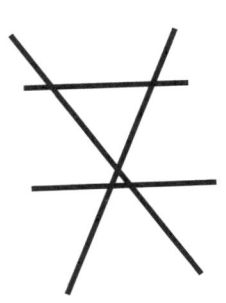

Summenkontrolle ④

Überprüfen Sie bei den folgenden Aufgaben die
Ergebnisangaben. Stimmen die Summen, die rechts
neben und unter den Zahlen stehen? Notieren Sie bei jeder
Teilaufgabe die Anzahl der falschen Ergebnisse (0 bis 4).

a)
$$65 + 14 = 79$$
$$+ \qquad +$$
$$25 + 35 = 60$$
$$= \qquad =$$
$$90 \qquad 49$$

b)
$$55 + 47 = 103$$
$$+ \qquad +$$
$$69 + 96 = 165$$
$$= \qquad =$$
$$124 \quad 142$$

c)
$$32 + 41 = 74$$
$$+ \qquad +$$
$$54 + 32 = 86$$
$$= \qquad =$$
$$86 \qquad 73$$

d)
$$56 + 45 = 102$$
$$+ \qquad +$$
$$74 + 32 = 105$$
$$= \qquad =$$
$$129 \qquad 76$$

e)
$$24 + 19 = 43$$
$$+ \qquad +$$
$$49 + 19 = 68$$
$$= \qquad =$$
$$72 \qquad 38$$

f)
$$73 + 82 = 155$$
$$+ \qquad +$$
$$43 + 67 = 110$$
$$= \qquad =$$
$$116 \quad 149$$

Verdrehte Doppelgänger ④

Jedes Bild ist zweimal vorhanden, allerdings ist der
jeweilige Doppelgänger verdreht und gespiegelt.
Welche sind die Pärchen?

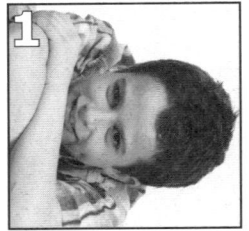   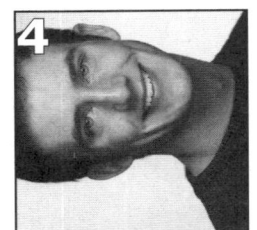

 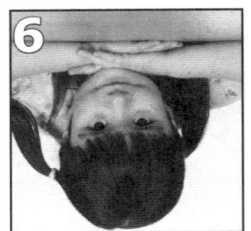 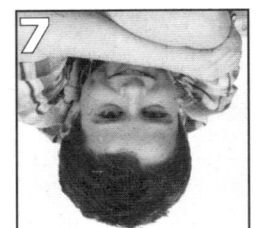 

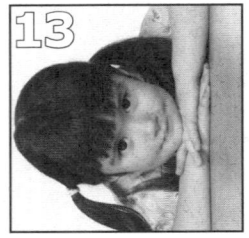   

☐ = ☐   ☐ = ☐   ☐ = ☐   ☐ = ☐

☐ = ☐   ☐ = ☐   ☐ = ☐   ☐ = ☐

Rückwärts lesen ④

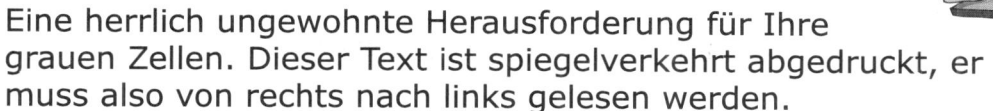

Eine herrlich ungewohnte Herausforderung für Ihre grauen Zellen. Dieser Text ist spiegelverkehrt abgedruckt, er muss also von rechts nach links gelesen werden.

Riesling ist eine weiße Rebsorte, die als eine der beliebtesten und wichtigsten gilt. Die besten Ergebnisse bringt sie in kühleren Gegenden und wird vor allem in Deutschland, aber auch in vielen anderen Ländern angebaut.

Deutsche Riesling-Weine genießen ein hohes Ansehen auch auf den internationalen Märkten. Viele deutsche Spitzenlagen sind ausschließlich mit Riesling bestockt. Vor allem in den nördlichen Anbaugebieten im Moseltal und Mittelrheintal wächst der Riesling fast ausschließlich an steilen Hängen.

Frage: Welche beiden Anbaugebiete werden im Text erwähnt?

Antwort: _____

Falscher Drilling ④

Je ein Bild ist anders als die anderen beiden. Finden Sie dieses in jeder Zeile.

1
 a
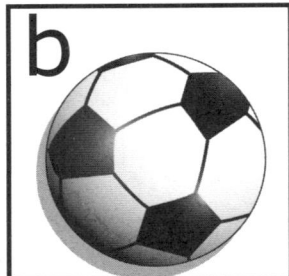 b
 c

2
 a
 b
 c

3
 a
 b
 c

4
 a
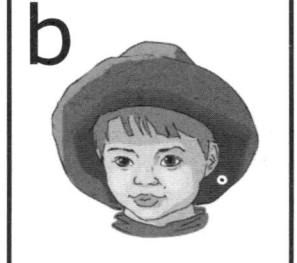 b
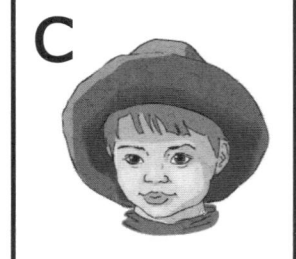 c

Pilotentraining ④

Ein Doppeldecker fliegt zunächst in Richtung Osten. Dann vollzieht der Pilot mehrere Lenk- und Drehmanöver. Wohin fliegt
das Flugzeug danach? (Bezugspunkt bei den Richtungsänderungen ist das Flugzeug; rechts ist demnach dort, wo die rechte
Tragfläche ist, unten dort, wo die Räder sind, usw.)

diese Bewegung ist
eine Schraube

- ○ Halbe Schraube
- ○ 90° nach rechts
- ○ 90° nach oben
- ○ Dreiviertelschraube im UZS*
- ○ 90° nach unten
- ○ Viertelschraube entgegen dem UZS
- ○ 90° nach links
- ○ Viertelschraube im UZS
- ○ 90° nach rechts
- ○ Viertelschraube entgegen dem UZS

*Uhrzeigersinn

Lösung: Nach diesen Lenkmanövern fliegt
das Flugzeug in Richtung

☐ Nord   ☐ Ost   ☐ Süd   ☐ West

Chaotische Zahlensuche ④

Suchen Sie hier die Zahlen von 11 bis 49 in ihrer natürlichen Reihenfolge. Viele Zahlen sind als Wort dargestellt, was das Gehirn immer wieder zum Umdenken zwingt.

31

zwölf

22

fünfzehn

dreiunddreißig   13   48   37

25

sechsundvierzig   fünfunddreißig

dreiundzwanzig   vierzig   21   29

17   36

30

achtunddreißig   39   neunzehn

34   zweiunddreißig   24

vierzehn

siebenundvierzig

sechsundzwanzig

zweiundvierzig

49   16

fünfundvierzig

41   siebenundzwanzig   vierundvierzig

11

zwanzig   28   achtzehn   43

Füllwörter ④

Lassen Sie sich zu den vorgegebenen Anfangs- und Endbuchstaben jeweils zehn Wörter einfallen. (Gültig sind nur die jeweiligen Grundwörter, also zum Beispiel „Buch" und nicht „Bücher", „bunt" und nicht „bunte", „Tee" und nicht „Teesieb".)

L ... E

1.	2.
3.	4.
5.	6.
7.	8.
9.	10.

A ... R

1.	2.
3.	4.
5.	6.
7.	8.
9.	10.

Rösselsprung ④

Aus den Wörtern in den Feldern lässt sich ein Zitat des englischen Philosophen John Locke (1632–1704) bilden. Sie müssen wie das Pferd auf dem Schachbrett ziehen, um von einem zum anderen Wort zu gelangen. Beachten Sie bei den Platzhaltern unten die vorgegebenen Satzzeichen.

SEHR	WAS	DENKEN	KANN	FAST
UNSER	NICHTS	WENIG	DEM	BEGREI-FEN
ES	IST	VER-HÄLTNIS	GAR	BEGREI-FEN
IM	WAS	NICHT	KANN	ZU

Zu diesen Feldern kann ein Pferd springen:

„_____ unser _____ _____ kann ,

_____ _____ _____ , _____

_____ _____ _____ _____ ,

_____ _____ _____ _____ ."

Nahaufnahme ④

Können Sie erahnen, welche Gegenstände hier in Ausschnitten gezeigt werden?

1

2

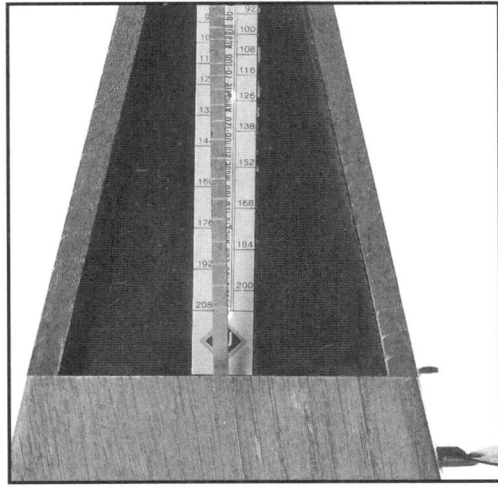

Test 5

Machen Sie diesen Test, bevor Sie mit dem 80 Aufgaben umfassenden Übungsabschnitt 5 beginnen. Lösen Sie die Aufgaben bestmöglich. (Gelegentliche Fehler bleiben unberücksichtigt.) Tragen Sie das Ergebnis in Ihre persönliche Fortschrittstabelle auf Seite 11 ein.

A Lösen Sie schnellstmöglich die folgenden Rechenaufgaben und stoppen Sie die benötigte Zeit.

$2 \times 3 =$	$16 - 5 =$	$7 + 9 =$	$7 \times 9 =$
$4 + 7 =$	$8 \times 3 =$	$10 - 6 =$	$8 + 5 =$
$8 - 4 =$	$7 + 9 =$	$7 \times 5 =$	$16 - 9 =$
$7 \times 6 =$	$18 - 9 =$	$6 + 3 =$	$7 + 8 =$
$9 + 7 =$	$8 \times 9 =$	$14 - 6 =$	$14 - 5 =$

Benötigte Zeit ☐ **:** ☐
Min./Sek.

B Machen Sie je ein Kreuz bei allen Zahlen, deren linke Ziffer gerade und deren rechte Ziffer ungerade ist. Wie schnell schaffen Sie das? Notieren Sie unten die Zeit.

☐ 62	☐ 31	☐ 67	☐ 45	☐ 79
☐ 86	☐ 23	☐ 11	☐ 95	☐ 16
☐ 14	☐ 57	☐ 83	☐ 74	☐ 25
☐ 58	☐ 99	☐ 38	☐ 16	☐ 49

Benötigte Zeit ☐ **:** ☐
Min./Sek.

C Unterstreichen Sie in dieser Liste alle Wörter, die exakt RUBU lauten.

RUPU	RUBU	RUBU	PUBU	RUBU	RUBU	RUPU
PUBU	RUPU	RURU	RUPU	RUBU	RURU	PURU
BUPU	RUBU	PUBU	RUBU	RUBU	RUBU	RUPU
PUBU	PUPU	BUBU	PUPU	RUPU	PUBU	RUPU
RUBU	RUBU	RURU	RUBU	RUBU	RUPU	RUPU
RUBU	BUPU	RUBU	RUBU	PUPU	RUBU	PUBU

Benötigte Zeit [:]

Min./Sek.

D Lesen Sie jeweils ein Wort und decken Sie es dann bitte ab. Schreiben Sie es sogleich aus dem Gedächtnis rückwärts in den Kasten daneben.

TEIL ➔ [ ]

ZWEIG ➔ [ ]

RAKETE ➔ [ ]

BETRIEB ➔ [ ]

Benötigte Zeit [:]

Min./Sek.

Wertvolle Bilder zählen ⑤

Jedem der drei Motive in dieser Übung ist eine
bestimmte Zahl zugeordnet (siehe Kasten). Addieren
Sie die Werte aller Bilder auf dieser Seite. Versuchen Sie dies
möglichst sicher und fehlerlos.

Lösungszahl:		

Zahlenjagd ⑤

Beginnen Sie bei der 1 und finden Sie nacheinander alle Zahlen bis 40. Dies ist eine simple Übung, die jedoch Ihre Konzentrationsausdauer immens fördern kann.

27 2 22 40

20

24

15 39 8 34

28 17 6 31

26 4 1 32

23 21

18 16 13

9 35 11

29

25 12 37

3 30 36

14

10 7

19

33 5 38

Begriffsmutationen ⑤

Wie gelangen Sie vom oberen Wort zum unteren, wenn Sie bei jedem Schritt genau einen Buchstaben austauschen müssen?

Beispiel:

H	A	F	T
H	E	F	T
H	E	F	E
H	U	F	E
H	U	P	E

Übung 1

F	A	S	S
N	E	T	T

Übung 2

K	A	L	B
L	A	U	T

Übung 3

M	O	H	N
R	A	G	E

Übung 4

T	A	U	B
R	U	H	E

Übung 5

D	O	R	N
W	E	L	T

Wörterrecycling ⑤

Wie viele deutsche Wörter können Sie aus den Buchstaben bilden, die im Wort **AUSBEUTUNG** enthalten sind?
Jeder im vorgegebenen Wort vorkommende Buchstabe darf dabei maximal einmal verwendet werden.

Lösungswörter:

Flexibel rechnen ⑤

Vervollständigen Sie die folgenden Gleichungen.
Tragen Sie in die Lücken die fehlenden Zahlen ein.

a) $5 + 7 = $ ____   **b)** $35 - $ ____ $ = 15$

c) ____ $+ 3 = 19$ **d)** $17 - 9 = $ ____

e) $24 - $ ____ $ = 5$ **f)** ____ $- 31 = 9$

g) $21 - 5 = $ ____   **h)** $6 \cdot $ ____ $ = 48$

i) ____ $- 7 = 6$ **j)** $27 + 19 = $ ____

k) $52 - $ ____ $ = 13$ **l)** ____ $- 21 = 8$

m) $9 + 54 = $ ____   **n)** $64 - $ ____ $ = 19$

o) ____ $+ 4 = 21$ **p)** $56 : 8 = $ ____

q) $14 - $ ____ $ = 13$ **r)** ____ $\cdot 7 = 35$

s) $38 + 7 = $ ____   **t)** $14 \cdot $ ____ $ = 28$

u) ____ $- 28 = 17$ **v)** $17 \cdot 4 = $ ____

Fotopuzzle ⑤

Ursprünglich entstammen diese neun Teile einem quadratischen Bild. Die Einzelteile wurden untereinander ausgetauscht. Finden Sie heraus, welches Teil wohin gehört.

① ② ③

④ ⑤ ⑥

⑦ ⑧ ⑨

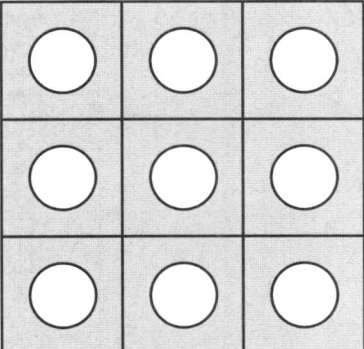

An welcher Stelle stehen die Nummern der Bildausschnitte, wenn man das Bild richtig zusammensetzt?

Symbolmuster entdecken ⑤

Hier sollen Sie nach identischen Symbolen suchen, die genau so angeordnet sind, wie im jeweils oberen Kästchen dargestellt. Wie viele solcher Konstellationen finden Sie in jeder Säule?

A)

B)

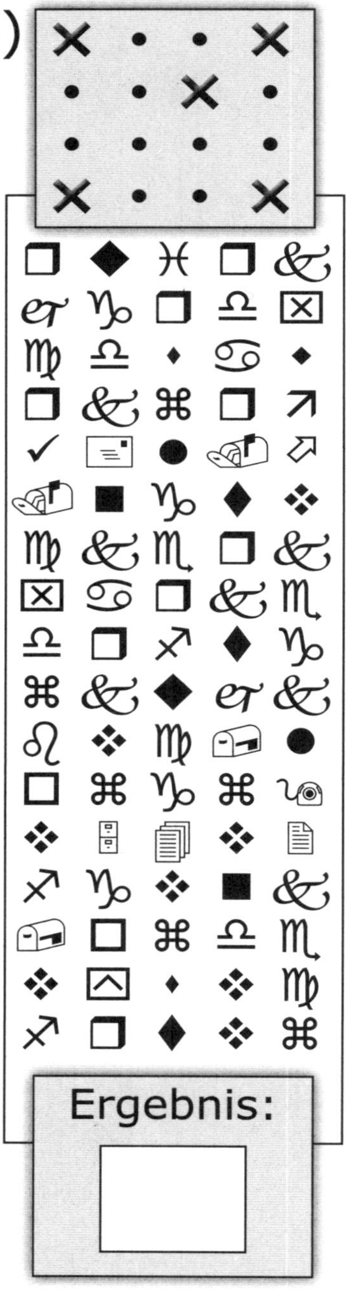

Ergebnis:

Ergebnis:

Drehwurm ⑤

Bei allen Bildern einer Zeile handelt es sich um gedrehte Darstellungen eines Bildmotivs. Genau zwei sind im Vergleich zu den anderen drei auch noch gespiegelt. Welche sind dies jeweils?

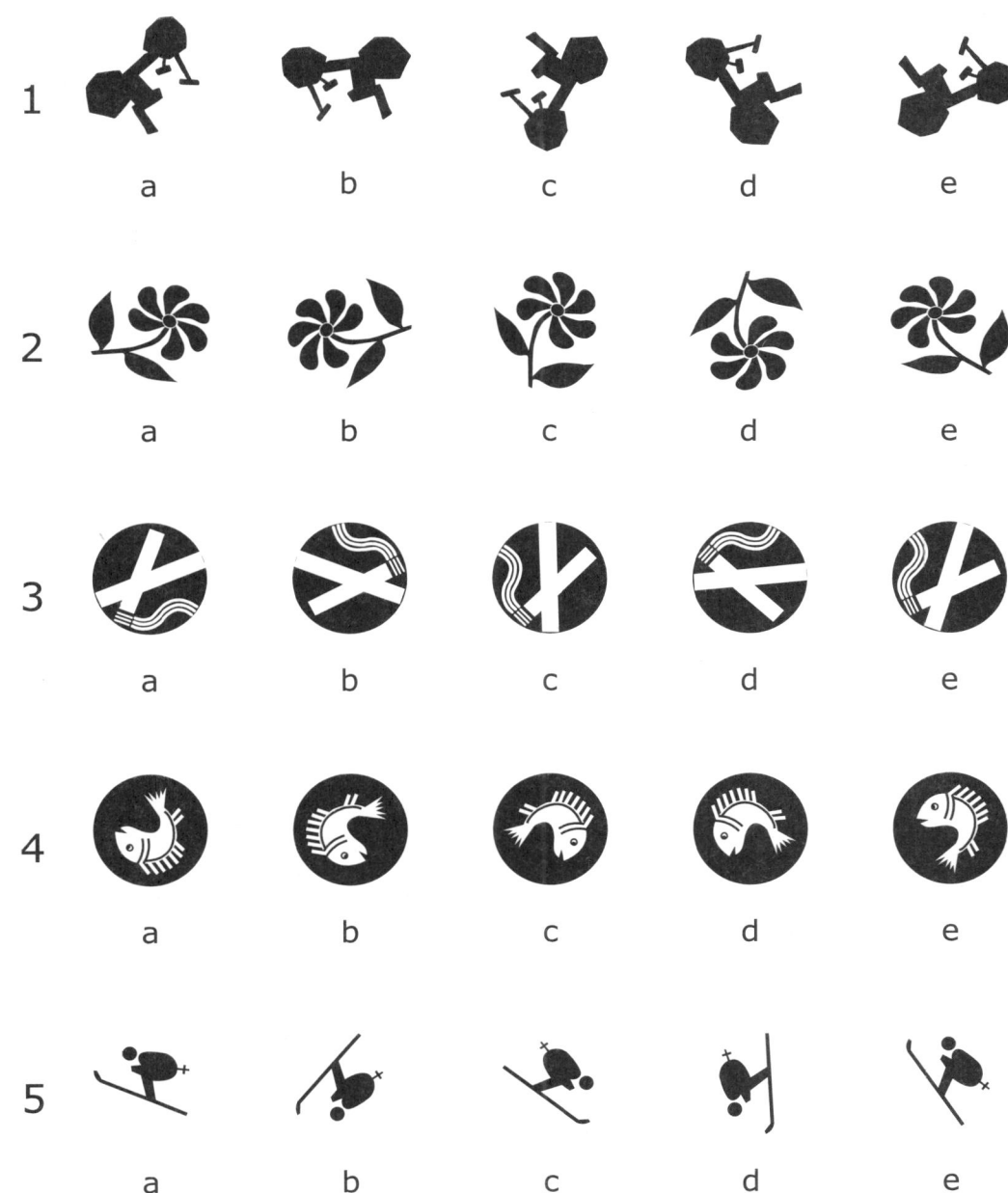

Gruppenzwang ⑤

Suchen Sie Gruppen identischer Bilder, die eine Form bilden
wie die im grau hinterlegten Beispiel. Neun weitere solcher
Anordnungen sollen Sie finden, und dies möglichst schnell.

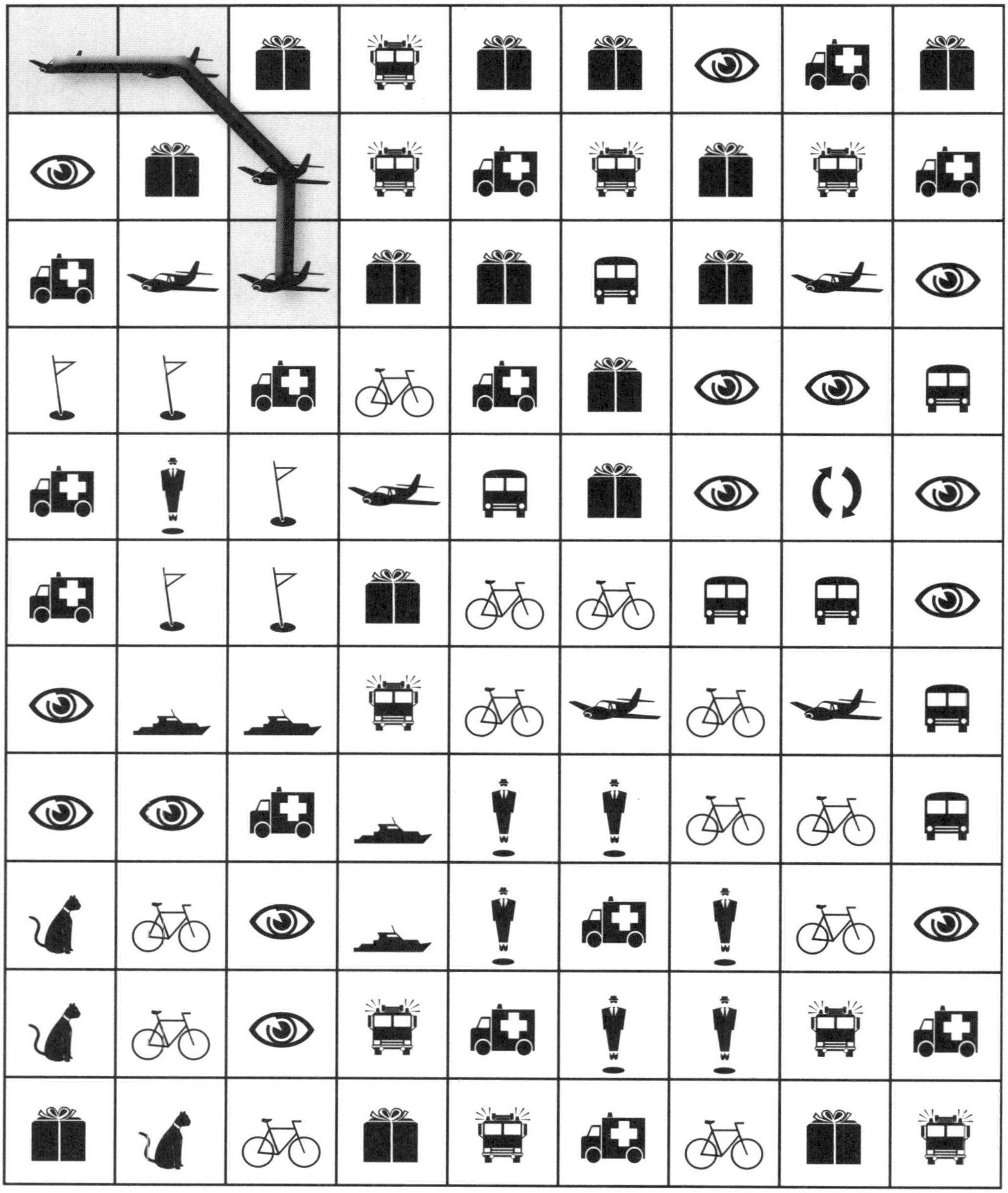

Mikado ⑤

Spielen Sie Mikado und entnehmen Sie sämtliche
Speere von oben nach unten.

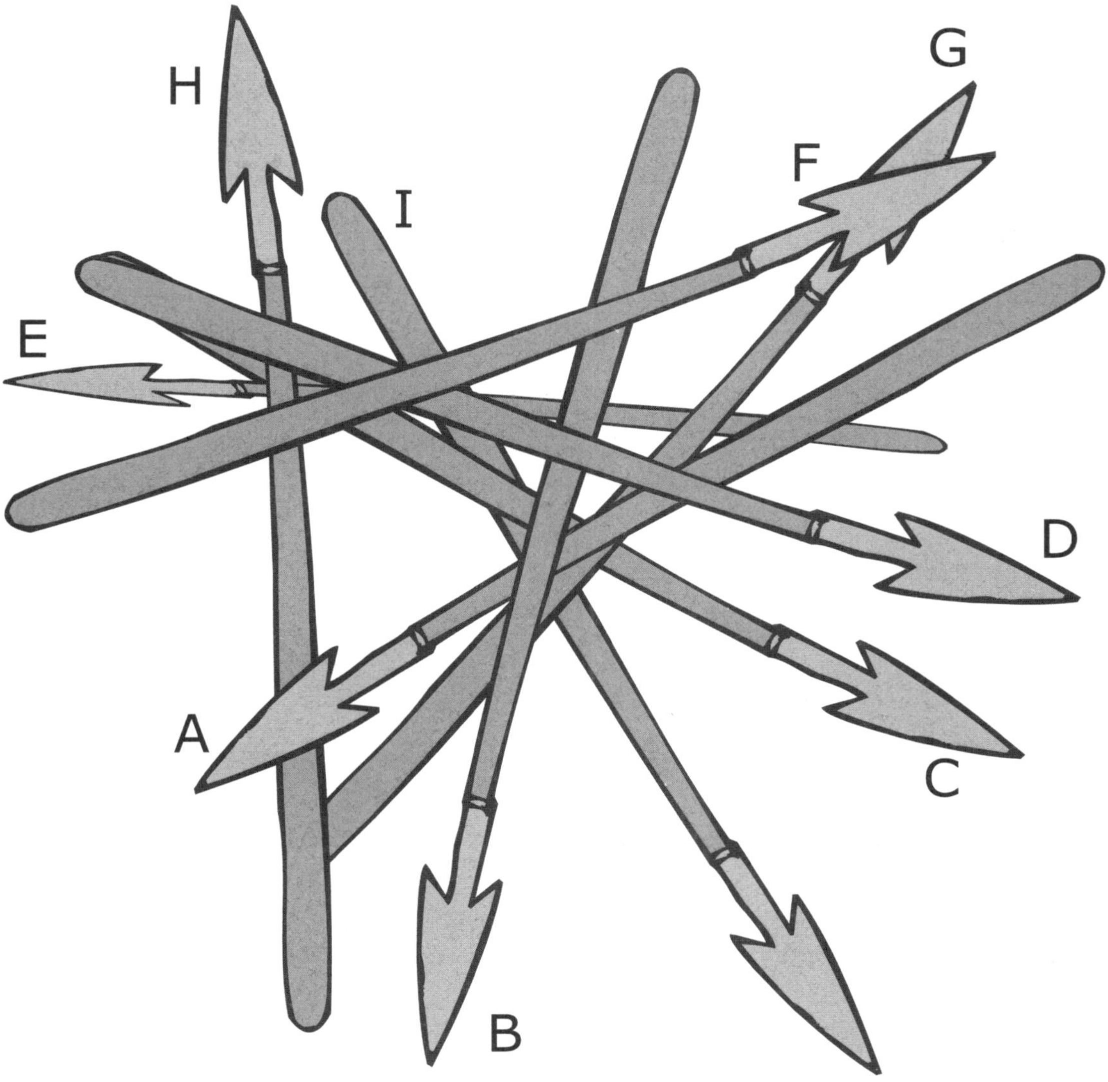

H

G

I

F

E

D

A

C

B

Reihenfolge:

Ergänzungen ⑤

In die leeren Felder sollen passende Wortanfänge eingetragen werden, die gemeinsam mit den vorgegebenen Wortenden jeweils ein Werkzeug bezeichnen.

1) _____ OSS

2) _____ RER

3) _____ HTBÜRSTE

4) _____ BSÄGE

5) _____ NSEL

6) _____ AUFEL

7) _____ LPELL

8) _____ CKER

9) _____ LZE

10) _____ KEL

Suchen und addieren ⑤

Suchen Sie in jeder Zeile die jeweils links vorgegebenen Ziffern und addieren Sie sie. Tragen Sie am
Ende jeder Zeile die gesuchte Summe ein.

Bsp.: 3, 5	6 5 2 4 8 1 5 6 8 9 6 3 1 3	**16** ✓
a) 8, 2	4 5 7 9 8 2 1 3 8 1 4 7 3 6	
b) 4, 1	3 6 4 2 1 6 7 9 4 3 1 5 1 5	
c) 5, 3	9 4 6 7 5 4 6 3 4 5 7 3 7 3	
d) 7, 6	2 5 6 4 7 6 9 4 3 1 6 7 9 4	
e) 4, 8, 5	6 4 5 3 8 3 6 4 2 5 8 3 4 6	
f) 3, 1, 7	3 4 9 7 1 9 5 7 3 1 5 4 7 3	
g) 6, 8, 9	5 4 6 7 8 9 6 4 5 3 8 9 4 5	
h) 5, 2, 1	6 5 4 7 1 2 1 2 5 1 5 2 1 4	

Lesen über Lücken ⑤

Dem folgenden Text wurden vier Buchstaben entnommen.
Können Sie diese eintragen?

ALS SOLA_E_E_G_E BEZE_CH_E_ MA_

D_E VO_ DE_ SO__E DU_CH KE__-

FUS_O_ E_ZEUG_E E_E_G_E, D_E ALS

ELEK__OMAG_E__SCHE   S__AHLU_G

ZU_ E_DE GELA_G_. E__ _E_L DE_

E__GES__AHL_E_ E_E_G_E W__D VO_

DE_ BES_A_D_E_LE_ DE_ A_MOSPHÄ_E

_EFLEK__E__. E__ WE__E_E_ _E_L

W__D VO_ DE_ BES_A_D_E_LEN DE_

A_MOSPHÄ_E ABSO_B_E__ U_D __

WÄ_ME UMGEWA_DEL_. DE_ D____E

U_D ÜBE_W_EGE_DE _E_L GELA_G_

DU_CH D_E A_MOSPHÄ_E H__DU_CH

B_S ZUM E_DBODE_.

354   Geistig fit bleiben

Zeichenfolgen ⑤

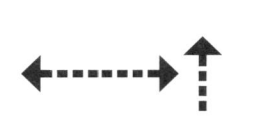

Suchen Sie im Feld unten zeilenweise nach der gleichen Zeichenfolge, die im
Kasten links dargestellt ist, und unterstreichen Sie diese. Wie oft können Sie sie finden?

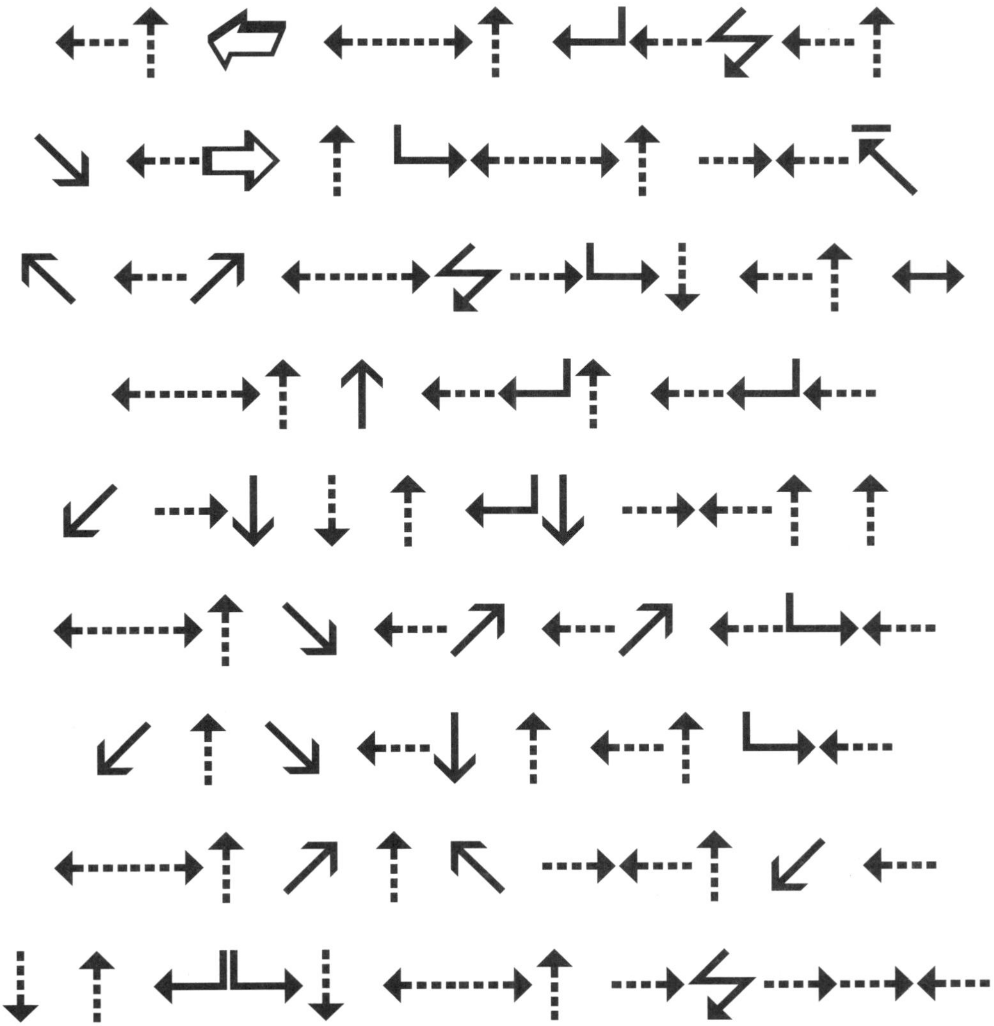

So oft kommt die Zeichenfolge vor:

Dingliche Beziehungen ⑤

Unten sehen Sie mehrere mit Nummern versehene Bilder, die
etwas Bestimmtes darstellen. Jeder der darüber aufgelisteten
Begriffe soll je einem dieser Bilder zugeordnet werden.
Beispiel: Zum Begriff „Glas" passt das Fenster, also „3".

Honig

Sonne

Glas
3

Stachel   Schnee

umweltfreundlich

Rasenplatz   Wissenschaft   Katzenauge

Rahmen   Berg   Kerne

Schläger   Wurzel

Rinde   Bakterien

Blatt   Ball   Laub

Fenster   Linse

Pedal

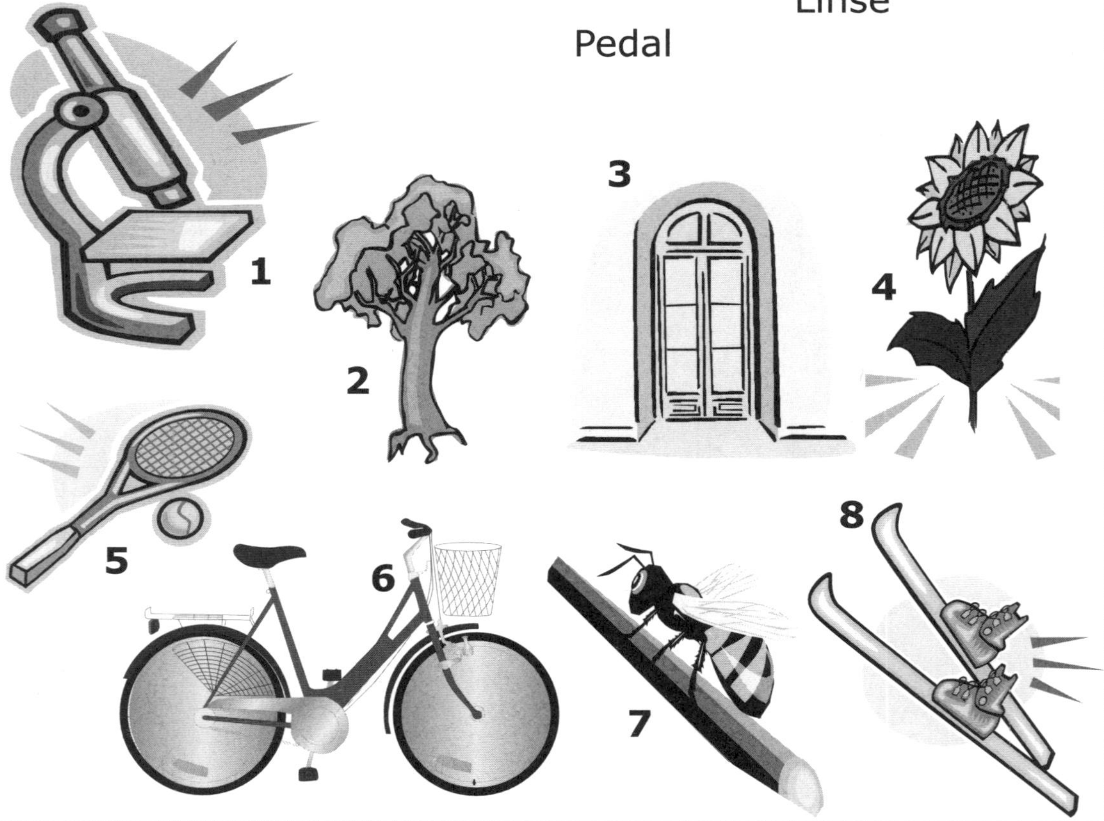

1

2

3

4

5

6

7

8

Zahlenketten ⑤

Jede Zahlenreihe ist nach einer bestimmten Rechenregel aufgebaut. Diese Regel sollen Sie herausfinden
und am Ende die folgerichtige Zahl eintragen.

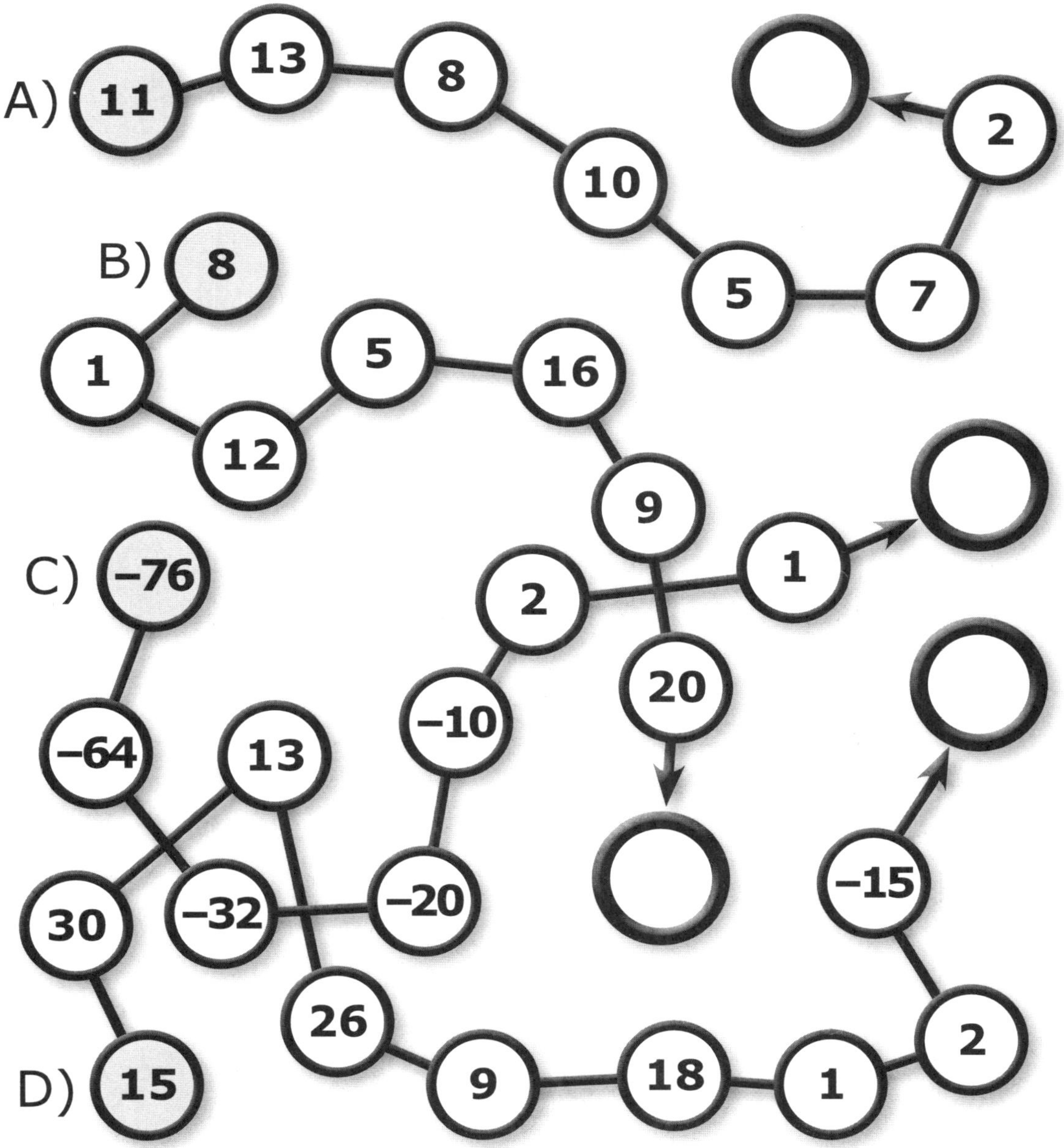

A) 11 — 13 — 8 — 10 — 5 — 7 — 2 — ◯

B) 8 — 1 — 12 — 5 — 16 — 9 — 2 — ... 1 — ◯

C) −76 — −64 — 30 — −32 — 13 — −20 — −10 — 2 — 20 — ◯

D) 15 — 9 — 18 — 1 — 2 — −15 — ◯ ... 26

Verbindungslinien ⑤

Welche Zahlen sind miteinander verbunden?

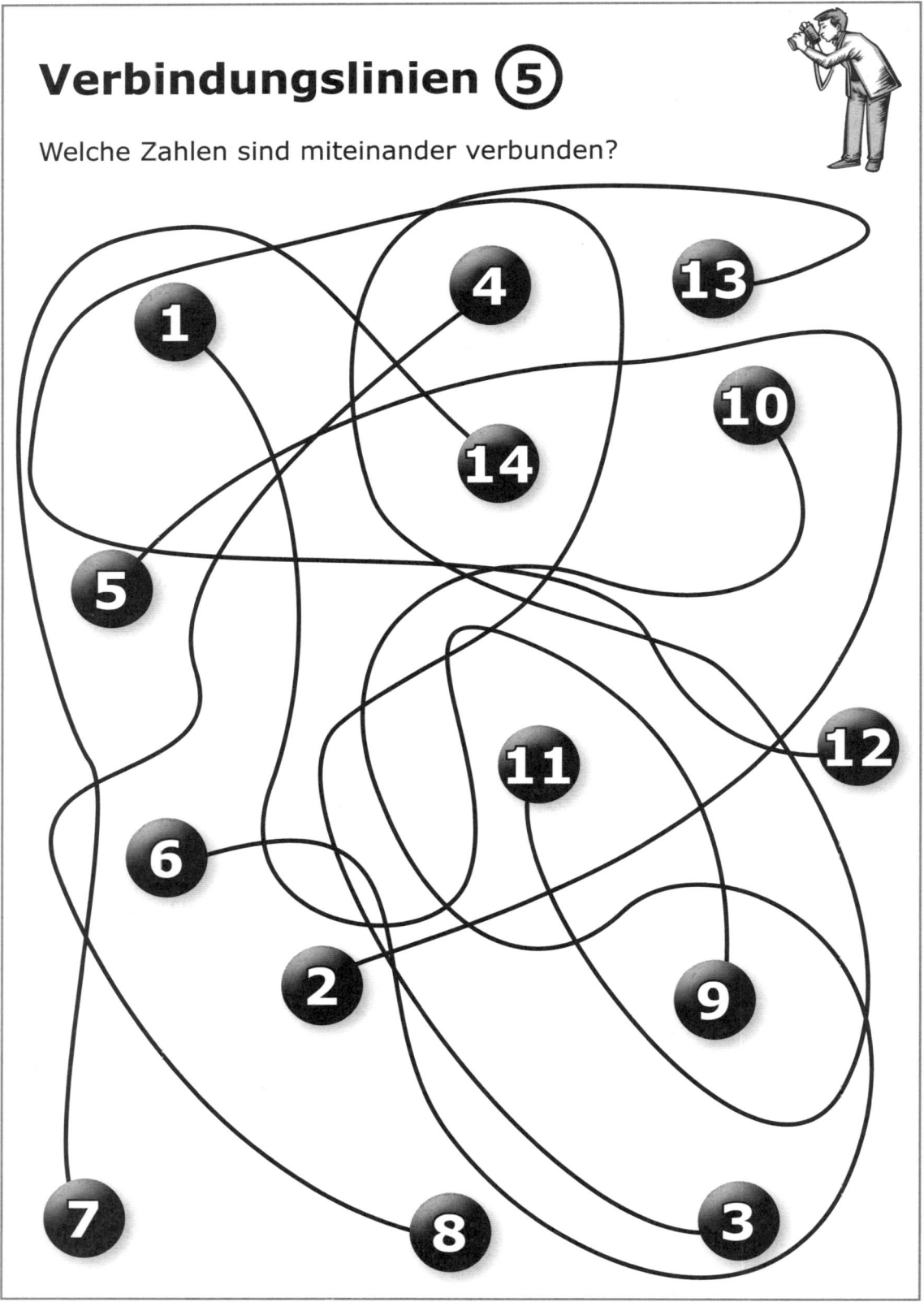

Zählbares Durcheinander ⑤

Wie viele Hasen sind hier zu erkennen?

Antwort: Es sind ＿＿＿ Häschen.

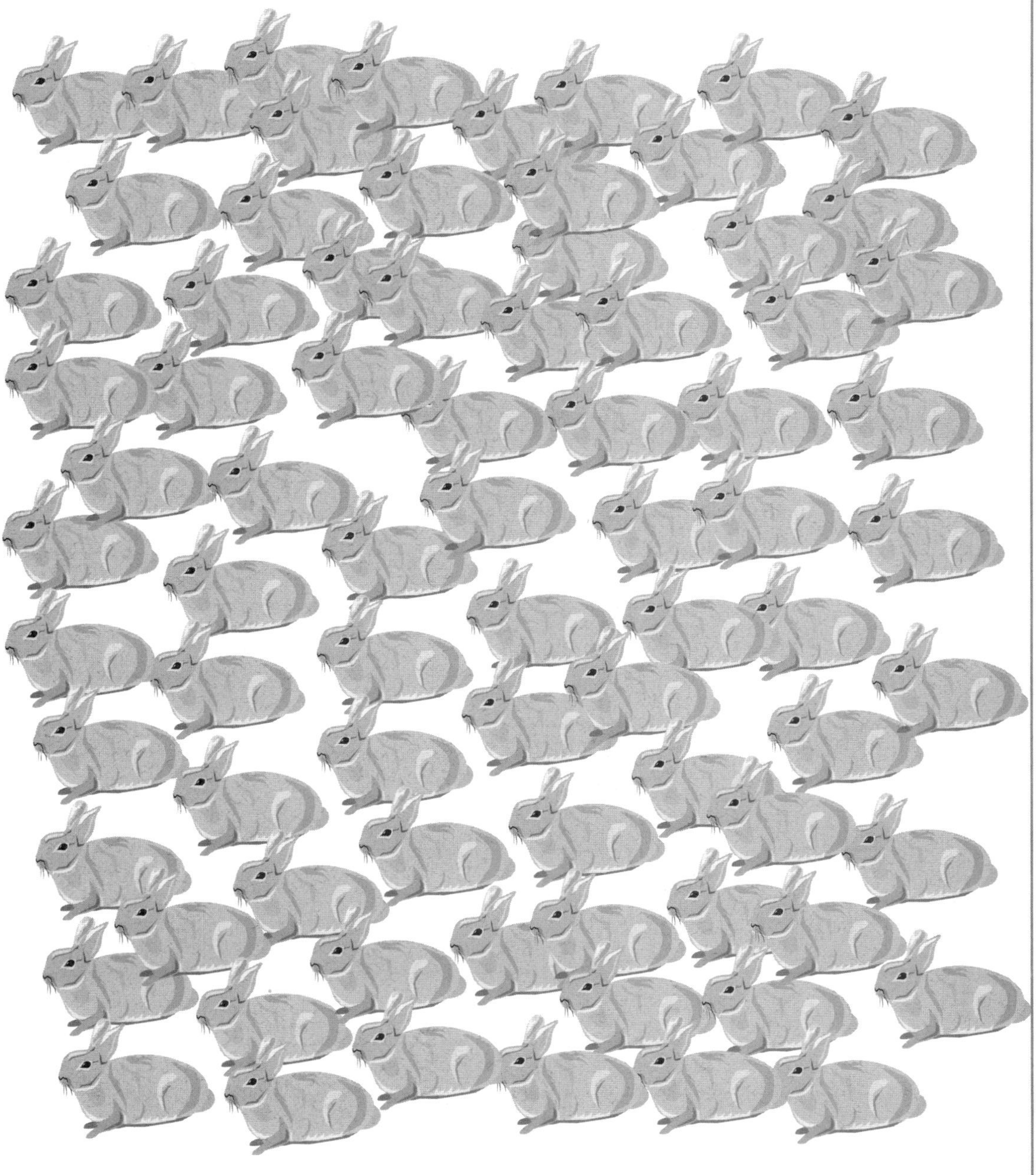

Wörterneubauten ⑤

Prägen Sie sich das vorgegebene Wort ein. Für
die folgende Aufgabe müssen Sie „im Kopf" (ohne
nachzusehen) die Positionen der einzelnen Buchstaben in diesem
Wort bestimmen können.

GRAPEFRUIT
1. 2. 3. 4. 5. 6. 7. 8. 9. 10.

Decken Sie dieses Wort nun ab und bilden Sie aus den
Buchstaben neue Wörter. Die angegebenen Zahlen stehen für
die Position des jeweiligen Buchstabens im vorgegebenen Wort.
1 bedeutet also erster Buchstabe, 2 zweiter Buchstabe usw.

a)	8 6 5 2	
b)	4 5 10 7 3	
c)	10 3 7 9 6	
d)	5 7 10 2 3 1	
e)	4 3 7 10 5 9	
f)	5 7 9 10 2 5 3	

Farbverwirrung ⑤

Kreuzen Sie bei jedem Wort an, in welcher der drei „Farben" Weiß (W), Grau (G) und Schwarz (S) es abgedruckt wurde. Lassen Sie sich nicht von der Bedeutung des jeweiligen Begriffs irritieren.

Schwarz	Grau	Schwarz	Schwarz	Weiß
W G S	W G S	W G S	W G S	W G S
☐ ☐ ☐	☐ ☐ ☐	☐ ☐ ☐	☐ ☐ ☐	☐ ☐ ☐

Weiß	Schwarz	Weiß	Schwarz	Grau
W G S	W G S	W G S	W G S	W G S
☐ ☐ ☐	☐ ☐ ☐	☐ ☐ ☐	☐ ☐ ☐	☐ ☐ ☐

Grau	Weiß	Grau	Schwarz	Schwarz
W G S	W G S	W G S	W G S	W G S
☐ ☐ ☐	☐ ☐ ☐	☐ ☐ ☐	☐ ☐ ☐	☐ ☐ ☐

Schwarz	Grau	Schwarz	Weiß	Weiß
W G S	W G S	W G S	W G S	W G S
☐ ☐ ☐	☐ ☐ ☐	☐ ☐ ☐	☐ ☐ ☐	☐ ☐ ☐

Weiß	Weiß	Grau	Weiß	Grau
W G S	W G S	W G S	W G S	W G S
☐ ☐ ☐	☐ ☐ ☐	☐ ☐ ☐	☐ ☐ ☐	☐ ☐ ☐

Schwarz	Grau	Weiß	Schwarz	Weiß
W G S	W G S	W G S	W G S	W G S
☐ ☐ ☐	☐ ☐ ☐	☐ ☐ ☐	☐ ☐ ☐	☐ ☐ ☐

Weiß	Grau	Schwarz	Grau	Schwarz
W G S	W G S	W G S	W G S	W G S
☐ ☐ ☐	☐ ☐ ☐	☐ ☐ ☐	☐ ☐ ☐	☐ ☐ ☐

Grau	Schwarz	Weiß	Schwarz	Schwarz
W G S	W G S	W G S	W G S	W G S
☐ ☐ ☐	☐ ☐ ☐	☐ ☐ ☐	☐ ☐ ☐	☐ ☐ ☐

Schwarz	Weiß	Grau	Schwarz	Weiß
W G S	W G S	W G S	W G S	W G S
☐ ☐ ☐	☐ ☐ ☐	☐ ☐ ☐	☐ ☐ ☐	☐ ☐ ☐

Weiß	Weiß	Grau	Weiß	Grau
W G S	W G S	W G S	W G S	W G S
☐ ☐ ☐	☐ ☐ ☐	☐ ☐ ☐	☐ ☐ ☐	☐ ☐ ☐

Wortzentralen ⑤

Tragen Sie jeweils in das leere Mittelfeld ein Wort ein, das jedem
der vier Begriffe entweder voran- oder nachgestellt werden kann,
sodass dabei zusammengesetzte Hauptwörter entstehen.
(Die Ausdrücke können natürlich für die Verbindung gebeugt
werden.)

Brand	Küche
1	
Platte	Feuer

Berg	Haus
2	
Heizung	Schrank

Modell	Familie
3	
Bahn	Bus

Archiv	Pass
4	
Safari	Kopie

Quersummenverfolgung ⑤

Nehmen Sie einen Stift zur Hand und verbinden Sie die Zahlen miteinander, deren Quersummen aufeinanderfolgen. Suchen Sie also zunächst die Zahl, deren Quersumme 1 ist, verbinden Sie diese mit der Zahl, deren Quersumme 2 ist, und so weiter bis zu der Zahl, deren Quersumme 20 ist.

2236

16

21021

9531

801

485

13

6303

100

7562

109

521

201

919

30155

5231

4001

20

97

3426

Der Außenseiter ⑤

Welcher Begriff passt jeweils nicht dazu?

1
eilen	bummeln	flitzen	jagen
a ☐	b ☐	c ☐	d ☐

2
freundlich	herzlich	höflich	empört
a ☐	b ☐	c ☐	d ☐

3
Sühne	Vergehen	Sünde	Schuld
a ☐	b ☐	c ☐	d ☐

4
Angriff	Attacke	Flucht	Vormarsch
a ☐	b ☐	c ☐	d ☐

5
schreien	brüllen	toben	rufen
a ☐	b ☐	c ☐	d ☐

6
Hass	Gefecht	Krieg	Kampf
a ☐	b ☐	c ☐	d ☐

7
trist	freudlos	öd	weit
a ☐	b ☐	c ☐	d ☐

8
Andacht	Ruhe	Stille	Schweigen
a ☐	b ☐	c ☐	d ☐

Bausatz ⑤

Füllen Sie gedanklich die Form oben mit den zur Verfügung stehenden Puzzleteilen aus. Sie werden dabei feststellen, dass ein Teil nicht hineinpasst und übrig bleibt. Welches?
(Damit es nicht zu schwierig ist, wurde die Ausrichtung der Teilstücke beibehalten.)

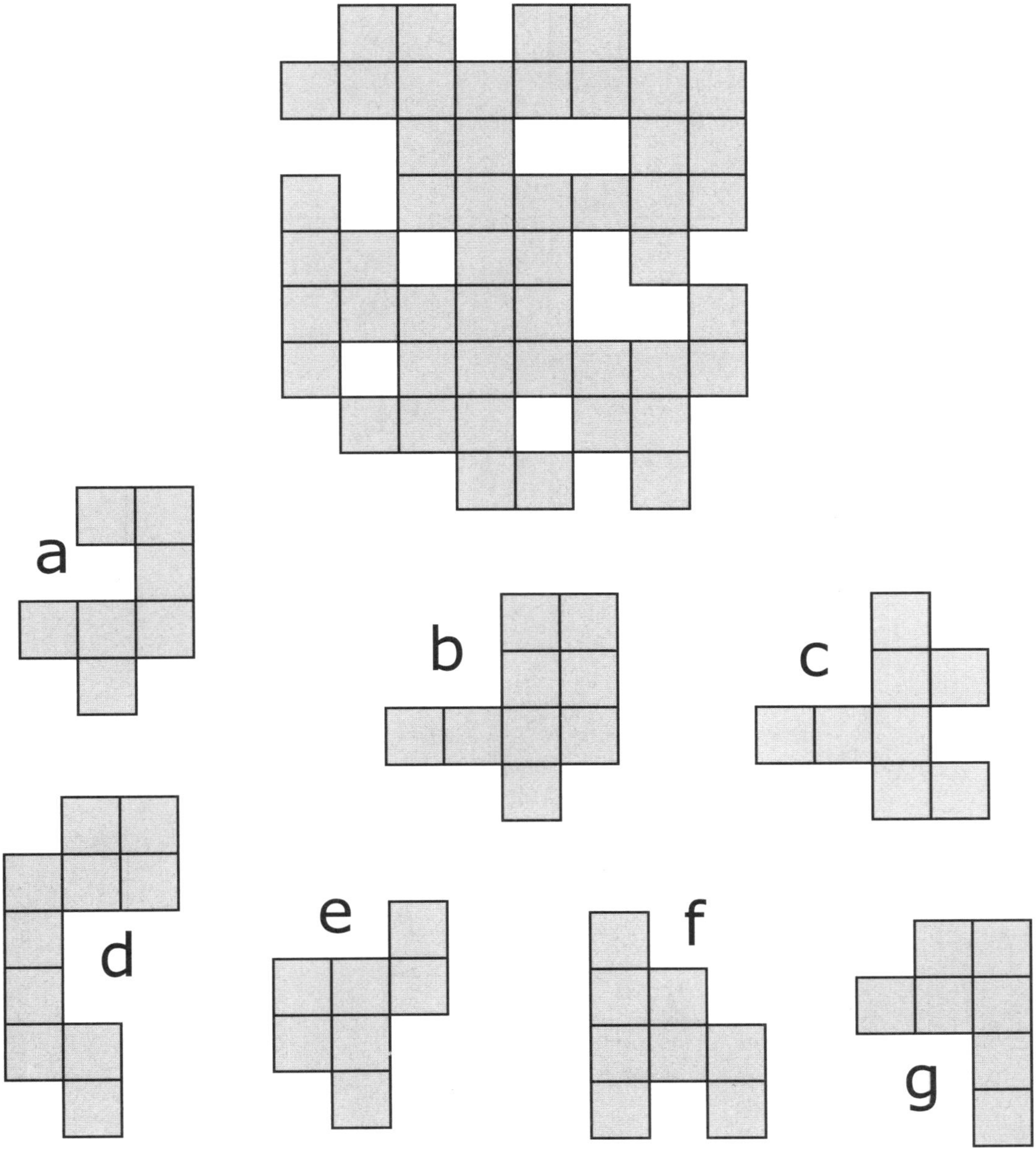

Lückenfüller ⑤

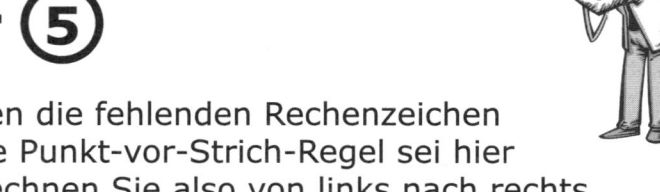

Setzen Sie in die Lücken die fehlenden Rechenzeichen
(+, –, · oder :) ein. Die Punkt-vor-Strich-Regel sei hier
außer Kraft gesetzt. Rechnen Sie also von links nach rechts.

A) 2 ☐ 7 ☐ 4 = 5

B) 7 ☐ 7 ☐ 7 = 2

C) 6 ☐ 3 ☐ 4 = 6

D) 2 ☐ 9 ☐ 4 ☐ 2 = 7

E) 3 ☐ 2 ☐ 8 ☐ 3 = 27

Wortschlangen ⑤

In die Kästen haben wir Wörter eingebaut,
die schlangenförmig zu lesen sind – so wie
im Beispiel rechts: „DENKEN".
Um welche Wörter handelt es sich?

N	N	E
E	K	D

1

T	E	R
N	T	P
I	E	R

2

A	D	R
I	L	E
N	A	N

3

N	I	E
D	E	U
G	I	T

4

B	N	N
A	R	E
E	R	K

5

E	R	F
I	S	S
S	T	O

6

F	A	B
H	L	E
A	F	T

7

S	H	T
C	C	E
H	A	L

8

T	R	A
A	S	P
K	U	S

Kameraschwenk ⑤

Ordnen Sie die Bilder a bis f so, dass in jedem Bild
ein Teil des vorangegangenen Bildes zu sehen ist.
Aufeinanderfolgende Bilder resultieren dabei aus
einer exakt horizontalen oder vertikalen Schwenkung der Kamera.

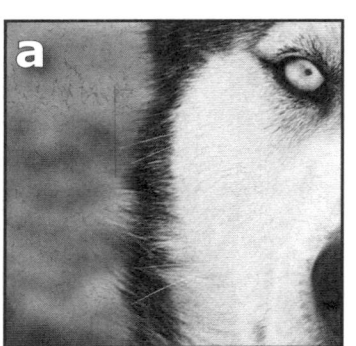
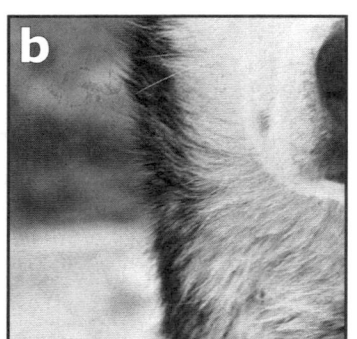
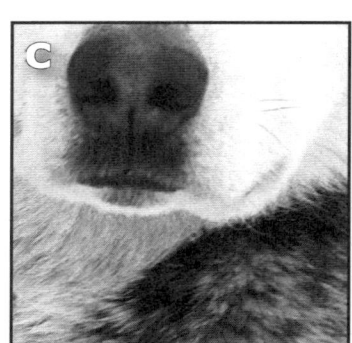
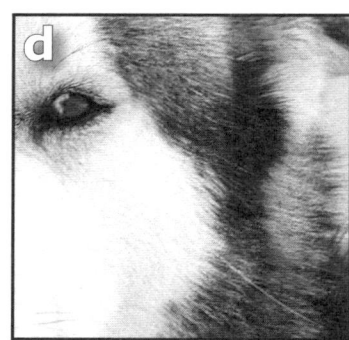
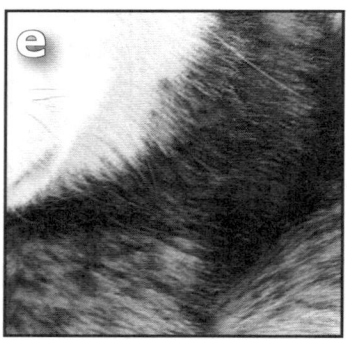

Ablauf: ☐ ☐ ☐ ☐ ☐ ☐

Rechnungskreuzungen ⑤

Finden Sie heraus, welche Zahlen anstelle der Buchstaben eingesetzt werden müssen? Es kommen nur Zahlen zwischen 1 und 9 in Betracht. (Achten Sie beim Lösen auf die Punkt-vor-Strich-Regel.)

4	·	A	−	B	=	5
+		+		−		+
C	−	6	:	3	=	D
:		−		·		−
2	+	E	·	2	=	F
=		=		=		=
G	+	8	−	H	=	15

A = ___   B = ___   C = ___

D = ___   E = ___   F = ___

G = ___   H = ___

Wörtergitter ⑤

Tragen Sie die Wörter aus der Liste unten vollständig in das Gitter ein. (Die Wörter sollen wie üblich von oben nach unten bzw. von links nach rechts verlaufen.)

4 EGER, EWIG, HIOB, INKA, RUDI, SARI
5 GRAUS, LEBER, LICHT, NEFFE, PLUMP, RIEWA, UBOOT, ULKIG, WUCHT
6 AUSZUG, EIGNER
7 ANSAGER, ANSPORN, BERNARD, GEBOGEN, HEARING, SKRUPEL, TAGETES
8 GEBAEUDE, LEINWAND
9 AKROPOLIS, JUBILAEUM, KONFUSION
10 ALTERSGELD, BUEROETAGE, EISSCHRANK, PARKLUECKE
11 BRENNNSEL, POLARGEBIET

Kubischer Außenseiter ⑤

Zwei Würfel wurden je zweimal auf unterschiedliche
Weise abgewickelt.
Welche Würfel sind identisch? Welcher Würfel bleibt übrig?

A

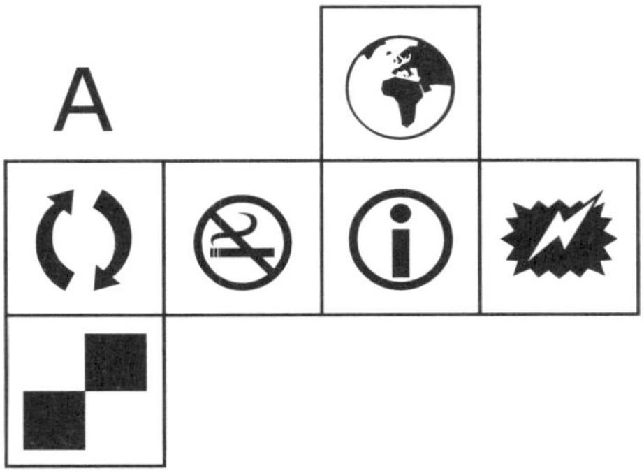

B

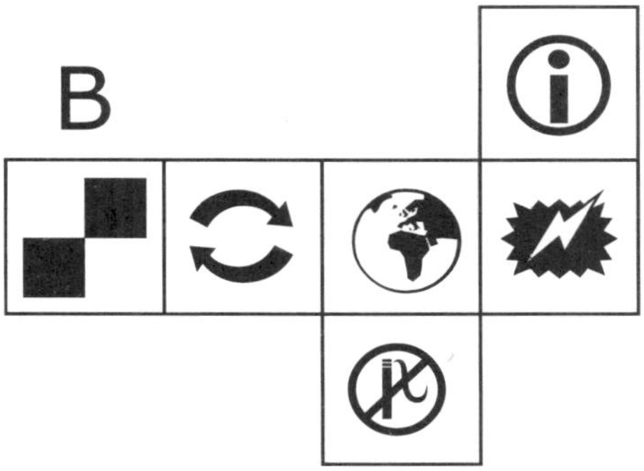

C

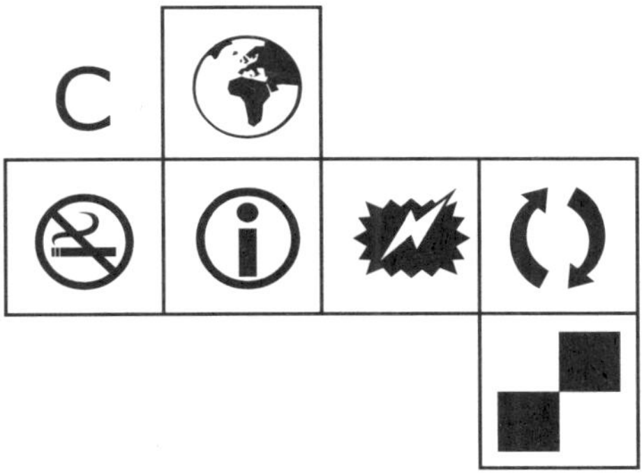

D

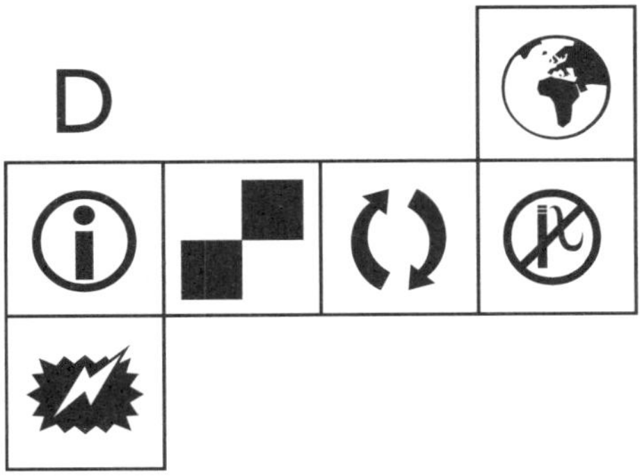

E

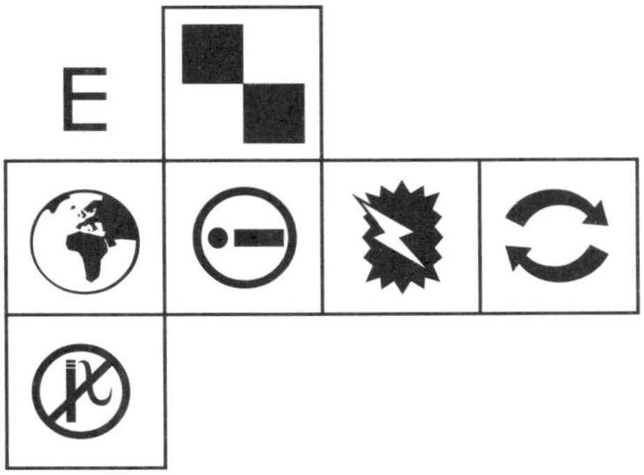

Gemeinsamkeiten ⑤

Was haben diese beiden Räder gemeinsam?
Nehmen Sie sich ein paar Minuten Zeit und lassen Sie sich
Eigenschaften, Funktionen, Merkmale usw. einfallen, die auf
beide Fahrräder zutreffen können.

Gemeinsamkeiten: _____

_____

_____

Wahrheit oder Lüge ⑤

Genau zwei der unten dargestellten Herren sagen die Wahrheit. Wer von ihnen ist ein Lügner?

Herr Main:
„Herr Zweif ist ehrlich!" ☐

Herr Drab:
„Wenn Herr Main die Wahrheit sagt, dann lügt Herr Zweif!" ☐

Herr Zweif:
„Herr Main ist ehrlich!" ☐

Netzwerk ⑤

Berechnen Sie folgende Summen:

1 Alle Zahlen in Rechtecken, die durch • • • • • • • • mit einem Oval verbunden sind.

Lösung: _____

2 Alle Zahlen in Ovalen, die durch ▬▬▬▬ mit einer Raute verbunden sind.

Lösung: _____

3 Alle Zahlen in Kreisen, die durch ▬ ▬ ▬ ▬ mit einem Oval verbunden sind.

Lösung: _____

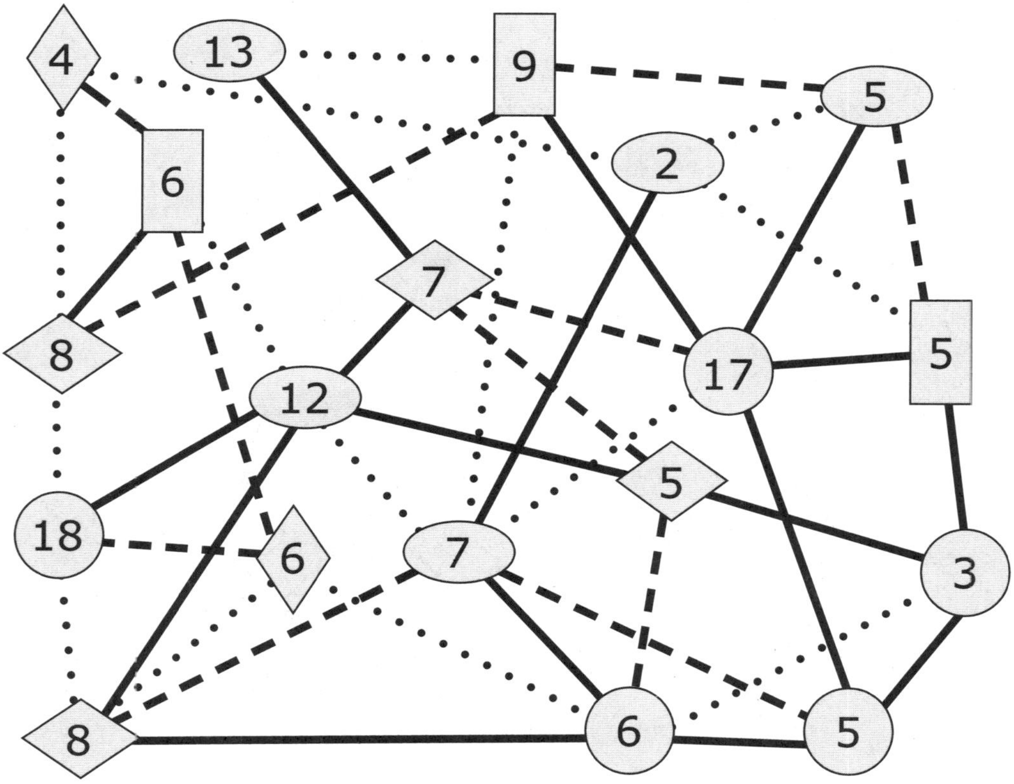

Fleißige Bienchen ⑤

Hier gilt es herauszufinden, in welchen Waben sich
Bienen versteckt halten. In jeder Wabe steht eine Zahl;
diese gibt an, in wie vielen der direkt angrenzenden Waben sich
eine Biene befindet. Malen Sie die besetzten Waben schwarz aus.

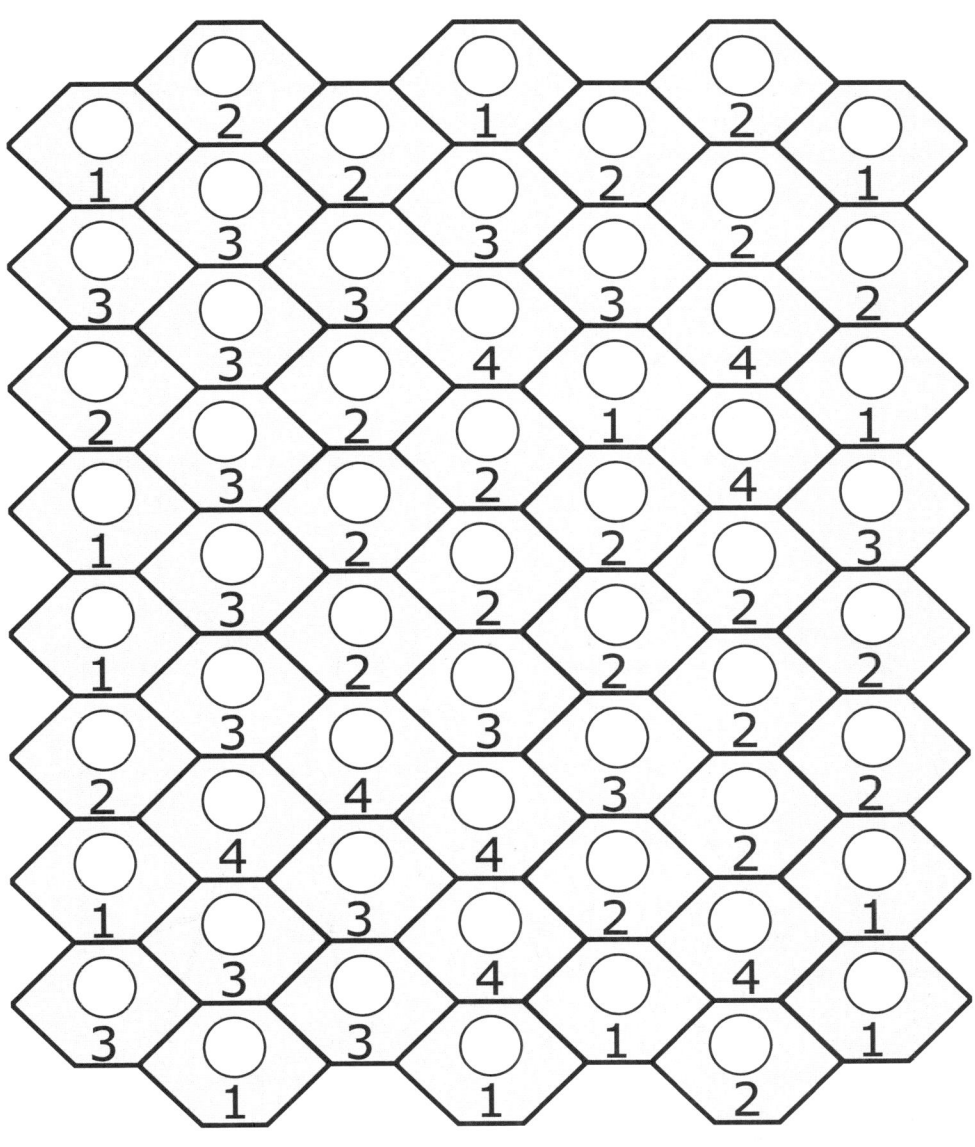

Sandwich ⑤

Gesucht wird hier jeweils ein Wort, das – entsprechend gebeugt – dem oberen Wort angefügt und dem unteren vorangestellt werden kann, sodass jeweils eine sinnvolle Verbindung entsteht.

Arbeits...
1)
...schimmel

Regen...
2)
...brand

Hunde...
3
...zwang

Haus...
4)
...schaden

Donner...
5)
...bericht

Brett...
6)
...trieb

Segel...
7)
...schraube

Hürden...
8)
...feuer

Zahlensuchspiel ⑤

Zehnmal haben wir hier die Zahl 96321 versteckt. Diese ist
entweder waagerecht oder senkrecht in den Zeilen bzw. Spalten
zu lesen. Und manchmal sogar rückwärts!

5	9	2	6	2	8	6	7	5	3	2	4	5	6	7	6	2	3
3	6	5	7	4	7	1	5	4	3	3	6	7	2	8	3	4	1
2	3	6	9	8	4	2	8	2	7	1	9	6	3	2	1	6	7
8	2	6	5	1	2	3	9	2	7	5	6	5	9	3	8	3	5
6	1	7	2	4	2	6	6	3	2	8	4	7	5	2	8	6	7
7	8	6	7	2	6	9	3	6	9	6	3	2	1	5	1	7	2
5	7	8	6	9	3	4	2	8	6	7	5	8	4	8	6	3	5
7	9	6	3	2	1	7	2	1	8	4	8	2	8	6	9	5	2
5	9	2	6	2	8	6	7	5	3	2	4	5	6	7	6	2	3
3	4	5	7	4	7	6	5	4	3	9	6	7	2	8	3	4	1
9	6	3	2	1	4	2	8	2	7	6	0	9	6	3	2	1	7
8	5	6	5	1	2	8	6	2	7	3	6	5	9	3	1	3	5
6	2	7	9	6	3	2	1	3	2	2	4	7	5	2	8	6	7
7	8	6	7	2	6	2	3	6	7	1	8	6	6	5	1	7	2

Komplexes Wörterspiel ⑤

Wenn Sie die Buchstaben in den Ovalen zu Wörtern zusammensetzen, erhalten Sie links und rechts zwei Hinweise auf das jeweilige Wort in der Mitte. Felder, die ein Strich miteinander verbindet, enthalten die gleichen Buchstaben. Die grauen Felder ergeben schließlich von oben nach unten gelesen das Lösungswort.

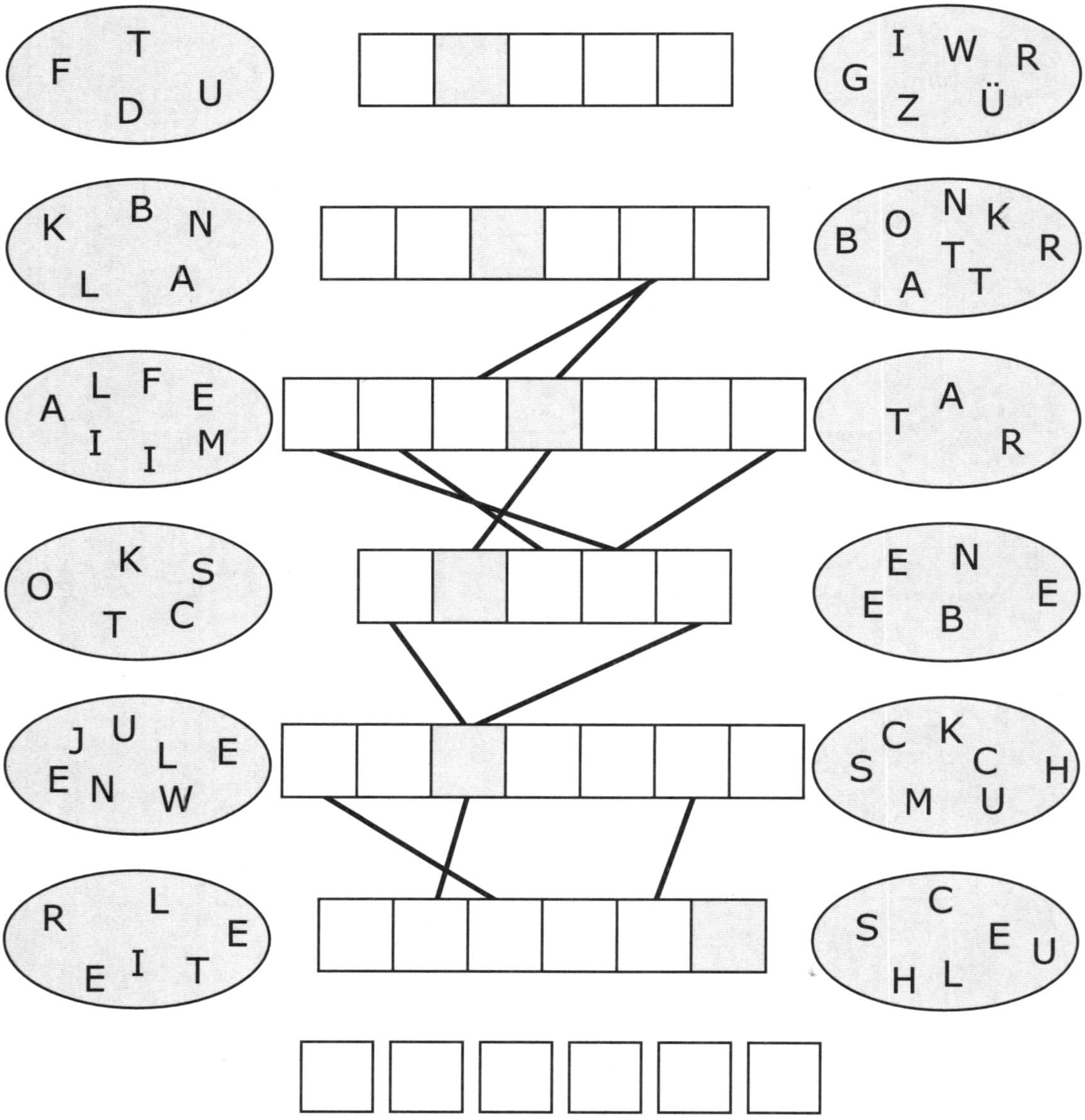

Lösungswort

Mathe-Ass ⑤

Nach welcher rechnerischen (immer gleichen) Regel
resultiert aus der linken Zahl die rechte Zahl?
Welche Zahl müssen Sie demnach in das letzte Feld mit
dem Fragezeichen eintragen? Notieren Sie darunter die
rechnerische Regel, die hier immer aus zwei Funktionen besteht
(z.B. „x2 –5").

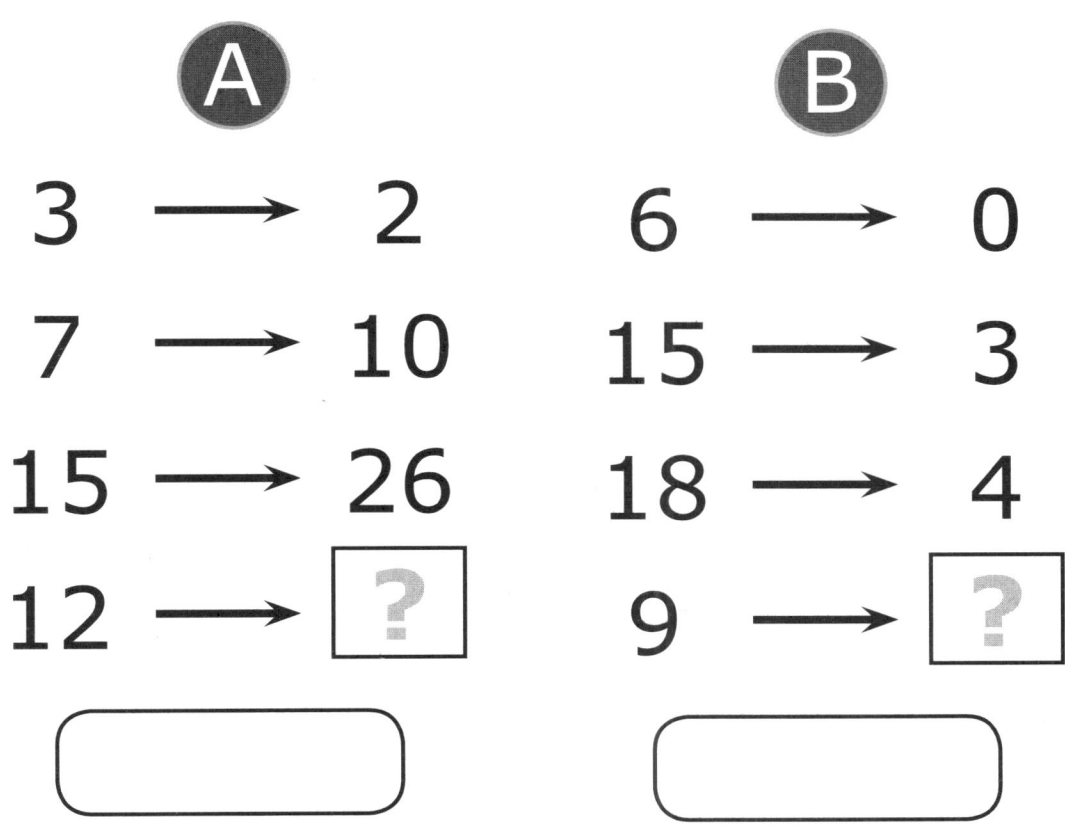

A

$3 \longrightarrow 2$

$7 \longrightarrow 10$

$15 \longrightarrow 26$

$12 \longrightarrow$ [?]

B

$6 \longrightarrow 0$

$15 \longrightarrow 3$

$18 \longrightarrow 4$

$9 \longrightarrow$ [?]

Synonyme Pärchen ⑤

Unter den sieben Wörtern eines jeden Kästchens
befinden sich zwei Synonyme – Wörter also, die eine
ähnliche Bedeutung haben.

1

- ☐ a begünstigen
- ☐ b veranschaulichen
- ☐ c erledigen
- ☐ d beschließen
- ☐ e dämpfen
- ☐ f fördern
- ☐ g anbrechen

2

- ☐ a einfarbig
- ☐ b gewappnet
- ☐ c gemeinsam
- ☐ d kooperativ
- ☐ e abgerundet
- ☐ f gleichartig
- ☐ g rastlos

3

- ☐ a deutlich
- ☐ b unruhig
- ☐ c gerecht
- ☐ d verträumt
- ☐ e fehlerfrei
- ☐ f ausgebucht
- ☐ g angespannt

4

- ☐ a gebührenlos
- ☐ b dreckig
- ☐ c dichterisch
- ☐ d putzig
- ☐ e plötzlich
- ☐ f schlagartig
- ☐ g gleichzeitig

Strukturelle Identitäten ⑤

Betrachten Sie die Strukturen der neun Quadrate.
Genau drei davon sind identisch, aber gedreht. Welche?

①

②

③

④

⑤

⑥

⑦
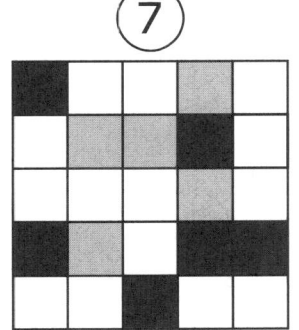

⑧
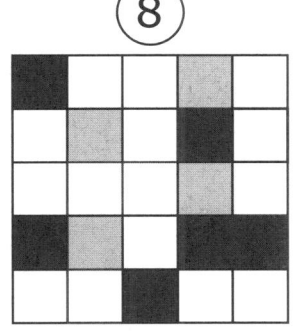

⑨

Lösung: _____ = _____ = _____

Im Rückwärtsgang ⑤

Der Schatz wurde gefunden. Wie kommen Sie nun zurück zum Ausgangspunkt? Bis zum Schatz sind Sie den Hinweisen gefolgt. Diese geben in Form von Buchstaben-Zahlen-Kombinationen an, wohin man vom jeweiligen Feld aus gehen muss. (So bedeutet zum Beispiel „u2" zwei Felder nach unten, „l4" vier Felder nach links usw.)

Beginnen Sie Ihre Reise zurück bei der Schatzkiste; suchen Sie dann das Feld, dessen Hinweis direkt zur Schatzkiste führte usw. Den gesuchten Ausgangspunkt haben Sie dann erreicht, wenn kein Hinweis mehr zur betroffenen Stelle führt. Es werden übrigens sämtliche Felder einmal beschritten.

	A	B	C	D	E	F	G	H
1	u6	r6	u4	u6	l2	l5	u5	l4
2	r4	o1	u5	l3	u3	l3	l5	u2
3	r7	r4	u3	r3	l1	u2	o2	l5
4	u2	l1	r3	u1	🎁	o3	l2	l4
5	o2	o2	r5	l2	l4	r1	o3	u1
6	r3	r4	l1	o4	o3	o4	o2	l3
7	r5	o3	r4	l2	o6	r2	l2	o5

Wörterketten ⑤

Bilden Sie aus den vorgegebenen Wörtern sinnvolle zusammengesetzte Hauptwörter, und zwar so, dass Sie damit eine Art Dominoreihe setzen können.

Beispiel: Wolke, Duft, Himmel, Rose
→ Rosenduft – Duftwolke – Wolkenhimmel

a | Haut, Blick, Netz, Fang

b | Rätsel, Ente, Braten, Zeitung, Soße

c | Zaun, Kaffee, Zeichen, Brett, Satz

d | Heim, Gurken, Haus, Spiel, Essig, Tier, Glas

Ringwörter ⑤

Setzen Sie Buchstaben so in die leeren Felder ein, dass sich kreisförmig ein Wort ergibt. (Dieses kann sowohl im als auch entgegen dem Uhrzeigersinn verlaufen.)

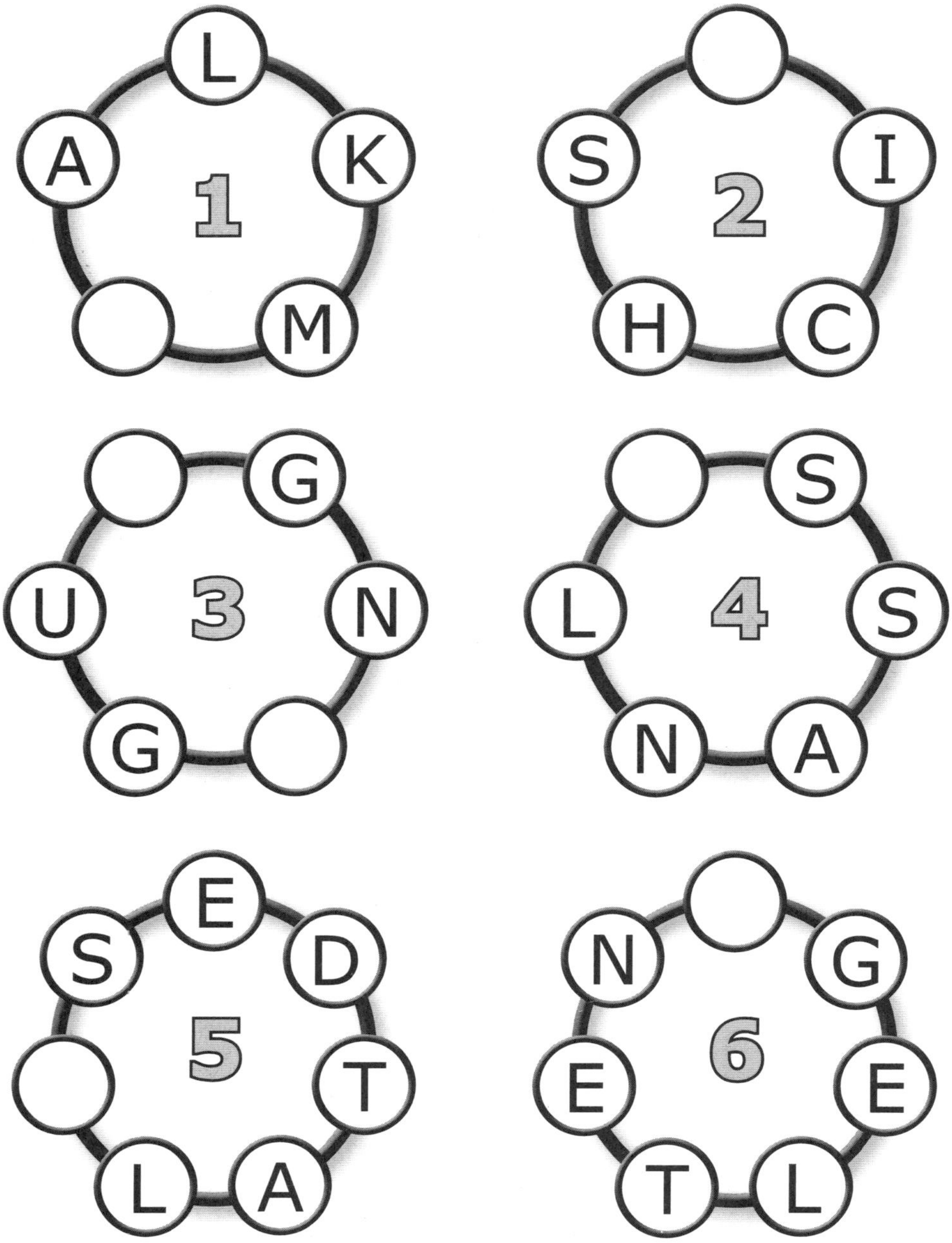

1 L, A, K, M

2 S, I, H, C

3 G, U, N, G

4 S, L, S, N, A

5 E, S, D, T, L, A

6 N, G, E, E, T, L

Blitzrechnen ⑤

Nun eine leichte Kopfrechenübung, die Sie möglichst schnell lösen sollen. Errechnen Sie die Quersummen der folgenden Zahlen (die Quersumme ist die Summe aller Einzelziffern; Beispiel: Quersumme von 68456: 6 + 8 + 4 + 5 + 6 = 29).

84562	
32147	
65412	
36985	
85214	
12458	
21475	
35369	
85742	
35472	
25479	
85423	

5241896	
5847423	
3241756	
9858574	
8547123	
9856231	
7456156	
5828963	
4613879	
9764314	
3791648	
6541239	

Gegenspieler gesucht ⑤

Verbinden Sie je zwei Begriffe aus der linken und rechten
Spalte, die eine gegenteilige Bedeutung haben.

gern (1) •　• (a) derzeit

gesichert (2) •　• (b) fleißig

langsam (3) •　• (c) gerade

dauerhaft (4) •　• (d) achtungsvoll

damals (5) •　• (e) lokal

geringschätzig (6) •　• (f) eingeschränkt

faul (7) •　• (g) abgeneigt

global (8) •　• (h) einfältig

synthetisch (9) •　• (i) belebt

intelligent (10) •　• (j) falsch

rund (11) •　• (k) kurzlebig

zerfurcht (12) •　• (l) brav

seicht (13) •　• (m) schriftlich

sonnig (14) •　• (n) eilig

schief (15) •　• (o) tief

trotzig (16) •　• (p) biologisch

mündlich (17) •　• (q) bedeckt

richtig (18) •　• (r) glatt

beträchtlich (19) •　• (s) eckig

abgeschieden (20) •　• (t) ungewiss

Startschwierigkeiten ⑤

In jeder dieser Teilaufgaben sind Wörter aufgelistet, die alle mit den gleichen Buchstaben beginnen. Finden Sie heraus, welche Buchstaben das sind, und tragen Sie sie in die Platzhalter ein (ein Buchstabe je Platzhalter).

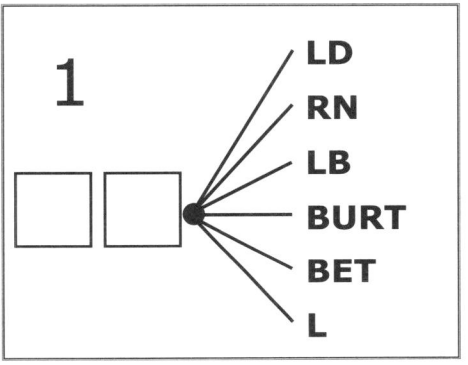

1

- LD
- RN
- LB
- BURT
- BET
- L

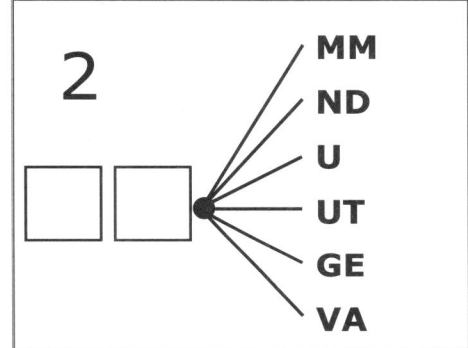

2

- MM
- ND
- U
- UT
- GE
- VA

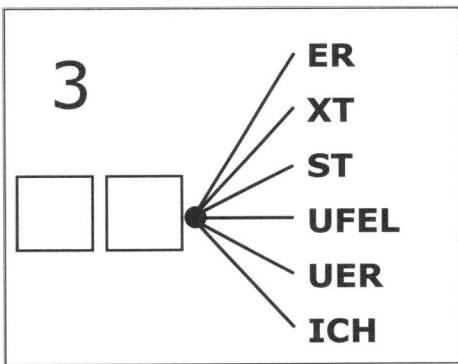

3

- ER
- XT
- ST
- UFEL
- UER
- ICH

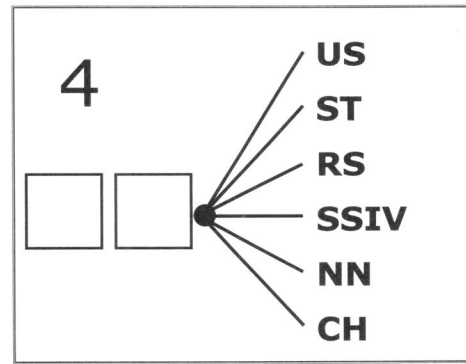

4

- US
- ST
- RS
- SSIV
- NN
- CH

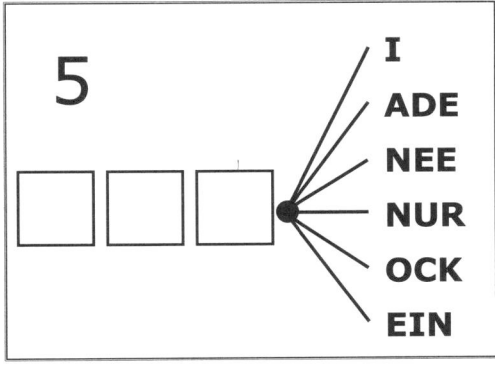

5

- I
- ADE
- NEE
- NUR
- OCK
- EIN

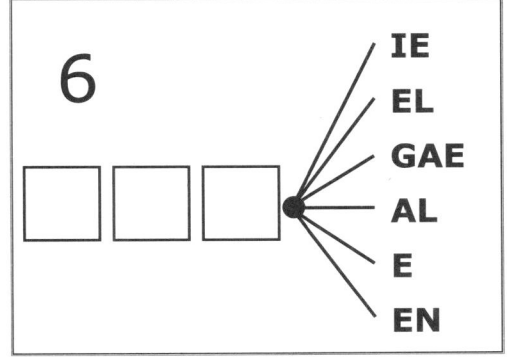

6

- IE
- EL
- GAE
- AL
- E
- EN

Lückentext ⑤

Lesen und gleichzeitig mitdenken – darauf kommt es in dieser Übung an. An verschiedenen Stellen im Text wurden mit Zahlen versehene Lücken gelassen. Schreiben Sie bitte die den Zahlen entsprechenden Begriffe in die Tabelle unten.

Am (1) steht natürlich der Plattenvertrag und ein eigenes (2). Seine erste CD mit zwölf (3) erscheint am kommenden Freitag, ein erstes (4) ist erst für den 21. Dezember geplant. Dazu kommen (5) eines Internetdiensts auch erste Werbeverträge. So habe ein Instrumentenhersteller, der auch Mundharmonikas (6), mit dem ehemaligen Gelegenheitsarbeiter zusammengearbeitet. Bei dem Künstler, der nach einem schweren (7) seine Arbeit als Gartenbauer verlor und in seiner Not als Straßenmusiker jobbte, ist die Firma wohl an der (8) Adresse: Nach eigenen Angaben (9) er selbst (10) an die einhundert Mundharmonikas. Selbst die Schauspielerei (11) für den Publikumsliebling, der durch das gewonnene Finale neben einem Sachgewinn auch 1.000.000 Euro Preisgeld erkämpfte, eine weitere (12)-Möglichkeit zu sein.

---

1) _____ 2) _____ 3) _____

4) _____ 5) _____ 6) _____

7) _____ 8) _____ 9) _____

10) _____ 11) _____ 12) _____

Spritztour ⑤

Folgen Sie der Zickzacklinie – beginnend bei „Start" –
und zählen Sie dabei, wie oft der Weg eine Richtungsänderung
nach rechts macht.

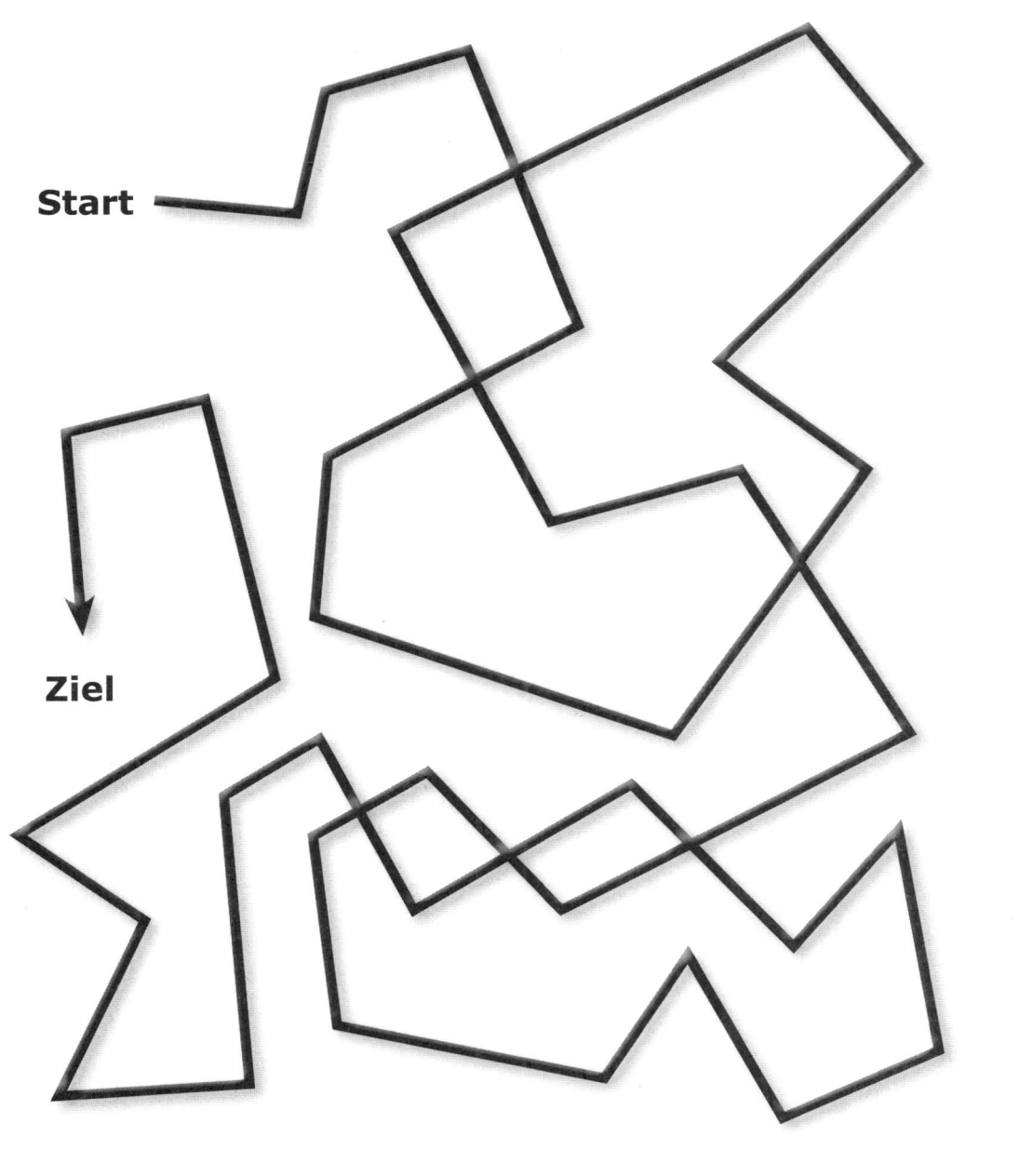

Start

Ziel

Drei Sorten einer Art ⑤

Finden Sie jeweils ein Wort, das jedem der drei angegebenen
Begriffe hinten angefügt werden kann, sodass neue zusammengesetzte Wörter entstehen.

1   Wasch...   Dampf...   Passagier... (_____)

2   Lösch...   Klee...   Fach... (_____)

3   Leitungs...   Hoch...   Spül... (_____)

4   Regen...   Bild...   Radar... (_____)

5   Taschen...   Glüh...   Steh... (_____)

6   Kurz...   Mikro...   Druck... (_____)

7   Ansichts...   Kredit...   Fahr... (_____)

8   Natur...   Straf...   Grund... (_____)

9   Arbeits...   Faust...   Zehn... (_____)

10   Ball...   Denk...   Kinder... (_____)

11   Alters...   Berufs...   Selbsthilfe... (_____)

12   Milch...   Literatur...   Film... (_____)

Schlussfolgerungen ⑤

Hier wird nach logischen Schlüssen gefragt. Je zwei Aussagen sind vorgegeben. Diese sollen als wahr angenommen werden, auch wenn sie möglicherweise in der Realität absurd sind. Der jeweils dritte Satz ist eine Schlussfolgerung, basierend auf den ersten beiden Aussagen. Eine Schlussfolgerung muss logisch korrekt und zwingend richtig sein. Überprüfen Sie bitte, ob diese Schlussfolgerungen stimmen.

1.
● Manche Karten sind neu.
● Manches Neue ist schön.

⇒ *Es gibt schöne Karten.*

☐ richtig   ☐ falsch

2.
● Nichts Erfreuliches braucht Zeit.
● Alle Grüße sind erfreulich.

⇒ *Manche Grüße brauchen Zeit.*

☐ richtig   ☐ falsch

3.
● Alle Gewürze sind gütig.
● Alles Reine ist gütig.

⇒ *Manches Gewürz ist rein.*

☐ richtig   ☐ falsch

Wettkampf ⑤

Ermitteln Sie aus den Hinweisen, welche Platzierungen die aufgelisteten Damen beim Wettbewerb erreichten. Tragen Sie als
Lösung die Platznummern in die leeren Kästen ein.

- Lena erreichte eine bessere Platzierung als
  Daniela.
- Gabi war erfolgreicher als Renate.
- Renate hat mehr Wettkampfspiele
  gewonnen als Daniela.
- Gabis Platzierung ist unter der von Lena.

☐ Daniela

☐ Gabi

☐ Lena

☐ Renate

Synonym-Trios gesucht ⑤

Finden Sie in jedem Kasten drei Begriffe, die eine ähnliche Bedeutung haben.

1.
- ☐ a Analyse
- ☐ b Anhänger
- ☐ c Prüfung
- ☐ d Tadel
- ☐ e Bestand
- ☐ f Untersuchung
- ☐ g Zugang

2.
- ☐ a Winter
- ☐ b Eingang
- ☐ c Eingabe
- ☐ d Portal
- ☐ e Name
- ☐ f Schwäche
- ☐ g Zugang

3.
- ☐ a Rufweite
- ☐ b Ferien
- ☐ c Fehde
- ☐ d Feindschaft
- ☐ e Konflikt
- ☐ f Entwurf
- ☐ g Poesie

4.
- ☐ a bedeutsam
- ☐ b eindruckvoll
- ☐ c verbindlich
- ☐ d gehorsam
- ☐ e nachdrücklich
- ☐ f imponierend
- ☐ g unscheinbar

5.
- ☐ a begeistert
- ☐ b heikel
- ☐ c befreit
- ☐ d bockig
- ☐ e abgenabelt
- ☐ f ergeben
- ☐ g emanzipiert

6.
- ☐ a bewandert
- ☐ b fundiert
- ☐ c beschlagen
- ☐ d blendend
- ☐ e blasiert
- ☐ f bedacht
- ☐ g gebildet

Eingeschränktes Chaos ⑤

Hier sollen Sie herausfinden, welches Wort jeweils hinter den Buchstaben steckt. Als wichtige Hilfestellung haben wir die Auswahl durch einen Oberbegriff eingeschränkt.

	Oberbegriff	Buchstabentausch	Lösung
a)	Dichter	ETOP	
b)	Gegner	DINFE	
c)	klug	RMTSA	
d)	Geschirr	RELETL	
e)	fest	SILATB	
f)	Kirche	LPEALKE	
g)	Spielzeug	RIDAERD	
h)	Bezirk	DRISTKIT	
i)	mobil	ECWBHIELG	
j)	Möbelstück	LDEUEOHRCC	

Doppelgänger ⑤

Unter den sieben Grafiken befinden sich sechs, die drei identische Zwillingspärchen bilden. Ein Bild hat keinen Doppelgänger. Welches?

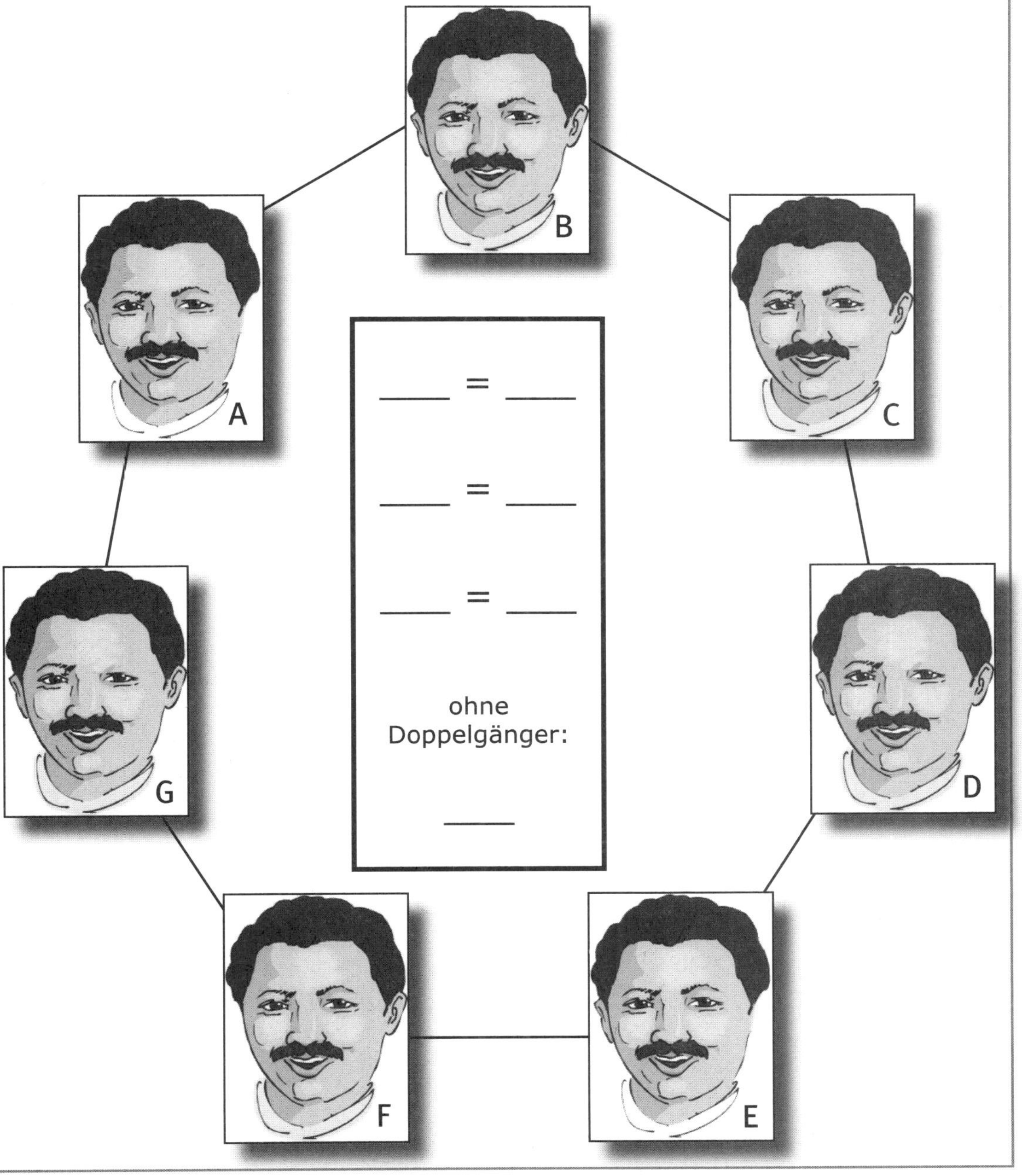

_____ = _____

_____ = _____

_____ = _____

ohne
Doppelgänger:

_____

Buchstaben suchen ⑤

Suchen und verbinden Sie alle Buchstaben, die in folgendem Zitat von Muhammad Ali stecken, und zwar in der Reihenfolge, in der sie auch im Satz vorkommen:
ICH BIN SO SCHNELL, DASS ICH, ALS ICH GESTERN NACHT IM HOTELZIMMER DEN LICHTSCHALTER UMLEGTE, IM BETT LAG, BEVOR DAS LICHT AUS WAR.

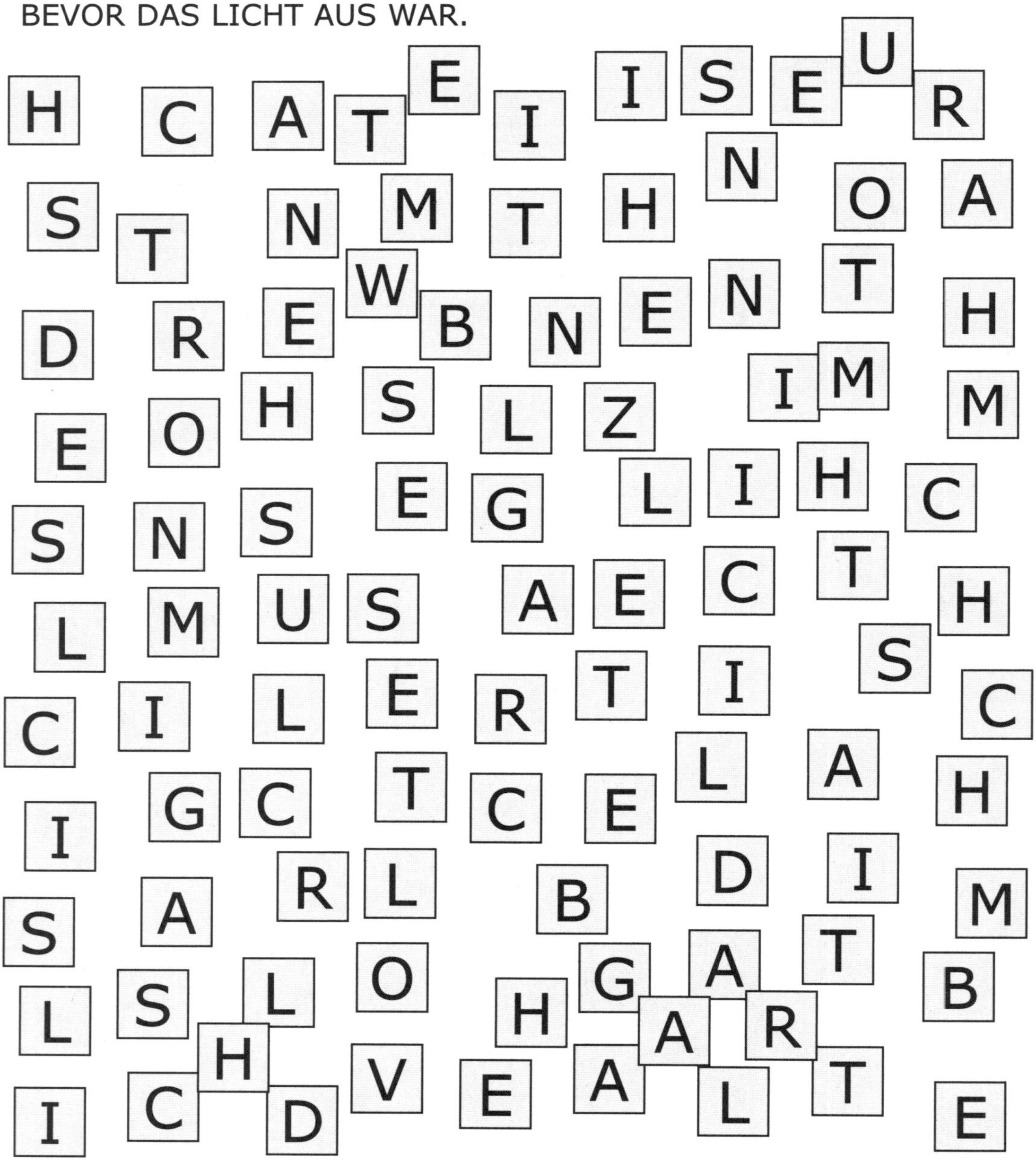

H C A T E I I S E U R
S N M T H N O A
T R W B N E N O T H
D R E B N I M M
E O H S L Z I H C
S N S E G L H T
L N M U S A E C S
L I L E R T I A H
C G C T C E L H
I R L B D I M
S A O H G A T B
L S L V E A L T E
I C H D

Doppel-Zahlensuche ⑤

Die beiden Zahlen, die oben vorgegeben sind, gilt es in den Zeilen zu finden. Sie sind dort mehrfach vorhanden und können sowohl vorwärts als auch rückwärts geschrieben sein.

5423   9856

```
62598542325468765893 8
92157298369856382983 7
98569127454526542326 5
64513163245464598565 9
29985635628723687499 6
71542347616589141985 6
29854064587932453892 3
48934526953654433245 2
64332459846589934634
54445263982354239398 5
64533245329813625484
46341625445423386589 6
```

Lösung:
Die vorgegebenen Zahlen sind
insgesamt ____-mal enthalten.

Wörtersuche ⑤

Finden Sie alle unten vorgegebenen Wörter. Diese können horizontal, vertikal, diagonal, vorwärts oder rückwärts geschrieben sein. Die übrig gebliebenen Buchstaben ergeben ein Sprichwort.

A	T	I	E	H	N	H	E	U	K	L	L	O	T	N
L	S	T	I	E	H	K	N	A	R	K	E	E	S	D
L	D	E	L	L	E	D	A	K	I	R	F	E	I	U
E	N	I	H	C	S	A	M	R	H	O	B	L	L	N
R	A	B	A	E	T	M	B	B	A	E	A	S	A	A
E	L	E	D	E	R	I	A	E	N	V	K	E	E	R
D	H	L	C	H	A	L	L	E	N	G	E	R	R	K
N	G	I	S	E	D	I	S	I	H	D	R	L	E	O
I	I	Z	N	S	E	E	A	A	L	G	S	U	L	S
C	H	E	T	S	T	U	M	P	F	A	I	B	L	E

ABENDS	DESIGN	MILIEU
BALSAM	ESTRADE	NARKOSE
BELIZE	FAIBLE	REALIST
BOHRMASCHINE	FRIKADELLE	SEEAAL
CHALLENGER	HIGHLANDS	SEEKRANKHEIT
CINDERELLA	INVALID	STUMPF
DAHLIE	KARAVELLE	TOLLKUEHNHEIT

Vierteldrehungen ⑤

Jedes Bild soll im nächsten Schritt immer um 90° im
Uhrzeigersinn verdreht sein. Finden Sie all diejenigen,
bei denen dies nicht zutrifft.

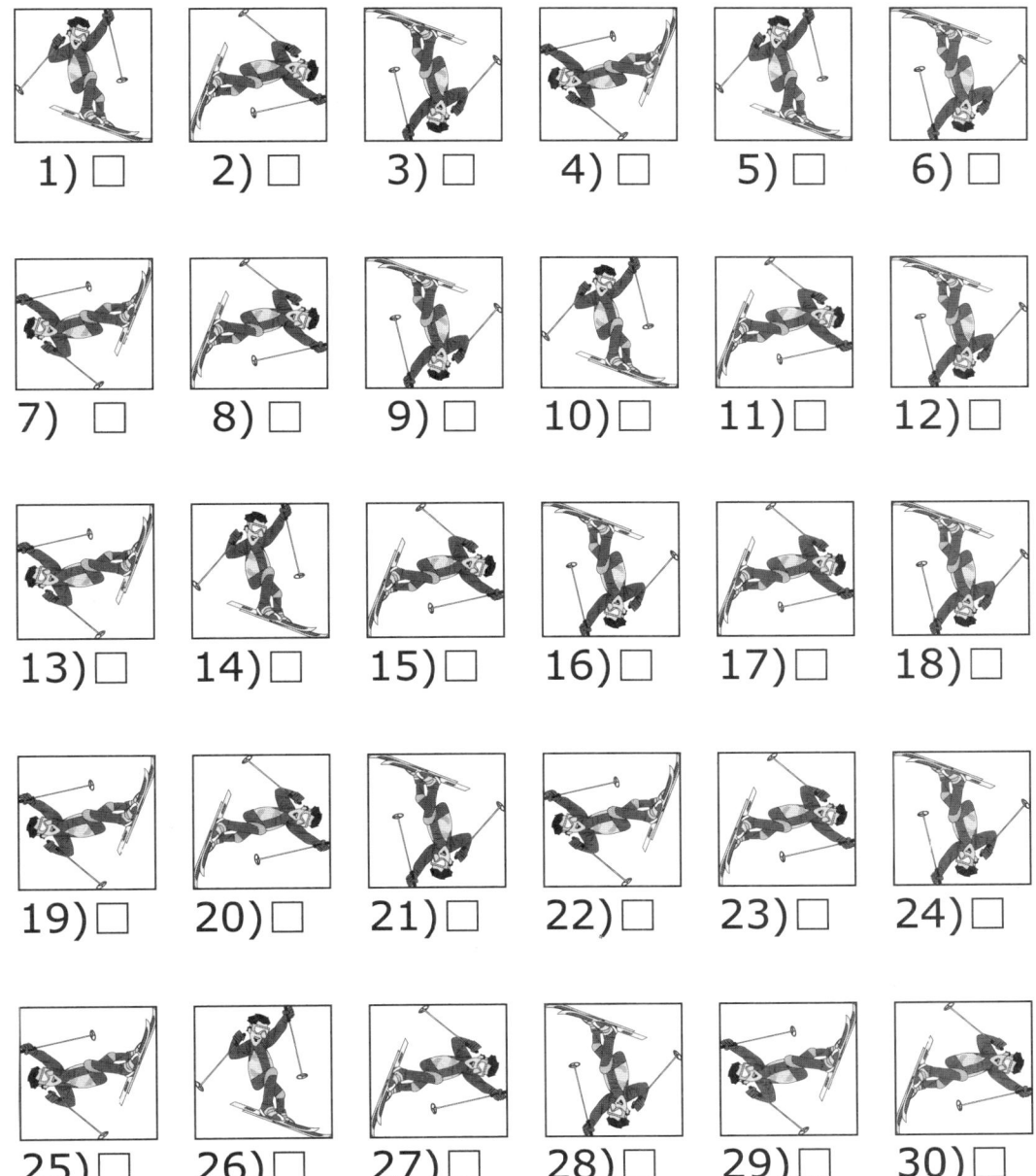

1) ☐　　2) ☐　　3) ☐　　4) ☐　　5) ☐　　6) ☐

7) ☐　　8) ☐　　9) ☐　　10) ☐　　11) ☐　　12) ☐

13) ☐　　14) ☐　　15) ☐　　16) ☐　　17) ☐　　18) ☐

19) ☐　　20) ☐　　21) ☐　　22) ☐　　23) ☐　　24) ☐

25) ☐　　26) ☐　　27) ☐　　28) ☐　　29) ☐　　30) ☐

Wortzählung ⑤

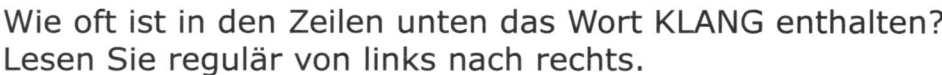

Wie oft ist in den Zeilen unten das Wort KLANG enthalten?
Lesen Sie regulär von links nach rechts.

KLANGKLANGNALGKLANG

GNALKLANGNKLANGKN

KLANGAKLANGNAKLANGA

KLANGNGNALKLANGKLAN

LGNALKLANGNALKLANGLA

GNALAKLANGNLAKAKLANG

KLANGGLAKLANGNALKAN

TRGNALKLANGKNGANTN

KLANGANLKLANGANGLNG

KALNKLANGANLKLANGKLA

KLATKLANGKLANGNALKN

Lösung:
Das Wort KLANG ist insgesamt _____-mal enthalten.

Streckenabschnitte ⑤

Sehen Sie genau hin. Welche der Teilstücke a bis f wurden aus dem oben dargestellten Wegverlauf herauskopiert?

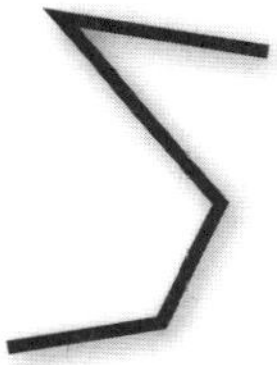

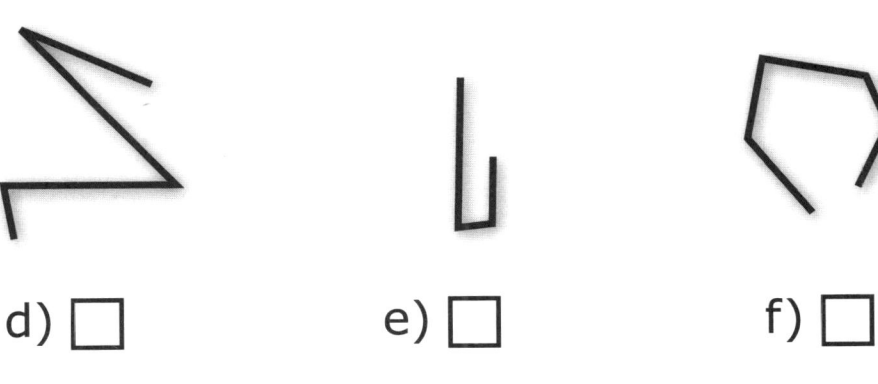

a) ☐

b) ☐

c) ☐

d) ☐

e) ☐

f) ☐

Tippfehlerteufel ⑤

In der jeweils unteren Zeile sind immer drei Zeichen falsch (sie entsprechen nicht den Zeichen darüber). Markieren Sie in jedem Kästchen diese drei Fehler.

```
45Iusa>7hJ=§d
43Iusb>ZhJ=§d
```

```
*-4+hJkg4$%/(
*-3+hIkg4$%/)
```

```
985GhGt$ttDs
983ghGt$tTDs
```

```
KLu76TdEbKl?ßk
KLU76TDEbKL?ßk
```

```
HjKlIUZ4wQou
HJKlIu74wQou
```

```
?=)(!"§$7&jUKL=
?0)(1"§$7&JUKL=
```

```
#.µUz((reD?bhH
#:µuz((reD?BhH
```

```
45mkJk)ßpOö#b
44mkjK)ßpOö#b
```

```
=?jUhZfD-ö+#
=?jUh7fD_ö-#
```

```
&8)?hZiKlLn:-)45
88)?hZIKlLn:-(45
```

```
QqweRTz6-KL9
QQweRtz6-kL9
```

```
-NhGd§f$g&j)j/6
-nhGd§f$g6J)j/6
```

Striche zählen ⑤

Markieren Sie alle b und g, zu denen insgesamt drei Querstriche gehören.

```
 =   −   =   =   −   −   −   −   −   −   −   =   =
 d   q   g   p   b   d   g   p   b   d   p   g   b
 =   =   =   −   =   −   =   =   −   −   =   −   −
 □   □   □   □   □   □   □   □   □   □   □   □   □

 −   =   =   −   −   =   =   −   −   =   =   =   =
 q   p   q   g   d   p   g   p   g   p   b   p   g
 =   −   −   =   −   −   =   −   =   −   −   −   =
 □   □   □   □   □   □   □   □   □   □   □   □   □

 =   −   =   −   =   −   −   =   −   −   =   −   =
 p   d   b   q   g   q   p   d   b   q   g   d   q
     =   =   −   =   −       −   =   −   =   −   =
 □   □   □   □   □   □   □   □   □   □   □   □   □

 −   =   =   =   −   =   =   =   −   −   −   =   −
 q   g   d   b   d   b   q   d   p   q   p   b   p
 =   −       −   =   −   −   =   =   =   =   −   =
 □   □   □   □   □   □   □   □   □   □   □   □   □

 =   −   =   −   −   =   =   −   =   −   −   =   =
 q   p   d   g   d   p   q   b   d   g   q   b   d
 −   =   =   −   =   =   −       =       −   =   −
 □   □   □   □   □   □   □   □   □   □   □   □   □
```

Buchstabenfüller ⑤

Tragen Sie die fehlenden Buchstaben ein und bilden Sie
zügig sinnvolle Wörter.

B_fu_d
Ha_d
Da_ne
We_de
B_in
Z_un
Fuc_s
T_ller

T_sch
Kab_l
Mo_ge_
K_os_er
M_ler
Be_t
S_hne_
Ta_ne

S_uhl
Bi_d
Kat_e
W_n_er
Kn_pf
Sc_al
Ja_ke
A_end

Tas_e
M_us
Sch_ff
zea
K_ippe
L_st_r
_omm_r
Ta_te

Zahlen und Formen ⑤

Jeder Zahl von 1 bis 9 ist eine bestimmte Form zugeordnet. Zeichnen Sie unten in die leeren Kästchen die fehlenden
Formen skizzenhaft ein. Gehen Sie der Reihe nach vor und überspringen Sie keine Felder.

1	2	3	4	5	6	7	8	9
✗	●	⌘	■	◆	←	⌂	♎	□

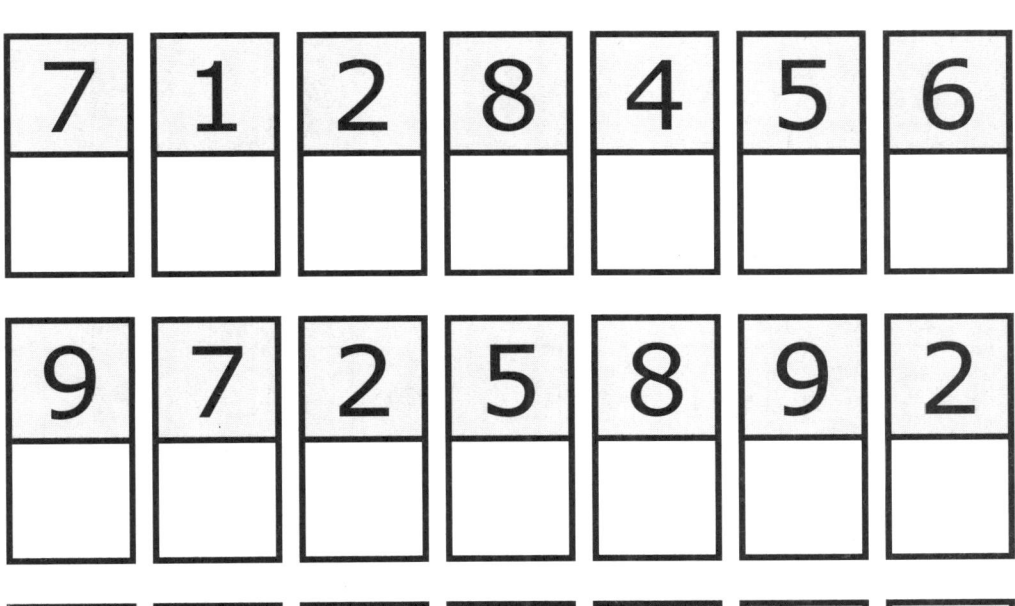

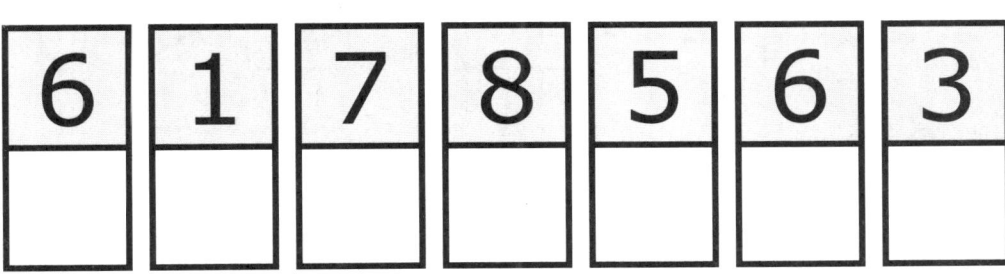

Vokalsumme ⑤

Beginnen Sie links oben bei der 8 und folgen Sie danach
den Pfeilen. Steht ein Vokal vor der Zahl, müssen Sie
diese Zahl hinzuzählen. Ist dort ein Konsonant, müssen Sie sie
abziehen. Zu welchem Ergebnis führt dieser Weg?

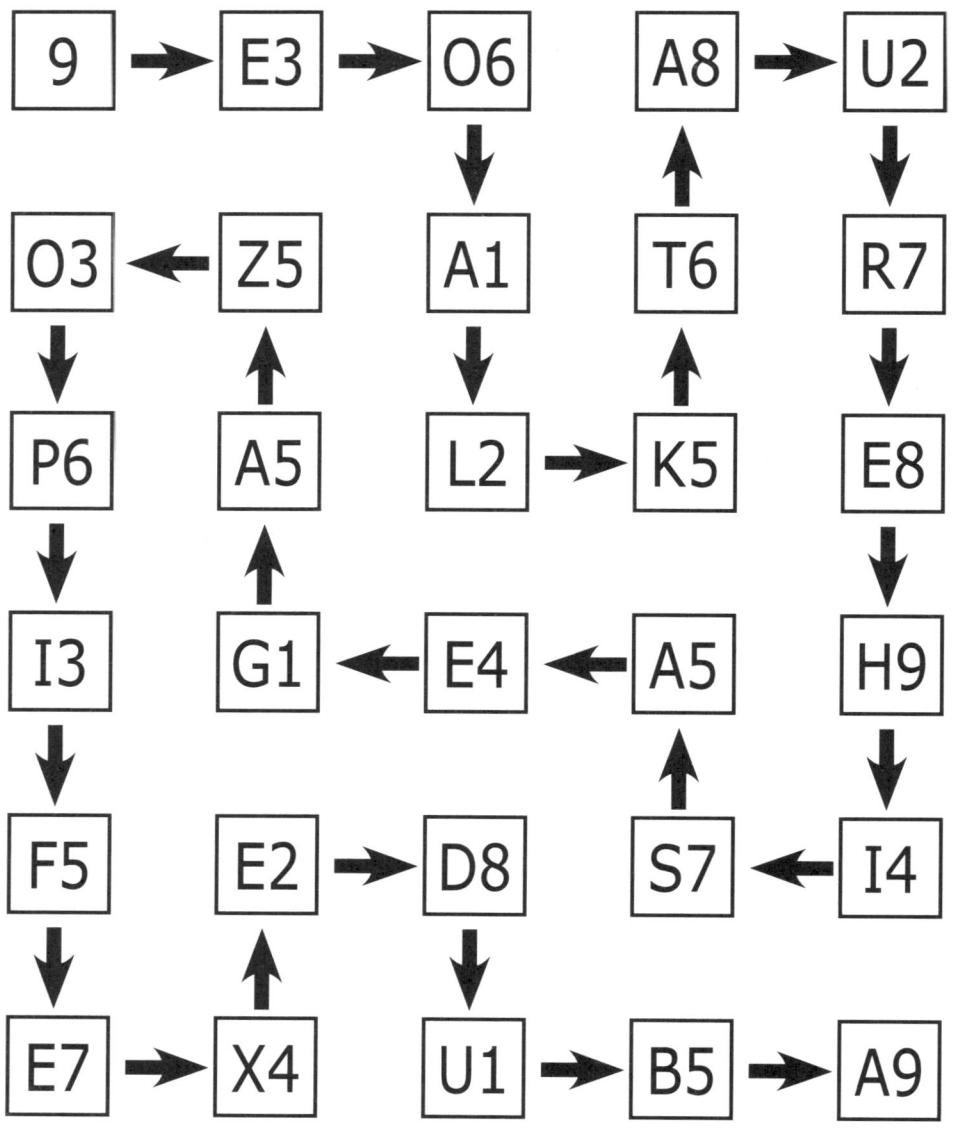

Förmlichkeiten ⑤

Notieren Sie in jedem Dreieck eine 2, in jedem Viereck
eine 3, in jedem Fünfeck eine 5, in jedem Sechseck
eine 8, in jedem Siebeneck eine 7 und in jedem Achteck eine 4.
Addieren Sie dann alle geraden Zahlen und subtrahieren Sie alle
ungeraden. Auf welches Ergebnis kommen Sie?

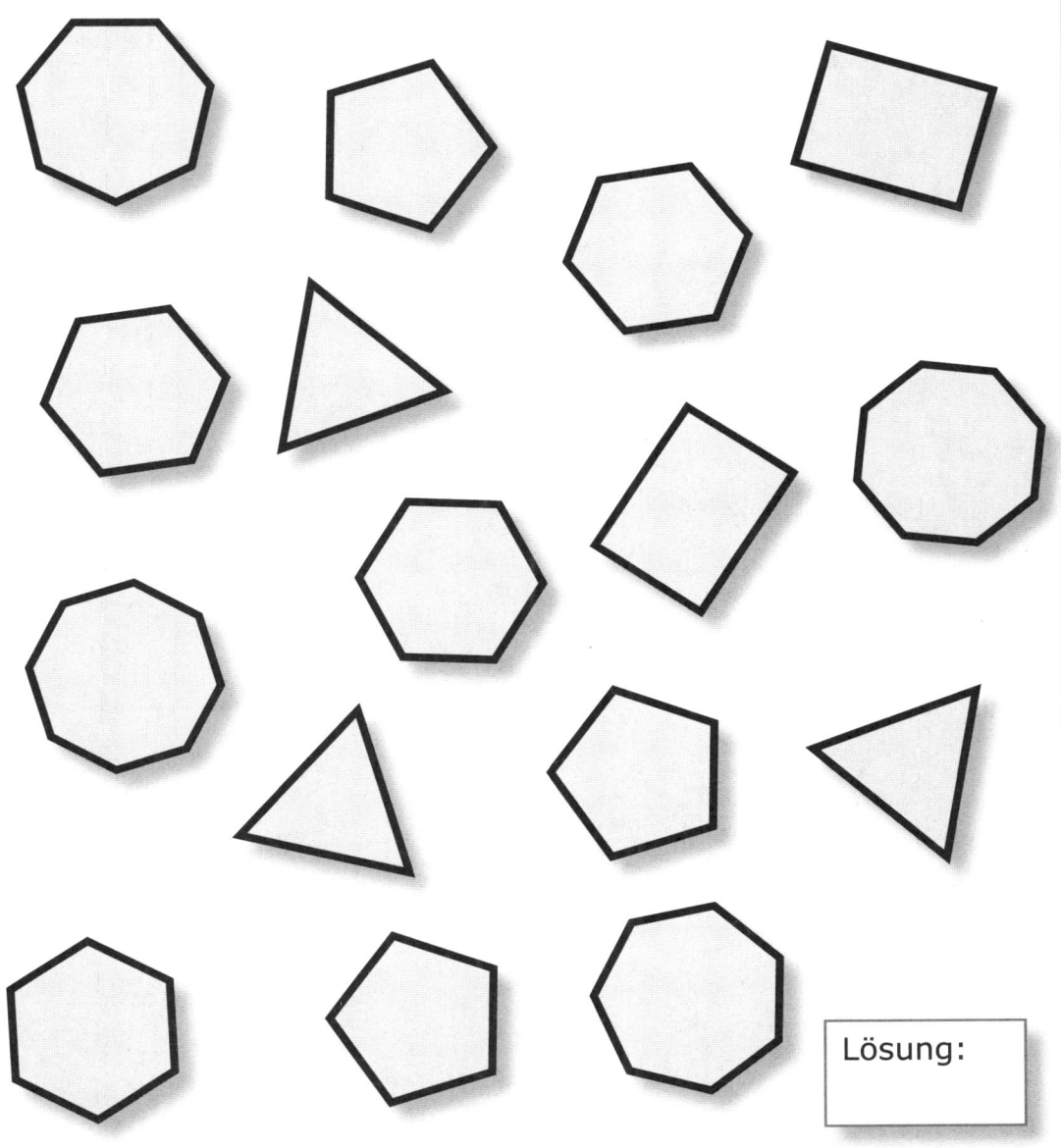

Lösung:

Ergebnisdifferenzen ⑤

Jede Aufgabe besteht aus zwei kleinen Rechenaufgaben. Lösen Sie beide und ziehen Sie dann vom
größeren Ergebnis das kleinere ab, ermitteln Sie also die
Differenz aus beiden Ergebnissen. Dies sollte ohne Notizen
erfolgen.

a)
$$5 - 4 + 3$$
$$7 + 8 - 5$$

b)
$$6 - 6 + 8$$
$$5 + 4 - 8$$

c)
$$3 - 2 + 5$$
$$9 + 9 - 9$$

d)
$$7 - 1 + 3$$
$$5 + 8 - 7$$

e)
$$9 - 6 + 4$$
$$5 + 3 - 6$$

f)
$$8 - 7 + 6$$
$$3 + 4 - 6$$

Malen auf dem Kopf ⑤

Zeichnen Sie die Symbole aus der oberen Hälfte spiegelbildlich in die entsprechenden leeren Felder der unteren Hälfte.
Ein Beispiel ist bereits vorgegeben.

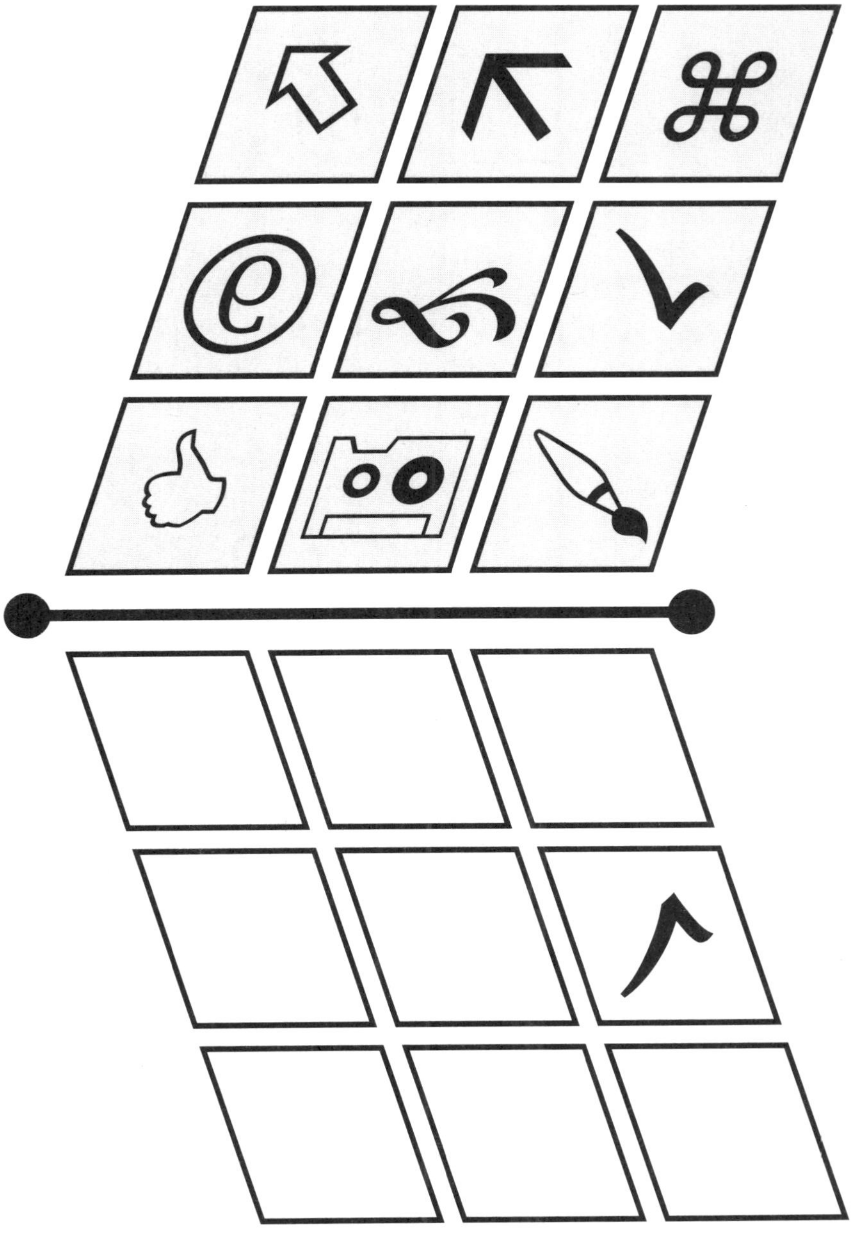

Grenzbereiche ⑤

Jede Teilaufgabe enthält zwei Zahlen. Sie sollen alle
markieren, die folgende Bedingungen erfüllen:
Obere Zahl: 123 bis 307
Untere Zahl: 0,3561 bis 0,8532

a) $\dfrac{121}{0,3556}$ ☐

b) $\dfrac{131}{0,7895}$ ☐

c) $\dfrac{303}{0,2889}$ ☐

d) $\dfrac{265}{0,8213}$ ☐

e) $\dfrac{258}{0,4589}$ ☐

f) $\dfrac{390}{0,7845}$ ☐

g) $\dfrac{189}{0,4556}$ ☐

h) $\dfrac{244}{0,9632}$ ☐

i) $\dfrac{278}{0,4568}$ ☐

j) $\dfrac{145}{0,5814}$ ☐

k) $\dfrac{133}{0,3581}$ ☐

l) $\dfrac{214}{0,1258}$ ☐

Verlorene Begriffe ⑤

Vergleichen Sie diese beiden Kästen. Welche zwei Wörter im unteren Kasten kommen im oberen nicht vor?

Blatt   Mut   Zeit
Rot   Baum   Schirm   Stift
Höhe   Licht
Kabel   Kanne
Qual   Schrank   Dreieck
Tür
Bein
Fenster   Juwel   Halm

Halm   Kanne
Zeit   Höhe
Schirm   Baum
Mut   Berg   Tür
Kabel   Blatt
Qual
Stift   Licht
Rot   Schrank
Dreieck   Maus
Bein
Juwel   Fenster

Oben fehlen die Wörter _____ und _____.

Nadeln im Heuhaufen ⑤

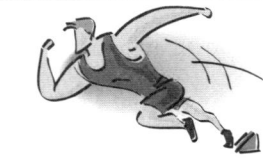

Wo sind die jeweils links vorgegebenen Figuren versteckt?

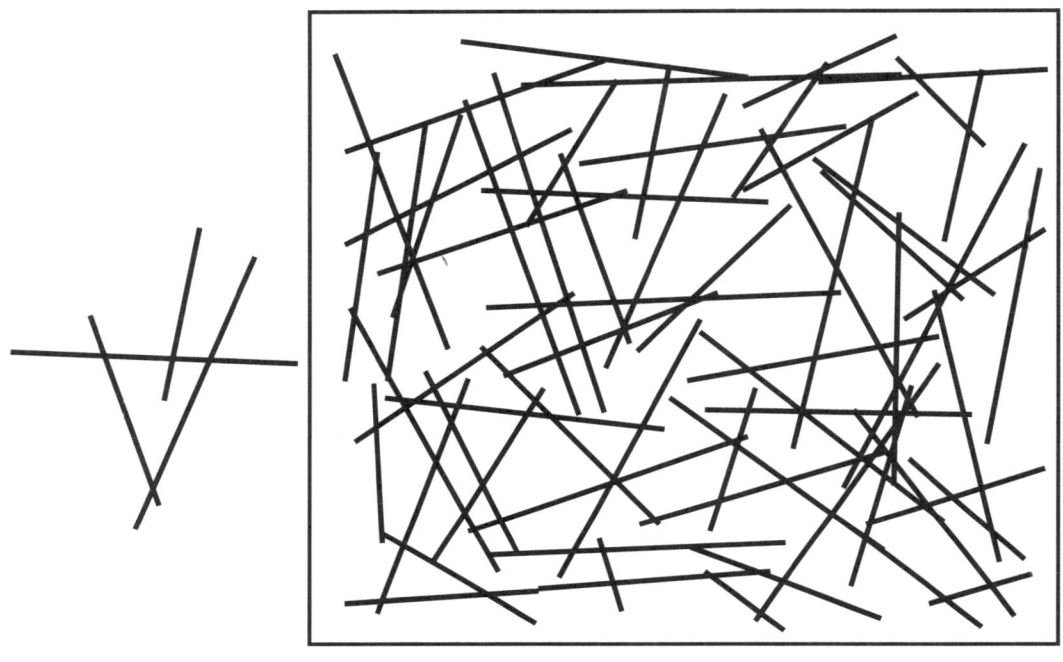

Summenkontrolle ⑤

Überprüfen Sie bei den folgenden Aufgaben die Ergebnisangaben. Stimmen die Summen, die rechts neben und unter den Zahlen stehen? Notieren Sie bei jeder Teilaufgabe die Anzahl der falschen Ergebnisse (0 bis 4).

a)

33 + 47	= 80
+ +	
69 + 24	= 93

=   =
102   70

b)

65 + 71	= 136
+ +	
68 + 54	= 122

=   =
134   124

c)

69 + 48	= 118
+ +	
45 + 31	= 77

=   =
113   80

d)

17 + 46	= 63
+ +	
75 + 42	= 118

=   =
92   87

e)

38 + 91	= 129
+ +	
64 + 15	= 78

=   =
101   105

f)

47 + 71	= 118
+ +	
51 + 36	= 87

=   =
98   107

Verdrehte Doppelgänger ⑤

Jedes Bild ist zweimal vorhanden, allerdings ist der
jeweilige Doppelgänger verdreht und gespiegelt.
Welche sind die Pärchen?

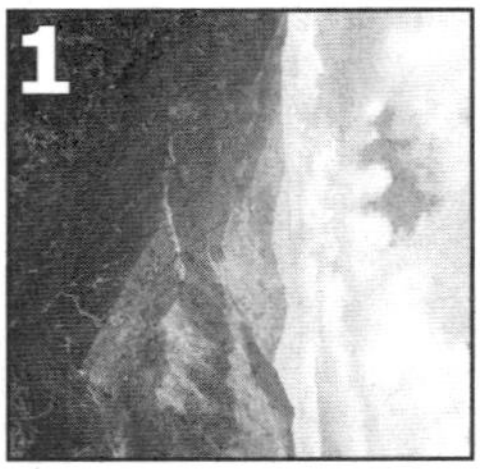

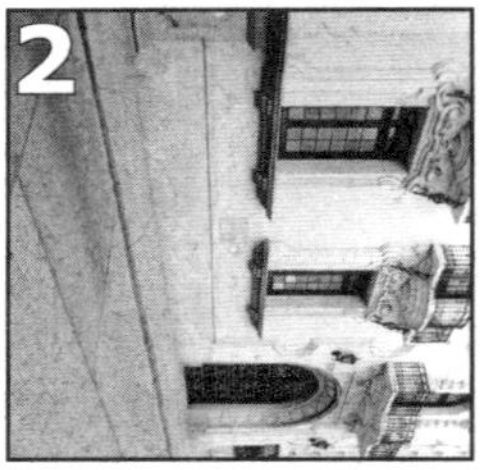

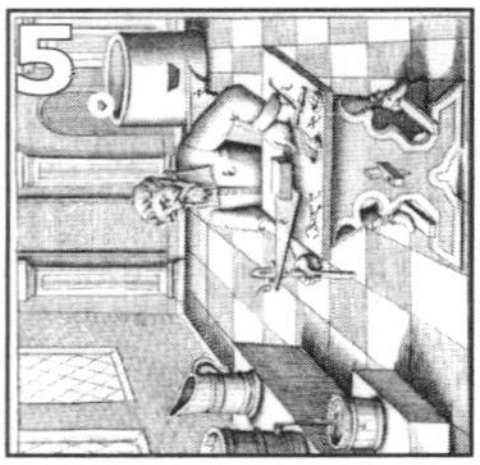

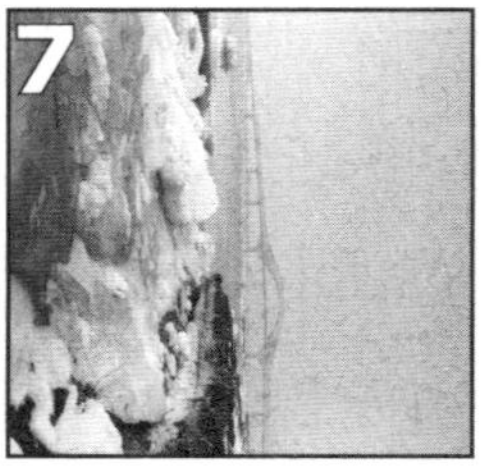

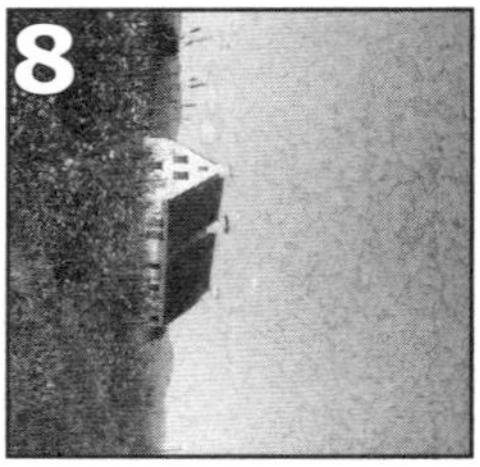

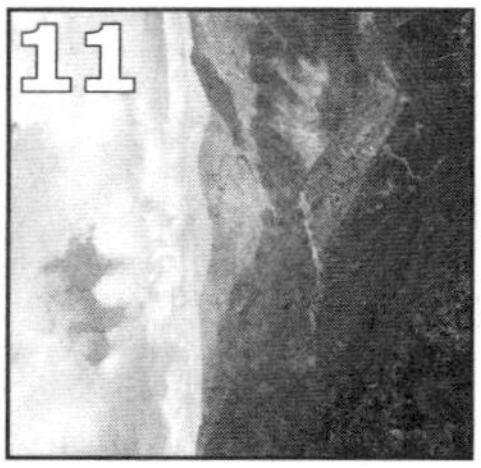

1	**2**	**3**	**4**
5	**6**	**7**	**8**
9	**10**	**11**	**12**
13	**14**	**15**	**16**

☐ = ☐   ☐ = ☐   ☐ = ☐   ☐ = ☐

☐ = ☐   ☐ = ☐   ☐ = ☐   ☐ = ☐

Rückwärts lesen ⑤

Eine herrlich ungewohnte Herausforderung für Ihre grauen Zellen. Dieser Text ist spiegelverkehrt abgedruckt, er muss also von rechts nach links gelesen werden.

Die Volkswirtschaftslehre beschäftigt sich mit der Knappheit von Gütern und Produktionsfaktoren, die der Bedürfnisbefriedigung der Wirtschaftssubjekte dienen, und untersucht die Zusammenhänge bei der Verteilung dieser Ressourcen. Dieses Spannungsfeld modelliert die Wissenschaft sowohl einzelwirtschaftlich als auch gesamtwirtschaftlich. Es wird versucht, Gesetzmäßigkeiten zu finden und daraus Handlungsempfehlungen abzuleiten.
Gleichzeitig beschäftigt sie sich mit der Frage: Welches Handeln bringt den größtmöglichen Nutzen?

Frage: Mit welcher Frage beschäftigt sich die Volkswirtschaftslehre?
Antwort: _____

Falscher Drilling ⑤

Je ein Bild ist anders als die anderen beiden. Finden Sie dieses in jeder Zeile.

1

2

3

4

Pilotentraining ⑤

Ein Doppeldecker fliegt zunächst in Richtung Westen. Dann vollzieht der Pilot mehrere Lenk- und Drehmanöver. Wohin fliegt
das Flugzeug danach? (Bezugspunkt bei den Richtungsänderungen ist das Flugzeug; rechts ist demnach dort, wo die rechte
Tragfläche ist, unten dort, wo die Räder sind, usw.)

- Dreiviertelschraube im UZS*

- 90° nach unten

- Viertelschraube entgegen dem UZS

- 90° nach rechts

- Halbe Schraube

- 90° nach oben

- 90° nach links

- Viertelschraube im UZS

- 90° nach rechts

diese Bewegung ist
eine Schraube

Uhrzeigersinn

Lösung: Nach diesen Lenkmanövern fliegt
das Flugzeug in Richtung

☐ Nord   ☐ Ost   ☐ Süd   ☐ West

Chaotische Zahlensuche ⑤

Suchen Sie hier die Zahlen von 9 bis 40 in ihrer natürlichen Reihenfolge. Viele Zahlen sind als Wort dargestellt, was das Gehirn immer wieder zum Umdenken zwingt.

Elf   28   12

Siebzehn   10

Vierzig   16   Fünfundzwanzig

37

Neun   Vierzehn

Neunundzwanzig

24

Fünfunddreißig   Neunzehn

33

18   Dreizehn

Zwanzig   21

30

Vierunddreißig   Siebenundzwanzig

Dreiundzwanzig   26

36   Achtunddreißig

Fünfzehn

Zweiundzwanzig

Einunddreißig   32   39

Füllwörter ⑤

Lassen Sie sich zu den vorgegebenen Anfangs- und Endbuchstaben jeweils zehn Wörter einfallen. (Gültig sind nur die jeweiligen Grundwörter, also zum Beispiel „Buch" und nicht „Bücher", „bunt" und nicht „bunte", „Tee" und nicht „Teesieb".)

W ... E

1.	2.
3.	4.
5.	6.
7.	8.
9.	10.

F ... R

1.	2.
3.	4.
5.	6.
7.	8.
9.	10.

Rösselsprung ⑤

Aus den Wörtern in den Feldern lässt sich eine kluge Aussage bilden. Sie müssen wie das Pferd auf dem Schachbrett ziehen, um von einem zum anderen Wort zu gelangen. Beachten Sie bei den Platzhaltern unten die vorgegebenen Satzzeichen.

WINTER	KEINE	EINER	EINEM	EIN
IST	SONNI-GEN	URLAUB	DIR	DER
KARTE	TRÜBS-TEN	MACHT	WAHRER	AN
TRAUM-STRAND	FREUND	SCHICKT	IM	UND

Zu diesen Feldern kann ein Pferd springen:

"_____ _____ Freund _____ _____,
_____ _____ _____ Winter _____

_____ _____ _____ _____

_____ _____ _____ _____."

Nahaufnahme ⑤

Können Sie erahnen, welche Gegenstände hier in
Ausschnitten gezeigt werden?

1

2

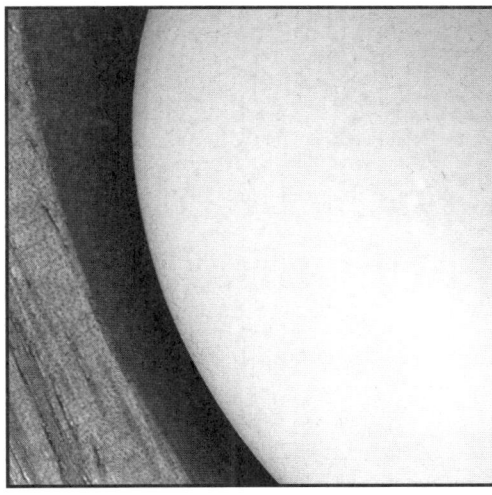

Machen Sie zum Abschluss diesen Test Nummer 6. Lösen Sie die Aufgaben bestmöglich. (Gelegentliche Fehler bleiben unberücksichtigt.) Tragen Sie das Ergebnis in Ihre persönliche Fortschrittstabelle auf Seite 11 ein.

A Lösen Sie schnellstmöglich die folgenden Rechenaufgaben und stoppen Sie die benötigte Zeit.

$18 - 5 =$	$8 + 7 =$	$4 \times 6 =$	$15 - 8 =$
$6 \times 4 =$	$16 - 8 =$	$7 + 8 =$	$9 + 5 =$
$6 + 4 =$	$5 \times 2 =$	$19 - 3 =$	$10 - 4 =$
$13 - 6 =$	$3 + 5 =$	$5 \times 7 =$	$3 \times 6 =$
$8 \times 8 =$	$16 - 3 =$	$6 + 8 =$	$5 + 9 =$

Benötigte Zeit ☐ **:** ☐
Min./Sek.

B Machen Sie je ein Kreuz bei allen Zahlen, deren linke Ziffer gerade und deren rechte Ziffer ungerade ist. Wie schnell schaffen Sie das? Notieren Sie unten die Zeit.

☐ 59	☐ 27	☐ 97	☐ 74	☐ 31
☐ 61	☐ 84	☐ 35	☐ 29	☐ 52
☐ 15	☐ 76	☐ 53	☐ 49	☐ 18
☐ 86	☐ 12	☐ 66	☐ 98	☐ 43

Benötigte Zeit ☐ **:** ☐
Min./Sek.

C Unterstreichen Sie in dieser Liste alle Wörter, die exakt BURU lauten.

BUPU	RUPU	PUPU	BUBU	BUPU	BUPU	RUBU
PUBU	BURU	RURU	RURU	RUBU	RURU	BURU
BURU	RURU	BURU	BUPU	BURU	RUBU	RUPU
PURU	BURU	BUPU	PURU	BUPU	BURU	BURU
RUBU	RUPU	RURU	BURU	RUBU	RUBU	RUPU
RURU	BURU	RUBU	RUPU	BURU	RUPU	BURU

Benötigte Zeit ☐ : ☐
Min./Sek.

D Lesen Sie jeweils ein Wort und decken Sie es dann bitte ab. Schreiben Sie es sogleich aus dem Gedächtnis rückwärts in den Kasten daneben.

AUTO → ☐

BASIS → ☐

ASKESE → ☐

PARKETT → ☐

Benötigte Zeit ☐ : ☐
Min./Sek.

Lösungen

Seite 14:
Lösungszahl: 37

Seite 16: 1) LESE, LOSE, LOGE, LOGO, TOGO
2) BOSS, BASS, BAST, HAST, HAUT
3) TEER, MEER, MEHR, MOHR, MOHN, LOHN
4) LAUS, MAUS, HAUS, HASS, HASE, HOSE
5) FAUL, FALL, HALL, HELL, HELD, HERD

Seite 17: Lösungsbeispiele: ungenannt, Anstrengung, Entsorgung, autogen, Agentur, Gangster, Neutron, Senator, Rennauto, Tonsur, Regentag, Orange, Nougat und viele andere

Seite 18: a) 17, b) 9, c) 5, d) 9, e) 8, f) 22, g) 4, h) 6, i) 17, j) 46, k) 8, l) 19, m) 18, n) 15, o) 6, p) 21, q) 16, r) 9, s) 21, t) 6, u) 31, v) 56

Seite 19:

Seite 20: A) vier Muster, B) drei Muster

Seite 21: 1) a,d, 2) b,c, 3) d,e, 4) a,c, 5) a,e

Seite 23: D → E → H → I → F → G → A → B → C

Seite 24: 1) Besen, 2) Laubsäge, 3) Meißel, 4) Pinsel, 5) Zange, 6) Walze, 7) Spaten, 8) Sichel, 9) Raspel, 10) Lötkolben

Seite 25: a) 18, b) 18,
c) 24, d) 27, e) 37,
f) 38,   g) 27, h) 30

Seite 26: Fehlende Buchstaben: G, I, S, T
Beim sogenannten Gehirntraining handelt es sich um Training der geistigen Leistungsfähigkeit mit dem Ziel, diese zu erhalten oder zu steigern. Gehirntraining ist als Methode altersunabhängig.
Laut einem Bericht der Universität Münster ist mentale Aktivität speziell im Alter notwendig zum Erhalt der geistigen Leistungsfähigkeit. Es wurde nachgewiesen, dass durch geistige Beanspruchung die typischen Eiweißablagerungen bei der Alzheimerkrankheit in Zahl und Ausdehnung verringert werden. Verhaltensstudien zeigten entsprechend deutlich bessere Gedächtnisleistungen.

Seite 27: 10-mal

Seite 28: 1) Rudel, Geheul, Wald, Pfote,
2) Beet, Erde, 3) Schlag, Nagel, 4) Reptil, beschwören, 5) Licht, hell, Watt,
6) Bach, Bogen, Geländer,
7) Jagd, Eis, Polarregion,
8) Schlaf, Laken

Seite 29: A) 4,   Rechenregel: immer abwechselnd + 2 und − 5
B) 13,   Rechenregel: immer abwechselnd − 7 und + 11
C) 13,   Rechenregel: immer abwechselnd + 12 und : 2
D) −30,   Rechenregel: immer abwechselnd x 2 und − 17

Seite 30: 1−5, 2−9, 3−8, 4−13, 6−10, 7−11, 12−14

Seite 31: 55 Hände

Seite 32: a) klar,
b) Tadel, c) Kehle,
d) Athlet, e) Theater,
f) Katarakt

Seite 34: 1) Bruch (Steinbruch, Bruchstück, Bruchrechnen, Eisbruch)
2) Sonne (Abendsonne, Sonnenschein, Sonnenanbeter, Sonnencreme)
3) Tier (Tierfilm, Haustier, Tierfutter, Arbeitstier)
4) Glück (Glückskind, Mutterglück, Liebesglück, Glückwunsch)

Seite 35: 100 → 20 → 201 → 13 → 4001 → 21021 → 16 → 521 → 801 → 109 → 5231 → 6303 → 2236 → 30155 → 3426 → 97 → 485 → 9531 → 919 → 7562

Seite 36: 1c, 2d, 3b, 4a, 5d, 6b, 7c, 8c

Seite 37: Teil f bleibt übrig.

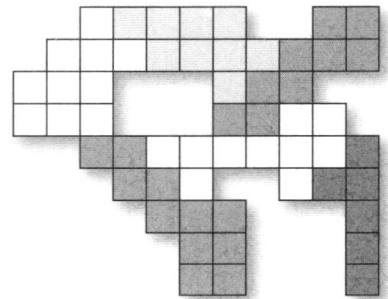

Seite 38:
A) 3 x 3 − 8 = 1
B) 8 − 2 + 5 = 11
C) 9 : 3 + 4 = 7
D) (7 − 4) x 4 − 6 = 6
E) (4 − 1 + 7) : 2 = 5
Andere Rechenwege sind nicht ausgeschlossen.

Seite 39: 1) energisch, 2) Ausgleich, 3) Ersatzrad, 4) Ruderboot, 5) Toastbrot, 6) Ultimatum, 7) Haarspray, 8) Zuschauer

Seite 40: e → d → a → f → c → b
(oder umgekehrt)

Seite 41:

6	+	1	·	3	=	9
·			+		·		+
2	+	9	:	3	=	5
:			−		−		−
2	·	7	−	5	=	9
=			=		=		=
6	+	3	−	4	=	5

Seite 42:

K	O	N	T	R	A	B	A	S	S		W	E	H	M	U	E	T	I	G
R						R		O			I		A		N		R		E
A	B	E	N	D	R	O	T		R		D		Y		B	U	T		T
M						U		T			E		D	U	E	N	G	E	R
M	A	L	E		M	A	S	K	I	E	R	E	N		I		I		I
E			K			E		E				R		P		A		E
T	R	U	P	P		T	I	E	R	P	A	R	K		R		A		B
		A		E			E		U		O	S	T	E	N	D	E
B	E	G	R	U	E	N	D	E	N		F		E			T	
E		A		T				W		S	U	F	F	O	L	K
W	A	M	P	E		A	M	U	E	S	A	N	T		L		F		A
U		L		S			H		E		L		A		F		L
S	C	H	U	M	A	C	H	E	R		R		I		M		E		M
S		I		H			E		T		C		M		L		L		A
T	O	L	E	R	I	E	R	E	N		S	C	H	R	E	I	N	E	R

Seite 43: A=C, B=E, D bleibt übrig.

Seite 44: Lösungsbeispiele: Beides sind Möbelstücke, sind so gut wie in jedem Haushalt vorhanden, sind sperrig bzw. für eine Person meist untragbar, stehen auf dem Boden, haben meist Beine bzw. Füße, an bzw. in beiden verbringen wir einen Großteil unseres Lebens usw.

Seite 45: Frau Mousa sagt die Wahrheit. Die anderen beiden lügen.

Seite 46: 1) 13, 2) 5, 3) 7

Seite 47:

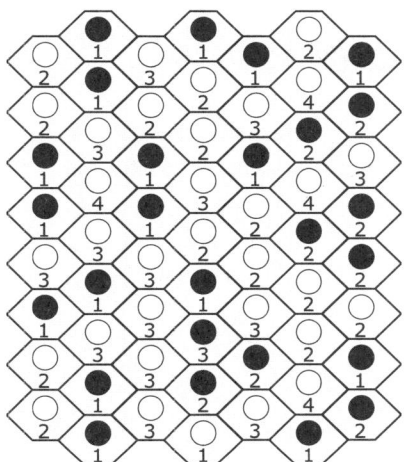

Seite 48: 1) Druck,
2) Seife, 3) Brett,
4) Schlange, 5) Ehe,
6) Schlag, 7) Lauf,
8) Raub

Seite 49:

Seite 50: Lösungswort:
VERLAG
- Planet – Venus – Weib
- List – Betrug – Straftat
- Kranz – Lorbeer – Cäsar
- Eiland – Insel – Hawaii
- Anwalt – Advokat – Likör
- Gatte – Gemahl – Mann

Seite 51: A) 5
Rechenregel: x2 –3
B) 7
Rechenregel: +4 :3

Seite 52: 1) b+e, 2) c+f,
3) b+g, 4) d+f

Seite 53: 2=6=7

Seite 54: Der Ausgangspunkt befindet sich auf Feld
G5 mit dem Hinweis „I3".

Seite 55: a) Urlaubsvideo
→ Videokamera → Kamera-
mann
b) Indianerstamm →
Stammbaum → Baumkrone
→ Kronenkorken
c) Daumenkino → Kinokasse
→ Kassensturz → Sturzflug
→ Flughöhe
d) Laubwald → Waldlauf →
Laufband → Bandnudel →
Nudelholz → Holzdecke

Seite 56: 1) Villa, 2) flink,
3) Diener, 4) Kurier,
5) Zeitnot, 6) Hochmut

Seite 57: Die Lösungen
spaltenweise von oben nach
unten:
links: 20, 20, 32, 35, 20,
35, 27, 22, 30, 27, 31, 36
rechts: 32, 38, 45, 30, 33,
36, 34, 27, 38, 29, 37, 33

Seite 58: 1k, 2f, 3l, 4b,
5t, 6h, 7s, 8i, 9e, 10r,
11c, 12q, 13a, 14p, 15o,
16j, 17g, 18n, 19d, 20m

Seite 59: 1) GA, 2) MU,
3) KI, 4) WO, 5) TRO,
6) BAR

Seite 60: 1) Glaube,
2) leben, 3) anderen,
4) unter, 5) im, 6) nämlich,
7) Optimisten, 8) Dinge,
9) wenn, 10) Pessimismus,
11) Religionen, 12) beseelt

Seite 61: Die Linie macht
12-mal eine Richtungsänderung nach rechts.

Seite 62: 1) Blume,
2) Arzt, 3) Stunde,
4) Tisch, 5) Lohn,
6) Luft, 7) Ball,
8) Pferd, 9) Fläche,
10) Nudel, 11) Werk,
12) Art

Seite 63: 1. falsch,
2. falsch, 3. richtig

Seite 64: 1. Sabine,
2. Marta, 3. Johanna,
4. Elvira

Seite 65: 1) ace, 2) bdg,
3) aeg, 4) cef, 5) acf,
6) bdf

Seite 66: a) Test,
b) Stube, c) Wache,
d) Jacht, e) Grenze,
f) Jauche, g) Schluss,
h) Experte, i) Negativ,
j) Wildbach

Seite 67: A=F, B=E, C=G,
D bleibt übrig

Seite 69: Die vorgegebenen Zahlen sind insgesamt
20-mal enthalten.

Seite 70:
NEBEN DEM SCHIFF IST
GUT SCHWIMMEN

Seite 71: 5, 7, 10, 12, 14, 21, 27

Seite 72: Das Wort SPORT ist 20-mal enthalten.

Seite 73: Die Teilstücke c, d und e sind auch im Original enthalten.

Seite 75: 11-mal weisen ein b oder ein q drei Striche auf.

Seite 76: oben links: Mischbrot, Zisterne, Falschgeld, Dudelsack, Patriarch, Ausdruck, Blamage, Kleister
oben rechts: Krawatte, Fahrkarte, Rahmen, Export, Sieger, Dokument, Ursache, Emblem
unten links: Mechanik, Starre, Schutz, Vertreter, Hektik, Filiale, Schicksal, Element
unten rechts: Grenze, Einspruch, Vorrat, Eigner, Substanz, Merkmal, Kollege, Hindernis

Seite 78: Ergebnis: 15

Seite 79: Ergebnis: 42

Seite 80: a) 1, b) 2, c) 1, d) 8, e) 15, f) 9

Seite 82: Beide Bedingungen erfüllen die Teilaufgaben g, h, i und l.

Seite 83: Oben fehlen die Wörter „sauber" und „Qualität".

Seite 84:

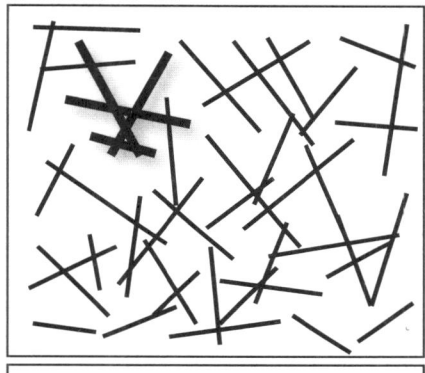

Seite 85: a) 2, b) 1, c) 1, d) 3, e) 1, f) 0

Seite 86: 1=10, 2=12, 3=6, 4=15, 5=14, 7=9, 8=16, 11=13

Seite 87: Antwort: Der Weststrand.

Seite 88: 1a, 2c, 3b, 4a

Seite 89: Nach Abschluss der Lenkmanöver fliegt das Flugzeug in südliche Richtung.

Seite 91: Lösungsbeispiele:
oben: Butter, Bier, Bar, Biber, Basar, Bauer, Bravour, besser, Bayer, bevor und viele andere
unten: Leben, Lohn, lesen, leihen, lernen, lohnen, Leinen, Latein, Lappen, Leguan und viele andere

Seite 92: Das Alter ist etwas, an das man in der Jugend nicht glaubt und von dem man im Alter überrascht wird.

Seite 93:
1) Knoblauchpresse

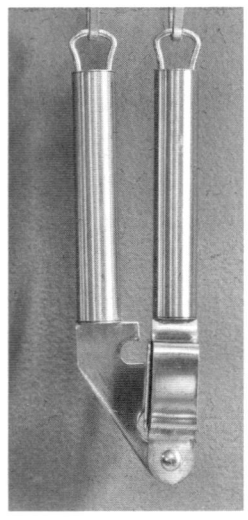

2) Handtuchhalter

Seite 96:
Lösungszahl: 67

Seite 98: 1) BEIN → WEIN → WENN → WANN → WAND
2) ROLF → GOLF → GOLD → GELD → GERD
3) EIGER → TIGER → NIGER → NAGER → NAGEL → NABEL
4) HEUTE → LEUTE → LAUTE → LAUGE → LANGE → LANZE

Seite 99: Lösungsbeispiele:
Einrad, rasend, Anreise, Diener, anderer, eisern, Sardine, Dasein, Serie, Asien, Eden, Rand, Erde und viele andere

Seite 100: a) 7, b) 17, c) 2, d) 9, e) 24, f) 15, g) 15, h) 24, i) 7, j) 8, k) 14, l) 28, m) 28,

n) 41, o) 15, p) 18,
q) 28, r) 14, s) 61, t) 15,
u) 55, v) 87

Seite 101:

Seite 102: A) Drei
Muster, B) Drei Muster

Seite 103: 1) b, d,
2) a, e, 3) a, e,
4) b, e, 5) b, d

Seite 105: B → A → C → D
→ I → H → K → G → J → F
→ E

Seite 106: 1) Wut,
2) Freude, 3) Liebe,
4) Leidenschaft, 5) Froh-
sinn, 6) Trauer, 7) Ärger,
8) Angst, 9) Vertrauen,
10) Gleichmut

Seite 107: a) 11, b) 18,
c) 9, d) 20, e) 14, f) 34,
g) 26, h) 26

Seite 108: Fehlende Buchstaben: B, G, H, R
Großbürger waren Bürger
einer Stadt, die das große
Bürgerrecht der Stadt
erworben hatten. Heute
werden zumeist auch jene
Kreise als „großbürgerlich"
bezeichnet, denen man
lediglich einen großen Wohl-
stand beimisst. Insoweit
geht es dem Begriff des
Großbürgers ähnlich wie
dem des Patriziers, der nicht
mehr nur eigentlich patri-
zische Familien bezeichnet,
sondern auch auf solche
Familien Anwendung findet,
die in der Geschichte einer
bestimmten Stadt Bedeu-
tung erlangt haben.
Das Großbürgerrecht wurde
wie das Bürgerrecht entgelt-
lich erworben. Es musste ein
Bürgergeld entrichtet werden, das ein Vielfaches des
normalen Bürgergeldes zum
Erwerb des Bürgerrechts
ausmachte.

Seite 109: 13-mal

Seite 110: 1) Farbe,
Anstrich, Maler, 2) Ei, gag-
gern, 3) lesen, Wissen,
Bildung, Seiten, 4) Liebe,
Dornen, Blüte, 5) Licht, Pet-
roleum, Flamme,

6) Grabmal, Pharao,
7) Kalorien, naschen,
8) Applaus, Aufführung

Seite 111: A) 9, Rechenregel: immer abwechselnd – 1 und x 2
B) 25, Rechenregel: immer abwechselnd + 13 und : 2
C) 37, Rechenregel: immer abwechselnd – 4 und + 17
D) 3, Rechenregel: immer abwechselnd : 3 und + 5

Seite 112: 1–12, 2–3, 4–9, 5–8, 6–11, 7–13, 10–14

Seite 113: 59 Astern

Seite 114: a) Kern,
b) ewig, c) Regie,
d) Garage, e) Nigeria,
f) irgendwie

Seite 116: 1) Kanal (Kanaldeckel, Abwasserkanal, Kanalratte, Kabelkanal)
2) Licht (Lichtspektrum, Sonnenlicht, Lichtorgel, Blaulicht)
3) Schluss (Schlussverkauf, Schlusslicht, Torschluss, Schlussstrich)
4) Feld (Kornfeld, Feldsalat, Feldstärke, Spielfeld)

Seite 117: 10 ➜ 101 ➜ 12 ➜ 301 ➜ 23 ➜ 330 ➜ 5101 ➜ 20321 ➜ 3042 ➜ 343 ➜ 911

➜ 408 ➜ 364 ➜ 275 ➜ 393 ➜ 682 ➜ 89 ➜ 693 ➜ 42355 ➜ 4132514

Seite 118: 1a, 2b, 3d, 4a, 5b, 6c, 7a, 8a

Seite 119: Teil g bleibt übrig.

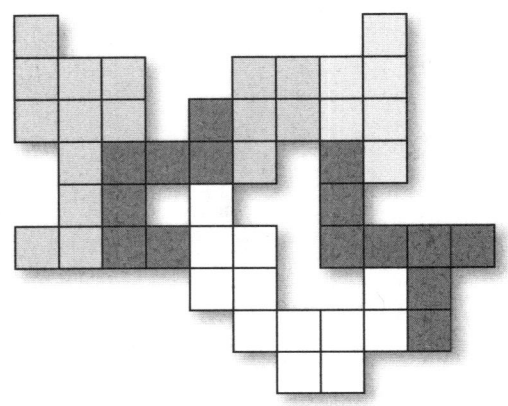

Seite 120: A) 8 x 2 – 7 = 9
B) (7 – 1) : 2 = 3
C) 6 : 3 + 5 = 7
D) (2 + 5) x 2 – 7 = 7
E) (8 – 4 – 1) x 2 = 6
Andere Rechenwege sind nicht ausgeschlossen.

Seite 121: 1) Eiskaffee,
2) Moderator, 3) Baggersee,
4) Apparatur, 5) Blattlaus,
6) Isolation, 7) Exaktheit,
8) Koriander

Seite 122: c ➜ f ➜ d ➜ b ➜ e ➜ a (oder umgekehrt)

Seite 123:

5	+	2	:	2	=	6
+		·		+		:
8	−	7	+	5	=	6
:		−		−		+
4	+	9	:	3	=	7
=		=		=		=
7	+	5	−	4	=	8

Seite 124:

```
S A B O T A G E   E N A K   S P I E S S   S
C   L   R   B   M   R   I   V       I
H   I   U   D E F I N I E R T   I   L
N   N   P   R   R   A   D U   T   B
E N D S P U R T   A   I L   S A K E   R
L   C   O   T A G T R A U M       R
L A C H S   T   E   U   D       I W A N
    W   K A S S E   I   D   L
P   A       H   S P E I S E E I S
O B E N   A P P A R A T   L       E
S   E   A   E   L       S T O S S
A B E N D S T E R N   O   L   O       S
U   N   S   R   A   S T A F F E L E I
N   E   O   P       K   L   I O
E R Z E U G N I S   U E B E R L E G E N
```

Seite 125: A=E, B=D, C bleibt übrig.

Seite 126: Beispiele: Beides sind Teamsportarten. Sie können sowohl in der Halle als auch im Freien betrieben werden, für beide braucht man spezielle Kleidung usw.

Seite 127: Frau Nobag ist ehrlich. Die anderen beiden lügen.

Seite 128: 1) 13, 2) 0, 3) 8

Seite 129:

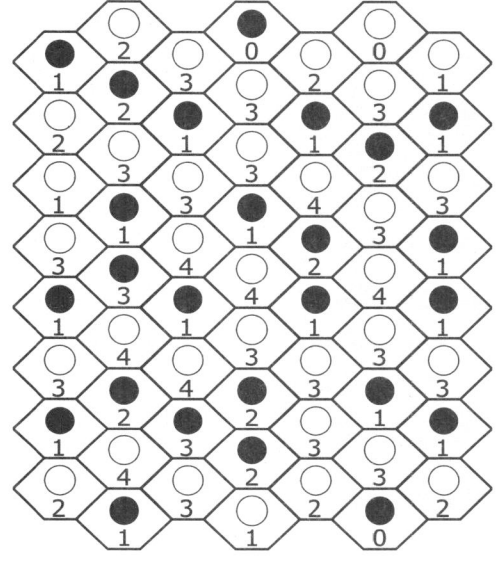

Seite 130: 1) Tür, 2) Bein, 3) Werk, 4) Plan, 5) Burg, 6) Teller, 7) Feld, 8) Auto

Seite 131:

```
2 7 3 6 2 5 6 7 5 3 2 4 5 6 7 6 2 1
3 4 0 7 4 7 3 5 7 3 3 4 7 5 6 3 4 1
2 5 6 9 8 7 4 3 4 7 1 2 5 4 1 9 6 7
3 6 5 5 1 2 7 4 5 6 3 6 0 5 8 4 7 5
6 3 9 7 5 2 5 8 6 2 8 4 7 5 2 0 4 3
7 8 7 4 5 6 3 3 3 9 5 8 4 6 9 1 5 4
5 7 8 0 7 2 4 2 8 6 7 5 5 4 8 6 6 8
7 3 9 4 8 6 7 6 1 7 5 9 6 8 6 7 3 5
3 4 4 9 6 3 0 7 5 3 2 6 3 3 7 6 2 6
3 4 5 2 7 4 5 6 3 3 7 6 0 2 7 3 0 1
2 5 4 3 6 2 7 3 6 7 4 9 5 4 1 0 6 7
8 5 6 5 1 2 0 6 2 7 5 3 8 4 5 6 3 5
7 4 5 6 3 2 3 7 4 5 6 3 7 6 2 2 6 4
7 8 6 7 2 6 2 3 6 5 3 4 3 0 5 1 7 0
```

Seite 132: NUESSE
BÜRDE – ELEND – LEID
FORM – MUSTER – VORLAGE
ESSEN – GERICHT – MAHL-
ZEIT
STARR – STEIF – FEST
ABGABE – AUSGABE – VER-
GABE
GLÄSER – BRILLE – SEH-
HILFE

Seite 133: A) 2
Rechenregel: +4 :2
B) 3
Rechenregel: −5 x3

Seite 134: 1) a+f, 2) c+g,
3) b+d, 4) f+g

Seite 135: 1=3=9

Seite 136: Der Ausgangspunkt befindet sich auf Feld
E2 mit dem Hinweis „u3".

Seite 137: a) Kabelbrand
→ Brandschutz → Schutz-
mann
b) Orientteppich → Teppich-
stange → Stangenspargel
→ Spargelsuppe
c) Ziegenmilch → Milch-
straße → Straßenbahn →
Bahnhof → Hofnarr
d) Essensmarke → Marken-
butter → Buttermilch →
Milchkaffee → Kaffeebohne
→ Bohnensalat

Seite 138: 1) Watte,
2) Klamm, 3) sauber,
4) Plenum, 5) Bildung,
6) Anstand

Seite 139: Die Lösungen
spaltenweise von oben nach
unten:
links: 26, 33, 26, 15, 18,
22, 19, 29, 22, 31, 31, 15
rechts: 36, 38, 41, 22, 28,
37, 38, 40, 56, 51, 31, 30

Seite 140: 1n, 2j, 3e, 4r,
5k, 6i, 7t, 8a, 9b, 10s,
11c, 12m, 13d, 14f, 15g,
16q, 17h, 18p, 19o, 20l

Seite 141: 1) KA, 2) LI,
3) FA, 4) DE, 5) STR, 6) SCH

Seite 142: 1) die,
2) begann, 3) von,
4) und, 5) durch,
6) langen, 7) entwickelt,
8) konnten, 9) wegen,
10) von, 11) betroffen,
12) vergeben

Seite 143: Die Linie macht
13-mal eine Richtungsänderung nach rechts.

Seite 144: 1) Boot, 2) Feld,
3) Blatt, 4) Frau, 5) Buch,
6) Staub, 7) Schuh, 8) Hund,
9) Halle, 10) Vorlage,
11) Klang, 12) Last

Seite 145: 1. richtig, 2. richtig, 3. falsch

Seite 146: 1. Bernhard, 2. Karl, 3. Thomas, 4. Joachim

Seite 147: 1) bce, 2) bcg, 3) ceg, 4) beg, 5) aef, 6) adg

Seite 148: a) Motto, b) Juwel, c) Kerze, d) Treue, e) Deckel, f) Bremse, g) Messer, h) Uniform, i) Polizei, j) Espresso

Seite 149: A=B, C=G, D=E, F bleibt übrig

Seite 151: Die vorgegebenen Zahlen sind insgesamt 14-mal enthalten.

Seite 152:
WER GROSSES VORHAT,
LAESST SICH GERNE ZEIT

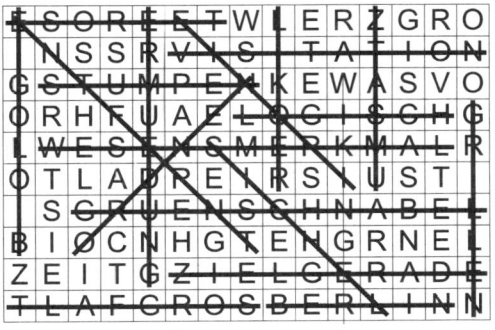

Seite 153: 6, 8, 9, 13, 16, 18, 24, 26, 27, 28

Seite 154: Das Wort LYRIK ist 41-mal enthalten.

Seite 155: Die Teilstücke a, c, d und e sind auch im Original enthalten.

Seite 157: 10-mal hat ein b oder ein q drei Striche.

Seite 158:
oben links: Aluminium, Wohnmobil, Hoffnung, Amtsleiter, Unordnung, Salzsäule, Oratorium, Memoiren
oben rechts: Zeitfolge, Pyramide, Halbdunkel, Dampfschiff, Wiedergabe, Exposition, Fehlbetrag, Ornament
unten links: Verbrechen, Rücktritt, Sichtweise, Intellekt, Zweigstelle, Genugtuung, Nachspeise, Petroleum
unten rechts: Kompliment, Abzeichen, Rezeption, Adressat, Erzengel, Intoleranz, Zeremoniell, Charakter

Seite 160: Ergebnis: 63

Seite 161: Ergebnis: 37

Seite 162: a) 2, b) 1, c) 6, d) 6, e) 2, f) 7

Seite 164: Beide Bedingungen erfüllen die Teilaufgaben c, e, i und j.

Seite 165: Es fehlen oben die Wörter „Tonne" und „Natur".

Seite 166:

Seite 167: a) 3, b) 1, c) 3, d) 2, e) 2, f) 1

Seite 168: 1=11, 2=8, 3=9, 4=16, 5=14, 6=12, 7=15, 10=13

Seite 169: Antwort: Mit drei Konsulaten.

Seite 170: 1b, 2b, 3c, 4a

Seite 171: Nach Abschluss der Lenkmanöver fliegt das Flugzeug in östliche Richtung.

Seite 173: Beispiele:
oben: Gel, Gabel, Gral, Gemahl, Gebrüll, Giebel, grell, Gaul, Gestell, Gondel und viele andere
unten: Wein, wenn, wann, wohin, wegen, wüten, wandern, Wesen, wildern, wagen und viele andere

Seite 174: Ein Mann vergisst manchmal den Geburtstag seiner Frau deshalb, weil er nicht merkt, dass sie ein Jahr älter geworden ist.

Seite 175:
1) Schraube und Mutter

2) Messerblock

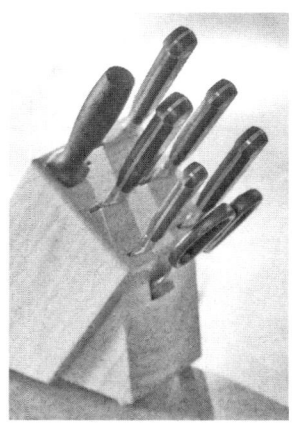

Seite 178: Lösungszahl: 47

Seite 180: 1) WILD, WIND, WAND, HAND, HANF
2) KAUZ, KAUM, RAUM, RAHM, RUHM
3) SAGA, SAGE, RAGE, RATE, RUTE, PUTE
4) FARM, DARM, DAMM, LAMM, LAMA, LIMA
5) KAHL, KOHL, WOHL, WAHL, WALL, WALD

Seite 181: Lösungsbeispiele: Bein, Eins, Anhieb, neben, Biene, Sehne, beinah, Eisbahn, niesen, Sieben, Nase, Sahne, Besen und viele andere

Seite 182: a) 7, b) 21, c) 18, d) 3, e) 21, f) 9, g) 18, h) 12, i) 27, j) 22, k) 31, l) 24, m) 8, n) 15, o) 7, p) 9, q) 7, r) 15, s) 3, t) 76, u) 60, v) 101

Seite 183:

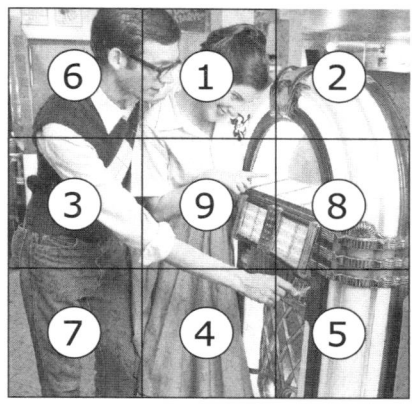

Seite 184: A) zwei Muster, B) vier Muster

Seite 185: 1) a,c   2) b,e, 3) c,e,   4) b,c,   5) a,d

Seite 187: I → F → J → H → G → D → K → B → A → E → C → L

Seite 188: 1) Karnickel, 2) Brieftaube,   3) Goldfisch, 4) Truthahn,   5) Ochse, 6) Pferd,   7) Schwein, 8) Hamster,   9) Dackel, 10) Kaninchen

Seite 189: a) 21, b) 22, c) 29, d) 19, e) 29, f) 25, g) 26, h) 20

Seite 190: Fehlende Buchstaben: B, D, F, H
Der Begriff Ziel bezeichnet einen in der Zukunft liegenden, gegenüber dem

Gegenwärtigen im Allgemeinen veränderten, erstrebenswerten und angestrebten Zustand. Ein Ziel ist somit ein definierter und angestrebter Endpunkt eines Prozesses, meist einer menschlichen Handlung. Mit dem Ziel ist häufig der Erfolg eines Projekts bzw. einer mehr oder weniger aufwendigen Arbeit markiert. Beispiele hierfür sind das Ziel einer Reise, Qualitätsziele, Unternehmensziele oder das Erreichen einer Zeitvorgabe oder Marke bei einem sportlichen Wettkampf.

Seite 191: 11-mal

Seite 192: 1) Fäuste, Kampf, Haken
2) Regenschutz, schlafen, Camping
3) Schnabel, Vogel
4) Waffen, Indianer, Kriegsausstattung
5) Mond, Astronaut, All
6) Werkzeug, Befestigung
7) Urlaub, Strand, Palme
8) Wein, Dinner, romantisch

Seite 193: A) 20, Rechenregel: immer abwechselnd +7 und −2
B) 5, Rechenregel: immer abwechselnd −11 und +8
C) 11, Rechenregel: immer abwechselnd +7 und :2
D) 135, Rechenregel: immer abwechselnd x3 und −9

Seite 194: 1–12, 2–11, 3–9, 4–5, 6–14, 7–8, 10–13

Seite 195: 52 Pilze

Seite 196: a) Areal, b) Klima, c) Makler, d) Farmer, e) Maifeier, f) keimfrei

Seite 198: 1) Kraft (Atomkraft, Kraftbrühe, Kraftraum, Magnetkraft)
2) Baum (Apfelbaum, Baumschule, Stammbaum, Lebensbaum)
3) Sport (Tanzsport, Sporthalle, Kampfsport, Sportverein)
4) Spiegel (Spiegelsaal, Spiegelei, Seitenspiegel, Spiegelbild)

Seite 199: 10 ➙ 200 ➙ 21 ➙ 1111 ➙ 122 ➙ 213 ➙ 11041 ➙ 53 ➙ 72 ➙ 109 ➙ 32033 ➙ 5142 ➙ 76 ➙ 5045 ➙ 7008 ➙ 316312 ➙ 89 ➙ 9009 ➙ 6166 ➙ 5555

Seite 200: 1a, 2c, 3b, 4d, 5d, 6a, 7b, 8d

Seite 201: Teil b bleibt übrig.

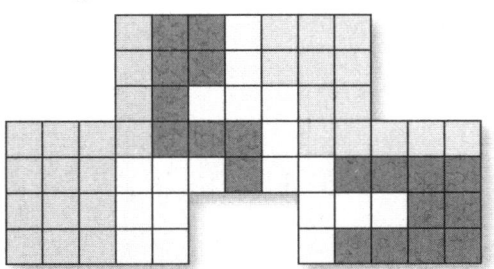

Seite 202: A) 8 : 2 + 3 = 7
B) 6 x 2 – 7 = 5
C) (5 – 2) x 3 = 9
D) (1 + 3) x 2 + 1 = 9
E) (5 x 2 – 2) : 4 = 2
Andere Rechenwege sind
nicht ausgeschlossen.

Seite 203: 1) Patriarch,
2) Ruderboot, 3) Mettwurst,
4) Landebahn, 5) Limou-
sine, 6) Kondition, 7) Lieb-
haber, 8) vorwitzig

Seite 204: b ➤ e ➤ c ➤ a ➤
f ➤ d (oder umgekehrt)

Seite 205:

7	–	6	:	2	=	4
+		–		·		+
3	+	2	·	2	=	7
–				+		:
4	·	2	–	1	=	7
=		=		=		=
6	–	5	:	5	=	5

Seite 206:

Seite 207: A=E, B=C,
D bleibt übrig.

Seite 208: Lösungsbeispiele: Beides sind Schrift-
stücke, beide unterhalten,
informieren, man kann sie
mitnehmen und an fast
beliebigen Orten lesen,
beide sind aus ähnlichem
Material, werden ähnlich
hergestellt, beide haben Seiten, einen Titel, sind meist
käuflich zu erwerben usw.

Seite 209: Herr Sega ist
der gesuchte Lügner. Die
anderen beiden sagen die
Wahrheit.

Seite 210: 1) 5, 2) 8, 3) 13

Seite 212: 1) Kiste,
2) Baum, 3) Schnee,
4) Saft, 5) Insel, 6) Stein,
7) Soße, 8) Stau

Seite 211:

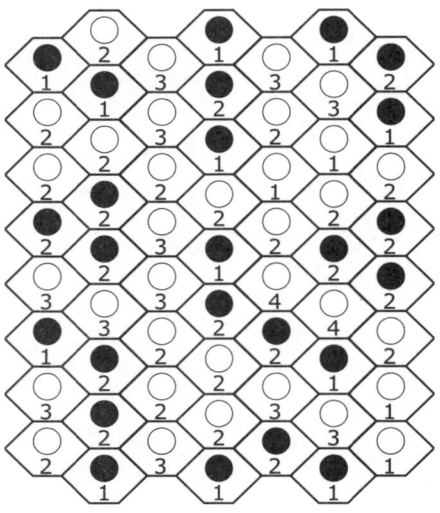

Seite 213:

```
5936286 75█████7623
 447473543348 56341
 5898448271054 1967
 5551286 756658435
█2█████8 28475 2863
 8672663 758665174
578 69342 6 58█████
7324 9676 8 8286755
3485686 753 4 67626
34574 6543 6 28341
█████ 5827 0 41967
85651 862753 85635
62724 483284 52867
78672 █████4365172
```

Seite 214: Lösungswort:
FLEISS
TOCHTER – FILIALE –
BETRIEB
PLANETEN – WELTALL –
UNIVERSUM
PROTEIN – EIWEISS – MUS-
KEL
SAUBER – SEIFE – WASCHEN

POLIZEI – STREIFE – FAH-
REN
AUTO – RASTHOF – PAUSE

Seite 215: A) 3, Rechenregel: +6 :2
B) 15, Rechenregel: −1 x3

Seite 216: 1) b+e, 2) a+f,
3) a+g, 4) c+f

Seite 217: 3=5=9

Seite 218: Der Ausgangspunkt befindet sich auf Feld
C7 mit dem Hinweis „o4".

Seite 219: a) Geschäfts-
reise → Reisetasche →
Taschentuch
b) Heimatland → Landjäger
→ Jägerlatein → Latein-
amerika
c) Stresshormon → Hor-
monspiegel → Spiegelbild
→ Bildfläche → Flächen-
brand
d) Geldschein → Scheinehe
→ Ehestreit → Streitham-
mel → Hammelfleisch →
Fleischbrühe

Seite 220: 1) Bohne,
2) Hymne, 3) falsch,
4) Dreher, 5) Florett,
6) Rebhuhn

Seite 221: Die Lösungen spaltenweise von oben nach unten:
links: 22, 22, 22, 26, 24, 27, 16, 26, 30, 30, 37, 31
rechts: 41, 33, 29, 44, 33, 33, 49, 18, 40, 32, 26, 44

Seite 222: 1e, 2j, 3n, 4r, 5f, 6k, 7t, 8p, 9g, 10l, 11i, 12s, 13h, 14m, 15a, 16d, 17b, 18q, 19o, 20c

Seite 223: 1) KR, 2) DA, 3) BE, 4) ZA, 5) GRO, 6) KLA

Seite 224: 1) Jahrhundert, 2) kurzer, 3) Handwerk, 4) Menschen, 5) Wunsch, 6) Reise, 7) und, 8) studieren, 9) unter, 10) Fakultät, 11) werden, 12) zurück

Seite 225: Die Linie macht 26-mal eine Richtungsänderung nach rechts.

Seite 226: 1) Bruch, 2) Geld, 3) Salat, 4) Schuh, 5) Raum, 6) Mal, 7) Klima, 8) Steuer, 9) Sinn, 10) Wind, 11) Welle, 12) Nummer

Seite 227: 1. richtig, 2. falsch, 3. falsch

Seite 228: 1. Beate, 2. Sophia, 3. Elvira,

4. Verona

Seite 229: 1) bde, 2) beg, 3) ceg, 4) acf, 5) abe, 6) ceg

Seite 230: a) Fass, b) Drohne, c) Figur, d) Seite, e) Kohle, f) Paddel, g) Garage, h) Scherbe, i) Kulisse, j) Computer

Seite 231: A=E, B=F, D=G, C bleibt übrig

Seite 233: Die vorgegebenen Zahlen sind insgesamt 14-mal enthalten.

Seite 234: DAS SCHICKSAL REGIERT SCHAUERLICH MAECHTIG DIE WELT

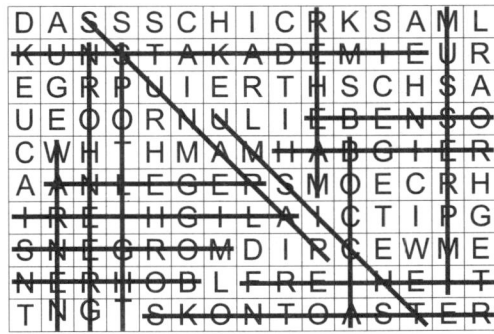

Seite 235: 4, 6, 8, 11, 16, 17, 20, 23, 25, 28, 30

Seite 236: Das Wort TORSO ist 12-mal enthalten.

Seite 237: Die Teilstücke b, d und e sind auch im Original enthalten.

Seite 239: 9-mal haben die Buchstaben b und g drei Striche.

Seite 240: oben links: Bürokrat, Schlafsack, Magnetkarte, Demonstration, Eigensinn, Durcheinander, Zweigstelle, Bodennebel
oben rechts: Trägheit, Amtsleiter, Wasserkanister, Aufzeichnung, Bildschirm, Elastizität, Kapitalanlage, Hochgebirge
unten links: Wohnmobil, Temperament, Dezimalzahl, Zugbegleiter, Sorgerecht, Imbissbude, Gerechtigkeit, Traubenmost
unten rechts: Liegestuhl, Charakterzug, Illustration, Akademiker, Kaffeekanne, Vergangenheit, Unternehmer, Suppenteller

Seite 242: Ergebnis: 24

Seite 243: Ergebnis: 19

Seite 244: a) 10, b) 5, c) 9, d) 0, e) 3, f) 2

Seite 246: Beide Bedingungen erfüllen die Teilaufgaben a, f, g, j und k.

Seite 247: Es fehlen oben die Wörter „Gelegenheit" und „Plastik".

Seite 248:

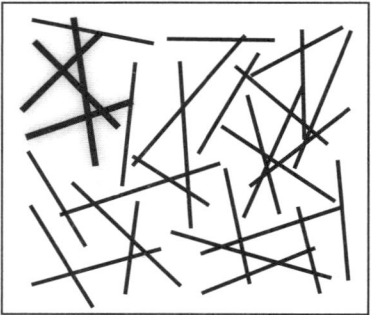

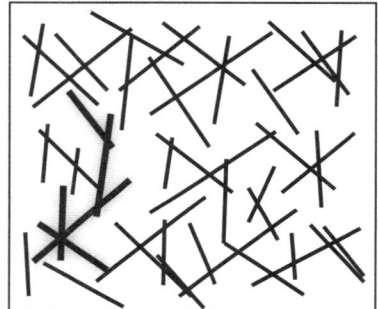

Seite 249: a) 1, b) 3, c) 0, d) 4, e) 2, f) 2

Seite 250: 1=8, 2=15, 3=11, 4=13, 5=9, 6=10, 7=16, 12=14

Seite 251: Antwort: Die Farben waren Blau und Weiß.

Seite 252: 1b, 2a, 3b, 4c

Seite 253: Nach Abschluss der Lenkmanöver fliegt das Flugzeug wieder in nördliche Richtung.

Seite 255: Beispiele:
oben: Wunsch, Wisch, wach, wahrlich, wunderlich, weich, Weh, Wallach, wirsch, wesentlich und viele andere
unten: Reue, Reihe, Reise, Runde, Rache, Riese, Robe, Rakete, Rabe, Rose und viele andere

Seite 256: Nie habe ich das Leben in seiner Schönheit so intensiv erfahren, wie an zwei Fingerspitzen frei über dem Abgrund hängend.

Seite 257:
1) Globus

2) Wasserhahn

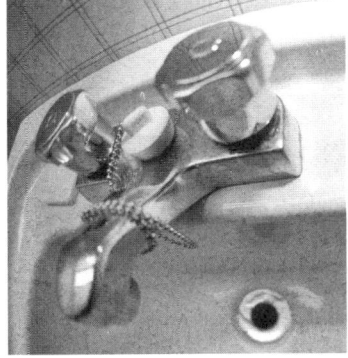

Seite 260: Lösungszahl: 55

Seite 262: 1) MAUT, MAUL, MAHL, MEHL, HEHL
2) LECK, LACK, PACK, PARK, PARA
3) ABER, ADER, ADEL, EDEL, EGEL, EGAL
4) HELM, HALM, HALT, KALT, KART, KARO
5) DUMA, DUMM, DAMM, LAMM, LAMA, LARA

Seite 263: Lösungsbeispiele: Dachs, Hessen, Schneefall, Flachstelle, Schale, Heftfaden, Ahnentafel, Achtel, festschnallen, Dallas, Affenschande, nachlassend, danach und viele andere

Seite 264: a) 7, b) 7, c) 13, d) 17, e) 4, f) 16, g) 5, h) 8, i) 17, j) 22, k) 17, l) 19, m) 16, n) 19, o) 16, p) 27, q) 19, r) 8, s) 36, t) 9, u) 9, v) 121

Seite 266: A) drei Muster, B) vier Muster

Seite 267: 1) b,d, 2) b,e, 3) a,e, 4) a,d, 5) b,e

Seite 265:

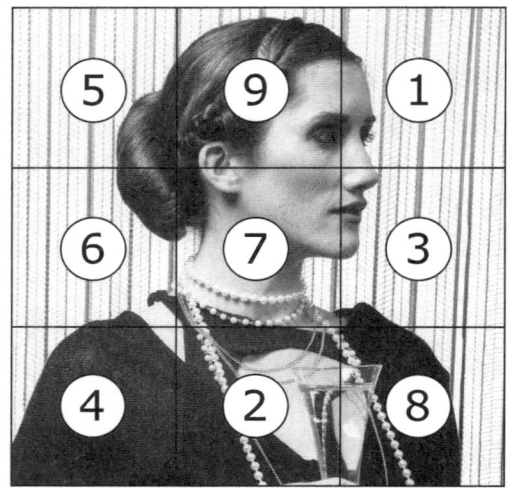

Seite 269: C ➔ A ➔ I ➔ H ➔ J ➔ F ➔ K ➔ M ➔ G ➔ B ➔ E ➔ D ➔ L

Seite 270: 1) Orange, 2) Banane, 3) Pampelmuse, 4) Ananas, 5) Apfel, 6) Pflaume, 7) Zitrone, 8) Aprikose, 9) Kiwi, 10) Birne

Seite 271: a) 13, b) 10, c) 24, d) 20, e) 23, f) 31, g) 19, h) 32

Seite 272: Fehlende Buchstaben: B, L, N, R
Im allgemeinen Sprachgebrauch spricht man von drei Ozeanen: Atlantischer Ozean, Indischer Ozean und Pazifischer Ozean. Bei dieser Sichtweise wird der arktische Ozean als Teil des Atlantiks angesehen und der Südliche Ozean zu den drei zuerst genannten Ozeanen gezählt.
Eine alternative Betrachtungsweise unterteilt die zwei größten Ozeane der Erde (Pazifik und Atlantik) entsprechend ihrer Zugehörigkeit zur Nord- bzw. Südhemisphäre.
Historisch spricht man von den Sieben Weltmeeren, die neben Pazifik, Atlantik und Indischem Ozean auch das Karibische Meer, das Mittelmeer, das Gelbe Meer und die Nordsee umfassen.

Seite 273: 15-mal

Seite 274: 1) Tanz, Zehenspitzen, Ballett, Figur
2) Erdarbeiten, Schaufellader
3) Fast Food, Hackfleisch, Brötchen
4) Saiten, Verstärker
5) Sägeblatt
6) Bart, Rasur
7) Panzer, Schere, Rückwärtsgang
8) Mikrofon, Gesang, Stimme

Seite 275: A) 10, Rechenregel: immer abwechselnd + 4 und − 9

B) −5,
Rechenregel: immer abwechselnd − 11 und x 2
C) −8,
Rechenregel: immer abwechselnd − 8 und : 2
D) 135,
Rechenregel: immer abwechselnd x 3 und − 9

Seite 276: 1–2, 3–6, 4–9, 5–14, 7–10, 8–12, 11–13

Seite 277: Es sind 15 Schlangen.

Seite 278: a) Laie,
b) Nadel, c) Serie,
d) Diesel, e) Estland,
f) Eisdiele

Seite 280: 1) Bein (Eisbein, Beinbruch, Beinschlag, Gipsbein)
2) Eis (Eiszeit, Eiskristall, Schokoladeneis, Eistee)
3) Frage (Fragewort, Fragezeichen, Fangfrage, Fragebogen)
4) Brot (Brotteig, Weizenbrot, Brotlaib, Brotberuf)

Seite 281: 1000 ➜ 10001 ➜ 102 ➜ 2101 ➜ 10121 ➜ 22101 ➜ 3121 ➜ 71 ➜ 5040 ➜ 40204 ➜ 23402 ➜ 1704 ➜ 700060 ➜ 51201014 ➜ 202020207 ➜ 61405 ➜ 3464

➜ 693 ➜ 379 ➜ 2981

Seite 282: 1a, 2b, 3a, 4d, 5c, 6b, 7a, 8b

Seite 283: Teil g bleibt übrig.

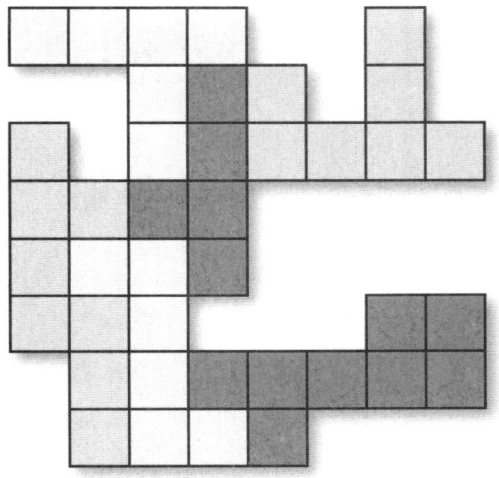

Seite 284: A) (8 − 7) x 5 = 5
B) 6 : 3 + 2 = 4
C) (7 − 3) : 2 = 2
D) (8 + 4) : 6 + 3 = 5
E) (9 − 1) : 2 + 5 = 9
Andere Rechenwege sind nicht ausgeschlossen.

Seite 285: 1) Leitfaden,
2) Automatik, 3) Tornister,
4) Geschehen, 5) Pergament, 6) Nagelbett, 7) Hutmacher, 8) Spektakel

Seite 286: a ➜ d ➜ e ➜ f ➜ c ➜ b (oder umgekehrt)

Seite 287:

```
8 − 4 : 2 = 6
:     +   ·   ·
4 − 8 : 4 = 2
+     −   −   :
3 + 7 − 6 = 4
=     =   =   =
5 : 5 + 2 = 3
```

Seite 288:

```
E R M A T T E T   T A M I L   L E B E R
  I             A       A   U   E   O
S A T O         P       V   M   A   S
  T             F A C H   A P P E T I T
S P E E R   G           A       E       F
I   L   E D E L T A N N E   T E N D E R
T   S   S   S         B   D       A   E
T   E   T   R         V O E L L E R E I
E R B A R M E N       I       E       E
      V   L           E   R       N   H E R Z
R E I F E   L I E B E L E I           D
U   R               F       E   D O U B E L N
D E B A K E L       F       S O       A   O
O   N               E       E   L     L   A
W A S C H E C H T   U N D E U T L I C H
```

Seite 289: A=D, B=E, C bleibt übrig

Seite 290: Lösungsbeispiele: Beide haben vier Beine, zwei Ohren, sind Säugetiere, beide sind des Menschen liebste Haustiere, für beide Tiere erhält man Futter in jedem Supermarkt usw.

Seite 291: Frau Berger ist ehrlich. Die anderen beiden lügen.

Seite 292: 1) 17, 2) 20, 3) 7

Seite 293:

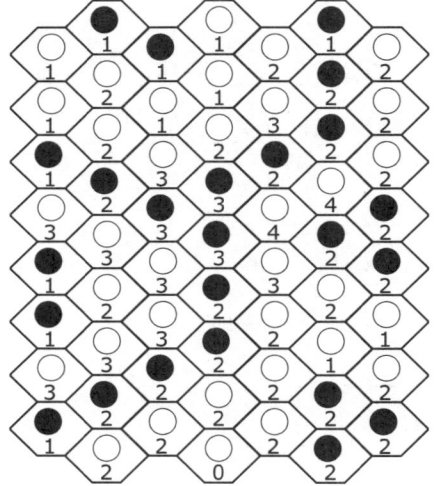

Seite 294: 1) Abend, 2) Taube, 3) Mund, 4) Holz, 5) Flasche, 6) Wahl, 7) Pass, 8) Quelle

Seite 295:

```
5 9 3 6 2 8 6 7 5 3 2 4 1 6 8 0 7 3
3 4 4 7 0 8 6 1 4 3 3 4 8 5 6 3 4 1
2 5 8 9 8 4 4 8 2 7 1 0 5 4 1 9 1 7
8 5 5 5 1 6 8 0 7 7 5 6 6 5 8 4 6 5
6 7 6 2 4 2 5 8 3 2 8 4 7 5 2 8 8 3
7 0 6 7 2 6 6 3 6 7 5 8 6 6 5 1 0 4
5 8 8 6 9 3 4 2 1 6 7 5 8 4 8 6 7 8
7 6 2 4 9 6 7 6 6 8 4 8 2 8 6 7 5 5
3 1 8 5 6 8 6 7 8 3 2 4 5 6 7 6 2 6
7 0 8 6 1 7 6 5 0 3 3 6 7 2 0 3 4 1
2 5 6 9 8 4 5 8 7 7 1 0 5 4 8 9 6 7
8 5 6 5 1 2 8 6 2 7 5 3 4 8 6 6 3 5
6 2 1 6 8 0 7 8 3 2 8 4 7 5 1 8 6 7
7 8 6 7 2 6 3 3 6 7 0 8 6 1 5 1 7 2
```

Seite 296: Lösungswort: GIPFEL

TÜR – ZUGANG – EINGANG
SAITE – GITARRE – KLAMPFE
DEKOR – TAPETE – WAND-BELAG
OBST – APFEL – FRUCHT
TANZ – WALZER – TAKT
GESTEIN – MINERAL – ERZ

Seite 297: A) 16, Rechen-regel: x3 −5
B) 7, Rechenregel: +6 :2

Seite 298: 1) b+f, 2) a+g, 3) c+d, 4) e+g

Seite 299: 1=5=8

Seite 300: Der Ausgangs-punkt befindet sich auf Feld F1 mit dem Hinweis „u1".

Seite 301: a) Tischbein → Beinkleid → Kleiderbügel
b) Adamsapfel → Apfelessig → Essiggurke → Gurken-kraut
c) Reiskorn → Kornspeicher → Speichersee → Seefahrt → Fahrtwind
d) Abendblatt → Blattgrün → Grünkohl → Kohldampf → Dampfrohr → Rohrbruch

Seite 302: 1) Arsen, 2) Anmut, 3) Winter, 4) teigig, 5) Plagiat, 6) Novelle

Seite 303: Die Lösungen spaltenweise von oben nach unten:
links: 21, 34, 15, 28, 25, 31, 24, 34, 23, 26, 33, 18
rechts: 45, 38, 37, 42, 37, 40, 42, 30, 40, 41, 45, 41

Seite 304: 1h, 2d, 3o, 4s, 5k, 6a, 7t, 8q, 9j, 10b, 11r, 12c, 13e, 14p, 15f, 16g, 17i, 18m, 19l, 20n

Seite 305: 1) BI, 2) WE, 3) KA, 4) GE, 5) GRA, 6) SAN

Seite 306: 1) gehört, 2) der, 3) schon, 4) Kampf, 5) wurden, 6) Angriffe, 7) verlor, 8) gegen, 9) Feinde, 10) Vergleich, 11) Beliebtheit, 12) Einsatz

Seite 307: Die Linie macht 8-mal eine Richtungsände-rung nach rechts.

Seite 308: 1) Rohr, 2) Bahn, 3) Werk, 4) Kette, 5) Wahl, 6) Bild, 7) Welle, 8) Fisch, 9) Ball, 10) Sport, 11) Berg, 12) Gebiet

Seite 309: 1) falsch, 2) richtig, 3) falsch

Seite 310: 1. Hans, 2. Fritz, 3. Mike, 4. Gerd

Seite 311: 1) a,c,e,
2) c,e,f, 3) b,c,g, 4) a,b,c,
5) e,f,g, 6) a,c,g

Seite 312: a) Apfel,
b) Rasen, c) Achse,
d) Hafer, e) Bibel,
f) Datum, g) Taste,
h) Karte, i) Plakat,
j) Lampe

Seite 313: A=G, B=E, C=D,
F bleibt übrig.

Seite 315: Die vorgegebenen Zahlen sind insgesamt
20-mal enthalten.

Seite 316: UEBERLEGE,
EHE DU HANDELST

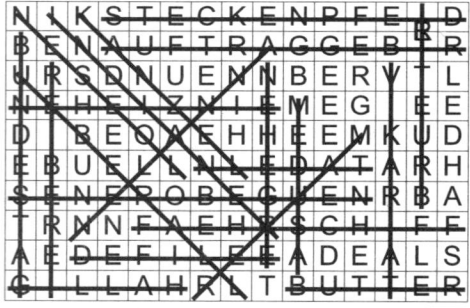

Seite 317: 8, 13, 19, 22,
25

Seite 318: Das Wort TEST
ist 12-mal enthalten.

Seite 319: Die Teilstücke a,
e und f sind auch im Original
enthalten.

Seite 321: 9-mal sind an
den Buchstaben b und q drei
Striche.

Seite 322: oben links:
Wandlampe, Bildschirm,
Grashalm, Kleidersack, Fuß-
ball, Beinkleid, Haupthaar,
Schlagbaum
oben rechts: Domorgel,
Fahrradhupe, Hundeleine,
Schuhregal, Damenbart,
Kellertreppe, Winterzeit,
Storch
unten links: Waldbrand, Hei-
ligenschein, Japaner, Blei-
stift, Kohlefaser, Mauerstein,
Zeitungsseite, Mittag
unten rechts: Computer,
Schalter, Gefieder, Pflaster,
Antenne, Blumenstiel, Bag-
gerfahrer, Monatsende

Seite 324: Ergebnis: 15

Seite 325: Ergebnis: 6

Seite 326: a) 3, b) 1,
c) 4, d) 4, e) 16, f) 6

Seite 328: Beide Bedingungen erfüllen die Teilaufgaben
b, e, g und i.

Seite 329: Es fehlen oben
die Wörter „lang" und „Wehmut".

Seite 330:

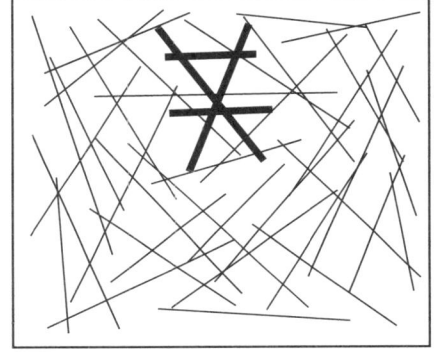

Seite 331: a) 0, b) 2, c) 1, d) 4, e) 1, f) 0

Seite 332: 1=7, 2=15, 3=10, 4=9, 5=16, 6=13, 8=14, 11=12

Seite 333: Antwort: Mosel- und Mittelrheintal

Seite 334: 1c, 2b, 3c, 4a

Seite 335: Nach Abschluss der Lenkmanöver fliegt das Flugzeug in südliche Richtung.

Seite 337: Beispiele: oben: Liebe, Lage, Lade, Lache, Lunge, Liste, Lende, Laie, Lippe, Loge usw. unten: aber, Ader, Acker, Azur, Alter, Abwehr, Achter, Auster, Autor, Amor usw.

Seite 338: Was unser Denken begreifen kann, ist sehr wenig, fast gar nichts im Verhältnis zu dem, was es nicht begreifen kann.

Seite 339: 1) Rasierer

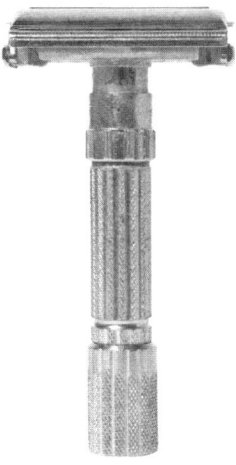

2) Metronom

Seite 342: Lösungszahl: 43

Seite 344: 1) FASS, FAST,
FEST, NEST, NETT
2) KALB, KALT, HALT, HAUT,
LAUT
3) MOHN, LOHN, LOHE,
LOGE, LAGE, RAGE
4) TAUB, RAUB, RAUM,
RAHM, RUHM, RUHE
5) DORN, DORT, WORT,
WIRT, WERT, WELT

Seite 345: Beispiele:
Stange, August, Ungutes,
taugen, Taunus, Buntes,
gebaut, Tube, Basen, Neu-
bau, Ausübung, Staub, Sage
und viele andere

Seite 346: a) 12, b) 20,
c) 16, d) 8, e) 19, f) 40,
g) 16, h) 8, i) 13, j) 46,
k) 39, l) 29, m) 63, n) 45,
o) 17, p) 7, q) 1, r) 5,
s) 45, t) 2, u) 45, v) 68

Seite 347:

Seite 348: A) drei Muster,
B) drei Muster

Seite 349: 1) b,e, 2) a,d,
3) a,b, 4) a,c, 5) b,c

Seite 351: F ➔ D ➔ B ➔ A
➔ H ➔ G ➔ E ➔ C ➔ I

Seite 352: 1) Amboss,
2) Bohrer, 3) Drahtbürste,
4) Laubsäge, 5) Pinsel,
6) Schaufel, 7) Skalpell,
8) Tacker, 9) Walze,
10) Zirkel

Seite 353: a) 18, b) 11,
c) 19, d) 32, e) 38, f) 32,
g) 46, h) 25

Seite 354: Fehlende Buchstaben: R, T, N, I
Als Solarenergie bezeich-
net man die von der Sonne
durch Kernfusion erzeugte
Energie, die als elektro-
magnetische Strahlung zur
Erde gelangt. Ein Teil der
eingestrahlten Energie wird
von den Bestandteilen der
Atmosphäre reflektiert. Ein
weiterer Teil wird von den
Bestandteilen der Atmo-
sphäre absorbiert und in
Wärme umgewandelt. Der
dritte und überwiegende
Teil gelangt durch die Atmosphäre hindurch bis zum
Erdboden.

Seite 355: 6-mal

Seite 356: 1) Bakterien, Wissenschaft, Linse
2) Rinde, Wurzel, Laub
3) Glas, Rahmen, Fenster
4) Sonne, Blatt, Kerne
5) Rasenplatz, Schläger Ball,
6) Pedal, Katzenauge, umweltfreundlich
7) Stachel, Honig
8) Schnee, Berg

Seite 357: A) 4,   Rechen-regel: immer abwechselnd +2 und −5
B) 13,   Rechenregel: immer abwechselnd −7 und +11
C) 13,   Rechenregel: immer abwechselnd +12 und :2
D) −30, Rechenregel: immer abwechselnd x2 und −17

Seite 358: 1–9, 2–5, 3–12, 4–8, 6–10, 7–14, 11–13

Seite 359: 78 Häschen

Seite 360: a) Ufer,
b) Petra, c) Tarif,
d) Ertrag, e) Partei,
f) Eritrea

Seite 362: 1) Herd (Brand-herd, Küchenherd, Herd-platte, Herdfeuer)
2) Wand (Bergwand, Haus-wand, Wandheizung, Wand-schrank)

3) Auto (Modellauto, Famili-enauto, Autobahn, Autobus)
4) Foto (Fotoarchiv, Pass-foto, Fotosafari, Fotokopie)

Seite 363: 100 ➜ 20 ➜ 201 ➜ 13 ➜ 4001 ➜ 21021 ➜ 16 ➜ 521 ➜ 801 ➜ 109 ➜ 5231 ➜ 6303 ➜ 2236 ➜ 30155 ➜ 3426 ➜ 97 ➜ 485 ➜ 9531 ➜ 919 ➜ 7562

Seite 364: 1b, 2d, 3a, 4c, 5c, 6a, 7d, 8a

Seite 365: Teil a bleibt übrig.

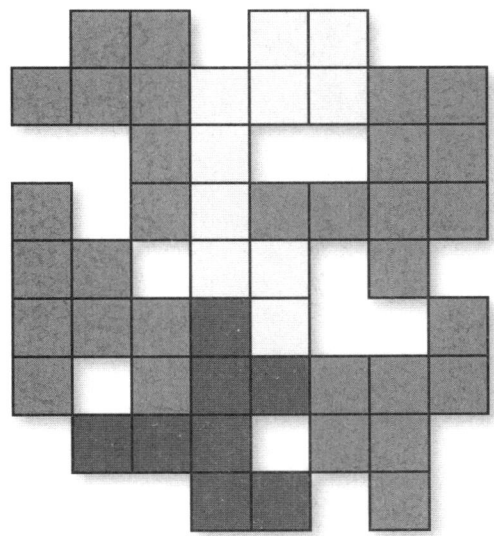

Seite 366: A) 2 + 7 − 4 = 5
B) 7 + 7 : 7 = 2
C) 6 : 3 + 4 = 6
D) 2 x 9 − 4 : 2 = 7
E) 3 − 2 + 8 x 3 = 27
Andere Rechenwege sind nicht ausgeschlossen.

Seite 367: 1) Interpret, 2) Adrenalin, 3) eindeutig, 4) erkennbar, 5) Freistoß, 6) fabelhaft, 7) Schachtel, 8) Spartakus

Seite 368: f → a → b → c → e → d (oder umgekehrt)

Seite 369:

4	·	3	–	7	=	5
+		+		–		+
8	–	6	:	3	=	6
:		–		·		+
2	+	1	·	2	=	4
=		=		=		=
8	+	8	–	1	=	15

Seite 370:

```
E I S S C H R A N K   J U B I L A E U M
    A         B             W
P A R K L U E C K E   K O N F U S I O N
L   I   E         O       G       E
U   M   B   B U E R O E T A G E   F
M   U   E   R     I       E   R   F
P O L A R G E B I E T   G E B A E U D E
    K     N   W       O       D
L E I N W A N D   A U S Z U G   H I O B
I   G   U   N       K   E   E   E
C   N   C   E I G N E R   A N S A G E R
H   E   H   S   R   U       R   E   N
T A G E T E S   A N S P O R N   I N K A
    E       E   U   E       N   A   R
A K R O P O L I S   A L T E R S G E L D
```

Seite 371: A=C, D=E, B bleibt übrig

Seite 372: Lösungsbeispiele:

Beide werden mit den Füßen betrieben. Sie haben jeweils zwei Reifen, einen Lenker, eine Kette und zwei Pedale usw.

Seite 373: Herr Drab ist der gesuchte Lügner. Die anderen beiden sind ehrlich.

Seite 374: 1) 20, 2) 25, 3) 5

Seite 375:

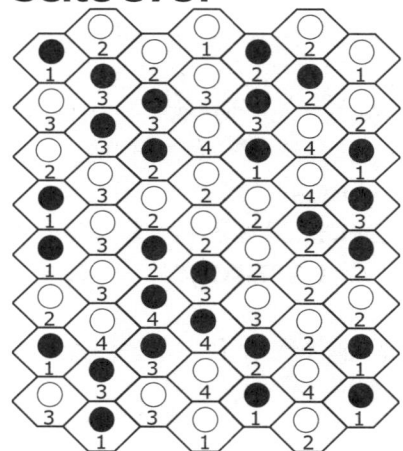

Seite 376: 1) Amt, 2) Wald, 3) Leine, 4) Dach, 5) Wetter, 6) Spiel, 7) Schiff, 8) Lauf

Seite 378: Lösungswort: RETTER
DUFT – AROMA – WÜRZIG
BLANK – PLEITE – BANKROTT
FAMILIE – GATTUNG – ART
STOCK – ETAGE – EBENE

JUWELEN – KLEINOD –
SCHMUCK
LEITER – REKTOR – SCHULE

Seite 377:

```
5 9 2 6 2 8 6 7 5 3 2 4 5 6 7 6 2 3
3 6 5 7 4 7 1 5 4 3 3 6 7 2 8 3 4 1
2 3 6 9 8 4 2 8 2 7 1 9 6 3 2 1 6 7
8 2 6 5 1 2 3 9 2 7 5 6 5 9 3 8 3 5
6 1 7 2 4 2 6 6 3 2 8 4 7 5 2 8 6 7
7 8 6 7 2 6 9 3 6 9 6 3 2 1 5 1 7 2
5 7 8 6 9 3 4 2 8 6 7 5 8 4 8 6 3 5
7 9 6 3 2 1 7 2 1 8 4 8 2 8 6 9 5 2
5 9 2 6 2 8 6 7 5 3 2 4 5 6 7 6 2 3
3 4 5 7 4 7 6 5 4 3 9 6 7 2 8 3 4 1
9 6 3 2 1 4 2 8 2 7 6 0 9 6 3 2 1 7
8 5 6 5 1 2 8 6 2 7 3 6 5 9 3 1 3 5
6 2 7 9 6 3 2 1 3 2 2 4 7 5 2 8 6 7
7 8 6 7 2 6 2 3 6 7 1 8 6 6 5 1 7 2
```

Seite 379: A) 20,
Rechenregel, x2 –4,
B) 1, Rechenregel, :3 –2

Seite 380: 1) a,f   2) c,d,
3) b,g   4) e,f

Seite 381: 3=4=9

Seite 382: Der Ausgangspunkt befindet sich in Feld
C4 mit dem Hinweis r3.

Seite 383: a) Blickfang,
Fangnetz, Netzhaut
b) Rätselzeitung, Zeitungs-
ente, Entenbraten, Braten-
soße
c) Kaffeesatz, Satzzeichen,
Zeichenbrett, Bretterzaun

d) Essiggurke, Gurkenglas,
Glashaus, Haustier, Tier-
heim, Heimspiel

Seite 384: 1) KLAMM,
2) STICH,   3) ZUGANG,
4) ANLASS,   5) DESOLAT,
6) ENTGELT

Seite 385: Die Lösungen
spaltenweise von oben nach
unten:
links: 25, 17, 18, 31, 20,
20, 19, 26, 26, 21, 27, 22
rechts: 35, 33, 28, 46, 30,
34, 34, 41, 38, 34, 38, 30

Seite 386: 1g,   2t,   3n,
4k,   5a,   6d,   7b,   8e,
9p,   10h,   11s,   12r,   13o,
14q,   15c,   16l,   17m,
18j,   19f,   20i

Seite 387: 1) GE, 2) LA,
3) TE, 4) MA, 5) SCH, 6)
REG

Seite 388: 1) Anfang,
2) Album, 3) Titeln, 4) Kon-
zert, 5) laut, 6) produziert,
7) Unfall, 8) richtigen,
9) besitzt, 10) schon,
11) scheint, 12) Karriere

Seite 389: 13-mal

Seite 390: 1) Maschine,
2) Blatt,   3) Wasser,

4) Schirm,   5) Lampe,
6) Welle, 7) Karte,
8) Gesetz,   9) Kampf,
10) Spiel,   11) Gruppe,
12) Preis

Seite 391: 1. falsch,
2. falsch, 3. falsch

Seite 392: 1. Lena, 2. Gabi,
3. Renate, 4. Daniela

Seite 393: 1) a,c,f,
2) b,d,g,   3) c,d,e,
4) a,b,f,   5) c,e,g,   6) a,c,g

Seite 394: a) Poet,
b) Feind, c) smart, d) Teller, e) stabil, f) Kapelle,
g) Dreirad, h) Distrikt,
i) beweglich, j) Ledercouch

Seite 395: A=E, C=F, D=G,
B bleibt übrig.

Seite 397: Lösung: 19-mal

Seite 398: NEUE BESEN
KEHREN GUT

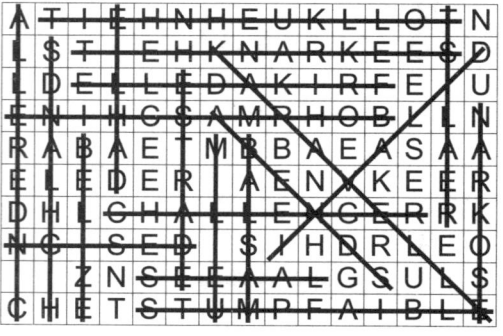

Seite 399: 6, 8, 10, 17, 20,
23, 30

Seite 400: Lösung: 23

Seite 401: b, e, f

Seite 403: Lösung: 11-mal

Seite 404: oben links:
Befund, Hand, Daune,
Weide, Bein, Zaun, Fuchs,
Teller
oben rechts:
Tisch, Kabel, Morgen, Klos-
ter, Maler, Bett, Schnee,
Tanne
unten links:
Stuhl, Bild, Katze, Winter,
Knopf, Schal, Jacke, Abend
unten rechts:
Tasse, Maus, Schiff, Ozean,
Klippe, Laster, Sommer,
Taste

Seite 406: Ergebnis: 10

Seite 407: Ergebnis: 11

Seite 408: a) 6, b) 7,
c) 3, d) 3, e) 5, f) 6

Seite 410: Beide Bedingungen erfüllen die Teilaufgaben
b, d, e, g, i, j und k.

Seite 411: Berg und Maus

Seite 412:

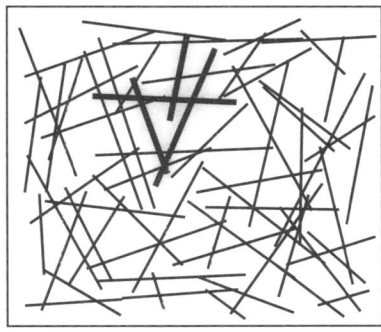

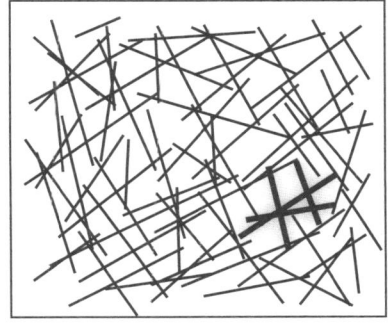

Seite 413: a) 1, b) 2,
c) 4, d) 2, e) 3, f) 0

Seite 414: 1=11, 2=9,
3=14, 4=12, 5=16, 6=13,
7=15, 8=10,

Seite 415: Die Frage, welches Handeln größtmöglichen Nutzen bringt.

Seite 416: 1) c (Backe),
2) b (Nase), 3) a (Mund),
4) b (Kranz)

Seite 417: Nach Abschluss der Lenkmanöver fliegt das Flugzeug wieder in konventioneller Ausrichtung in westliche Richtung.

Seite 419: Beispiele:
oben: Wiese, Weite, Wanne, Weste, Wille, Wonne, Weide, wie, Wärme, Wüste
unten: Faser, Futter, Fenster, Freier, Fieber, Fahrer, für, fair, Feuer, Frisur

Seite 420: Ein wahrer Freund ist einer, der im trübsten Winter Urlaub an einem sonnigen Traumstrand macht und dir keine Karte schickt.

Seite 421: 1) Plätzchen

2) Ei

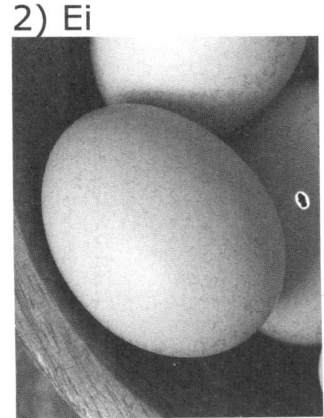